차트
분석
바이블

일러두기

- 투자로 인한 손익의 책임은 투자자 본인에게 있으며, 본서는 독자의 투자 결과에 대한 법적 책임 소재 관련 증빙 자료로 활용될 수 없습니다.
- 본 도서 내용에 대한 신규 정보 업데이트는 '치과아저씨의 투자 스케일링'이 운영하는 〈차트 분석 바이블〉 게시판을 참고해 주시기 바랍니다.
- 기타 본 도서에 대한 문의 및 강의 등의 제안은 다음 전자우편으로 연락 주시기 바랍니다.
info-2@hansmedia.com

치과아저씨의 투자 스케일링과 함께하는

차트 분석 바이블

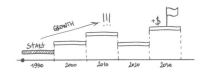

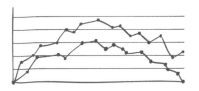

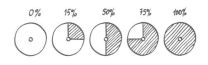

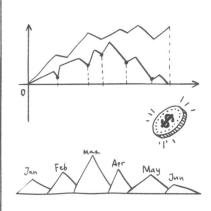

치과아저씨(팀 연세덴트) 지음

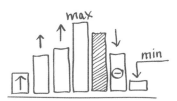

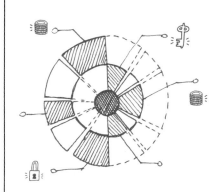

한스미디어

| 차례 |

시작하기 전에

1장 | 캔들의 이해

2장 | 추세선과 채널

3장 | 패턴

4장 | 보조지표

5장 | 와이코프 분석

6장 | 피보나치의 이해

7장 | ABCD 패턴

8장 | 하모닉 트레이딩

9장 | Price Action: 차트 가격 형성의 비밀

시작하기 전에

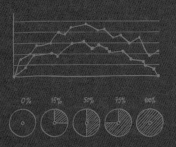

1

기술적 분석이란 무엇인가?

"뭘 사야 하나요? 그리고 어떤 종목이 오를까요?"

"언제, 얼마에 사면 되나요?"

"언제, 얼마에 팔면 될까요?"

투자 관련 글을 써나가며, 그리고 '네이버 프리미엄콘텐츠'에서 경제/재테크 최상위 채널을 운영해나가며 가장 많이 들은 질문을 생각해본다면 위의 세 가지로 압축할 수 있을 것입니다. 어느 정도 투자에 자신이 있는 분들은 이런 질문은 초보자들이나 하는 질문이라고 생각할 수도 있습니다. 하지만 사실 무엇을, 왜, 어느 시점에, 어느 가격에서 사고파는지에 대한 것은 투자의 본질이며, 투자의 모든 것을 담고 있다고 해도 과언이 아닙니다.

우리가 흔히 하고 있는 투자 분석 방법은 크게 기본적 분석과 기술적 분석으로 나눌 수 있습니다. 이 중 기본적 분석이 첫 번째 질문인 '무엇을, 왜 사야 하는지'에 답을 해줄 수 있다면, 기술적 분석은 나머지 질문인 '어느 시점에, 어느 가격에서 사고팔지'에 대한 답을 줄 수 있습니다.

기본적 분석을 공부하기 위한 자료 및 정보는 비교적 많은 자료가 체계적으로 정리돼 있는 편이며, 다양한 매체에서 다루고 있는 내용이기 때문에 그 접근성 또한 높습니다. 하지만 기술적 분석을 익히기 위한 자료는 생각보다 충분하지 않았고, 실제 투자에 적용하기에 다소 동떨어진 내용들도 많은 것이 사실이었습니다. 즉 주식 투자를 예로 들면 성장성이 있는 섹터와 기업을 찾고 분석하는 것은 쉽게 배울 수 있었으나, 이 기업의 주식을 언제 사야 할지, 이 가격이 저점인지 고점인지 파악하기 어려웠으며, 매수 후에도 언제 팔아야 할지, 조정이 나타난다면 어느 구간까지 나타날지 불안을 느끼는 경우가 많았습니다.

이러한 불안감을 해소하여 보다 더 확실한 진리를 얻기 위해 함께 투자를 해오던 치과의사 선후배들끼리 도움이 될 만한 자료들을 정리하고 공유한 것이 치과아저씨 팀의 시작이었습니다.

치과아저씨 팀은 처음엔 Yonsei_Dent라는 필명으로 TradingView 사이트에서 활동하였으며, 현재는 '네이버 프리미엄콘텐츠'에 치과아저씨의 투자 스케일링 채널을 통해 트레이딩에 대한 자료를 제작하고 있습니다. 5명의 연세대학교 치과대학을 졸업한 치과 전문의로 구성된 트레이딩 팀입니다.

병원에서 의료인들은 모든 자료를 근거 중심(Evidence based)으로 접근하고자 노력합니다. 모든 의료 행위에는 근거가 필요하기 때문입니다. 저희는 투자 역시 마찬가지라고 생각하였습니다.

투자에 대한 근거를 찾고 공유하는 과정에서, 처음엔 접근성이 좋은 국내 자료를 많이 참고하였습니다. 하지만 점차 기술적 분석의 수준이 깊어지고, 보다 최신 경향의 자료를 찾아나가게 되면서 해외의 자료들을 위주로 공부하게 되었습니다. 저희 팀이 느끼기에 해외의 기술적 분석 자료들은 그 양이 훨씬 방대하며, 보다 체계적이었으며, 아직 국내에 소개되지 않은 최신 트레이딩 방법론 혹은 개념들도 많이 다루고 있었습니다.

이러한 노력들이 쌓여 국내에서 접하기 어려운 자료들을 자연스럽게 들여오게 되었으며, 이 과정에서 생각보다 많은 독자분들이 저희 자료를 좋아해주셨고, 천천히 양질의 자료가 쌓이게 됨에 따라 체계적으로 자료를 제공하기 위해 출판을 결정 및 준비하게 되었습니다.

왜 기술적 분석이 필요한가?

투자를 걸음을 걷는 것에 빗대어 생각해보면 기본적 분석과 기술적 분석은 각각이 하나의 다리에 해당한다고 생각합니다. 즉 투자자들은 기본적 분석과 기술적 분석을 모두 이용해 한 걸음씩 걸어나가야 하는 것이죠. 각각의 분석은 따로 떼어놓고 생각할 수 없는 일련의 과정으로 이루어져 있기 때문입니다. 다시 주식을 예로 들면 투자자들은 먼저 기본적 분석 과정을 통해 섹터와 종목을 선택하게 됩니다. 이후 더 좋은 진입 시점과 목표가, 손절가를 설정하고 진입 후 투자 금액을 관리하기 위해 사용하는 것이 기술적 분석인 것입니다.

기술적 분석에 미숙한 투자자들은 기본적 분석을 통해 성장성이 우수한 기업의 주식을 매수했다 해도 주가 조정이 찾아올 때 불안에 떨게 되며, 충분한 목표가를 달성했음에도 매도하지 않고 더 욕심을 내게 됩니다. 합리적으로 기본적 분석이 이루어졌다는 전제하에 기술적 분석은 불필요한 보유 기간 및 기회비용을 줄이고, 좋은 매매 타이밍을 통해 수익률을 높이는 데 도움을 줄 수 있습니다.

이 책에서 기술적 분석의 모든 내용을 다루었다고는 감히 말씀드릴 수 없습니다. 하지만 이 책은 비전공자의 눈으로 처음 주식 투자를 시작하던 초보자 시절부터 남을 가르칠 수 있는 고수의 반열에 오르기까지의 과정을 담고 있습니다. 따라서 기술적 분석에 대해 전혀 알지 못했던 투자자들이라도 이 책 한 권이면 기술적 분석을 충분히 잘하는 트레이더가 될 수 있을 것이라 확신합니다.

3

이 책의 사용법

『치과아저씨의 투자 스케일링과 함께하는 차트 분석 바이블』은 기초적인 내용부터 수준 높은 해외 최신 경향의 투자 기법까지 한 권의 책에서 모두 다루고 있습니다. 초보자부터 중고급자까지 모두에게 꼭 필요한 지식을 담고자 했는데요. 이 책을 보다 효과적으로 활용할 수 있는 방법을 소개하겠습니다.

먼저 본인의 기술적 분석에 대한 이해도를 세 단계 정도로 분류해보겠습니다.

1. 초보자

- 투자 경험이 많지 않고, 차트를 구성하는 요소들에 대한 이해가 거의 없는 독자
- 캔들, 추세선, 채널 등의 가장 기초적인 개념부터 학습이 필요한 독자
- 차트에서 추가할 수 있는 보조지표에 대해 거의 들어보지 못했거나, 활용할 수 있는 보조지표가 거의 없는 독자

2. 중급자

- 투자 경험이 어느 정도 있으며, 차트를 보는 대략적인 방법을 알고 있는 독자
- 본인이 차트에 적용하여 투자에 활용하는 보조지표가 어느 정도 있는 독자
- 피보나치 되돌림 혹은 지지/저항 레벨을 설정할 수 있는 독자

먼저 초보자들의 경우는 이 책을 처음부터 정독하길 바랍니다.

전반부라 할 수 있는 1장부터 5장까지는 캔들과 추세선, 채널, 패턴, 보조지표 등 가장 기본적인 기술적 분석의 토대를 다루고 있습니다. 그렇기 때문에 다소 지루하더라도 보다 심화된 내용을 다루기 전에 반드시 '제대로' 학습하길 권장드립니다.

이후 와이코프의 투자 관점과 피보나치의 이해, ABCD & 하모닉 패턴을 이해하는 순서로 구성하였으며, 9장에서 다루는 Price Action의 경우 이 모든 기초적인 이론을 토대로 실제 차트에 나타나는 다양한 상황을 이해하는 것이기 때문에 가장 마지막에 학습하면 됩니다. 중간중간 심화 내용이 나올 수 있으니 초보자들의 경우 우선 어려운 내용은 건너뛴 후 빠르게 1회독을 마치는 것을 권장드립니다. 내용이 다소 방대하기 때문에 처음부터 모든 내용을 다 이해하고 넘어가려고 한다면 완독이 너무 힘들 수도 있습니다. 포기하지 말고 차근차근 2회독, 3회독을 통해 다시 확인한다면 처음엔 어렵고 생소했던 내용들도 쉽게 이해할 수 있을 것입니다.

중급자들의 경우 캔들, 추세선, 채널, 패턴, 보조지표 등의 기본적인 내용은 사례나 트레이딩 전략 위주로 몰랐던 것들만 확인하며 빠르게 넘어갈 것을 추천드립니다. 이후 나오는 와이코프의 관점(5장)은 전체적인 투자에 대한 이해부터 거시적인 시장을 파악하는 데 중요한 내용을 담고 있기 때문에 자세히 읽어볼 것을 추천드립니다.

이후 6장부터 9장까지는 피보나치, ABCD, 하모닉, Price Action 순으로 구성돼 있습니다. 비교적 기본적인 내용이라 할 수 있는 1~5장이나 조금 더 전문적인 6~9장의 내용 중 조금 더 우선적으로 학습하고 싶은 내용을 먼저 읽어도 무방합니다. 다만 9장의 Price Action은 어려운 부분이 있다면 우선 건너뛰고 끝까지 1회독 하신 뒤에 다시 돌아와서 학습하기를 권장드립니다.

상급자들의 경우 몰랐던 부분을 찾아 읽는 발췌독, 혹은 처음부터 정독하더라도 사례 위주로 빠르게 넘어가는 속독을 권장드리며, 이후 투자를 함에 있어 항상 옆에 끼고 모르는 부분을 찾아보며 읽는 식의 독서를 권장드립니다.

애디슨이라는 영국의 수필가는 "두 번 읽을 가치가 없는 책은 한 번 읽을 가치도 없다"라는 말을 남겼습니다. 이 책에 담긴 기술적 분석에 대한 내용은 두 번뿐 아니라 앞으로 평생 투자를 해나감에 있어 언제든 찾아볼 수 있는 교과서이자 참고서 같은 책이 되리라 생각합니다.

4

기술적 분석을 시작하기 위한 준비
- 리스크 관리

이번 단원은 『치과아저씨의 투자 스케일링과 함께하는 차트 분석 바이블』 책 전부를 통틀어 가장 중요한 부분이라 할 수 있습니다. 이번 단원에서는 손실 제한과 리스크 관리에 대해 이야기해보려 합니다.

오래전부터 선물 시장이 발달해온 해외에서는 트레이딩 시 리스크 관리가 너무나도 익숙한 개념이며, 반드시 지켜야 하는 개념으로 인식되고 있습니다. 하지만 현물 시장 위주의 투자가 이루어지고 있는 국내 시장에서는 'R(Risk)'의 개념이 다소 생소한 것이 사실입니다.

┃╂ 손실의 위험성

전설적인 투자의 대가 워런 버핏은 이런 말을 남긴 바 있습니다.

Rule No. 1: Never lose money.

Rule No. 2: Don't forget Rule No. 1.

첫 번째 규칙: 돈을 잃지 마라.

두 번째 규칙: 첫 번째 규칙을 잊어버리지 마라.

다음 '손실률에 따른 원금회복 수익률 1', '손실률에 따른 원금회복 수익률 2'의 자료들은 손실 %별, 다시 원금 회복을 위해 달성해야 하는 수익률 %를 나타낸 것입니다.

5%, 10% 정도의 약손실은 비슷한 수익률을 다시 달성한다면 금방 원금을 복구할 수 있는 반면, 약 30% 이상의 손실부터는 비율이 커질수록 원금 복구를 위해 엄청난 수익률을 달성해야만 합니다. 이러한 현상을 '음의 복리'라고 부릅니다.

손실을 피하는 것이 중요한 이유는 단순히 돈을 잃기 때문만은 아닙니다. 손실의 비율이 커질수록 원금 회복을 위해 더 많은 수익률을 올려야 하며, 이는 위험자산 투자, 고레버리지 투자 등으로 이어지게 되어 결국 우리가 원하는 경제적 자유에서 멀어지기 때문입니다.

손실률에 따른 원금회복 수익률 1

손실률	원금을 회복하기 위한 수익률
-5%	5.3%
-10%	11.1%
-15%	17.6%
-20%	25.0%
-25%	33.3%
-30%	42.9%
-35%	53.8%
-40%	66.7%
-45%	81.8%
-50%	100.0%
-55%	122.2%
-60%	150.0%
-65%	185.7%
-70%	233.3%
-75%	300.0%
-80%	400.0%
-85%	566.7%
-90%	900.0%
-95%	1,900.0%

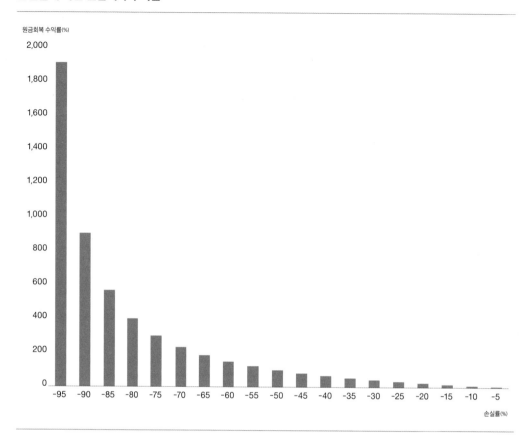

원금회복 수익률(%)

손실률(%)

손실 제한의 필요성(R의 개념)

이 글에서 주로 말하는 'R(Risk)'은 다음의 1%, 2%, 4%…와 같이 단일 거래에서 부담하는 리스크 비율을 의미합니다.

다음 도표는 R, 즉 단일 거래에서 부담하는 리스크의 비율과 연속해서 트레이딩에 실패한 횟수를 정리한 것입니다. R의 크기의 중요성을 보여주는 도표로, 가로축은 단일 거래에서의 리스크 비율을, 세로축은 연속해서 실패한 트레이딩 횟수를 의미합니다.

예를 들어 단일 거래 리스크 비율을 1%로 고정할 때(R=1), 10번의 거래를 연속해서 실패할

| | | 단일 거래에서 부담하는 리스크 비율 | | | | | |
		1%	2%	4%	5%	6%	7%
	2	1.99%	3.96%	7.84%	9.75%	11.64%	13.51%
	3	2.97%	5.88%	11.53%	14.26%	16.94%	19.56%
	4	3.94%	7.76%	15.07%	18.55%	21.93%	25.19%
	5	4.90%	9.61%	18.46%	22.62%	26.61%	30.43%
연속해서 실패한 트레이딩 횟수	6	5.85%	11.42%	21.72%	26.49%	31.01%	35.30%
	7	6.79%	13.19%	24.86%	30.17%	35.15%	39.83%
	8	7.73%	14.92%	27.86%	33.66%	39.04%	44.04%
	9	8.65%	16.63%	30.75%	36.98%	42.70%	47.96%
	10	9.56%	18.29%	33.52%	40.13%	46.14%	51.60%

↑

즉 연속해서 트레이딩에 실패했을 때,
리스크 비율에 따른 시드의 총손실을 보여줌.

경우 총 시드의 손실은 9.56%이며, 약 90%의 시드가 남아 있게 됩니다. 반면 단일 거래 리스크 비율을 4%로 고정한다면(R=4), 겨우 3번의 거래 실패만으로도 11.53%의 총 시드 손실이 발생하며, 10번의 연속된 거래 실패 시에는 33.52%의 총 시드 손실이 발생하게 됩니다. 즉 거래의 일관성을 위해서는 한 번의 거래에 임할 때 리스크의 크기를 고정해두는 것이 좋으며(R의 설정), 당연한 얘기지만 단일 거래 리스크 비율을 낮게 설정할수록 손실을 효과적으로 제한할 수 있게 됩니다.

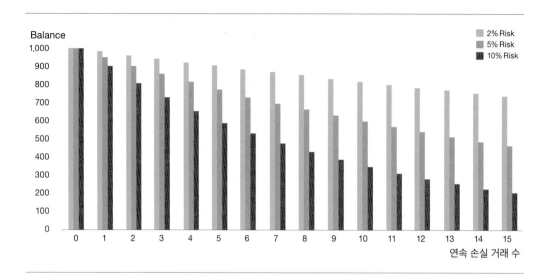

위의 그래프는 앞서 살펴본 표를 그림으로 나타낸 것으로, R을 2%, 5%, 10%로 각각 고정했을 때, 연속된 거래 실패에서의 시드 손실을 보여주고 있습니다. 한 번 더 강조하자면, 한 거래에 감당하는 리스크의 비율이 낮을수록 손실 제한을 통해 시드를 많이 보존할 수 있게 됩니다.

하이 리스크, 하이 리턴의 함정

리스크가 적으면 당연히 적게 잃겠지!

하지만 리스크를 적게 설정하면 수익이 너무 적은 것 아니야?

난 빨리 부자가 되고 싶다고!

앞선 설명을 모두 이해하신 분들이라도 위와 같이 생각하는 경우가 많을 것입니다.

이번엔 트레이딩의 승률에 대해 이야기해보도록 하겠습니다.

아주 간단하게 생각해서 트레이딩의 승률이 평균이 50%인 정규분포를 따라간다고 가정해보겠습니다. 본인의 트레이딩 승률이 우측의 빨간 구간에 해당한다고 자신할 수 있는 트레이더가 있을까요? 적어도 파란 구간에 해당하는 평균적인 승률은 보이고 있나요? 그것도 아니라면 오히려 트레이딩에서 실패할 때가 더 많을 수도 있습니다.

심지어 트레이딩의 승률은 높은 손익비를 추구할 때 더 낮아지게 됩니다. 우리가 원칙처럼 알고 있는 최소 1:2 이상의 손익비를 추구하는 거래를 한다고 가정해본다면, 다음 그래프처럼 실제 승률은 약 33% 미만입니다.

과연 하이 리스크, 하이 리턴(High Risk, High Return)이 단일 거래가 아닌 연속된 거래에서 가능한 얘기일까요?

정답은 "단일 거래에서는 하이 리스크, 하이 리턴의 전략이 가능할지 모르지만, 계속해서 거래에 임할 경우 승률은 정규분포를 따르게 될 것이며, 아무리 승률이 높은 트레이더라 할

트레이딩 성공 확률의 정규분포

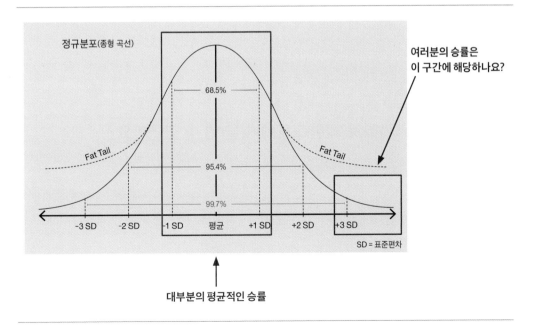

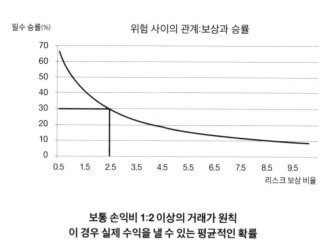

리스크	보상	손익비 승률
50	1	98%
10	1	91%
5	1	83%
3	1	75%
2	1	67%
1	1	50%
1	2	33%
1	3	25%
1	5	17%
1	10	9%
1	50	2%

위험 사이의 관계:보상과 승률

필수 승률(%)

리스크 보상 비율

보통 손익비 1:2 이상의 거래가 원칙
이 경우 실제 수익을 낼 수 있는 평균적인 확률

지라도 단일 거래에서 부담하는 리스크 비율이 크다면 절대 오랜 기간 안정적으로 수익을 낼 수 없다"입니다.

> 1) 손실이 발생할 경우, 내가 기록한 손실률보다 더 높은 수익률을 올려야 원금을 회복할 수 있다.
>
> 2) 단일 거래 리스크의 비율이 커질수록 연속된 거래 실패 시 손실은 기하급수적으로 커진다.

리스크를 고작 1%로 제한해도 수익을 낼 수 있을까요?

리스크를 1~2%의 낮은 비율로 제한한다는 의미는, 한 번의 거래에 투입하는 금액이 매우 적어진다는 것을 의미합니다. 그렇다면 과연 이렇게 타이트한 손실 제한을 적용하더라도 수익을 낼 수 있을지 알아보도록 하겠습니다.

* 리스크 비율을 총 시드의 1%(1R)로 정하고 계산해보도록 하겠습니다(늘어난 시드에 대한 적용은 하지 않는 것으로 가정).

* 즉 100만 원의 시드 머니가 있을 경우 손절가에 도달했을 때 잃게 되는 금액이 1만 원이 됩니다.

1) 리스크 = 단일 거래마다 총 시드의 1%로 고정

2) 확률적 계산을 위해 손익비는 1:2로 가정합니다.(손익비란 평균적인 손실에 대한 이익의 비를 뜻하며, 처음 매수 시 목표 손절가와 목표 이익가에 대한 비율을 의미합니다.)

* 1:2로 손익비를 설정할 경우 산술적으로 목표 이익가에 도달할 확률은 33%에 해당합니다.

3) 즉 100번의 거래가 이루어질 때, 33%는 목표 이익가를 달성하게 되며(Win), 67%는 목표 손절가를 기록하게 됩니다(Lose). 거래 시 중간에 본전 혹은 약손절로 거래를 마무리하거나, 리스크를 제거한 뒤 진입가에서 정리하는 경우(Even) 등을 고려하여 50% Lose, 17% Even으로 계산해보겠습니다.

   • 1 Lose = -1%(1R), 100번 거래 중 50회
   • 1 Win = +2%(2R), 100번 거래 중 33회
   • 단순 계산 시 (33회 × +2%) - (50회 × 1%) = 약 16%의 수익

4) 적게 잃는다면 산술적으로 100번의 거래 중 50번의 거래가 손절가에 도달한다 해도 16%의 수익을 올릴 수 있습니다. 하지만 손실 제한을 하지 않는다면 100번의 거래 중 단 10번의 거래만으로도 전체 시드 머니의 절반을 날려버릴 수도 있게 되며, 이는 결국 200%의 매우 높은 수익률을 기록해야 본전을 회복할 수 있는 상황에 처하게 되는 것입니다.

5) 또한 시간이 지날수록 시드가 증가하는 구조를 만든다면, 손실 제한으로 설정했던 1R 역시 덩달아 커지기 마련입니다. 이러한 선순환의 구조를 만들 수 있다면 복리 효과로 시간이 지날수록 더 빠르게 수익이 증가하게 됩니다.

즉 이번 파트의 결론은 다음과 같습니다.

투자 수익을 통한 경제적 자유는 단 몇 번의 거래로 100배의 수익을 달성하는
허황된 꿈으로는 이룰 수 없습니다.
리스크 관리를 기본으로 꾸준한 공부와 노력이 바탕이 될 때,
천천히 그러나 확실히 복리의 수익으로 이룰 수 있습니다.

실제 트레이딩에서 'R의 개념'을 적용하는 방법

이번 파트에서는 실제 트레이딩에서 'R'을 적용하는 방법에 대해 간단하게 말씀드리고자 합니다. 수수료 등을 제외한 단순 계산이므로, 실제 거래에서는 약간의 오차가 생길 수 있습니다.(아래에서 저희 팀의 경우 1R=1%로 설정하였으며, 각 개인마다 1R의 비율을 다르게 설정할 수 있으나, 최대 2~3%를 넘어가는 비율은 권장 드리지 않습니다.)

1) 총 시드 머니를 1,000만 원이라 가정하겠습니다.

거래에 임하기 전 미리 목표 손절가와 진입가를 정합니다.

2) 진입가에서 목표 손절가까지의 비율을 구합니다.

예를 들어 A 종목이 1주 당 10만 원일 때 매매, 1주당 9만 5,000원일 때 손절한다고 가정할 시 진입가에서 목표 손절가까지의 비율은 5%가 됩니다.

진입가와 목표가, 그리고 손절가를 설정하는 방법에 대해서는 이 책 전반에 걸쳐 다룰 예정입니다.

3) 총 매매 금액을 X만 원이라 할 때 X만 원의 5%인 0.05X = 1R이 되어야 합니다.

즉 0.05X=₩100,000(1R), X=₩2,000,000. 한 번의 매매 금액은 200만 원이 되며, 20주를 매매하면 되는 것입니다. 손절가에 도달할 경우 1주당 5,000원씩 10만 원을 손해 보게 되어 1R, 즉 총 시드의 1%를 손해 보게 됩니다.

여기까지 읽으셨다면 기술적 분석과 리스크 관리에 대한 개념을 어느 정도 이해하셨을 것입니다. 다음 파트부터는 본론으로 들어가 기술적 분석의 기초부터 가장 최신 경향의 기술적 분석까지 모든 내용을 다뤄보도록 하겠습니다.

1장

캔들의 이해

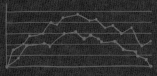

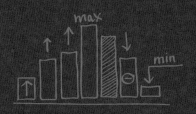

1

캔들의 기초

캔들(Candle)은 기술적 분석의 가장 기본이 되는 내용으로 기술적 분석을 하는 트레이더라면 누구나 반드시 숙지하고 있어야 하는 내용입니다. 차트가 하나의 숲이라면, 캔들은 숲을 이루는 나무의 역할을 합니다. 따라서 캔들을 볼 때는 항상 차트 전체의 '지지', '저항', '되돌림' 등을 확인하는 습관이 필요합니다. 차트 전체를 확인하지 않고, 캔들만을 보는 것은 숲을 보지 않고 나무만 보는 것과 같습니다.

▮ 캔들스틱의 형성 원리 – 몸통과 꼬리에 대한 이해

캔들의 역사는 놀랍게도 약 1700년대로 거슬러 올라갑니다. 캔들은 혼마 무네히사라는 일본의 한 상인에 의해 처음 고안되었으며, 현재에도 모든 금융 지표에서 널리 사용되고 있습니다.

캔들은 일정 프레임의 단위시간에 대한 시장의 흐름을 한눈에 보여줍니다.

일정 프레임의 시간이란 1일, 1주, 1달이 될 수도 있고, 1분, 5분 등 분 단위, 심지어 1개의 거래를 의미하는 틱 단위까지 다양하게 설정될 수 있습니다. 이러한 특정 시간 프레임의 시작 가격인 시가, 종료 가격인 종가는 캔들의 몸통을 구성하게 됩니다. 또한 한 프레임 동안 가

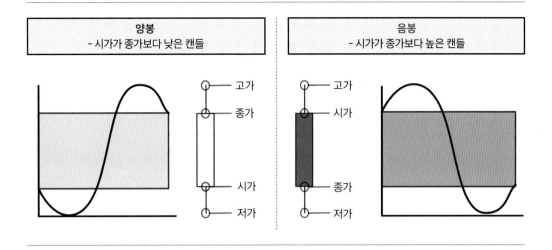

장 높았던 가격인 고가, 가장 낮았던 가격인 저가는 각각 위아래 꼬리를 형성하게 됩니다.

종가가 시가보다 높은 경우를 '양봉(Bullish Candle)', 시가가 종가보다 높은 경우를 '음봉(Bearish Candle)'이라 칭합니다. 단순히 양봉과 음봉을 구분하는 것을 넘어서서 이를 통해 '매도세'와 '매수세'의 우위도 점쳐볼 수 있습니다. 양봉은 설정된 시간 프레임 동안 매도세보다 매수세가 강했다는 것을 의미하며, 음봉은 매수세보다 매도세가 강했다는 것을 의미합니다.

꼬리의 의미도 이어서 살펴보겠습니다. 아랫꼬리가 달린 캔들은 하락하던 도중 반발 매수세가 유입되었음을 의미합니다. 반대로 윗꼬리가 달린 캔들은 상승 중에 반발 매도세로 인한 저항이 있었음을 의미합니다.

1. **양봉** = '시가 < 종가' = 매수세의 우위

2. **음봉** = '시가 > 종가' = 매도세의 우위

3. **윗꼬리** = 상승 중 반발 매도세

4. **아랫꼬리** = 하락 중 반발 매수세

단일 캔들 내에서 확인할 수 있는 몸통과 꼬리는 생각보다 다양한 의미를 가지고 있습니

다. 일정한 시간 프레임 내에서 시장이 어떻게 움직였을지 상상하면서 캔들을 바라본다면 시장의 흐름을 쉽게 이해할 수 있을 것입니다.

매물대와 함께 알아보는 캔들스틱의 중요성

66

Market price acts as a leading indicator of the fundamentals.

시장 가격은 펀더멘털의 선행지표 역할을 한다.

99

존 J. 머피(John J. Murphy)는 그의 유명한 저서인 『*Technical analysis of the financial markets*』에서 이와 같이 언급했으며, 기술적 분석은 '가격'에 대한 연구라는 것을 강조했습니다. 따라서 일정 시간 프레임 동안의 '가격'의 움직임을 직관적으로 보여주는 캔들에 대한 연구는 기술적 분석의 가장 기본이 되는 내용이라 감히 말할 수 있습니다.

캔들의 중요성은 크게 두 가지 정도로 정리할 수 있습니다.

매물대 파악을 통한 수평 지지/저항 레벨 설정

- 매물대의 사전적 정의는 일정 기간 동안 특정 가격대에서 거래된 물량 자체를 말하며, 통상적으로는 매수물량과 매도물량이 많아 거래가 활발하게 일어났던 가격대를 말합니다.

- 매물대는 가격이 하락할 때 하락을 막는 지지선으로 작용하기도 하고, 가격이 상승할 때 상승을 막는 저항선으로 작용하기도 합니다. 이러한 매물대를 수평 지지/저항선이라 볼 수도 있습니다.

이전 매물대에서 지지가 일어나며 아랫 꼬리가 긴 캔들이 형성되었음. 이는 매수세가 매도세보다 우위에 있었음을 의미하며, 좋은 상승 시그널이 될 수 있음.

이전에 형성되었던 매물대

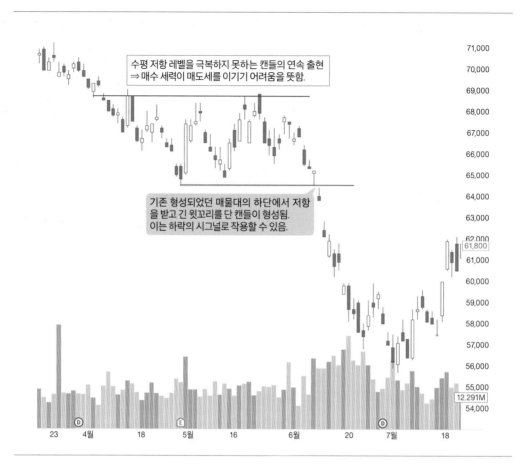

위 사례는 삼성전자의 일봉 차트이며, 캔들의 꼬리를 활용해 매물대를 파악하고 지지와 저항을 구별하는 예시를 보여주고 있습니다. 상승 혹은 하락 흐름에 발생하는 조정 과정에서 꼬리를 통해 이전 매물대에서 지지가 일어났는지, 혹은 이전 매물대에서 저항이 일어났는지 파악할 수 있습니다.

추세선 형성을 통한 지지/저항 레벨 설정

추세선(Trendline)이란 이름 그대로 가격의 변화 추세와 흐름을 읽을 수 있는 선이며, 추세선은 캔들의 고점 혹은 저점을 연결하여 작도할 수 있습니다.

추세선의 기울기가 양의 값(+)을 가지는 경우 상승 추세선이라 합니다. 상승 추세선은 주로 저점을 연결하여 작도하며, 상승을 위한 지지 레벨을 확인할 수 있습니다. 고점을 연결한 보조 추세선을 추가로 작도하여 '채널'을 작도할 수도 있습니다.

추세선의 기울기가 음의 값(-)을 가지는 경우 하락 추세선이라 합니다. 하락 추세선은 주로 고점을 연결하여 작도하며, 하락 추세 전의 저항을 확인할 수 있습니다. 마찬가지로 저점을 연결한 보조 추세선을 이용하여 '채널'을 작도할 수도 있습니다.

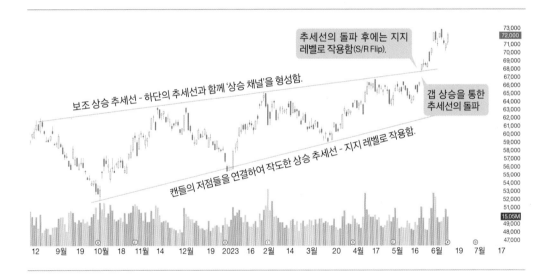

위 사례는 캔들스틱(Candlestick)을 이용하여 상승 추세선과 상승 채널을 작도한 것이며, 하단의 상승 추세선은 지지 레벨로 작용하며 계속 저점을 올려가는 모습을 관찰할 수 있습니다. 이를 Higher Low(낮아지는 저점)라 부르며 추후 Price Action 파트에서 자세히 다룰 예정입니다.

채널의 상단은 채널이 돌파(Breakout)된 후 지지 레벨로 작용하는 것을 관찰할 수 있습니다. 이는 S/R Flip이라 부르며, 이 역시 Price Action 파트에서 자세히 다룰 예정입니다.

심화 개념

추가적으로 알아볼 심화 개념은 선물시장을 포함한 복잡한 현대 시장에서의 캔들의 꼬리가 가지는 의미입니다. 캔들의 개념 자체는 매우 간단하지만, 현재의 복잡한 투자시장은 선물시장이 큰 비중을 차지하고 있으며, 크립토 마켓(Crypto Market) 등과 같이 변동성이 매우 큰 마켓 또한 많이 생겨나고 있습니다. 따라서 현물시장에서의 고전적인 캔들 해석 이외에 보다 심화된 해석이 필요한 경우가 많이 생겨났습니다. 긴 아랫꼬리가 달린 경우를 예로 들어 정리해보겠습니다.

1) 강한 급락으로 인해 발생한 호가 공백

보통 호가 예약 주문의 경우 현재가의 10% 이내 범위에서 예약 주문이 이루어집니다. 하지만 강한 급락이 발생할 경우 순간적으로 받쳐주는 호가의 공백이 발생하게 되어 추가 급락이 더 이루어지게 됩니다. 이럴 때 호가가 채워지며 추가적으로 발생한 급락에 대해서는 다시 상승이 나타나기 때문에 강한 매도·매수세 없이도 긴 아랫꼬리가 만들어질 수 있습니다.

2) 레버리지 청산을 위한 조정

변동성이 크고 레버리지를 이용한 옵션 거래가 주를 이루는 선물시장의 경우 레버리지가 과도하게 쌓이는 순간이 발생하며, 이럴 때 빠른 가격 조정으로 연쇄 청산을 유도할 때가 있습니다. 이러한 경우 강한 매도·매수세 없이도 꼬리들이 만들어질 수 있습니다. 추후 Price Action 파트에서 세력의 함정 및 손절 유도에 대해 자세히 다루도록 하겠습니다.

3) 구별 방법

긴 꼬리가 강한 매도·매수세로 인해 발생한 것인지, 후에 기술한 시장의 기술적 반등으로 인해 발생한 것인지 구별하는 방법은 특별히 정립된 바가 없습니다. 하지만 발생 원리를 떠올려본다면 두 가지 정도의 방법으로 구별이 가능합니다.

① LTF(더 낮은 타임프레임) 차트를 확인하여 급락을 확인한다.

② 추세선, 이전 매물대, 전저점 등 기존의 주요 레벨을 크게 이탈하지 않는 가격 조정인지 확인한다.

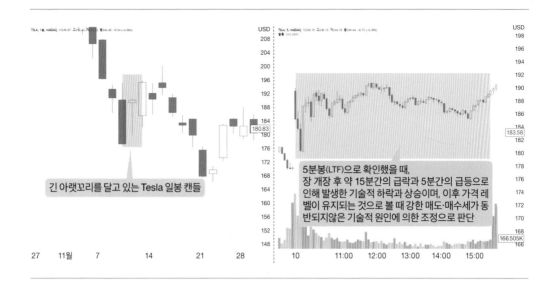

긴 아랫꼬리를 달고 있는 Tesla 일봉 캔들

5분봉(LTF)으로 확인했을 때,
장 개장 후 약 15분간의 급락과 5분간의 급등으로
인해 발생한 기술적 하락과 상승이며, 이후 가격 레
벨이 유지되는 것으로 볼 때 강한 매도·매수세가 동
반되지않은 기술적 원인에 의한 조정으로 판단

위 차트는 테슬라(Tesla)의 일봉 차트와 5분봉 차트이며, 일봉 차트에서는 긴 아랫꼬리를 달고 있는 캔들이 형성되었으나, 실제로 이 꼬리는 장 개장 후 약 20분간 형성된 기술적 급락과 반등에 의한 것으로 판단할 수 있습니다. 이렇게 판단할 수 있는 근거는 다음과 같습니다.

근거 1) 일봉상의 꼬리는 실제로는 약 20분의 매우 짧은 시간 동안 형성된 것임.
근거 2) 이후 가격 레벨이 유지되며, 꼬리가 기존의 주요 레벨을 크게 이탈하지 않음.

이번 파트에서는 단일 캔들의 형성 원리를 통해 단일 캔들에서 나타나는 시장의 움직임에 대해 알아보았습니다. 다음 파트에서는 단일 캔들의 종류에 대해 구체적으로 알아보도록 하겠습니다.

단일 캔들스틱의 종류

마루보주 캔들

장대양봉 & 장대음봉

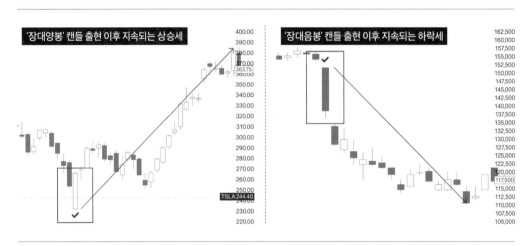

마루보주(Marubozu) 캔들은 장대양봉(White Marubozu) 혹은 장대음봉(Black Marubozu)이라고 도 부르는 가장 기본적인 캔들 중 하나입니다. 통상적으로 캔들의 몸통이 매우 길고 양쪽으로 꼬리가 없거나 매우 짧을 때 마루보주 캔들이라 부릅니다. 이러한 마루보주 캔들은 강력한 매수·매도세를 뜻하며, 마루보주 캔들이 출현한 이후에는 해당 추세가 지속될 가능성이 매우 높습니다.

위 예시 그림을 통해 마루보주 캔들이 출현한 이후 해당 방향으로 추세가 지속되는 것을 확인할 수 있습니다.

망치형 & 교수형 캔들

망치형 & 교수형

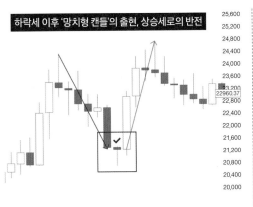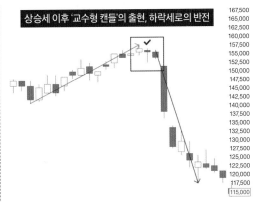

망치형(Hammer)과 교수형(Hanging Man) 캔들의 모양은 같습니다. 몸통은 비교적 짧으며, 아랫꼬리가 윗꼬리에 비해 매우 긴 캔들을 일컫습니다. 몸통의 색깔, 즉 양봉/음봉의 여부는 크게 중요하지 않으며, 발생한 위치에 따라 망치형/교수형 캔들로 나누어 해석할 수 있습니다.

망치형과 교수형 캔들은 강력한 추세 전환의 시그널(Signal)입니다. 저점에서 발생할 시 망치형 캔들이라고 하며 상승 전환의 시그널입니다. 반대로 고점에서 발생 시 교수형 캔들이라고 하며 하락 전환의 시그널입니다.

망치형 캔들의 경우 강한 매수세가 하락하는 주가를 끌어올리는 데 성공했을 때 출현하게 됩니다. 이러한 망치형 캔들이 출현한 이후에는 앞으로 주가가 상승할 가능성이 높다고 볼 수 있습니다.

교수형 캔들의 경우 주가 상승 중 만난 과도한 매도세를 겨우 끌어올렸으나 매수의 힘이 약해졌을 때 출현할 수 있습니다. 교수형 캔들의 출현은 보통 주가가 앞으로 하락할 가능성이 높다는 것을 의미합니다. 교수형 캔들의 경우 몸통이 음봉일 때 보다 더 신뢰도 높은 시그널로 볼 수 있습니다.

역망치형 & 유성형 캔들

역망치형 & 유성형

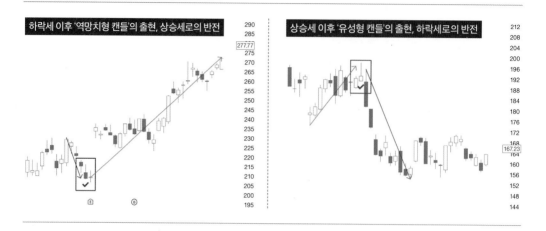

역망치형(Inverted Hammer) 캔들과 유성형(Shooting Star) 캔들은 망치형 캔들과 반대되는 모양을 가집니다. 즉 몸통이 짧으며 윗꼬리가 아랫꼬리에 비해 매우 긴 캔들을 가리켜 역망치형 캔들 혹은 유성형 캔들이라 부르며, 역시 양봉/음봉 여부보다는 발생 위치에 따라 해석이 달라집니다.

역망치형 캔들의 경우 상승 전환의 시그널이지만 망치형 캔들만큼 강한 시그널은 아닙니다. 따라서 역망치형 캔들을 투자에 이용할 때에는 반드시 추가적인 근거가 뒷받침되는 것이 좋습니다. 다음 캔들의 갭(Gap) 상승을 확인하는 것도 좋은 방법 중 하나입니다.

반면 유성형 캔들의 경우 교수형 캔들과 더불어 악재의 양대 산맥이라 불리며, 통상적으로 고점에서 발생한 후 하락 전환이 일어나게 됩니다.

스피닝 탑 & 도지 캔들

스피닝 탑 & 도지 캔들

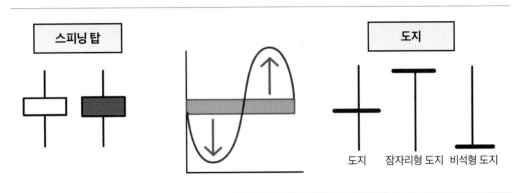

스피닝 탑(Spinning Top)과 도지(Doji) 캔들은 시가와 종가가 거의 비슷한 캔들입니다. 이는 매수세와 매도세가 비교적 팽팽하게 대립하였음을 나타내며, 추세 전환의 가능성이 높은 캔들입니다.

도지 캔들에 대해서는 캔들의 마지막 부분에서 추가적으로 다룰 예정입니다.

2

상승세 전환 패턴

이번 파트에서는 하락세에서 상승세로 전환될 때 나타나는 5가지 주요 패턴에 대해 다뤄 볼 예정입니다.

적삼병 패턴

적삼병

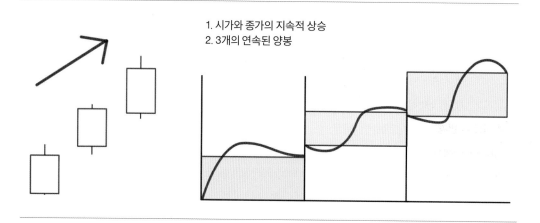

1. 시가와 종가의 지속적 상승
2. 3개의 연속된 양봉

적삼병(Three White Soldiers) 패턴은 위아래 꼬리가 비교적 길지 않은, 시가와 종가가 계속 상승하는 (장대)양봉이 3개가 연속적으로 나타날 때 발생합니다.

통상적으로 강한 매수세의 출현을 뜻하며, 하락 및 조정 국면을 거쳐 바닥이 다져진 후 출현하는 경우가 많습니다. 적삼병 패턴은 그 자체로 강한 상승을 동반하기에 적삼병 패턴이 나타난 후 하루 이틀 정도 기술적인 조정 국면이 나타날 수도 있습니다. 매수를 원하는 투자자들은 이 조정을 매수 진입 타이밍으로 이용할 수도 있습니다.

실제 사례로 알아보는 적삼병 패턴

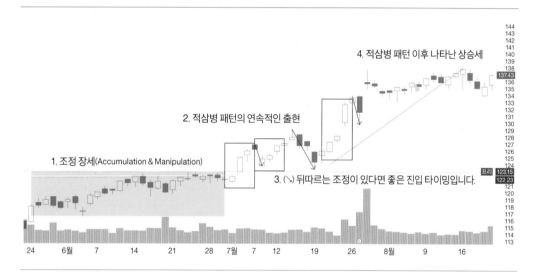

Comment

- 일반적으로 상승 국면의 전환 신호이나, 세 양봉의 길이가 갈수록 점점 작아지는 상승 적삼병은 매수 세력이 점점 약화됨을 의미하므로 매수 진입에 주의해야 합니다.
- 반대로 두 번째, 세 번째 양봉이 지나치게 급상승하는 경우 과열 국면에 진입할 수 있어 조정이 일어날 수 있습니다. (RSI 등의 보조지표를 함께 활용하면 도움이 되겠죠?)
- TradingView를 이용한다면, '적삼병 - 상승'이라는 이름의 기술적 지표(Technical Indicator)를 사용하여 쉽게 찾아낼 수 있습니다.

샛별형 패턴

샛별형

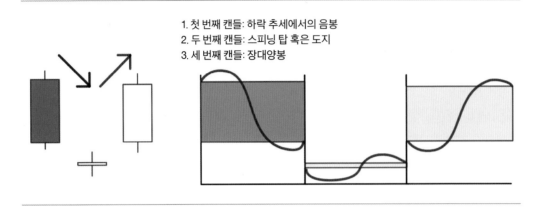

1. 첫 번째 캔들: 하락 추세에서의 음봉
2. 두 번째 캔들: 스피닝 탑 혹은 도지
3. 세 번째 캔들: 장대양봉

샛별형(Morning Star) 패턴은 다음과 같은 총 3개의 캔들로 구성됩니다.

1. 첫 번째 캔들: 하락 추세에서의 긴 음봉

2. 두 번째 캔들: 하락 갭을 두고 발생하는 작은 몸통의 스피닝 탑 혹은 도지 캔들

3. 세 번째 캔들: 다시 상승 갭이 나타난 후, 첫 번째 음봉에 상응하는 긴 장대양봉이 발생

샛별형 패턴은 강한 상승세 전환 패턴 중 하나입니다. 두 번째 캔들인 스피닝 탑 혹은 도지 캔들의 경우 매수세와 매도세가 팽팽하게 대립하였음을 의미하며, 이어서 나타나는 세 번째 캔들이 거래량을 동반한 긴 장대양봉일 경우 매수세가 매도세를 압도하였음을 의미합니다.

실제 사례로 알아보는 샛별형 패턴

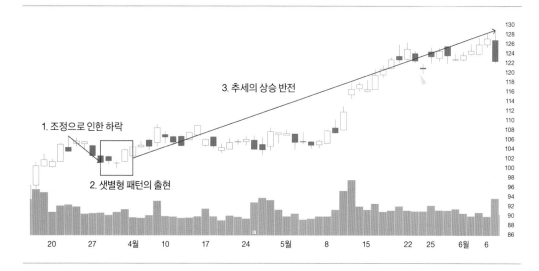

1. 조정으로 인한 하락
2. 샛별형 패턴의 출현
3. 추세의 상승 반전

- FX 혹은 크립토 마켓과 같은 24시간 장이 열려 있는 마켓에서는 갭이 발생하지 않을 수 있습니다.

- 두 번째 캔들이 음봉인 것보다는 양봉인 것이, 그리고 도지 캔들인 것이 더 신뢰도가 높습니다.

- 세 번째 캔들의 거래량이 많을수록, 양봉의 길이가 길수록 신뢰도가 높습니다.

상승 장악형 패턴 & 상승 장악 확인형 패턴

상승 장악형 & 상승 장악 확인형

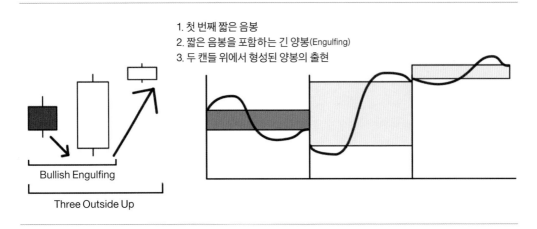

1. 첫 번째 짧은 음봉
2. 짧은 음봉을 포함하는 긴 양봉(Engulfing)
3. 두 캔들 위에서 형성된 양봉의 출현

Bullish Engulfing

Three Outside Up

상승 장악형(Bullish Engulfing) 패턴은 다음과 같은 2개의 캔들로 구성됩니다.

1. 첫 번째 캔들: 하락 추세의 마지막에 출현하는 짧은 음봉
2. 두 번째 캔들: 짧은 음봉을 완전히 감싸는 긴 양봉의 출현(Engulfing, 장악형 캔들)

이어 세 번째 캔들이 두 번째 캔들 위에서 형성되며 양봉으로 마감될 때, 상승 장악 확인형(Three Outside Up) 패턴이 완성됩니다.

상승 장악형 패턴은 빈번하게 나타나며 신뢰도가 꽤 높은 패턴입니다. 또한 두 번째 캔들의 거래량이 높아질수록 확실한 시그널을 보입니다. 하지만 상승 장악형 패턴이 발생했다고 해서 반드시 상승세로 전환되는 것은 아닙니다. 따라서 보수적인 투자를 위해서는 상승 장악형 이후의 양봉, 즉 상승 장악 확인형 패턴의 완성을 확인하고 진입하는 것을 권해드립니다.

실제 사례로 알아보는 상승 장악형 패턴

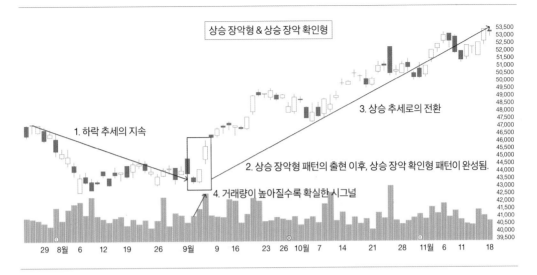

상승 장악형 & 상승 장악 확인형

1. 하락 추세의 지속

3. 상승 추세로의 전환

2. 상승 장악형 패턴의 출현 이후, 상승 장악 확인형 패턴이 완성됨.

4. 거래량이 높아질수록 확실한 시그널

29 8월 6 12 19 26 9월 9 16 23 26 10월 7 14 21 28 11월 6 11 18

Comment

• 상승 장악형 패턴이 등장한 이후 세 번째 캔들이 두 번째 캔들 위에서 만들어짐에 따라 상승 장악 확인형 패턴
이 완성되었습니다.

• 첫 번째 캔들의 크기가 작을수록, 두 번째 캔들의 크기가 클수록, 두 번째 캔들이 첫 번째 캔들을 완전히 감쌀
수록 신뢰도가 높은 패턴입니다.

• 두 번째, 세 번째 캔들의 거래량이 뒷받침될수록 신뢰도가 높은 패턴이 됩니다.

상승 잉태형 패턴 & 상승 잉태 확인형 패턴

상승 잉태형 & 상승 잉태 확인형

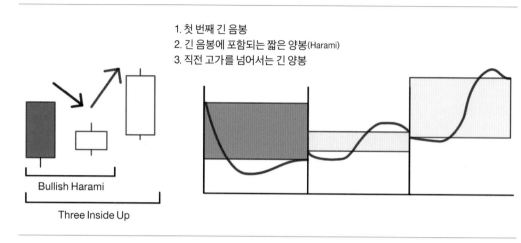

1. 첫 번째 긴 음봉
2. 긴 음봉에 포함되는 짧은 양봉(Harami)
3. 직전 고가를 넘어서는 긴 양봉

Bullish Harami

Three Inside Up

상승 잉태형(Bullish Harami) 패턴은 다음과 같은 2개의 캔들로 구성됩니다.

1. 첫 번째 캔들: 하락 추세에서의 긴 음봉
2. 두 번째 캔들: 긴 음봉에 완전히 감싸지는 짧은 양봉의 출현(Harami, 잉태형 캔들)

이어 세 번째 캔들이 두 번째 캔들 위에서 형성되며 장대양봉으로 마감될 때, 상승 잉태 확인형(Three Inside Up) 패턴이 완성됩니다.

상승 잉태형 패턴의 경우 상승 장악형 패턴의 반대 개념이라 볼 수 있습니다. 하지만 상승 잉태형(Harami)의 경우 빈번하게 나타나지만 상승 장악형(Engulfing) 패턴만큼의 급격한 반전의 신호는 아닙니다. 따라서 보수적인 투자를 위해서는 역시 상승 잉태형 패턴의 출현 이후 추세를 충분히 살핀 후 진입을 권장합니다.

실제 사례로 알아보는 상승 잉태형 패턴

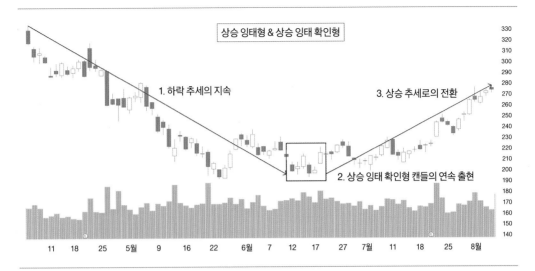

상승 잉태형 & 상승 잉태 확인형

1. 하락 추세의 지속

3. 상승 추세로의 전환

2. 상승 잉태 확인형 캔들의 연속 출현

Comment

• 상승 잉태형은 신뢰도가 높지 않지만, 상승 잉태 확인형 패턴이 완성될 경우 신뢰도가 매우 높아지게 됩니다.

• 두 번째 캔들이 도지 캔들인 경우를 상승 십자 잉태형이라고 부르며, 상승 잉태형에 비해 보다 더 강한 시그널을 나타냅니다.

상승 반격형 패턴 & 상승 관통형 패턴

상승 반격형 & 상승 관통형

1. 첫 번째 긴 음봉
2-1. 상승 반격형
   : 양봉의 종가 = 음봉의 종가
2-2. 상승 관통형
   : 양봉의 종가 > 음봉 몸통의 50%

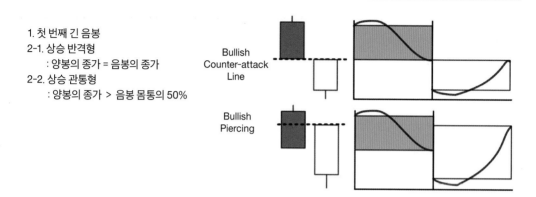

Bullish Counter-attack Line

Bullish Piercing

상승 반격형(Bullish Counter-attack Line) 패턴과 상승 관통형(Bullish Piercing) 패턴은 거의 유사한 형태를 보이며, 2개의 캔들로 구성됩니다.

● **상승 반격형**

1. 첫 번째 캔들: 하락 추세에서 나타나는 긴 음봉
2. 갭 하락이 나타났지만 양봉이 발생하며, 종가가 음봉의 종가와 비슷하게 마감

● **상승 관통형**

1. 첫 번째 캔들: 하락 추세에서 나타나는 긴 음봉
2. 갭 하락이 나타났지만 양봉이 발생하며, 종가가 음봉 몸통의 50%를 넘어서 마감

상승 반격형과 상승 관통형 패턴은 비슷한 형성 원리를 가지며, 해석 또한 동일합니다. 갭 하락을 동반한 하락세에서 상당한 매수세가 진입하였음을 의미하며, 신뢰도가 높은 시그널이라 볼 수 있습니다. 또한 당연하게도 상승 반격형보다는 상승 관통형 패턴이 보다 더 높은 신뢰도를 가집니다.

실제 사례로 알아보는 상승 반격형 패턴 & 상승 관통형 패턴

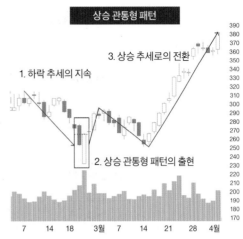

• 갭 하락 이후 강한 매수세가 동반되어 앞선 캔들의 종가 혹은 그 이상으로 주가가 상승하였음을 의미합니다.

• 거래량이 동반되는지 꼭 체크하시기 바랍니다.

다음 파트에서는 하락세 전환 패턴에 대해 알아보도록 하겠습니다. 상승세 전환 패턴과 크게 다르지 않으므로 상승세 전환 패턴을 다 숙지하였다면 크게 어려움 없이 이해할 수 있습니다.

3

하락세 전환 패턴

흑삼병 패턴

흑삼병

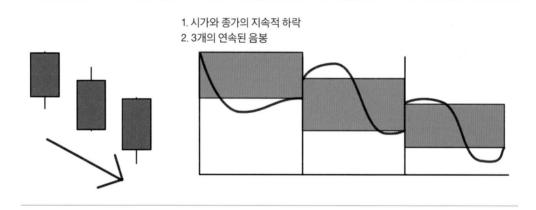

1. 시가와 종가의 지속적 하락
2. 3개의 연속된 음봉

 흑삼병(Three Black Crows) 패턴은 위아래 꼬리가 비교적 길지 않은, 시가와 종가가 계속 하락하는 (장대)음봉이 3개가 연속적으로 나타날 때 발생합니다.

 통상적으로 강한 매도세의 출현을 뜻하며, 주가가 일정 폭 이상으로 상승한 고가권에서 출현하는 경우가 많습니다. 흑삼병 패턴은 그 자체로 강한 하락을 동반하기에 패턴이 나타난 후 하루 반등하는 경우가 많이 있습니다. 이를 '적일병'이라고 부르며 현물 매수자들의 경우 매도 타이밍으로, 선물 거래의 경우 숏 포지션 진입 타이밍으로 사용할 수 있습니다.

실제 사례로 알아보는 흑삼병 패턴

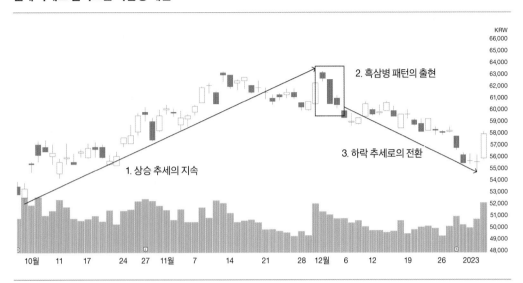

- 흑삼병 패턴은 강한 매도세의 연속적인 출현을 의미합니다.
- 특히 '첫 음봉의 종가 = 두 번째 음봉의 시가', '두 번째 음봉의 종가 = 세 번째 음봉의 시가'인 경우를 동일 흑삼병 패턴(Identical Three Crows)이라고 하며, 이는 매우 드물지만 아주 강한 하락의 신호입니다.
- TradingView를 이용한다면, '흑삼병 – 하락'이라는 이름의 기술적 지표(Technical Indicator)를 사용하여 쉽게 찾아낼 수 있습니다.

▮▮ 석별형 패턴

석별형

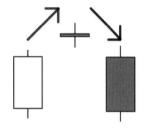

1. 첫 번째 캔들: 상승 추세에서의 양봉
2. 두 번째 캔들: 스피닝 탑 혹은 도지
3. 세 번째 캔들: 장대음봉

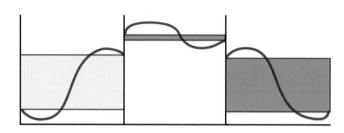

석별형(Evening Star) 패턴은 다음과 같은 총 3개의 캔들로 구성됩니다.

1. 첫 번째 캔들: 상승 추세에서의 긴 양봉
2. 두 번째 캔들: 상승 갭을 두고 발생하는 작은 몸통의 스피닝 탑 혹은 도지 캔들
3. 세 번째 캔들: 다시 하락 갭이 나타난 후, 첫 번째 양봉에 상응하는 긴 장대음봉이 발생

석별형 패턴은 강한 하락세 전환 패턴 중 하나입니다. 두 번째 캔들인 스피닝 탑 혹은 도지 캔들의 경우 매수세와 매도세가 팽팽하게 대립하였음을 의미하며, 이어서 나타나는 세 번째 캔들이 거래량을 동반한 긴 장대음봉일 경우 매도세가 매수세를 압도하였음을 의미합니다.

실제 사례로 알아보는 석별형 패턴

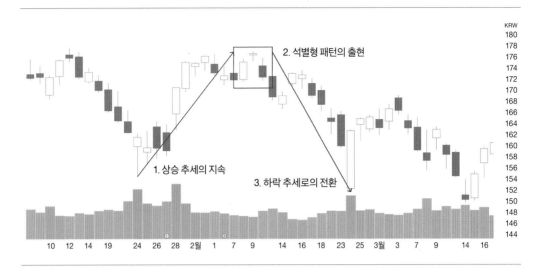

- FX 혹은 크립토 마켓과 같은 24시간 장이 열려 있는 마켓에서는 갭이 발생하지 않을 수 있습니다.

- 두 번째 캔들이 양봉인 것보다는 음봉인 것이, 그리고 도지 캔들인 것이 더 신뢰도가 높습니다.

- 세 번째 캔들의 거래량이 많을수록, 음봉의 길이가 길수록 신뢰도가 높습니다.

하락 장악형 패턴 & 하락 장악 확인형 패턴

하락 장악형 & 하락 장악 확인형

1. 첫 번째 짧은 양봉
2. 짧은 양봉을 포함하는 긴 음봉(Engulfing)
3. 두 캔들 아래에서 형성된 음봉의 출현

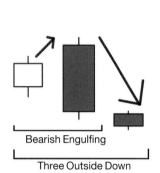
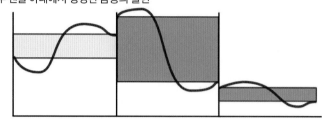

Bearish Engulfing

Three Outside Down

하락 장악형(Bearish Engulfing) 패턴은 다음과 같은 2개의 캔들로 구성됩니다.

1. 첫 번째 캔들: 상승 추세의 마지막에 출현하는 짧은 양봉
2. 두 번째 캔들: 짧은 양봉을 완전히 감싸는 긴 음봉의 출현(Engulfing, 장악형 캔들)

이어 세 번째 캔들이 두 번째 캔들 아래에서 형성되며 음봉으로 마감될 때, 하락 장악 확인형(Three Outside Down) 패턴이 완성됩니다.

하락 장악형 패턴 또한 빈번하게 나타나며 신뢰도가 꽤 높은 패턴입니다. 또한 두 번째 캔들의 거래량이 높아질수록 확실한 시그널을 보입니다. 하지만 보수적인 투자를 위해서는 하락 장악형 이후의 음봉, 즉 하락 장악 확인형 패턴의 완성을 확인하고 진입하는 것을 권해드립니다.

실제 사례로 알아보는 하락 장악형 패턴

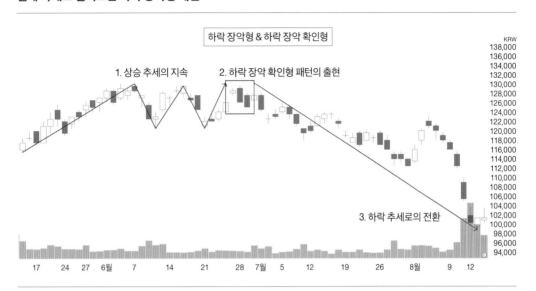

하락 장악형 & 하락 장악 확인형

1. 상승 추세의 지속

2. 하락 장악 확인형 패턴의 출현

3. 하락 추세로의 전환

- 첫 번째 봉의 크기가 작을수록 신뢰도가 높습니다.

- 두 번째 봉의 크기가 클수록, 완전히 감쌀수록 신뢰도가 높은 패턴입니다.

하락 잉태형 패턴 & 하락 잉태 확인형 패턴

하락 잉태형 & 하락 잉태 확인형 패턴

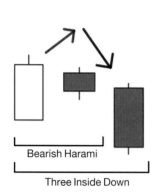

1. 첫 번째 긴 양봉
2. 긴 양봉에 포함되는 짧은 음봉(Harami)
3. 직전 저가를 하방 돌파하는 긴 음봉

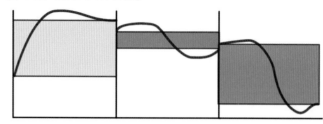

Bearish Harami

Three Inside Down

하락 잉태형(Bearish Harami) 패턴은 다음과 같은 2개의 캔들로 구성됩니다.

1. 첫 번째 캔들: 상승 추세에서의 긴 양봉
2. 두 번째 캔들: 긴 양봉에 완전히 감싸지는 짧은 음봉의 출현(Harami, 잉태형 캔들)

이어 세 번째 캔들이 두 번째 캔들 아래에서 형성되며 장대음봉으로 마감될 때, 하락 잉태 확인형(Three Inside Down) 패턴이 완성됩니다.

하락 잉태형 패턴 역시 하락 장악형 패턴만큼의 급격한 반전 신호는 아닙니다. 따라서 보수적인 투자를 위해서는 하락 잉태형 패턴의 출현 이후 추세를 충분히 살핀 후 진입을 권장합니다.

실제 사례로 알아보는 하락 잉태형 패턴

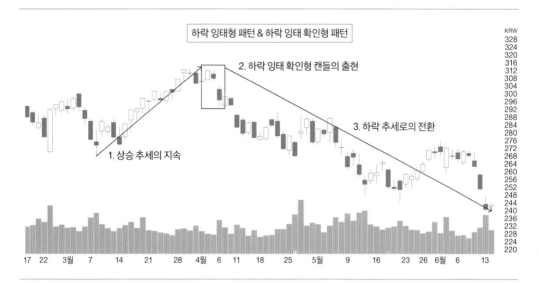

하락 잉태형 패턴 & 하락 잉태 확인형 패턴

2. 하락 잉태 확인형 캔들의 출현

3. 하락 추세로의 전환

1. 상승 추세의 지속

Comment

- 두 번째 캔들이 도지 캔들인 경우를 하락 십자 잉태형이라고 부르며, 하락 잉태형에 비해 보다 더 강한 시그널을 나타냅니다.

- 하락 잉태형은 신뢰도가 높지 않지만, 하락 잉태 확인형 패턴은 신뢰도가 높으며 자주 나타납니다.

- FX 혹은 크립토 마켓과 같은 24시간 장이 열려 있는 마켓에서는 갭이 발생하지 않을 수 있습니다.

하락 반격형 패턴 & 흑운형 패턴

하락 반격형 & 흑운형

1. 첫 번째 긴 양봉
2-1. 하락 반격형
  : 음봉의 종가 = 양봉의 종가
2-2. 흑운형
  : 음봉의 종가 < 양봉 몸통의 50%

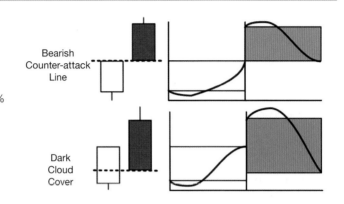

하락 반격형(Bearish Counter-attack Line) 패턴과 흑운형(Dark Cloud Cover) 패턴은 거의 유사한 형태를 보이며, 2개의 캔들로 구성됩니다.

● **하락 반격형**
1. 첫 번째 캔들: 상승 추세에서 나타나는 긴 양봉
2. 갭 상승이 나타났지만 음봉이 발생하며, 종가가 양봉의 종가와 비슷하게 마감

● **흑운형**
1. 첫 번째 캔들: 상승 추세에서 나타나는 긴 양봉
2. 갭 상승이 나타났지만 음봉이 발생하며, 종가가 양봉 몸통의 50%를 넘어서 마감

하락 반격형과 흑운형 패턴은 비슷한 형성 원리를 가지며, 해석 또한 동일합니다. 갭 상승을 동반한 상승세에서 상당한 매도세가 진입하였음을 의미하며, 신뢰도가 높은 시그널이라 볼 수 있습니다. 또한 당연하게도 '하락 반격형'보다는 '흑운형' 패턴이 보다 더 높은 신뢰도를 가집니다.

실제 사례로 알아보는 하락 반격형 패턴과 흑운형 패턴

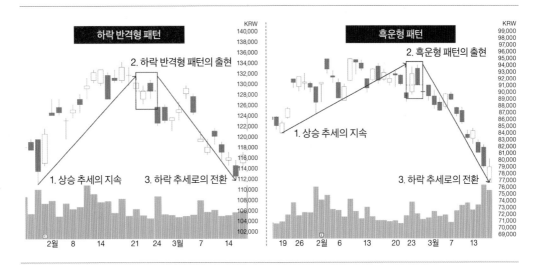

- 갭 상승 이후 강한 매도세가 동반되어 앞선 캔들의 종가 혹은 그 이상으로 주가가 하락하였음을 의미합니다.

- 거래량이 동반되는지 꼭 체크하시기 바랍니다.

4

추세 지속형 패턴

상승/하락 삼법형 패턴

상승 삼법형	하락 삼법형
1. 첫 번째 장대양봉 2. 뒤따르는 작은 음봉 Harami 무리 3. 첫 번째 장대양봉을 넘어서는 마지막 장대양봉	1. 첫 번째 장대음봉 2. 뒤따르는 작은 양봉 Harami 무리 3. 첫 번째 장대음봉보다 하락한 마지막 장대음봉

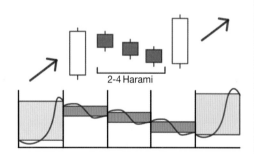

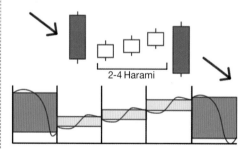

삼법형 패턴은 캔들스틱의 창시자인 혼마 무네히사의 사케다 5법이라는 차트 패턴 중 하나로, 추세 중간에 나타나는 일말의 휴식을 의미하고 있습니다.

상승 삼법형(Rising Three Methods) 패턴을 먼저 살펴보도록 하겠습니다. 상승세에서 나타나는 장대양봉 이후 2~4개의 작은 잉태형(Harami) 캔들 무리들이 나타나며 주가는 잠시 숨을 고르게 됩니다. 이때 작은 캔들 무리는 하락세 혹은 횡보세를 보이며, 작은 캔들 무리의 몸통은 첫 번째 장대양봉에 포함되어야 합니다. 잠시 휴식을 취한 후 곧 다시 첫 번째 장대양봉을 넘어서는 마지막 장대양봉이 나타난다면 다시 상승세가 지속될 것이라는 시그널이 될 수 있습니다. 이러한 일련의 과정을 상승 삼법형 패턴으로 볼 수 있습니다.

하락 삼법형(Falling Three Methods) 패턴은 상승 삼법형 패턴의 반대 개념입니다. 첫 번째 장대음봉은 하락세에서 나타나게 되며, 이후 숨을 고르는 주가는 작은 잉태형 캔들 무리들을 만들어냅니다. 잠시 휴식을 취한 후 곧 다시 첫 번째 음봉보다 하락한 장대음봉이 나타난다면 다시 하락세가 지속될 것이라는 것을 예측할 수 있습니다.

삼법형 패턴은 아주 오래전 고안된 캔들 패턴이지만, 이후에 배우게 될 플래그(Flag) 패턴이나 페넌트(Pennant) 패턴과 유사한 형성 원리를 가지고 있습니다. 실전 거래에서는 마지막 마루보주 캔들을 이용하여 상승 삼법형 패턴은 매수 혹은 선물 시장의 경우 롱 포지션 진입에, 하락 삼법형 패턴은 매도 혹은 숏 포지션 진입에 사용할 수 있습니다.

실제 사례로 알아보는 삼법형 패턴

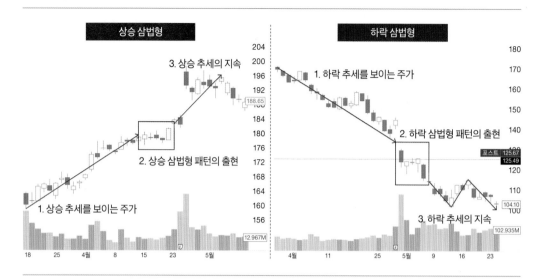

- 삼법형 패턴의 하라미 캔들은 상승 삼법형의 경우 음봉, 하락 삼법형의 경우 양봉인 것이 가장 이상적입니다.

- 작은 캔들 무리는 3개가 이상적이나 2~4개도 가능합니다.

- 적삼병/흑삼병 패턴과의 구분 방법은 형성 위치(적삼병/흑삼병: 주가의 바닥 혹은 고가권에 등장, 삼법형: 추세의 중간에 등장)를 통해 구분할 수 있습니다.

- TradingView를 이용한다면, '상승 삼법형 - 강세', '하락 삼법형 - 약세'라는 이름의 기술적 지표(Technical Indicator)를 사용하여 쉽게 찾아낼 수 있습니다.

상승/하락 갈림길형 패턴

상승 갈림길형	하락 갈림길형

상승 갈림길형

1. 상승 추세에서 나타난 음봉
2. 음봉 뒤의 갭 상승
3. 갭 상승을 지지하는 양봉 마무리

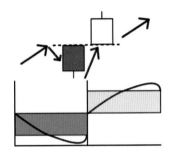

하락 갈림길형

1. 하락 추세에서 나타난 양봉
2. 양봉 뒤의 갭 하락
3. 갭 하락을 지지하는 음봉 마무리

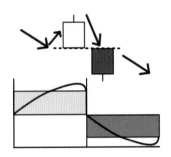

갈림길형 패턴은 2개의 캔들로 구성되는 간단한 패턴입니다.

먼저 상승 갈림길형(Bullish Separating Lines) 패턴에 대해 알아보도록 하겠습니다. 상승 갈림길형 패턴의 첫 번째 캔들은 상승 추세에서 나타난 음봉입니다. 음봉 뒤에는 음봉의 시가와 비슷한 레벨까지의 갭 상승이 나타나며, 이를 지지하는 양봉으로 마무리되는 패턴입니다.

하락 갈림길형(Bearish Separating Lines) 패턴의 경우 상승 갈림길형 패턴과 반대 개념입니다. 하락 추세에서 나타난 양봉이 첫 번째 캔들이 되며, 이후 양봉의 시가와 일치하는 갭 하락이 나타납니다. 패턴은 갭 하락을 지지하는 음봉으로 마무리됩니다.

갈림길형 패턴은 상승세 전환 패턴과 하락세 전환 패턴에서 알아보았던 반격형(Counter-attack Line) 캔들과 형태가 유사하나 양봉, 음봉의 배열이 반대 구조를 가지고 있습니다. 상승 혹은 하락장에서 나타난 반대 색깔의 캔들을 완전히 지우는 두 번째 캔들이 나타나는 것이 특징이며, 이 두 번째 캔들이 추세 지속 캔들의 의미를 가진다고 볼 수 있습니다.

실제 사례로 알아보는 갈림길형 패턴

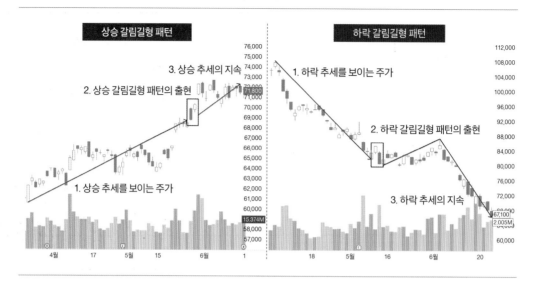

Comment

- 상승 갈림길형 패턴의 경우, 상승 추세에서의 음봉 출현 이후 다시 음봉의 시가만큼의 갭 상승이 일어납니다. 이를 통해 상승 추세를 지속하기 위한 Market Maker들의 의도를 읽을 수 있습니다.
- 마찬가지로 하락 갈림길형 패턴의 경우, 하락 추세에서의 양봉 출현 이후 다시 양봉의 시가만큼의 갭 하락이 일어납니다. 이를 통해 하락 추세를 지속하기 위한 Market Maker들의 의도를 읽을 수 있습니다.

강세/약세 삼선 반격형 패턴

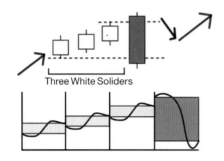

강세 삼선 반격형
1. 적삼병 패턴의 출현
2. 적삼병 패턴을 하회하는 긴 음봉

Three White Soliders

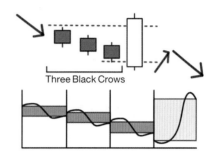

약세 삼선 반격형
1. 흑삼병 패턴의 출현
2. 흑삼병 패턴을 상회하는 긴 양봉

Three Black Crows

삼선 반격형 패턴은 4개의 캔들로 구성되는 패턴이며 '일시적 반전'의 의미를 가지는 캔들 패턴입니다.

먼저 강세 삼선 반격형(Bullish Three-Line Strike) 패턴에 대해 알아보도록 하겠습니다. 강세 삼선 반격형 패턴의 처음 3개 캔들은 적삼병 패턴을 보입니다. 이후 적삼병 패턴을 하회하는 긴 음봉이 출현하게 되며, 긴 음봉으로 인해 추세는 잠시 하락세로 전환됩니다. 그러나 이러한 하락세는 잠시 유지될 뿐이며, 곧 다시 재반전되며 삼선 반격형 패턴이 완성됩니다.

약세 삼선 반격형(Bearish Three-Line Strike) 패턴의 경우 처음 3개의 캔들은 흑삼병 패턴을 보이며, 뒤이어 흑삼병을 상회하는 긴 양봉이 출현하게 됩니다. 긴 양봉으로 인해 잠시 상승세를 보이게 되지만, 추세는 곧 다시 하락 반전을 이루게 됩니다.

삼선 반격형 패턴은 선물시장에서는 세력들의 Stop Hunting 혹은 Inducement를 의미하는 경우가 많습니다. 9장 Price Action 파트에서 자세히 다룰 예정입니다.

실제 사례로 알아보는 삼선 반격형 패턴

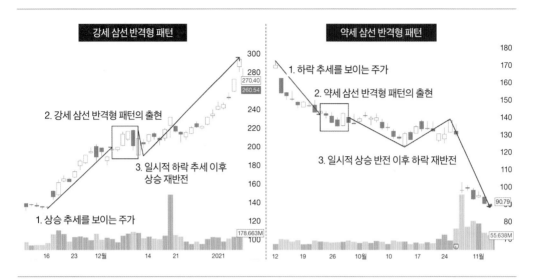

강세 삼선 반격형 패턴

2. 강세 삼선 반격형 패턴의 출현

3. 일시적 하락 추세 이후 상승 재반전

1. 상승 추세를 보이는 주가

약세 삼선 반격형 패턴

1. 하락 추세를 보이는 주가

2. 약세 삼선 반격형 패턴의 출현

3. 일시적 상승 반전 이후 하락 재반전

Comment

- 적삼병/흑삼병 패턴은 추세의 바닥 혹은 고가권에서 나타나지만, 삼선 반격형 패턴은 추세의 중간에 나타난다는 차이점이 있습니다.

- 강세 삼선 반격형(Bullish Three-Line Strike)을 바보 적삼병(Fooling Three Soldiers)이라 칭하기도 합니다. 바보 적삼병 캔들의 고가를 진입가, 저가를 손절가로 설정하여 매수하는 전략도 유효합니다.

- 약세 삼선 반격형(Bearish Three-Line Strike)을 바보 흑삼병(Fooling Three Crows)이라 칭하기도 합니다. 바보 흑삼병 캔들의 경우 저가를 진입가, 고가를 손절가로 설정하여 숏 포지션에 진입할 수 있습니다.

상승/하락 타스키 갭형 패턴

상승 타스키 갭형	하락 타스키 갭형
1. 상승 갭이 존재해야 함.	1. 하락 갭이 존재해야 함.
2. 음봉의 시가: 양봉 몸통 내 / 종가: 양봉 몸통 아래	2. 양봉의 시가: 음봉 몸통 내 / 종가: 음봉 몸통 위
3. 갭이 지지 구간이 되어야 함.	3. 갭이 저항 구간이 되어야 함.

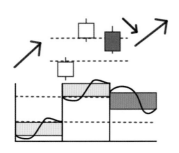 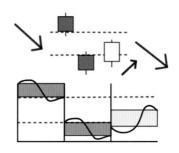

타스키 갭형 패턴은 총 3개의 캔들로 구성됩니다. 첫 번째 캔들과 두 번째 캔들 사이에는 갭이 존재하게 되며, 이 갭 사이에 세 번째 캔들이 위치하는 형태를 보입니다.

상승 타스키 갭형(Upside Gap Tasuki) 패턴부터 알아보도록 하겠습니다. 처음 두 캔들 사이에는 갭 상승이 존재합니다. 이후 나타나는 세 번째 캔들이 타스키 갭형 패턴의 핵심입니다. 세 번째 캔들의 경우 음봉이며, 시가는 두 번째 캔들의 몸통 내에, 종가는 몸통 아래에 위치하게 됩니다. 또한 처음 등장한 갭이 지지 구간으로 작용하게 되는 것이 특징입니다.

하락 타스키 갭형(Downside Gap Tasuki) 패턴에는 갭 하락이 존재합니다. 이후 나타나는 세 번째 캔들은 양봉이며, 시가는 두 번째 캔들의 몸통 내에, 종가는 몸통 위에 위치하게 됩니다. 또한 처음 등장한 갭이 저항 구간으로 작용하게 됩니다.

마지막 타스키형 캔들이 갭의 지지 혹은 저항을 받을 때 우리는 추세가 지속될 것이라 짐작할 수 있습니다.

실제 사례로 알아보는 타스키 갭형 패턴

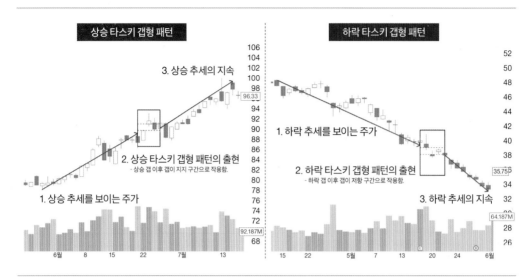

상승 타스키 갭형 패턴

3. 상승 추세의 지속

2. 상승 타스키 갭형 패턴의 출현
- 상승 갭 이후 갭이 지지 구간으로 작용함.

1. 상승 추세를 보이는 주가

하락 타스키 갭형 패턴

1. 하락 추세를 보이는 주가

2. 하락 타스키 갭형 패턴의 출현
- 하락 갭 이후 갭이 저항 구간으로 작용함.

3. 하락 추세의 지속

Comment

- TradingView를 이용한다면, '상향 타스키 갭 - 강세', '하방 타스키 갭 - 약세'라는 이름의 기술적 지표(Technical Indicator)를 사용하여 쉽게 찾아낼 수 있습니다.

- 첫 번째 타스키 캔들과 두 번째 캔들의 크기는 유사한 것이 이상적입니다.

- 세 번째 캔들이 확인된다면 두 번째 타스키 캔들의 종가 지점에서 진입하는 전략도 무방합니다.

(상승 타스키 갭형의 경우 매수 혹은 포지션/하락 타스키 갭형의 경우 숏 포지션)

하락 지속 캔들 총정리

On Neck	In Neck	Thrusting Line
1. 하락 추세 + 긴 음봉	1. 하락 추세 + 긴 음봉	1. 하락 추세 + 긴 음봉
2. 두 번째 캔들 '하락 갭' 시작	2. 두 번째 캔들 '하락 갭' 시작	2. 두 번째 캔들 '하락 갭' 시작
3. 양봉의 종가가 전일 저가 하회	3. 양봉의 종가가 음봉의 몸통 아래	3. 양봉의 종가가 음봉의 50% 하회

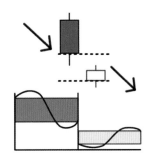 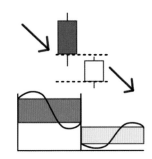 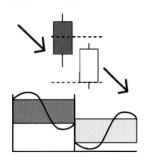

하락 지속 캔들 패턴인 On Neck, In Neck, Thrusting Line 캔들은 모두 형성 원리와 개념이 동일합니다.

하락 추세 중에 몸통이 긴 음봉이 첫 번째 캔들을 구성합니다. 이후 갭 하락이 나타나게 되며, 두 번째 캔들은 양봉이지만 거래량에 비해 상승력이 미약합니다. 이는 매수세가 존재하였으나, 매도세를 이길 정도는 아니었음을 의미합니다. 종가의 기준은 다음과 같습니다.

1. On Neck: 전일 저가를 돌파하지 못함.

2. In Neck: 전일 저가는 돌파하였으나, 몸통 내로 진입하지 못함.

3. Thrusting Line: 전일 종가를 돌파하였으나, Mid-Point는 넘지 못함.

실제 사례로 알아보는 하락 지속 캔들 패턴

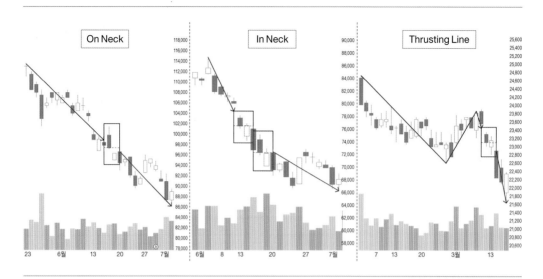

Comment

- 위 캔들 패턴은 LTF에서도 활용도가 높습니다.

- 무조건적인 하락 지속을 의미하는 캔들은 아니므로 다른 근거들을 종합적으로 보고 판단을 내리는 과정이 반드시 필요합니다.

5

도지 캔들 패턴

도지 캔들의 기초

도지 캔들(Doji Candlestick)이란 시가와 종가가 같거나 거의 비슷해서 마치 십자가처럼 보이는 캔들을 말합니다. 먼저 도지 캔들의 형성 원리부터 확인해보도록 하겠습니다. 도지 캔들은 크게 다음과 같은 세 가지 경우에 형성될 수 있습니다.

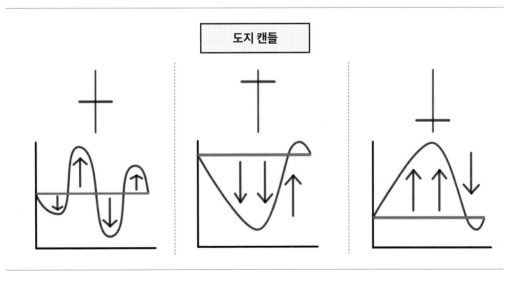

도지 캔들

1. 강세 예상 트레이더와 약세 예상 트레이더들이 거의 비슷한 정도의 세기로 엎치락뒤치락했을 때
2. 약세 예상 트레이더들이 가격을 하방으로 가능한 만큼 끌어내렸으나, 곧 강세 예상 트레이더들이 원점 수준으로 끌어올린 경우
3. 강세 예상 트레이더들이 가격을 상방으로 올려놓았으나, 약세 예상 트레이더들에 의해 다시 원상복귀 된 경우

통상적으로 도지 캔들은 추세 전환의 캔들이라고 알려져 있습니다. 하지만 실제 거래에 임할 경우에는 이러한 단순한 공식이 성립되지 않는 경우가 많이 관찰됩니다.

사례를 통해 살펴보도록 하겠습니다.

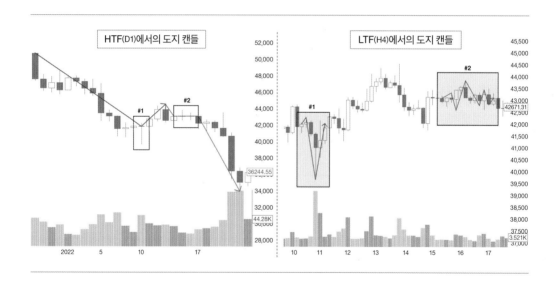

#1의 도지 캔들의 경우는 추세 반전에 성공하였습니다. 하지만 #2의 도지 캔들은 2회 연속으로 나타났음에도 하락 추세를 반전시키지 못했네요.

앞서 〈캔들의 기초〉 편에서 캔들스틱의 형성 원리에 대해 알아보았습니다. 캔들은 일정 프레임의 단위시간에 대한 시장의 흐름을 담고 있습니다. 즉 HTF(High Time Frame, 높은 타임프레임)에서는 같은 도지 캔들로 보일지라도 LTF(Low Time Frame, 낮은 타임프레임)에서는 다른 흐름

을 관찰할 수 있습니다.

　#1 도지 캔들의 경우 이전부터 지속되었던 강한 하락 추세로 인한 매도세가 나타납니다. 하지만 곧이어 강한 매수세가 유입되며 상승 추세로의 변화가 관찰됩니다. #2 도지 캔들의 경우 LTF에서 확인해보았을 때 뚜렷한 추세의 전환보다는, 엎치락뒤치락하는 움직임만 관찰됩니다.

　실제로 이러한 경우 오히려 추세 지속의 모멘텀을 얻는 경우도 많이 있습니다.

'도지 캔들 = 추세 전환'으로 단순 암기하는 것은
빠르게 변화하는 시장에서 잘못된 확신을 심어줄 수 있습니다.
LTF에서 도지 캔들을 한번 더 들여다보는 습관을 들이신다면
도지 캔들만을 맹신하는 일은 줄어들 것입니다.

　다음 파트에서는 보다 확실한 의미를 가지는 두 종류의 도지 캔들에 대해 좀 더 자세히 알아보도록 하겠습니다.

잠자리형 도지와 비석형 도지

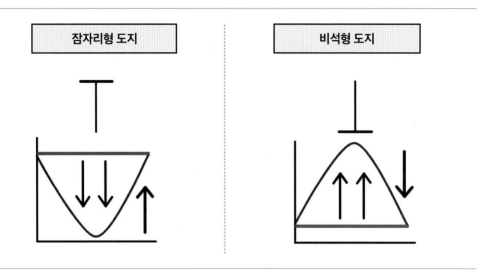

| 잠자리형 도지 | 비석형 도지 |

두 도지 캔들은 보다 확실하게 추세 반전을 나타내는 캔들입니다.

잠자리형 도지 캔들은 앞에서 본 망치형 캔들과 유사한 형태입니다. 저점에서 발생할 시 강세 잠자리형 캔들(Bullish Dragonfly), 고점에서 발생 시 약세 잠자리형 캔들(Bearish Dragonfly)이라 부릅니다. 상승 전환을 의미하는 강세 잠자리형 캔들이 보다 확실한 시그널을 보입니다.

실제 사례로 알아보는 잠자리형 도지 캔들

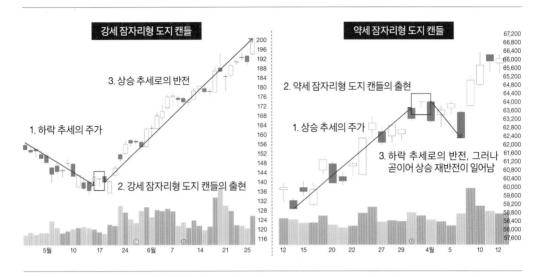

비석형 도지 캔들은 앞에서 본 유성형 캔들과 유사한 형태입니다. 마찬가지로 저점에서 발생할 시 강세 비석형 캔들(Bullish Gravestone), 고점에서 발생할 시 약세 비석형 캔들(Bearish Gravestone)이라 부릅니다. 비석형 캔들의 경우 하락 전환을 의미하는 약세 비석형 캔들이 보다 확실한 시그널을 보입니다.

실제 사례로 알아보는 비석형 도지 캔들

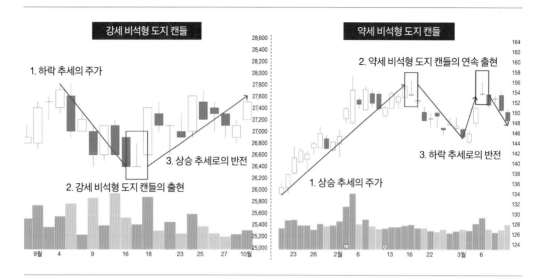

강세 비석형 도지 캔들

1. 하락 추세의 주가

2. 강세 비석형 도지 캔들의 출현

3. 상승 추세로의 반전

약세 비석형 도지 캔들

2. 약세 비석형 도지 캔들의 연속 출현

1. 상승 추세의 주가

3. 하락 추세로의 반전

Comment

- Long-Legged Doji란 위아래 꼬리가 모두 존재하나 한쪽 꼬리가 다른 한쪽에 비해 긴 경우를 뜻합니다.

- 시그널의 강도는 당연하게도 Dragonfly, Gravestone > Long-Legged > Normal Doji 순입니다.

상승/하락 세 십자형 패턴

<table>
<tr><td>상승 세 십자형</td><td>하락 세 십자형</td></tr>
</table>

상승 세 십자형	하락 세 십자형
1. 상당 기간 지속된 하락 추세 2. 3연속 도지 캔들 출현 3. 세 번째 도지 캔들은 두 번째보다 상승	1. 상당 기간 지속된 상승 추세 2. 3연속 도지 캔들 출현 3. 세 번째 도지 캔들은 두 번째보다 하락

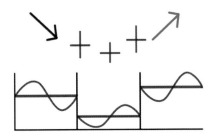 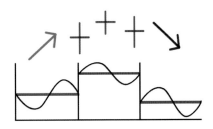

세 십자형 패턴은 상당 기간 지속된 추세 속에서 나타나며, 드물게 나타나지만 강한 시그널을 보이는 패턴입니다.

상승 세 십자형(Bullish Tri-Star) 패턴은 상당 기간 지속된 하락 추세 끝에 나타납니다. 3개의 도지 캔들이 연속해서 나타나며, 세 번째 도지 캔들이 두 번째보다 상승한 형태를 보일 때 상승 세 십자형 패턴이 완성됩니다.

하락 세 십자형(Bearish Tri-Star) 패턴의 경우 상당 기간 지속된 상승 추세 끝에 나타나며, 역시 3개의 도지 캔들이 연속하여 나타나게 됩니다. 이때 세 번째 도지 캔들은 두 번째보다 하락한 형태를 보이게 됩니다.

세 십자형 패턴에서 첫 번째, 두 번째 도지 캔들의 연속 출현은 상당 기간 지속된 추세가 약해짐을 의미합니다. 마지막 세 번째 도지 캔들이 추세 반전을 나타내는 캔들이라 볼 수 있습니다.

실제 사례로 알아보는 세 십자형 패턴

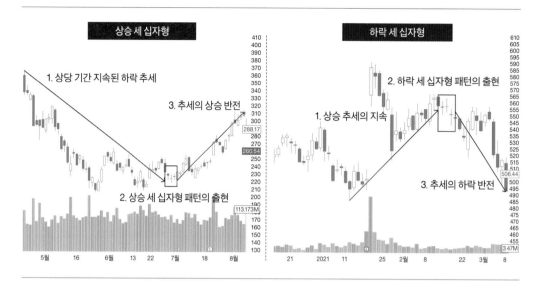

- 이상적인 형태는 3개의 도지 캔들의 출현이지만 작은 몸통, 즉 스피닝 탑의 형태로 나타나는 것도 세 십자형
  패턴으로 간주할 수 있습니다.

상승/하락 십자 잉태형 패턴

상승 십자 잉태형	하락 십자 잉태형
1. 하락 추세 + 긴 음봉	1. 상승 추세 + 긴 양봉
2. 음봉에 포함되는 도지	2. 양봉에 포함되는 도지
3. 도지 캔들 이후 상승세 확인(Confirmation)	3. 도지 캔들 이후 하락세 확인(Confirmation)

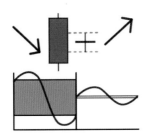
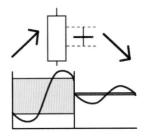

십자 잉태형 패턴은 앞서 살펴보았던 상승/하락 잉태형 패턴과 매우 유사한 패턴입니다.

상승 십자 잉태형(Bullish Harami Cross) 패턴의 경우 상승 잉태형 패턴과 동일하며, 두 번째 캔들이 도지 캔들의 형태를 보일 때 상승 십자 잉태형 패턴이라 부릅니다. 상승 잉태형 패턴과 마찬가지로 도지 캔들 이후 상승세를 추가로 확인하는 과정이 동반될 때 신뢰도가 상승하게 됩니다.

하락 십자 잉태형(Bearish Harami Cross) 패턴 역시 하락 잉태형 패턴과 동일하며, 두 번째 캔들만 도지 캔들의 형태를 띤다는 차이점이 있습니다. 마찬가지로 도지 캔들 이후 하락세를 확인하고 진입하는 것이 좋습니다.

십자 잉태형 패턴에서 두 번째 도지 캔들은 시장의 망설임, 즉 추세의 변화 가능성을 의미합니다. 세 번째 캔들을 이용하여 매수/매도 포지션에 진입할 수 있습니다. 상승 십자 잉태형 패턴에서 '롱 포지션 진입: 세 번째 캔들(Confirmation Candle, 검증 캔들) / 손절가 설정: 첫 번째 음봉 혹은 도지의 저가'를 이용할 수 있으며, 하락 십자 잉태형 패턴의 경우 '숏 포지션 진입: Confirmation Candle / 손절가 설정: 첫 번째 양봉 혹은 도지의 고가'를 이용할 수 있습니다.

단, 목표가는 하라미 캔들만으로 설정할 수는 없습니다.

실제 사례로 알아보는 십자 잉태형 패턴

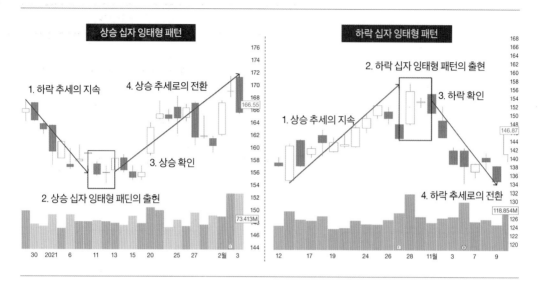

Comment

- 확인(Confirmation) 과정 없는 진입은 다소 위험한 투자가 될 수 있습니다.
- RSI 등의 보조지표 혹은 Price Action 등의 다양한 추가적인 근거를 확보하는 것은 언제나 승률을 높이는 데 도움을 줄 수 있습니다.

6

심화 캔들 패턴

▮▌ 철길 캔들 패턴

철길 캔들

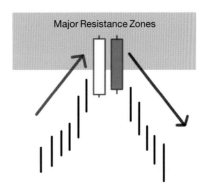

상승 철길 패턴	하락 철길 패턴
1. 2개의 나란한 캔들, 강한 음봉 후 강한 양봉 2. 두 캔들의 길이는 유사함. 3. 두 번째 캔들의 종가는 첫 번째 캔들의 시가보다 낮음.	1. 2개의 나란한 캔들, 강한 양봉 후 강한 음봉 2. 두 캔들의 길이는 유사함. 3. 두 번째 캔들의 종가는 첫 번째 캔들의 시가보다 높음.

철길 패턴은 굉장히 단순한 반전 캔들 패턴이지만 아주 강력한 패턴 중 하나입니다. 철길 패턴은 가격이 강력하게 움직이면서 큰 마루보주 캔들이 만들어지며 시작됩니다. 하지만 바로 뒤에 형성되는 거의 똑같은 길이의 마루보주 캔들이 그 전 캔들의 카운터 펀치 역할을 하게 됩니다. 이 2개의 나란한 캔들이 철길 모양을 하고 있어 철길(Railroad Tracks) 패턴이라는 이름이 붙었습니다.

상승 철길(Bullish Railroad Tracks) 패턴은 강한 하락 마루보주 캔들과 그 뒤를 잇는 거의 비슷한 상승 마루보주 캔들로 구성됩니다. 이는 가격을 주도하였던 '곰(Bearish)' 세력이 '황소(Bullish)' 세력의 모멘텀에 역전되었다는 의미를 가집니다. 주로 주요 지지 구간(Major Support Zone)에서 일어날 가능성이 높으며, 상승세 전환 패턴으로 볼 수 있습니다.

하락 철길(Bearish Railroad Tracks) 패턴은 반대로 강한 상승 마루보주 캔들과 그 뒤를 잇는 강한 하락 마루보주 캔들로 구성됩니다. 가격을 주도하였던 황소(Bullish) 세력이 곰(Bearish) 세력의 모멘텀에 역전되었다는 의미를 가지며 주로 주요 저항 구간(Major Resistance Zone)에서 일어날 가능성이 높으며, 하락세 전환 패턴으로 볼 수 있습니다.

철길 패턴을 실전 거래에서 이용하는 규칙에 대해 알아보도록 하겠습니다.

● **진입(Entry)**
철길 패턴의 경우 두 번째 캔들의 종가가 형성된 후 진입하는 것이 원칙입니다. 즉 패턴이 완성되기 전 진입은 지양하는 것이 좋습니다.

● **손절가(Stop Loss)**
　1) 상승 철길 패턴
　　· 두 캔들의 Lowest Low(저가), 혹은 그 하방
　2) 하락 철길 패턴
　　· 두 캔들의 Highest High(고가), 혹은 그 상방

철길 패턴 역시 다른 트레이딩 도구와 합쳐져 근거가 중첩되었을 때 더 높은 신뢰도를 보일 수 있습니다.

실제 사례로 알아보는 철길 패턴

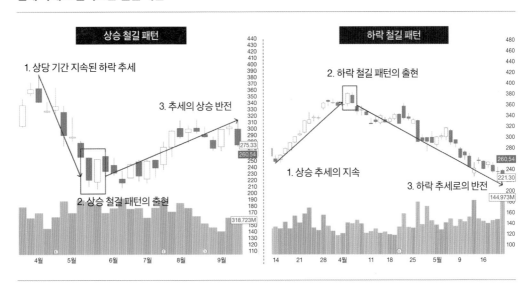

• 좌측은 테슬라의 주봉 차트입니다. 필자의 경험상 철길 패턴은 주봉 등의 HTF에서 자주 출현하는 경우가 많으며, 신뢰도 또한 높아 반전의 타이밍을 예측하기에 유용합니다.

트위저 탑 & 바텀 캔들 패턴

'Tweezers'란 쪽집게를 의미합니다. 즉 쪽집게처럼 뾰족한 꼬리가 달리고, 끝이 비슷한 2개의 캔들스틱 패턴을 생각하시면 될 것 같습니다.

트위저 탑 & 바텀

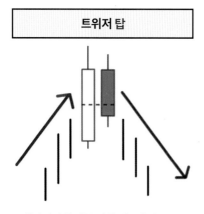

트위저 탑	트위저 바텀
1. 2개의 나란한 캔들, 강한 양봉 후 음봉	1. 2개의 나란한 캔들, 강한 음봉 후 양봉
2. 음봉의 종가는 양봉 몸통의 절반 이하	2. 양봉의 종가는 음봉 몸통의 절반 이상
3. 두 캔들의 고가의 높이는 유사한 것이 좋다.	3. 두 캔들의 저가의 높이는 유사한 것이 좋다.

트위저 탑 & 바텀(Tweezers Top & Bottom) 캔들 패턴은 추세 움직임의 마지막에서 반전형 패턴(Reversal Pattern)의 한 형태로 주로 나타납니다.

첫 번째 캔들과 두 번째 캔들은 양봉-음봉 혹은 음봉-양봉 형태의 반대되는 캔들로 나타나게 되며, 두 캔들 꼬리의 높이가 매우 비슷한 형태를 보입니다. 이는 '비슷한 높이에서 여러 번 지지/저항이 나타났으며, 저점이나 고점을 갱신하는 데 실패하였다'는 의미를 담고 있습니다. 철길 캔들과는 두 번째 캔들의 몸통의 길이와 두 캔들의 위아래 꼬리의 차이에서 주요한 차이를 보입니다.

트위저 탑 캔들 패턴은 강한 양봉과 뒤따르는 음봉으로 구성됩니다. 이때 두 캔들의 고점, 즉 꼬리의 높이는 거의 같아야 하며, 두 번째 캔들의 종가는 첫 번째 캔들 몸통의 중간 지점보다 더 낮아야 합니다. 트위저 탑이 발생한 위치는 저항선의 역할을 할 가능성이 높으며, 하락 반전형 패턴으로 볼 수 있습니다.

트위저 바텀 캔들 패턴은 강한 음봉과 뒤따르는 양봉으로 구성됩니다. 이때 두 캔들의 저점은 거의 같아야 하며, 두 번째 캔들의 종가는 첫 번째 캔들 몸통의 중간 지점보다 더 높아야 합니다. 트위저 바텀이 일어난 위치는 지지선의 역할을 할 가능성이 높으며, 상승 반전형 패턴으로 볼 수 있습니다.

트위저 캔들 패턴을 실전 거래에서 이용하는 규칙에 대해 알아보도록 하겠습니다.

● **진입(Entry)**
- **트위저 탑**
  두 번째 캔들의 종가가 형성된 후, 종가 아래에서 숏 포지션을 진입할 수 있습니다.
- **트위저 바텀**
  두 번째 캔들의 종가가 형성된 후, 종가 위에서 매수 혹은 롱 포지션을 진입할 수 있습니다.

● **손절가(Stop Loss)**
- **트위저 탑**
  두 캔들의 Highest High(고가), 혹은 그 상방
- **트위저 바텀**
  두 캔들의 Lowest Low(저가), 혹은 그 하방

트위저 캔들 패턴 역시 다른 트레이딩 도구와 합쳐져 근거가 중첩되었을 때 더 높은 신뢰도를 보일 수 있습니다.

실제 사례로 알아보는 트위저 탑 & 바텀 패턴

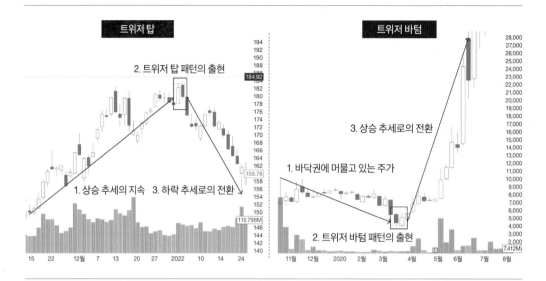

• 우측은 두산퓨얼셀의 주봉 차트로 트위저 패턴 역시 HTF에서 자주 찾아볼 수 있습니다.

2장

추세선과 채널

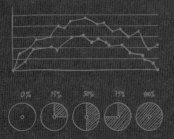

추세선의 기초

▐▮▌ 추세선이란?

추세선(Trendline)은 '2개 이상의 명확한 변곡점(Inflection Point, 고점 및 저점)을 기준으로 그어진 선'을 의미합니다. 추세선을 작도할 때는 고점은 고점끼리, 저점은 저점끼리 이어서 작도해야 합니다. 또한 가격의 추세가 우상향 중인지, 우하향 중인지에 따라 고점/저점의 선택 여부 또한 달라지므로 이를 명확히 구분해야 합니다.

추세선은 크게 '상승 추세선'과 '하락 추세선'의 두 가지 종류로 나누어볼 수 있습니다.

추세선이란?

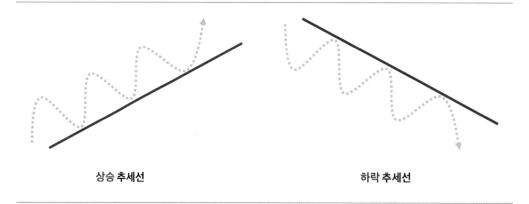

상승 추세선   하락 추세선

상승 추세선: Uptrend Line

우상향하는 상승 추세선의 경우, 가격 움직임상의 저점(Low/Trough)을 연결합니다. 이는 가격이 계속해서 상승할 수 있도록 하는 지지(Support) 구간으로 작용하게 됩니다.

하락 추세선: Downtrend Line

우하향하는 하락 추세선의 경우 고점(Swing High/Peak)을 연결합니다. 이는 가격의 상승을 막고 하락으로 이끄는 저항(Resistance) 구간으로 작용하게 됩니다.

Key Point

1) 추세선이 작도되었다면 그 선을 넘어서는 움직임이 나타나서는 안 됩니다.

2) 두 점만을 이용하여 작도한 추세선은 임시(Provisional, Tentative) 추세선이라 할 수 있습니다.

3) 앞선 임시 추세선을 재차 테스트(Retest)해야 추세선이 확인(Confirmation)되며 이를 유효한(Valid) 추세선으로 볼 수 있습니다.

추세선의 특성 파악하기

단기/중기/장기 추세선

추세선은 얼마나 많은 가격 움직임이 내포돼 있는가에 따라 단기 추세선과 장기 추세선으로 구분할 수 있습니다. 각 기간을 구분하는 기준은 상대적인 것으로 명확히 정해져 있지는 않습니다.

이해가 쉽게 되지 않는다면 하나의 추세선을 작도한 후, 타임프레임(Timeframe)을 다르게 설정해보는 것도 장기/단기 추세선을 직관적으로 이해하는 하나의 방법이 될 수 있습니다.

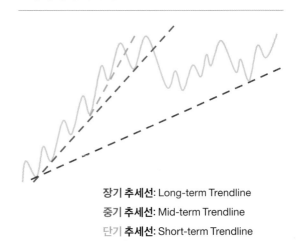

단기/중기/장기 추세선

장기 추세선: Long-term Trendline
중기 추세선: Mid-term Trendline
단기 추세선: Short-term Trendline

지지와 저항의 역할

점차 높아지는 저점(Higher Low)을 바탕으로 작도한 상승 추세선은 지지 역할을, 반대로 점차 낮아지는 고점(Lower High)을 이용하여 작도한 하락 추세선은 저항 역할을 하게 됩니다. 닭이 먼저인지, 달걀이 먼저인지는 알 수 없으나 투자자들은 추세선 상단에서는 매수(또는 롱 포지션) 주문을, 하단에서는 매도(또는 숏 포지션) 주문을 주로 진행하며, 이는 다시 지지/저항이 더

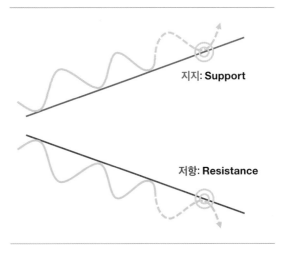

지지&저항

지지: **Support**

저항: **Resistance**

욱 잘 나타나게 만드는 요인으로 작용합니다.

즉 추세선은 단순한 선이 아닌 투자자들의 투자 심리, 감정이 반영된 행동의 결과인 셈입니다.

추세선의 무효화

정성껏 작도한 추세선이라도 이를 돌파당하며 이탈을 보일 시 무효화(Invalidation)될 수 있습니다. 물론 이를 오해해서는 안 됩니다. '추세선의 무효화'가 의미하는 바는 우리가 작도한 추세선이 완전히 무용지물이 되었다는 것은 아닙니다. 즉 무효화된 추세선도 새로운 의미를 가지게 됩니다.

다음 패턴 파트에서 다루게 될 헤드 앤 숄더(Head & Shoulder) 패턴의 목선

추세선의 무효화

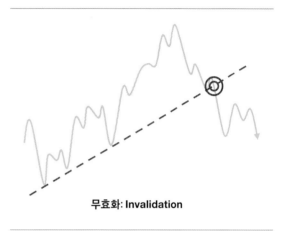

무효화: Invalidation

(Neck Line)이 바로 '무효화'의 대표적인 예라 할 수 있습니다. 비록 목선의 이탈이 일어나면 해당 추세선은 무효화되나, 이를 다시 트레이딩에 이용할 수 있습니다.

이탈 시 리테스트 전략

추세선을 이탈하는 움직임이 나타나면 해당 추세선의 역할이 바뀌게 됩니다. 상승 추세선의 경우 이탈 전까지 지지(Support)의 역할을 하였다면, 이탈 후 저항선(Resistance Line)으로 작용하게 되는 것입니다. 이를 S/R Flip(Support/Resistance Flip)이라 하며, 이탈 후 추세선을 다시 리테스트(Retest)하는 경우 좋은 트레이딩 진입 구간이 될 수 있습니다.

ⅡⅢ 추세선의 신뢰도를 결정하는 요소

신뢰할 만한 추세선의 본질은 다음 한 문장으로 요약할 수 있습니다.

가격이 움직임에 따라(Price Action) 지속적인 지지 혹은 저항 역할을 보여주는 추세선.

이를 추세선을 구성하는 각각의 요소별로 자세히 나누어 살펴보도록 하겠습니다.

추세선의 신뢰 요소

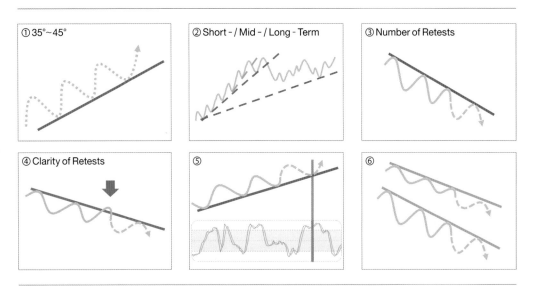

❶ 추세선의 각도: Angle of Trendline

추세선이 45도 이상의 각도를 보이면 불안정한 것으로 간주되며 장기적으로 지속되지 못할 가능성이 높습니다. 즉 추세선이 너무 급격하면 신뢰도는 떨어집니다. 반대로 너무 완만하더라도 해당 추세가 안정적이라 볼 수 없습니다. 가장 신뢰할 수 있는 각도는 35~45도입니다.

❷ 추세선의 형성 기간: Duration of Trendline

장기 추세선은 단기에 비해 더욱 신뢰도가 올라갑니다. 장기 추세선은 단기 추세선에 비해 더 오랫동안 지지/저항 역할을 해왔기 때문에 더 많은 시장 참여자(투자자)들이 주목하게 됩니다. 이는 더욱 많은 주문이 해당 추세선에 집중되게 하며, 지지/저항의 효과 역시 강하게 나타납니다. 또한 Market Maker들도 단기 추세선보다는 장기 추세선을 이용하여 시장을 이끌어 나가기에 장기 추세선이 보다 더 중요한 영역으로 작용하게 됩니다.

❸ 추세선 리테스트의 수: Number of Price Retests

추세선을 리테스트하는 수가 많아질수록 추세선의 신뢰도는 상승합니다.

❹ 리테스트의 명확도: Clarity of Retests

특정 변곡점(Inflection Point)이 추세선에 근접하게 형성될수록, 즉 리테스트가 명확하게 일어날수록 시장 참여자들이 해당 추세선을 더욱 의식하고 있음을 의미합니다. 이는 해당 추세선이 더욱 강력한 지지/저항의 역할을 수행함을 의미합니다.

❺ 다른 보조지표와의 결합: Confluence with Indicator

추세선에 접하는 변곡점(테스트 지점)이 다른 보조지표의 신호와 유의미한 중첩(Confluence)을 보인다면, 신뢰도는 상승합니다. 다양한 보조지표의 개념 및 활용에 대해서는 4장 보조지표 편에서 다루도록 하겠습니다.

❻ 추세선상의 가격 움직임: Preceding Action

만약 추세선을 이루는 가격의 움직임이 미약하다면, 해당 추세의 신뢰도는 떨어집니다. 즉 추세선을 이루는 파동의 진폭이나 진행 기간, 캔들스틱의 양상이 충분한 강도의 추세를 보여주지 못한다면 해당 추세선을 트레이딩의 근거로 삼는 것은 신뢰도가 떨어지게 됩니다.

다음 파트에서는 두 추세선을 이용하여 만들어지는 채널(Channel)에 대해 공부해보도록 하겠습니다.

2
채널의 기초

채널이란?

채널(Channel)이란 서로 평행한 두 추세선으로 형성되는 하나의 길목(pathway)이라 할 수 있습니다. 상단 추세선(Upper Trendline)은 상승 과정의 고점들을, 하단 추세선(Lower Trendline)은 하락 과정의 저점들을 연결하여 만들어지게 됩니다.

채널이란?

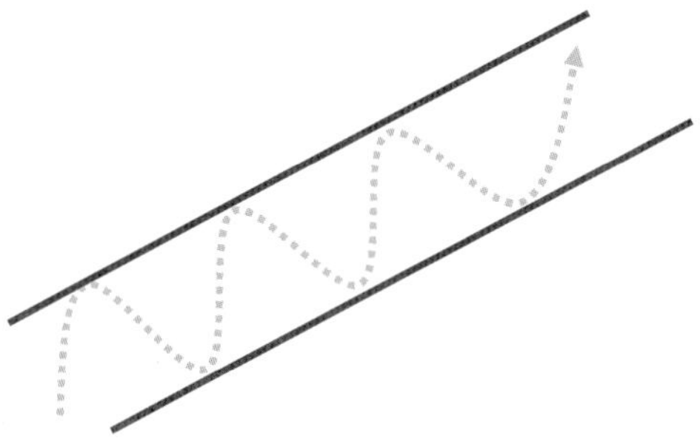

채널: Channel

앞서 추세선이 지지/저항 역할을 하였듯, 채널을 구성하는 상단/하단 추세선 역시 동일하게 지지/저항의 기능을 합니다. 만약 가격 움직임이 채널과 같은 방향이면서 채널을 벗어나는 움직임을 보이는 경우, 해당 방향으로의 추세가 강력히 나타날 것임을 의미할 수 있습니다. 예를 들어 하락 채널에서 가격 움직임이 하단 추세선 밑으로 더욱 떨어진다면 하락 추세가 심화될 것을 예측할 수 있습니다.

채널 기법은 변동성(volatility)이 중간 정도인 자산시장에서 보다 효율적으로 사용됩니다. 크립토 마켓과 같은 변동성이 큰 시장의 경우, 채널의 폭이 지나치게 넓어지게 되며 채널을 이탈하는 경우가 잦아집니다. 이러한 경우 채널 기법을 통해 확보할 수 있는 잠재적 이익 수준은 증가하게 되나 그만큼 신뢰도가 떨어지고, 예측이 어려워지게 됩니다.

Key Point

1) 주식, 원자재, 외환, 크립토와 같은 다양한 종목의 시장, 현물, 파생 상품 등의 다양한 종류의 시장을 포함한 모든 자산 시장에서 사용될 수 있습니다.

2) 진입(Entry)/탈출(Exit) 시점과 목표가(Target Price)/손절가(Stop Loss)를 결정할 수 있습니다.

3) 채널은 상승/수평/하락의 3종류로 나뉩니다.

4) 거래량 및 여러 트레이딩 도구를 추가로 활용하여 채널의 신뢰도를 높일 수 있습니다.

5) 채널의 지속 기간은 추세의 강도와 비례하는 모습을 보입니다.

차트의 타임프레임에 따라 채널은 다르게 나타납니다. 일반적으로 LTF(15min, 30min 등)에서 관찰되는 채널은 HTF(1D, 1W, 1M 등)에서 불명확하게 보이거나 아예 보이지 않을 수도 있습니다.

╻╻╻ 채널의 종류

채널은 2개의 추세선으로 이루어지므로 최소 4개 이상의 점을 통해 형성됩니다. 각각의 추세선이 최소 2개의 접점을 필요로 하는 것을 생각한다면 자연스레 이해할 수 있을 것입니다. 채널은 생성 방향에 따라 상승/수평/하락 채널의 세 가지 채널로 구분할 수 있습니다. 이 중 방향성을 지니고 있는 상승/하락 채널은 '추세 채널(Trend Channel)'로 불리기도 합니다.

채널의 종류

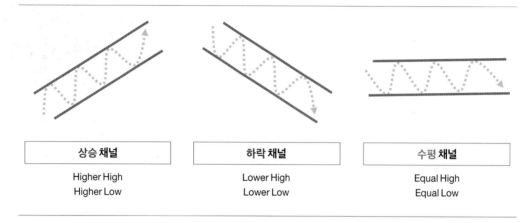

상승 채널	하락 채널	수평 채널
Higher High Higher Low	Lower High Lower Low	Equal High Equal Low

상승 채널: Ascending Channel

상승 채널은 우상향하는 방향으로 형성되는 채널을 말합니다. 상승 채널을 이루는 두 추세선은 양(+)의 기울기를 가지고 있습니다. 상승 채널의 상단 추세선은 더 높은 고점(Higher High)들로 이루어지며, 하단 추세선은 더 높은 저점(Higher Low)들로 이루어지게 됩니다. 상승 채널의 경우 하단 추세선이 지지 역할을 하는 주요한 상승 추세선이 되며, 상단 추세선은 보조 상승 추세선의 역할을 하게 됩니다.

하락 채널: Descending Channel

하락 채널은 우하향하는 방향으로 형성되는 채널을 말합니다. 하락 채널을 이루는 두 추세선은 음(-)의 기울기를 가지고 있습니다. 하락 채널의 상단 추세선은 더 낮은 고점(Lower High)들로 이루어지며, 하단 추세선은 더 낮은 저점(Lower Low)들로 이루어지게 됩니다. 하락 채널의 경우에는 상단 추세선이 저항 역할을 하는 주요한 하락 추세선이 되며, 하단 추세선은 보조 하락 추세선의 역할을 하게 됩니다.

수평 채널: Horizontal Channel

수평 채널은 상단/하단 추세선이 모두 수평 방향으로 형성되는 채널을 말합니다. 직사각형 패턴(Rectangle) 혹은 Price Action 개념에서는 트레이딩 범위(Trading Range)라는 용어로도 많이 사용합니다. 상승, 하락 채널과 동일하게 수평 채널 역시 최소한 4개의 변곡점이 필요합니다. 상단 추세선은 비슷한 높이의 고점(Equal High)들로 이루어지며, 하단 추세선은 비슷한 높이의 저점(Equal Low)들로 이루어지게 됩니다.

수평 채널

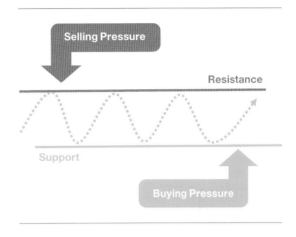

수평 채널의 경우 유사한 다른 개념들과 혼동될 수 있기에 조금 더 자세히 알아보도록 하겠습니다. 왜 가격은 수평 방향으로 채널을 형성하며 해당 범위 내에서 움직이게 되는 것일까요? 이는 하단/상단 추세선이 지지/저항의 역할을 한다는 점에서 그 힌트를 찾을 수 있습니다. 저항(Resistance)은 투자자들의 매수 기조가 줄어드는 대신, 매도를 시도하려 하는 구간입니다. 반대로 지지(Support)는 매도세가 고갈되며 매수에 진입하려 하는 구간입니다. 이러한 지지와 저항은 투자자가 해당 자산의 방향성을 확신하지 못할 때 자연스럽게 나타나는 현상입니다.

매수세/매도세(Buying/Selling Pressure) 중 한쪽이 더 우세해질 때까지 가격은 수평 방향으로의 횡보를 보이며 유사한 구간 내에 머무르게 됩니다. 하지만 지지/저항을 돌파하는 경우 상황은 달라집니다. 돌파는 매수/매도 중 한 측의 세력이 강해짐을 의미하므로 돌파한 방향으로의 추세가 지속될 수 있습니다.

수평 채널과 보합의 차이

수평 채널(Horizontal Channel)과 보합(Consolidation)은 모두 가격이 수평 방향으로 움직이며 큰 진전을 보이지 않는다는 점에서 동일합니다. 하지만 수평 채널(사각형 패턴)이 형성되는 데 일반적으로 긴 시간이 소요되고, 가격 폭이 크게 나타난다는 점에서 보합과 차이를 보입니다. 보합세는 가격 움직임이 극도로 압축돼 있는 상태로, 해당 영역을 금방 벗어날 확률이 높습니다.

채널의 신뢰도를 결정하는 요소

기본적으로 채널은 두 추세선으로 구성되기에 추세선의 신뢰도가 높다면 채널의 신뢰도 역시 높아지게 됩니다. 따라서 앞서 알아본 추세선의 신뢰도를 결정하는 요소를 똑같이 적용하여 채널의 신뢰도를 판단할 수 있습니다.

추가적으로 가격 움직임이 해당 채널의 상단/하단 추세선을 얼마나 많이 확인 (Confirmation)하는지에 따라 채널의 신뢰도를 가늠할 수 있습니다.

Confirmation Point의 수

1~2개: 약한 채널(트레이딩을 권장하지 않음)

3~4개: 적절한 채널(트레이딩 진입 가능)

5~6개: 강한 채널(신뢰할 만한 채널)

7~8개: 매우 강한 채널(신뢰도가 매우 높은 채널)

채널을 통한 움직임 범위 예측

채널의 작도는 비교적 간단하며, 채널의 상단/하단 추세선을 따라 가격이 움직일 것이라 가정할 수 있기 때문에 분석 및 트레이딩의 결정이 간편합니다.

하지만 100% 신뢰할 수 있는 트레이딩 도구란 존재하지 않기 때문에 채널 역시 초기에 작도한 방향대로 흘러가지 않을 수 있습니다. 따라서 시간이 경과함에

채널을 통한 움직임 범위 예측(Channel Projection)

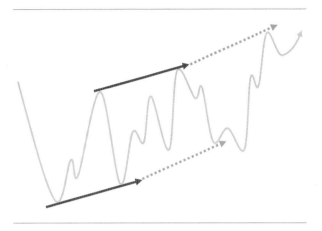

따라 고점/저점의 위치를 새로이 파악하여 채널의 위치를 수정하고, 가격이 어느 수준에 도달할 것인지 예측하는 과정이 필요합니다. 이를 채널 투사(Channel Projection)라 부르며, 진입/탈출 시점을 결정하는 데 도움을 줍니다.

채널 투사 시 시간 요소의 고려

1) 상단→하단, 하단→상단까지의 도달 시간/폭을 평균화하여 이를 토대로 앞으로의 가격 움직임을 예측합니다. 이는 단순히 가격 수준(Price Level)만 확인하는 것이 아닌, 도달 기간(Time)을 동시에 고려한다는 의미를 가집니다.

2) 채널이 지속된 기간에 따라 채널의 강도가 달라짐을 이해해야 합니다. 이는 추세선의 신뢰도를 결정하는 요소에서도 언급한 바가 있으며, 상단 추세선을 이루는 고점→고점, 하단 추세선을 이루는 저점→저점 간의 기간을 바탕으로 채널이 지속될 기간을 평가할 수 있습니다.

예를 들어 채널이 6개 이상의 확인점을 이루며 각 점 간의 거리(기간)가 먼 경우 채널이 장기화될 가능성이 높아집니다. 반대로 급격한 각도를 보이는 가격 움직임에서 작도한 채널은 그리 오래가지 않을 수 있습니다.

3

채널을 활용한 트레이딩

채널 트레이딩의 기본 원칙

트레이딩에 있어 매수와 매도를 결정할 때 혹은 선물시장의 포지션 진입 여부를 결정할 때 채널을 활용할 수 있습니다. 먼저 채널을 트레이딩에 이용할 때 지켜야 할 기본 원칙에 대해 알아보도록 하겠습니다.

채널을 활용한 트레이딩

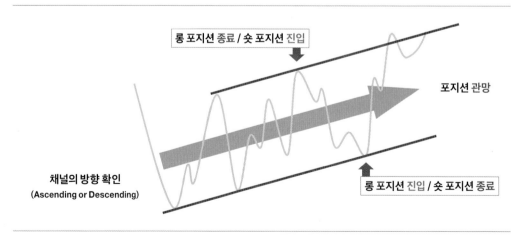

롱 포지션 종료 / 숏 포지션 진입

포지션 관망

채널의 방향 확인
(Ascending or Descending)

롱 포지션 진입 / 숏 포지션 종료

1) 채널의 추세, 즉 채널의 방향이 상승 중인지, 하락 중인지 먼저 파악해야 합니다. 상승 채널의 경우 매수 혹은 롱 포지션을, 하락 채널의 경우 매도 혹은 숏 포지션을 선택하는 것이 합리적입니다.

2) 가격 움직임이 채널의 상단 추세선에 도달한 후 저항이 나타났을 때 현물을 매도하거나 롱 포지션을 종료할 수 있으며, 신규 숏 포지션을 진입할 수도 있습니다. 단, 상승 채널의 경우 상단 추세선을 돌파한다면 현물 매수 혹은 롱 포지션을 유지하며 수익 증대를 고려할 수 있습니다.

3) 가격 움직임이 채널의 두 추세선 사이에 위치할 때에는 이미 진입한 포지션은 유지하며 관망하는 것이 좋으며, 신규 포지션 진입은 지양하는 것이 좋습니다.

4) 가격 움직임이 채널의 하단 추세선에 도달한 후 지지가 나타났을 때 신규 매수를 시행하거나 롱 포지션에 진입할 수 있으며, 숏 포지션을 종료할 수도 있습니다. 단, 하락 채널의 경우 하단 추세선을 강하게 돌파한다면 숏 포지션을 유지하며 수익 증대를 고려할 수 있습니다.

5) 가격 움직임이 채널의 상/하단을 돌파한다면 채널은 무효화됩니다. 채널이 무효화 될 경우, 새로운 채널이 형성될 때까지 기존 채널을 이용한 트레이딩은 지양하는 것이 좋습니다.

6) 가격 움직임이 3)과 같이 채널 내에 머무를 경우, 더욱 좁은(Narrow) 범위의 새로운 채널을 식별하는 것도 방법이 될 수 있습니다. 추세선을 장기/중기/단기 추세선으로 구분하듯, 채널 또한 형성 시기에 따라 구분할 수 있으며, 채널의 경우 채널 내에서 더욱 작은 채널들이 형성되는 경우가 많이 있습니다. 이러한 채널을 Nested Channel이라 부르며 이를 식별할 수 있다면, 보다 많은 트레이딩 기회를 얻을 수 있습니다.

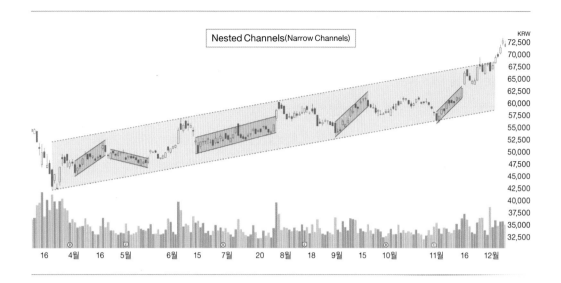

Nested Channels(Narrow Channels)

채널의 이탈을 활용한 트레이딩(S/R Flip)

채널을 활용한 트레이딩

채널 외(External)로의 움직임을 활용하는 경우

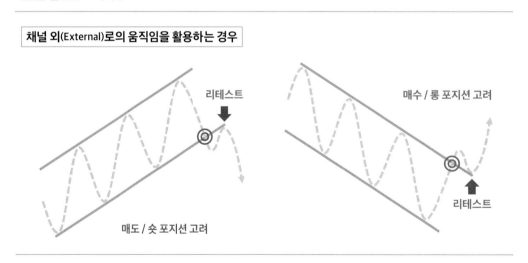

채널을 활용한 트레이딩의 기본 원칙은 채널 내에서의 트레이딩입니다. 하지만 채널의 이

탈을 활용한 트레이딩 또한 주요한 전략 중 하나입니다. 채널의 하단 추세선을 하방 돌파 (Breakdown) 시에는 현물의 매도 혹은 숏 포지션 진입을 고려할 수 있으며, 채널의 상단 추세선을 상방 돌파(Breakout) 시 현물 매수 혹은 롱 포지션 진입을 고려할 수 있습니다. 단 이탈 시 거래량(Volume)의 동반 여부 및 리테스트의 여부를 반드시 관찰하는 것이 좋습니다.

▮▮ 수평 채널을 이용한 트레이딩

수평 채널 트레이딩 역시 추세 채널을 이용한 트레이딩과 동일한 방법을 이용합니다. 채널의 하단 추세선에 도달할 때 상승을 기대하며 매수 혹은 롱 포지션 진입을 고려할 수 있습니다. 마찬가지로 채널의 상단 추세선에 도달하면 재차 하락을 기대하며 매도 / 숏 포지션 진입을 고려할 수 있습니다.

수평 채널을 활용한 트레이딩

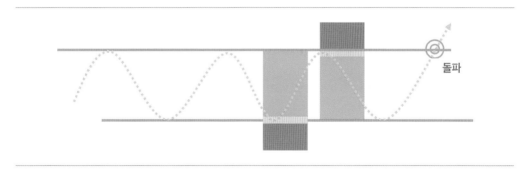

수평 채널을 이루는 상단/하단 추세선의 지지/저항 역할은 상승 채널, 하락 채널과 달리 시간이 경과해도 일정한 수준을 유지합니다. 따라서 수평 채널의 지지/저항은 상승/하락 채널에 비해 더욱 강력하게 작용합니다. 만약 지지/저항선이 과거의 주요 지점(Key Level)과 맞물릴 경우 그 세기가 더욱 강해지게 됩니다.

수평 채널 트레이딩을 까다롭게 하는 점 중 하나는 언제 채널의 돌파(Breakout)가 나타날지 아무도 모른다는 것입니다. 추세 채널의 경우 우상향 혹은 우하향하는 '추세'를 가지기 때문에 채널의 돌파 없이도 투자의 방향을 설정할 수 있습니다. 하지만 수평

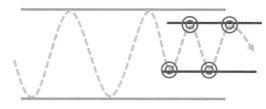

수평 채널

상단/하단 추세선에 도달하지 못함

채널의 경우 채널 자체만으로 방향성을 설정하기가 쉽지 않습니다.

또한 수평 채널의 경우, 돌파 지점과 일반적인 변곡점(Inflection Point)을 명확하게 구분하기 어려울 수 있습니다. 이는 수평 채널을 이루는 고점/저점들이 아주 정확하게 동일한 높이에 위치하는 경우가 극히 드물기 때문입니다. 그 때문에 작도한 채널을 살짝 벗어나는 움직임이 나타나더라도 돌파(Breakout)인지, 거짓 이탈(Whipsaw, 휩쏘)인지, 채널을 테스트한 것인지 확신할 수 없습니다.

마지막으로 알아볼 수평 채널 트레이딩에서의 까다로운 점은 가격 움직임의 폭이 좁아지는 경우입니다. 수평 채널은 시장 투자자들이 방향성에 대한 확신을 가지지 못할 때 나타납니다. 가격 움직임의 폭이 좁아질 때 상단/하단 추세선을 테스트하지 못하는 경우가 자주 나타납니다. 이 경우, 더 작은 채널을 새로이 작도할 필요가 있습니다.

모식도의 경우, 수평 채널 내의 가격 움직임이 상단/하단에 도달하지 못함을 알 수 있습니다. 이러한 경우, 전략 수립 시 기존 채널을 고수하기보다 기존 채널 내의 새로운 Nested Channel을 작도하는 것이 좋습니다.

따라서 수평 채널을 이용한 트레이딩 시에는 다른 여러 보조지표 및 트레이딩 도구를 활용하는 것이 좋습니다. 예를 들어 거래량(Volume)이 추세선

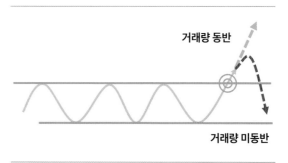

거래량 증가와 돌파

거래량 동반

거래량 미동반

에 도달 시 급증한다면 돌파 가능성이 높아집니다. 반면 채널을 벗어나며 돌파를 보이더라도 거래량이 동반되지 않으면 그 추세가 지속되지 않을 가능성이 높으므로 가격 움직임이 다시 채널 내로 돌아올 수 있습니다.

그 외에도 RSI나 스토캐스틱(Stochastic) 지표 등을 통해 시장의 과매수/과매도(Overbought/Oversold) 여부 및 세기를 파악하여 채널의 지속/무효화 여부를 평가할 수 있습니다. 채널 트레이딩에서의 보조지표 활용법 및 각각의 보조지표에 대한 세부적인 내용은 뒤에서 자세히 다룰 예정입니다.

목표가와 손절가의 설정

채널 트레이딩의 장점 중 하나는 쉽게 진입가(Entry Price)와 목표가(Take Profit), 손절가(Stop Loss) 등을 설정할 수 있다는 점입니다. 이러한 투자의 가이드라인을 설정하는 습관을 들이는 것은 시드 머니 관리에 큰 도움이 됩니다. 이번 파트에서는 채널 트레이딩 시 진입가와 목표가, 손절가를 설정하는 규칙에 대해 알아보도록 하겠습니다.

채널 내에서의 트레이딩

목표가와 손절가의 설정

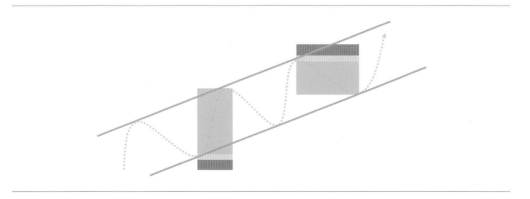

현물 매수 / 파생상품 롱 포지션 트레이딩

매수 혹은 롱 포지션의 진입은 채널의 하단 추세선에 근접한 지점에서 시행하는 것이 유리합니다. 이때 보조지표 등 추가적인 트레이딩 도구를 이용하는 것은 필수적입니다. 목표가의 경우 채널의 상단 추세선으로 설정할 수 있으며, 손절가는 채널의 하단 추세선의 약간 하방에 설정하는 것이 좋습니다. 이는 채널의 추세선을 시험하는 Inducement, Stop Hunting 혹은 휩쏘(Whipsaw)로 불리는 Price Action을 고려해야 하기 때문입니다.

현물 매도 / 파생상품 숏 포지션 트레이딩

매도 혹은 숏 포지션의 진입은 채널의 상단 추세선에 근접한 지점에서 시행하는 것이 유리합니다. 역시 보조지표 등 추가적인 트레이딩 도구를 이용하는 것은 필수적입니다. 목표가의 경우 채널의 하단 추세선으로 설정할 수 있으며, 손절가는 동일한 이유로 채널의 상단 추세선의 약간 상방에 설정하는 것이 좋습니다.

채널 이탈을 활용한 트레이딩

진입가의 설정

진입가(Entry Price)는 앞선 트레이딩 방향에 따라 상단/하단 추세선상에 설정할 수 있습니다. 주의할 점은 추세선을 테스트하는지, 돌파하는지의 여부를 충분히 지켜본 후 포지션에 진입하는 것이 상대적으로 안전하다는 사실입니다. 모식도는 상단 추세선의 상방 돌파입니다. 이와 같이 채널을 돌파하는 경우 롱 포지션 진입을 고려하고 있다면, 상단 추세선의 리테스트 여부

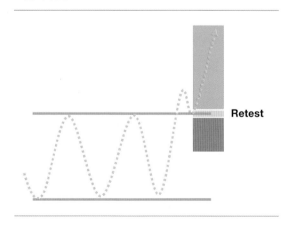

진입가 설정

Retest

를 확인하기 위해 상단 추세선 부근에 진입가를 설정할 수 있습니다.

손절가의 설정

손절가(Stop Loss)는 손익비와 보유 자금 대비 투입 비율(R)에 따라 다양하게 설정할 수 있습니다. 채널의 이탈을 활용하여 진입을 시도하는 경우, 아주 폭넓은 손절가의 설정이 가능합니다. 휩쏘(Whipsaw)와 같은 움직임을 고려하여 공격적인 트레이딩을 위해 손절가를 넉넉히 설정할지, 보수적인 트레이딩을 위해 좁게 설정할지의 여부는 투자자에게 달려 있습니다.

손절가 설정

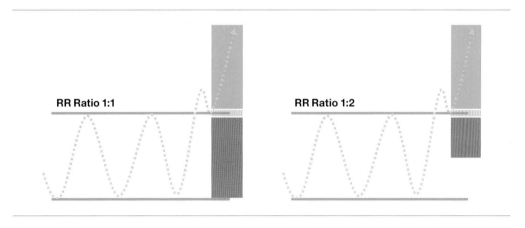

채널 트레이딩 시 고려해야 하는 사항

손익비

적절한 손익비를 확보하기 위해 채널의 폭이 충분한지 확인해야 합니다. 예를 들어 진입가와 손절가 간의 가격 차가 $10인 경우 1:2 손익비를 확보하기 위해 진입가에서 채널 상단까지의 거리는 최소 $20 이상을 확보해야 합니다.

주요 지지/저항선의 파악 및 돌파 확인

만약 가격 움직임이 채널 내에 위치한다면 상단 추세선은 저항(Resistance), 하단 추세선은 지지(Support)의 역할을 수행하게 됩니다. 하지만 이들이 돌파당할 경우, 지지/저항의 역할은 반전(S/R Flip)이 일어납니다. 즉 추세선의 역할이 뒤바뀌게 되는 것입니다.

예를 들어 상승 채널에서 상단 추세선을 거래량을 동반하며 강하게 돌파하는 경우, 저항 역할을 하던 상단 추세선은 지지의 기능을 하게 되며 해당 돌파 지점을 새로운 매수의 기회로 볼 수 있습니다. 하락 채널에서 하단 추세선을 강하게 돌파하는 경우, 지지 역할을 하던 하단 추세선은 저항 역할을 하게 됩니다.

회귀선

회귀선(Return Line)이란 채널의 중앙을 지나는 가상의 선을 의미합니다. 채널은 큰 틀의 방향에서는 회귀선을 따라 나아가는 것으로 생각할 수 있으며, 채널 내에서는 회귀선을 중심으로 가격이 오르고 내림을 반복하는 변동(Volatile)을 보이는 것이라고 해석할 수도 있습니다.

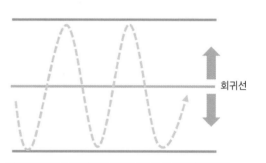

채널을 활용한 트레이딩

회귀선

채널 내의 가격 움직임은 회귀선을 중심으로 변동한다.

추세선의 테스트

만약 가격 움직임이 상단 추세선 / 하단 추세선을 번갈아가며 움직이다, 더 이상 이를 테스트 하지 못하는 경우 특정 추세가 강하게 나타나며 채널이 돌파될 가능성을 열어두어야 합니다. 모식도의 경우, 가격 움직임이 1~6을 형성하며 상단/하단 추세선을 각각 테스트한 것을 알 수 있습니다. 그러나 이후 8, 10번과 같이 가격 움직임이 하단 추세선을 더 이상 테스트하지 못하는 경우, 즉 저점이 높아지는 경우(Higher Low) 상승 방향으로의 돌파가 곧 나타날 가능성이 높아집니다.

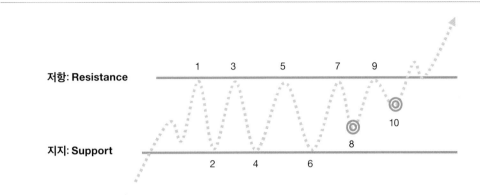

심화 보조지표의 활용

거래량

거래량(Volume)은 채널 트레이딩 시 가장 직관적이고 유용한 지표라 할 수 있습니다. 가격이 채널의 두 추세선 사이에 머무를 경우 거래량은 낮은 모습을 보입니다. 반대로 상단/하단 추세선의 돌파 시 거래량은 상승하는 경우가 많습니다.

만약 돌파가 확인되었음에도 불구하고 거래량이 동반 상승하지 않았다면, 가격은 다시 채널 내로 돌아오며 채널이 지속될 가능성이 높습니다.

MACD

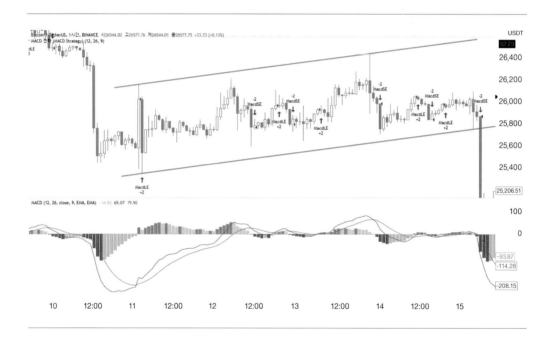

MACD는 장단기 이동평균선 간의 차이를 이용하여 매매 신호를 포착할 수 있는 보조지표입니다. 따라서 수평 채널과 같이 비교적 가격이 횡보하는 장에서 단기 매매에 사용하기 유리합니다. 주로 MACD와 시그널선(Signal Line)이 교차하는 경우를 이용하여 진입하게 되며 골든 크로스 시에는 매수 진입을, 데드 크로스 시에는 매도 시점으로 판단할 수 있습니다. 이를 채널과 결합하여 MACD가 유의미한 변화를 보일 때 가격이 채널의 하단 추세선에 근접한다면 롱 포지션 혹은 현물 매수를, 상단 추세선에 근접 시에는 매도 혹은 숏 포지션 진입을 고려할 수 있습니다.

Stochastic Crossover

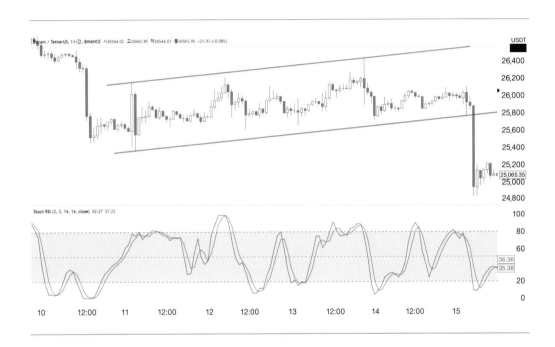

스토캐스틱 지표 역시 마찬가지로 유의미한 신호를 보낸다면 채널의 하단 부근에서 매수
(롱 포지션)를, 상단 부근에서 매도(숏 포지션)를 고려할 수 있습니다.

RSI

　만약 하단 추세선보다 아래로 가격이 떨어질 경우, 매도 / 숏 포지션 등을 취하기 전에 RSI(상대강도지수)와 같이 시장 모멘텀을 확인할 수 있는 지표를 함께 확인하는 작업이 필요합니다. 단순히 채널을 이탈하는 것만으로는 추세의 방향을 정확히 가늠할 수 없기 때문입니다. 예시에서는 채널의 하단 추세선 돌파가 일어났으나 같은 시점 RSI는 상승 반전을 보이고 있습니다. 이를 통해 이 돌파의 신뢰도가 높지 않다는 것을 검증할 수 있습니다.

　마찬가지로 상승 채널 내에서 가격 움직임이 지속적으로 상승하더라도, 약세 RSI 다이버전스(Divergence)가 나타난다면 상승 모멘텀이 약해지고 있는 것으로 주의가 필요합니다. 대표적인 모멘텀 지표인 RSI에 대해서는 4장에서 다룰 예정입니다.

실제 사례로 알아보는 채널 트레이딩

상승 채널

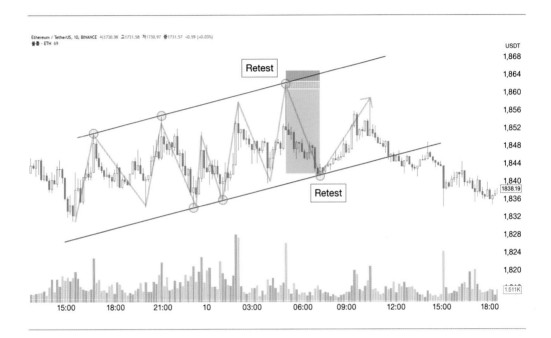

먼저 단순한 상승 채널 트레이딩을 살펴보겠습니다. 우선 채널 내 트레이딩으로는 첫 리테스트 지점에서 채널의 폭만큼을 TP로 설정하는 숏 포지션 진입을 고려할 수 있었을 것입니다.

하지만 곧 채널 하단 추세선을 이탈하며 하락세가 강조되는 모습을 볼 수 있습니다. 하단 추세선이 지지(Support)에서 저항(Resistance)으로 역할을 바꾼 셈인데, 이러한 채널의 이탈을 활용한 S/R Flip Retest 전략 역시 고려할 수 있습니다.

　　이탈을 보인 직후, 하단 추세선에 재차 도달하며 리테스트가 일어나지만, 이전의 지지 레벨이 저항 레벨로 작용함을 여실히 보여주고 있습니다. 그리고 이러한 리테스트는 이탈의 신뢰도를 높이므로 숏 포지션 진입을 고려할 수 있습니다. 이때의 목표가, 손절가 설정은 손익비에 기반합니다.

하락 채널

이번 예시는 하락 채널과 채널 투사(Channel Projection)를 이용한 사례입니다. 4개의 변곡점을 이용해 하락 채널을 작도하였습니다. 이후 두 차례 리테스트를 보이며 채널의 신뢰도는 더욱 높아지게 됩니다.

이후 6월 중순경 형성된 Swing Low는 하단 추세선에 미치지 못하나, 이를 바탕으로 채널투사를 다시 작도할 수 있으며 이를 통해 이후의 추세를 예측해볼 수 있습니다.

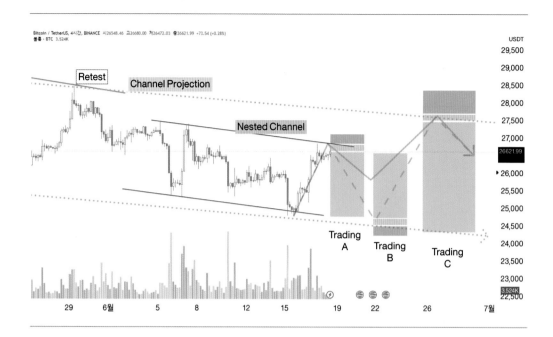

이를 조금 더 확대해보면, 채널 투사를 이용하여 작도한 채널 내에 더욱 작은 채널(Nested Channel)이 관찰됩니다.

현재 Nested Channel 내의 상단 추세선에 도달한 상황으로, 저항을 맞아 하락을 보인다면 숏 포지션(Trading A) 진입을 고려할 수 있습니다. 이후 Nested Channel의 하단 추세선과 상위 채널의 하단 추세선은 거의 동일한 높이를 지니므로 강력한 지지 역할을 기대하며 롱 포지션 진입(Trading B)을 고려합니다.

만약 성공적으로 채널의 상단 추세선에 다시 도달한다면, 채널의 폭을 TP로 삼는 숏 포지션(Trading C) 진입을 고려할 수 있습니다. 만약 상단 추세선이 돌파되며 거래량이 동반된다면, 해당 채널은 무효화될 가능성이 높으므로 새로운 분석이 필요할 것입니다.

수평 채널

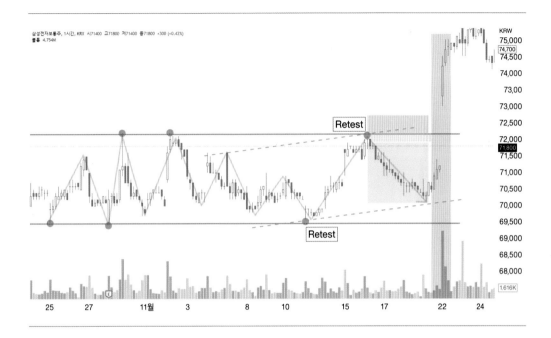

마지막으로 수평 채널의 예시를 살펴보겠습니다. 급진 갭을 보이며 상승을 보이기 전까지, 평행 채널을 형성한 것을 알 수 있습니다. 마찬가지로 총 6개의 접점으로 채널의 신뢰도를 확보한 모습입니다.

본 사례는 마지막 리테스트 구간에서 숏 포지션 진입을 시도한 예시입니다. 물론 그 이전 리테스트에서 롱 포지션을 고려할 수도 있습니다.

상승 채널 + 내부의 상승 채널(Nested Ascending Channel)

이번 차트는 1시간봉 차트이며, 비교적 단시간 동안 형성된 상승 채널입니다. 1~4번의 변곡점을 이용한 큰 상승 채널을 작도할 수 있습니다. 이때 내부에 보다 작은 a~g로 구성된 하위 상승 채널(Nested Ascending Channel)을 확인할 수 있습니다.

이러한 경우 어떤 트레이딩 전략을 세울 수 있을까요?

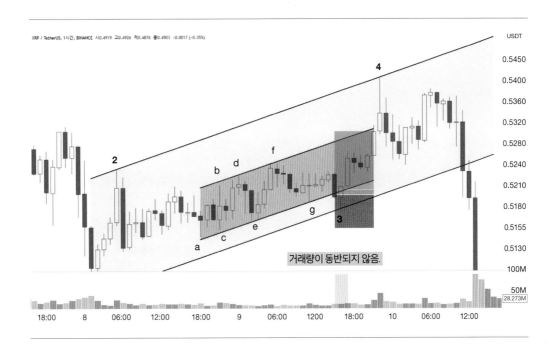

XRP / TetherUS, 1시간, BINANCE 시0.4919 고0.4926 저0.4876 종0.4903 -0.0017 (-0.35%)

거래량이 동반되지 않음.

우선 내부의 작은 상승 채널에서, 하단 추세선 도달 시 롱 포지션 진입을 고려할 수 있었을 것입니다. 문제는, 내부의 작은 채널에서 하단 추세선을 하방 돌파하는 움직임이 나타났다는 사실입니다. 정말 하락 방향으로의 추세가 새로이 나타나는 것일까요?

이러한 순간에 거래량을 참고할 수 있습니다. 돌파가 나타날 때 거래량이 충분히 동반되지 않았음을 알 수 있습니다. 이후 가격 움직임은 다시 채널 내로 돌아오며 TP를 달성하게 됩니다. 이처럼 돌파 움직임이 진정한 돌파일지, 일시적인 휩쏘(Whipsaw)일지는 다른 지표들의 해석이 꼭 동반되어야 합니다.

XRP / TetherUS, 1시간, BINANCE 시0.4919 고0.4926 저0.4876 종0.4909 -0.0011 (-0.22%)

거래량이 동반됨.

이번에는 큰 상승 채널의 막바지에 하방 돌파가 강하게 나타난 부분을 살펴보겠습니다. 가격 움직임이 채널의 하단 추세선에 도달하며, 지지를 벗어나 더욱 하락을 보입니다. 이때 거래량이 충분히 동반된 것을 확인할 수 있습니다.

하단 추세선을 진입가로, 목표가는 채널의 폭만큼 설정합니다. 손절가는 1:2의 손익비를 고려하여 설정하였습니다.

이를 더 낮은 타임프레임에서 자세히 들여다보면, 하방 돌파가 나타나기 전 이미 채널 내에서 가격 움직임이 상단 추세선에 도달하지 못하며(그래프의 보라색) 상승 방향으로의 힘을 잃어가고 있었음을 알 수 있습니다.

특히 하방 돌파 후 하단 추세선의 지지 → 저항으로의 반전(S/R Flip)(그래프의 빨간색)이 일어나며 이를 재차 테스트(Retest)한 것을 알 수 있습니다. 거래량까지 동반되었으므로, 숏 포지션에 대한 근거를 더욱 확보할 수 있습니다.

3장

패턴

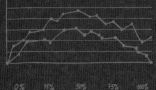

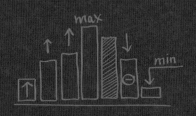

① 삼각수렴 패턴, 어느 쪽으로 갈까?

삼각수렴 패턴의 기초 개념과 형태

수렴 패턴이란 상단과 하단 두 추세선이 점차 모여 시간 진행 방향으로 수렴하는 패턴을 의미합니다. 수렴 패턴은 캔들이 모여들며 점차 변동성(Volatility)이 줄어든다는 특징을 가집니다. 이 중 상단과 하단의 추세선의 기울기가 반대인 패턴을 삼각수렴 패턴(Triangle Pattern)이라 부르게 됩니다.

삼각수렴 패턴은 모든 자산 시장을 막론하고 흔하게 찾을 수 있는 패턴 중 하나입니다. 삼각수렴 패턴이 나타난 이후에 다시 원래 추세와 유사한 움직임이 나타날 수 있기에 기술적 분석 지표에서는 '지속형 패턴(Continuation Pattern)'의 일종으로 분류하고 있습니다. 또한 패턴 이후 상/하방 추세를 모두 보일 수 있기 때문에 '양방향 패턴(Bilateral Pattern)'이기도 합니다.

이러한 삼각수렴 패턴은 크게 3종류로 나뉘게 됩니다. 먼저 삼각수렴의 기본적인 모식도를 살펴보겠습니다.

상승 **삼각 패턴**
(Ascending Triangle)

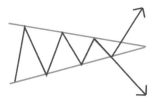

대칭 **삼각 패턴**
(Symmetrical Triangle)

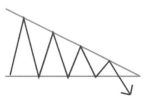

하락 **삼각 패턴**
(Descending Triangle)

삼각수렴 패턴은 상승 삼각 패턴, 대칭 삼각 패턴, 하락 삼각 패턴의 세 종류로 구분할 수 있습니다.

보통 상승 삼각 패턴은 수렴의 끝에서 상방 돌파를, 하락 패턴의 경우 하방 돌파를, 대칭 패턴의 경우 50:50의 확률로 추세가 진행된다고 알려져 있으나, 현재의 복잡한 자산 시장의 경우 단순한 기술적 분석만으로는 근거 높은 트레이딩을 하기 어렵습니다. 따라서 이 책에서는 패턴의 단순한 적용뿐만 아니라 보조지표와 Price Action 등의 다양한 트레이딩 도구들을 활용하여 근거의 중첩을 통해 승률을 높이는 방법에 대해 알아볼 예정입니다.

삼각수렴 패턴의 특징

대칭 삼각 패턴

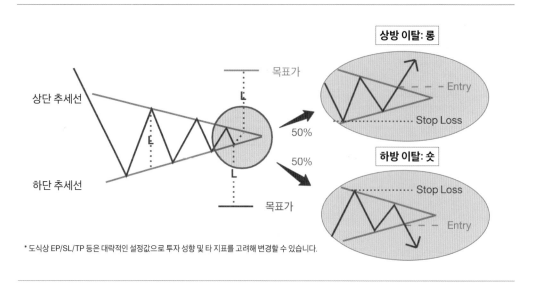

상방 이탈: 롱

목표가

상단 추세선

L

L

하단 추세선

50%

50%

Entry

Stop Loss

하방 이탈: 숏

Stop Loss

Entry

목표가

* 도식상 EP/SL/TP 등은 대략적인 설정값으로 투자 성향 및 타 지표를 고려해 변경할 수 있습니다.

대칭 삼각 패턴(Symmetrical Triangle Pattern)은 그 이름에서 알 수 있듯, 두 추세선이 대칭적으로 모이는 모양을 가지고 있습니다. 상단 추세선의 경우, 가격이 상승할 때마다 매도세가 강해져 고점이 점점 낮아지는 추세를 보입니다. Price Action에서는 이를 Lower High(점차 낮아지는 고점)라고 표현하기도 합니다. 하단 추세선의 경우, 가격이 하락할 때마다 매수세가 점점 뒷받침되어 저점이 점차 높아지는 모습을 보입니다. 이러한 상황을 Price Action에서는 Higher Low(점차 높아지는 저점)라고 표현합니다.

완벽한 대칭이 나타나는 대칭 삼각 패턴은 매우 드뭅니다. 하지만 완벽한 대칭 삼각 패턴이 완성되었을 때, 대칭 삼각 패턴은 이후 추세가 위아래로 나타날 확률이 거의 절반에 가깝다는 특징을 가집니다. 따라서 대칭 삼각 패턴의 경우, 투자자들은 이탈 방향에 맞추어 포지션을 자유롭게 설정할 수 있습니다.

하지만 대칭 삼각 패턴은 상승 삼각 혹은 하락 삼각 패턴에 비해 이탈의 예측이 어렵다는 단점이 있습니다. 또한 양방향으로 모두 추세를 보일 수 있기 때문에 보다 치밀한 목표 손절가(Stop Loss)의 설정이 필요합니다.

상승 삼각 패턴

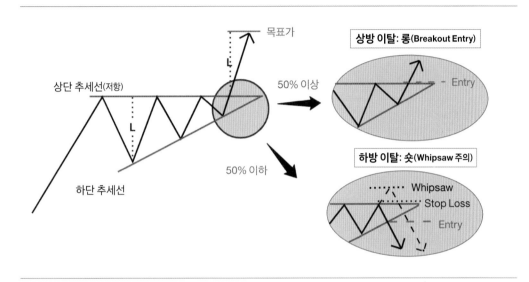

상승 삼각 패턴(Ascending Triangle Pattern)은 수렴 이후 위로 발산(상승)할 확률이 더 높은 패턴입니다. 상승 삼각 패턴의 하단 추세선의 경우, 매수세가 뒷받침되는 Higher Low의 형태를 보이지만, 상단 추세선의 경우 매수세에 비해 매도세가 상대적으로 약하기에 평행에 가까운 모습을 보여줍니다. 상단은 전고점, 매물대 등의 주요 저항 레벨의 저항을 받아 수렴을 이어가므로, 수렴 후 상방 돌파의 가능성이 비교적 높습니다.

따라서 상승 삼각 패턴의 경우, 상방 돌파를 확인한 후 매수 혹은 롱 포지션을 진입하는 것이 일반적입니다. 이때 주의할 점은 상승 삼각 패턴의 경우 약간의 상방 이탈을 보인 후 하락 추세를 보이는 속임수가 있을 수 있다는 점입니다. 이를 Price Action에서는 휩쏘(Whipsaw)라고 부르며, 이에 걸려들지 않기 위해서는 목표 손절가(Stop Loss)를 반드시 정해두는 것이 중요합니다.

하락 삼각 패턴

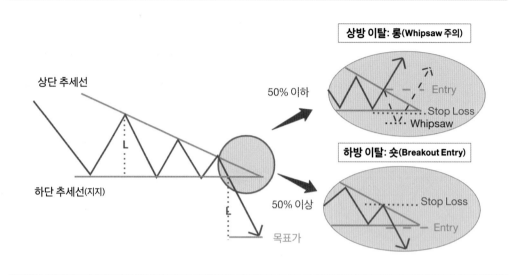

하락 삼각 패턴(Descending Triangle Pattern)은 수렴 이후 아래로 발산(하락)할 확률이 보다 높은 패턴입니다. 상승 삼각 패턴과 반대 개념으로 이해하시면 됩니다. 하단 추세선의 경우 상승의 모멘텀이 충분하지 않아 저점을 올려 나가지 못하며, 상단 추세선의 경우 상대적으로 큰 매도세에 의해 고점이 점차 하락하는 Lower High의 모습을 보입니다.

따라서 하락 삼각 패턴은 약세 전망 패턴이며, 현물을 매도하는 타이밍 혹은 선물 거래의 경우 숏 포지션을 진입할 수 있는 타이밍으로 이용할 수 있습니다. 마찬가지로 하락 삼각 패턴에서도 휩쏘(Whipsaw)에 유의해야 합니다. 하락 삼각 패턴에서의 휩쏘는 상승 삼각 패턴과는 반대로 약간의 하락 움직임을 준 후, 상승을 보이게 됩니다. 리스크 관리를 위해서는 역시 목표 손절가(Stop Loss)를 반드시 설정해두어야 합니다.

삼각수렴 패턴의 Key Point

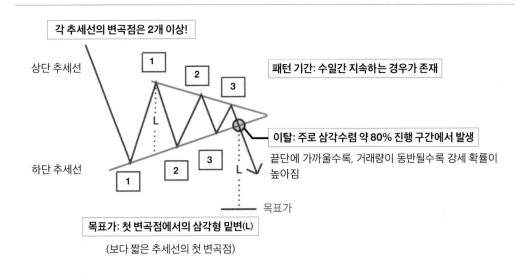

각 추세선의 변곡점은 2개 이상!

상단 추세선

하단 추세선

패턴 기간: 수일간 지속하는 경우가 존재

이탈: 주로 삼각수렴 약 80% 진행 구간에서 발생
끝단에 가까울수록, 거래량이 동반될수록 강세 확률이 높아짐

목표가

목표가: 첫 변곡점에서의 삼각형 밑변(L)
(보다 짧은 추세선의 첫 변곡점)

1) 지지선, 저항선에서 각각 2회 이상의 변곡이 있어야 합니다. 해당 추세선에 부합하는 변곡점이 많을수록 신빙성은 높아집니다.

2) 수렴이 강하게 나타날수록 신빙성 또한 높아지며, 이후 추세 역시 강하게 나타나게 됩니다.

3) 패턴의 진행 기간은 통상적으로 수일 이상으로, 수렴 패턴 중 긴 편에 속합니다.

4) 수렴의 이탈은 주로 수렴이 80% 정도 진행되었을 때 발생하게 됩니다.

5) 목표가는 그림과 같이 첫 번째 파동의 변곡점을 이용할 수 있습니다.

6) 양방향으로 추세가 모두 열려 있기 때문에 트레이딩 전략을 세울 때 강세/약세(Bullish/Bearish) 모두를 염두에 두어야 합니다.

삼각수렴 패턴의 성공률과 한계

삼각수렴 패턴의 경우 모든 시장에서 비교적 빈번하게 나타나는 패턴이며, 포착했을 때 진입 위치와 목표가, 손절가를 정하기가 수월하다는 장점을 가진 패턴입니다.

하지만 모든 패턴은 완벽할 수 없습니다. 삼각수렴 패턴 또한 휩쏘(Whipsaw) 등의 등장으로 패턴이 무효화되는 경우가 빈번하게 발생하며, 기본적으로 양방향 패턴이기에 이탈 방향을 추정하는 근거가 다소 미약합니다.

따라서 삼각수렴 패턴만을 단독으로 적용하기보다는 여러 기술적 분석 도구를 사용해 근거를 중첩 시키려는 노력이 반드시 필요합니다.

이에 관해 'Advanced Forex Blog'에서 진행한 연구 결과를 잠시 곁들이겠습니다. 외환(Forex), 선물(Futures), 증권(Equities), 가상자산(Crypto), 채권(Bonds)의 5개 시장에 대해 10종류의 기술적 분석 패턴을 22개월의 기간에 걸쳐 각각 50건(각 시장, 각 패턴 당 50건 → 도합 5×10×50 = 2,500건의 사례 분)에 달하는 트레이딩 사례를 분석하였다고 합니다.

「Popular Price Pattern Study and Their Success Rates」

단독으로 삼각수렴 패턴을 사용할 시 성공률

Ascending/Descending triangles - 39.5%

지지/저항 주요 지점 분석을 같이 한 경우

Ascending/Descending triangles - 59.1%

단독으로 삼각수렴 패턴을 사용할 시 승률은 채 50%에 미치지 못하였으나, 지지/저항에 대한 주요 지점의 분석만 곁들여져도 20%가량의 성공률이 증가하는 것을 확인할 수 있습니다. 다음 파트에서는 삼각수렴 패턴을 실제로 트레이딩에 이용하는 예시에 대해 알아보도록 하겠습니다.

삼각수렴 패턴의 실전 적용

상승 삼각 패턴 → 하방 이탈 관찰 후 하락세로 전환

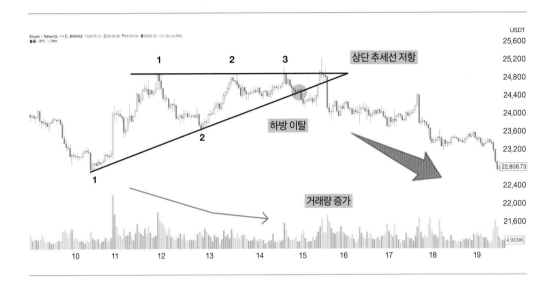

비트코인의 1시간봉 차트입니다(2022/08/10~2022/08/15).

약 4~5일간 형성된 상승 삼각 패턴이 관찰됩니다. 거래량의 감소 역시 동반되었으나, 수렴 막바지(80%) 부근에서 하방 이탈이 관찰되었고, 이후 일시 상승하였으나 상방 저항 구간을 뚫지 못하고 재하락하였습니다.

이후 하락세로 완전히 전환된 양상을 볼 수 있습니다. 해당 기간 동안 하락의 이유는 매크로 이슈에서 찾아볼 수 있었습니다. 해당 기간 크립토 시장은 7월 CPI가 기대치를 하회하며 인플레이션 우려가 일시적으로 줄어듦에 따라 반등하였지만, 결국 저항 구간을 뚫지 못하고 숨 고르기에 접어든 것으로 보입니다.

이후 인플레이션 완화 정도가 예상보다 미약할 것으로 해석되면서, 미국 및 중국 경제지표의 악화 등을 이유로 하락장으로 접어들게 됩니다.

대칭 삼각 패턴 → 거래량을 동반한 상방 돌파 이후 강한 상승세 형성

역시 비트코인의 1시간봉 차트입니다.

약 2~3일에 걸친 대칭 삼각 패턴과 거래량의 감소가 관찰됩니다. 대칭의 형태가 거의 상승 삼각 패턴과 유사하여 상방 돌파 가능성이 비교적 높을 것으로 예상됩니다. 수렴의 약 80% 가 진행된 막바지 부근에서 거래량을 동반한 상방 돌파가 관찰되었으며, 변곡점 1 사이의 거리와 유사한 정도까지 상승이 진행되어 목표가를 달성하였다 볼 수 있습니다.

하락 삼각 패턴 → 수렴 말단에서 거래량이 동반되지 않아 횡보가 이어지는 경우

마지막 사례는 현대로템 보통주의 1시간봉 차트입니다.

약 3주간에 걸쳐 형성된 하락 삼각 패턴이 관찰됩니다. 삼각형의 윗변에 해당하는 하락 추세선이 수차례 테스트되며, 1~4 변곡점을 형성한 것이 특징적입니다.

거래량 역시 패턴이 완성됨에 따라 점차 감소하는 모습을 보여주었습니다. 위 사례에서 주목해야 할 점은 수렴 말단에서 하방 이탈(Breakdown)이 나타났음에도 불구하고 충분한 거래량이 동반되지 않았다는 점입니다. 이후 약하락 후 시장은 31,000원 부근에서 횡보를 이어가게 됩니다.

만약 거래량을 참고하지 않고 단순히 패턴의 형태만을 분석하였다면, 잘못된 해석을 하게될 수도 있습니다.

2

쐐기형 패턴, 삼각수렴 패턴과는 뭐가 다를까?

쐐기형 패턴의 기초 개념과 형태

쐐기형 패턴(Wedge Pattern)은 수렴 패턴의 일종으로, 삼각수렴 패턴과 약간의 차이점만 있을 뿐 유사한 패턴입니다. 쐐기형 패턴 역시 수렴 패턴이므로 상단과 하단 두 추세선이 점차 모여 시간 진행 방향으로 수렴하는 모양입니다. 앞에서 다루었던 삼각수렴 패턴(Triangle Pattern)과의 차이점은, 두 추세선(U&L)의 기울기가 같은 방향이라는 점입니다. 쐐기형 패턴 역시 흔하게 등장하는 패턴이며, 쐐기형 패턴은 세 종류였던 삼각수렴 패턴과 달리 크게 두 종류로 나뉘게 됩니다.

쐐기형 패턴

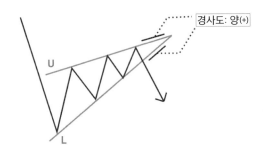

경사도: 양(+)

U

L

상승 쐐기: Upward, Rising Wedge

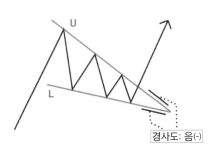

U

L

경사도: 음(-)

하락 쐐기: Downward, Falling Wedge

두 추세선(U&L)의 경사도가 같은 방향으로 나타난다.

쐐기형 패턴은 상승 쐐기형 패턴(Rising Wedge)과 하락 쐐기형 패턴(Falling Wedge)의 두 종류로 구분할 수 있습니다. 모식도와 같이 상승 쐐기형 패턴은 수렴의 막바지에서 하방 돌파를, 하락 쐐기형 패턴은 수렴의 막바지에서 상방 돌파를 이루는 경향이 상대적으로 높습니다.

⍩ 쐐기형 패턴의 특징

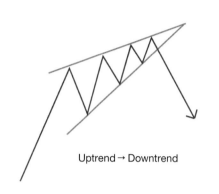
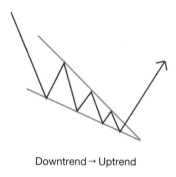

쐐기형 패턴: 꼭 반전(Reverse)만 일어날까?

Uptrend → Downtrend

Downtrend → Uptrend

상승/하락 쐐기형 패턴에 대해 자세히 알아보기 전에 왜 쐐기형 패턴이 기존 추세와는 반대 방향으로 형성되는지 알아보도록 하겠습니다.

상승 쐐기형 패턴은 상승 추세의 막바지에서 나타나는 경우가 많습니다. 이는 매수세가 우세한 상황에서 나타나던 상승세가 조금씩 수렴하며 보합세로 전환되고 있음을 의미합니다. 즉 가격 상승에 따른 수익 실현을 위한 매도 세력과 가격을 더욱 상승시키려는 매수 세력이 대치 중인 셈이지요. 그러나 수렴을 이겨낼 수 있는 특별한 이슈를 만들지 못한다면 투자자들의 관심은 감소하게 되며 이는 거래량 감소로 나타나게 됩니다. 결국 수렴의 끝에 하락 '반전'이 나타나게 됩니다.

하락 추세에서 등장하는 하락 쐐기형 패턴은 상승 쐐기형 패턴과는 반대로 매도 세력과 매수 세력의 대치 결과 하락 모멘텀을 잃기 시작하면서 매수세가 유입됨을 나타냅니다. 이는 결국 상승 '반전'으로 이어지게 됩니다.

하지만 꼭 '반전'만 일어나는 것은 아닙니다! 만약 상승세 도중 하락 쐐기형 패턴이 나타난다면, 다시 상승세를 이어갈 수 있는 지속형 패턴으로도 나타날 수 있습니다. 마찬가지로 하락세 도중 상승 쐐기형 패턴이 나타난다면 하락세 중간에 나타난 숨 고르기 구간으로 이해할 수 있습니다.

상승 쐐기형 패턴과 하락 쐐기형 패턴 각각의 모식도를 통해 자세히 알아보도록 하겠습니다.

상승 쐐기형 패턴

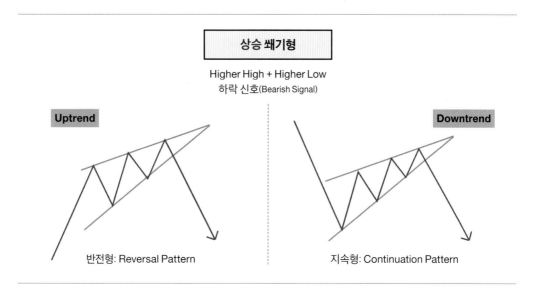

상승 쐐기형 패턴은 쐐기형 패턴 형성 이후 하락의 가능성을 높게 생각할 수 있는 패턴입니다. 따라서 하단 추세선 돌파와 함께 숏 포지션을 진입하는 것이 통상적이며, 이는 앞서 살펴본 바와 같이 일반적으로는 상승 추세의 후반부에 나타나지만, 하락 추세의 중간에서도 나타날 수 있습니다.

상승 쐐기형 패턴의 상단 추세선은 Higher High의 경향을, 하단 추세선은 Higher Low의 경향을 보입니다. 다음 모식도를 통해 상승 쐐기형 패턴의 반전형과 지속형 패턴에 대해 자세히 알아보도록 하겠습니다.

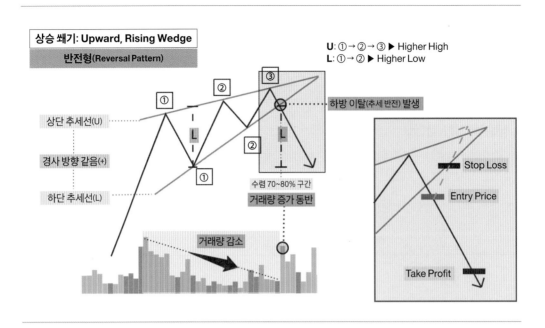

상승 쐐기: Upward, Rising Wedge
반전형(Reversal Pattern)

U: ① → ② → ③ ▶ Higher High
L: ① → ② ▶ Higher Low

상단 추세선(U)

경사 방향 같음(+)

하단 추세선(L)

하방 이탈(추세 반전) 발생

수렴 70~80% 구간
거래량 증가 동반

거래량 감소

Stop Loss

Entry Price

Take Profit

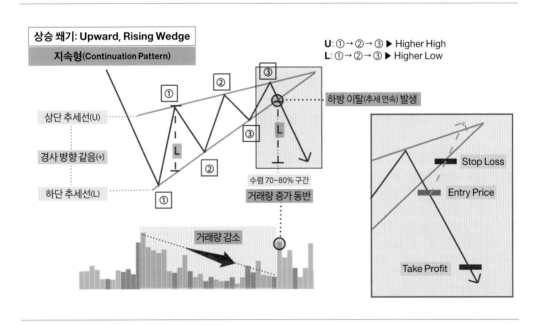

상승 쐐기: Upward, Rising Wedge
지속형(Continuation Pattern)

U: ① → ② → ③ ▶ Higher High
L: ① → ② → ③ ▶ Higher Low

상단 추세선(U)

경사 방향 같음(+)

하단 추세선(L)

하방 이탈(추세 연속) 발생

수렴 70~80% 구간
거래량 증가 동반

거래량 감소

Stop Loss

Entry Price

Take Profit

하락 쐐기형 패턴

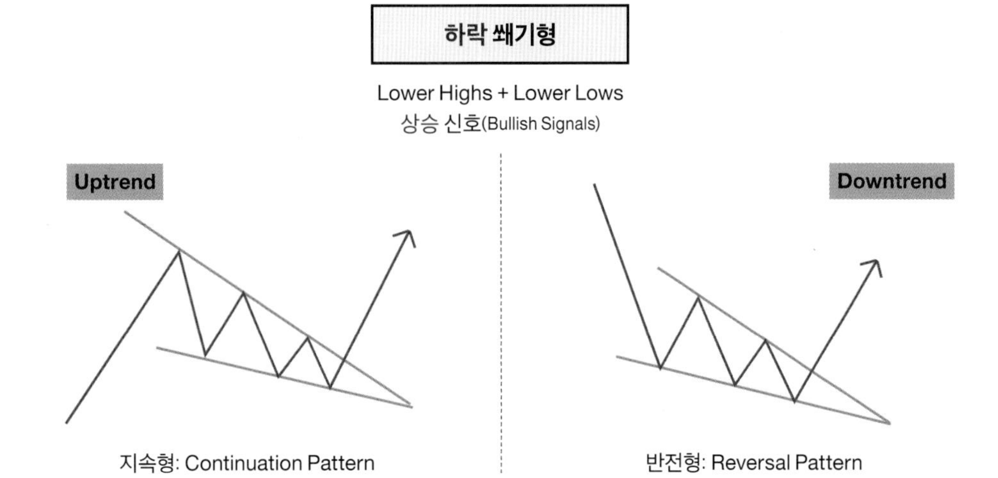

하락 쐐기형

Lower Highs + Lower Lows
상승 신호(Bullish Signals)

Uptrend

Downtrend

지속형: Continuation Pattern

반전형: Reversal Pattern

하락 쐐기형 패턴은 쐐기형 패턴 형성 이후 상승의 가능성을 높게 생각할 수 있는 패턴입니다. 하락 쐐기형 패턴의 경우 상단 추세선 돌파와 함께 매수 혹은 롱 포지션을 진입하는 것이 통상적입니다. 또한 하락 쐐기형 패턴은 일반적으로는 하락 추세의 후반부에 나타나지만, 상승 추세의 중간에서도 나타날 수 있습니다.

하락 쐐기형 패턴의 상단 추세선은 Lower High의 경향을, 하단 추세선은 Lower Low의 경향을 보입니다. 다음 모식도를 통해 하락 쐐기형 패턴의 반전형과 지속형 패턴에 대해 자세히 알아보도록 하겠습니다.

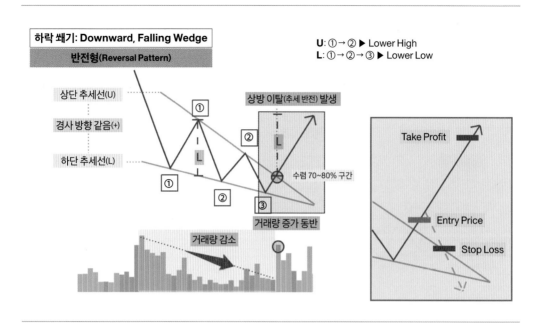

하락 쐐기: Downward, Falling Wedge
반전형(Reversal Pattern)

U: ① → ② ▶ Lower High
L: ① → ② → ③ ▶ Lower Low

상단 추세선(U)
경사 방향 같음(+)
하단 추세선(L)

①

L

①

②

②

③

상방 이탈(추세 반전) 발생

L

수렴 70~80% 구간

거래량 증가 동반

거래량 감소

Take Profit

Entry Price

Stop Loss

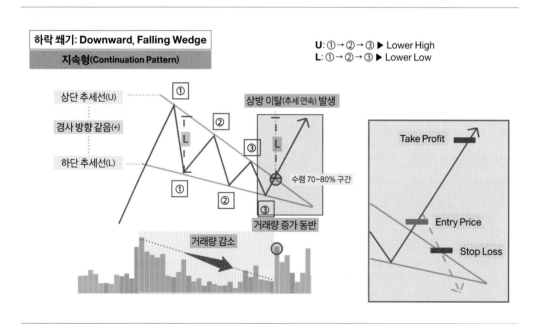

하락 쐐기: Downward, Falling Wedge
지속형(Continuation Pattern)

U: ① → ② → ③ ▶ Lower High
L: ① → ② → ③ ▶ Lower Low

상단 추세선(U)
경사 방향 같음(+)
하단 추세선(L)

①

L

②

③

①

②

③

상방 이탈(추세 연속) 발생

L

수렴 70~80% 구간

거래량 증가 동반

거래량 감소

Take Profit

Entry Price

Stop Loss

쐐기형 패턴의 Key Point

쐐기형 패턴
예시: 상승 쐐기

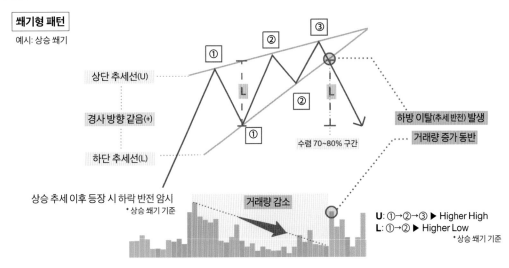

상단 추세선(U)

경사 방향 같음(+)

하단 추세선(L)

상승 추세 이후 등장 시 하락 반전 암시
*상승 쐐기 기준

수렴 70~80% 구간

하방 이탈(추세 반전) 발생
거래량 증가 동반

거래량 감소

U: ①→②→③ ▶ Higher High
L: ①→② ▶ Higher Low
*상승 쐐기 기준

1) 지지선, 저항선에서 각각 2회 이상의 변곡이 있어야 합니다. 해당 추세선에 부합하는 변곡점이 많을수록 신빙성은 높아집니다.

2) 두 추세선의 기울기는 같은 방향이어야 합니다.

3) 패턴의 진행 기간은 일반적으로 10~50일에 걸쳐 수렴하며 형성되는 경향이 있습니다. 짧게는 며칠 만에, 강하게 나타나는 경우 3~6개월까지 연장될 수 있습니다.*

4) 수렴의 이탈은 주로 수렴이 70~80% 정도 진행되었을 때 발생하게 되며, 수렴의 세기가 강할수록 강한 움직임을 보일 가능성이 높습니다.

5) 돌파 후 움직임의 범위(L)는 형성 시 높이(L)와 비슷한 경우가 많습니다.

---

* 1. Investopedia 기준, 정확히는 10-50 period of time(Trading Period)로 제시
  2. Scanz 기준, 수일~수개월로 포괄적이며, 강한 쐐기의 경우 3~6개월도 관찰된다고 제시

쐐기형 패턴의 성공률과 한계

쐐기형 패턴에 대한 일부 연구에서는 쐐기형 패턴의 끝에서 결국 추세 반전(상승 쐐기의 하방 돌파 / 하락 쐐기의 상방 돌파)이 일어날 가능성이 2/3 이상이라고 보고하였으며, 특히 하락 쐐기형 패턴이 상승 쐐기형 패턴보다 더 신뢰도가 높다고 보고하였습니다.[*]

하지만 쐐기형 패턴 역시 단독 적용만으로는 완벽할 수 없습니다. 따라서 여러 기술적 분석 도구를 사용해 근거를 중첩 시키려는 노력이 반드시 필요합니다.

이에 관해 쐐기형 패턴 역시 'Advanced Forex Blog'에서 진행한 연구 결과를 잠시 곁들이겠습니다. 외환(Forex), 선물(Futures), 증권(Equities), 가상자산(Crypto), 채권(Bonds)의 5개 시장에 대해 10종류의 기술적 분석 패턴을 22개월의 기간에 걸쳐 도합 2,500건의 패턴 트레이딩 사례를 분석하였다고 합니다.

「Popular Price Pattern Study and Their Success Rates」

단독으로 쐐기형 패턴을 사용할 시 성공률

Rising/Falling Wedges – 38.2%

지지/저항 주요 지점 분석을 같이 한 경우

Rising/Falling Wedges – 58.6%

99

이 연구에 따르면 단독으로 쐐기형 패턴을 사용할 시 승률은 채 50%에 미치지 못하였으나, 지지/저항에 대한 주요 지점의 분석만 곁들여져도 역시 20%가량의 성공률이 증가하는 것을 확인할 수 있습니다. 다음 파트에서는 쐐기형 패턴을 실제로 트레이딩에 이용하는 예시에 대해 알아보도록 하겠습니다.

---

[*] Investopedia, Technical Analysis Basic Education-Wedge

쐐기형 패턴의 실전 적용

쐐기형 패턴은 삼각수렴 패턴보다는 등장 빈도가 낮은 패턴입니다.

먼저 상승 쐐기형 패턴의 예시부터 살펴보도록 하겠습니다.

상승 쐐기형 패턴(연속형)

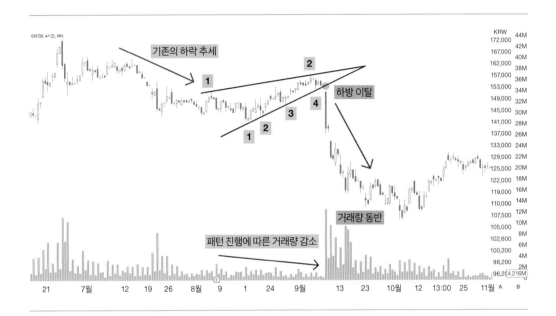

연속형 상승 쐐기 패턴의 예시로, 카카오 보통주 4시간봉 차트입니다.

약 한 달여에 걸쳐 진행된 패턴이며, 약 70~80% 구간에서 이탈이 발생하였습니다. 이탈의 직접적인 원인은 매크로적 이슈(정치권/금융당국의 카카오 규제 예상)였으며, 패턴의 형성 기간과 거래량 패턴, 이탈 직후의 낙차 등은 정석적인 상승 쐐기형 패턴의 예시를 보이고 있습니다.

하락 쐐기형 패턴(반전형)

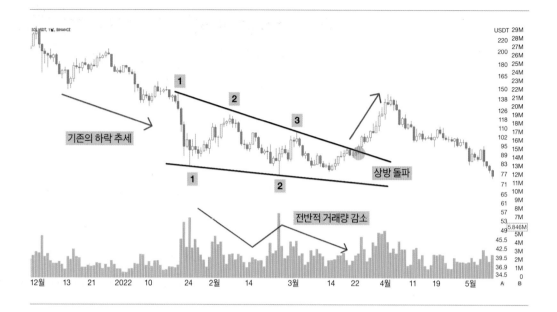

솔라나 코인의 일봉 차트입니다. 약 60일이 넘는 기간 동안 형성된 패턴으로 전형적인 '반전형' 패턴의 형태를 보이고 있습니다. 오랜 시간 수렴한 만큼, 상방 이탈 후 상승 추세 역시 1주 이상 지속되는 것이 확인됩니다. 이탈은 약 75% 구간에서 발생하였으며, 이탈 이후 상승폭은 처음 쐐기형 패턴 형성 시의 높이와 유사하였습니다.

깃발형 패턴, 급격한 가격 변동 이후 숨 고르기

깃발형 패턴의 기초 개념과 형태

깃발형 패턴(Flag Pattern)은 그 모양이 깃발과 흡사하여 붙여진 이름입니다. 이전 두 패턴이 수렴형 패턴이었던 것과 달리 깃발형 패턴은 상단(Upper)과 하단(Lower) 추세선이 평행합니다.

깃발형 패턴은 강한 가격 움직임에 뒤이어 나타나는 패턴으로, 강한 움직임 뒤에 찾아오는 '숨 고르기'의 의미를 담고 있습니다. 이를 전문적인 용어로는 Consolidation Period라고 부르지요. 이후 다시 원래 추세와 같은 방향으로 움직일 가능성이 높으며, 따라서 지속형 패턴의 한 종류입니다.

깃발형 패턴은 크게 '강세 깃발형 패턴(Bullish Flag Pattern)'과 '약세 깃발형 패턴(Bearish Flag Pattern)'으로 분류할 수 있습니다.

먼저 모식도를 통해 깃발형 패턴에 대해 살펴보겠습니다.

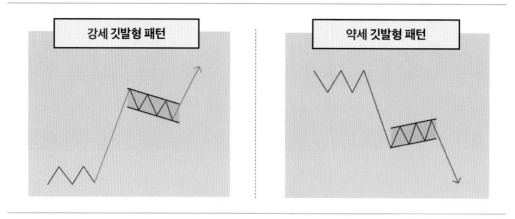

깃발형 패턴은 신뢰도가 아주 높은 지속형 패턴에 해당합니다. 다음 파트에서는 강세 깃발형 패턴과 약세 깃발형 패턴 각각의 특징에 대해 자세히 알아보도록 하겠습니다.

깃발형 패턴의 특징

강세 깃발형 패턴

강세 깃발형 패턴

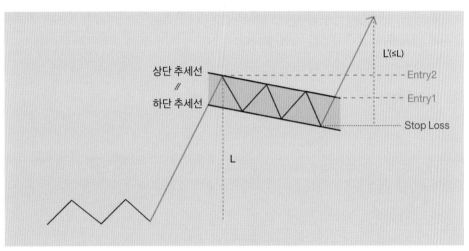

* 도식상 EP/SL/TP 등은 대략적인 설정값으로 투자 성향 및 타 지표를 고려해 변경할 수 있습니다.

강세 깃발형 패턴(Bullish Flag Pattern)은 큰 상승세 이후의 Consolidation 과정으로, 거래량이 감소하는 특징이 있습니다.

강세 깃발형 패턴의 상단 추세선은 고점이 점점 낮아지는 추세를 보입니다. Price Action에서는 이를 Lower High(점차 낮아지는 고점)라고 표현합니다. 하단 추세선도 저점이 점차 낮아지는 추세를 보이는데요. 이러한 상황을 Price Action에서는 Lower Low(점차 낮아지는 저점)라고 표현합니다.

강세 깃발형 패턴의 되돌림은 통상적으로 깃대 역할을 하는 첫 번째 상승세(L)의 50% 미만입니다. 이상적으로는 0.382 Level 내에서 되돌림이 일어나게 되며, 이는 6장에서 다루게 될 피보나치 되돌림 내용이므로 아직 피보나치 되돌림에 대한 학습이 되지 않으신 분들이라면 넘어가셔도 좋습니다.

강세 깃발형 패턴의 거래 진입은 크게 두 가지 포인트를 고려할 수 있습니다. 첫 번째 진입 포인트는 상단 추세선을 돌파할 때 진입하는 것입니다. 상단 추세선을 돌파한다는 것은 다시 상승세를 지속할 가능성이 높다는 시장의 신호로 받아들일 수 있습니다. 조금 더 보수적인 진입을 원한다면 기존의 전고점, 즉 깃대의 최고점을 이용할 수 있습니다. 목표 손절가는 하단 추세선, 혹은 유의미한 저점 등을 이용하여 설정할 수 있습니다.

두 번째 상승의 크기는 통상적으로 이전 상승분과 유사하거나 크기가 작은 경우가 많으므로, 이를 고려하여 수익 실현할 수 있습니다.

약세 깃발형 패턴

약세 깃발형

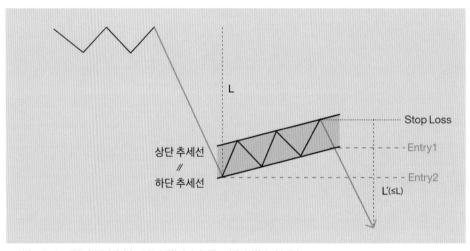

* 도식상 EP/SL/TP 등은 대략적인 설정값으로 투자 성향 및 타 지표를 고려해 변경할 수 있습니다.

약세 깃발형 패턴(Bearish Flag Pattern)은 큰 하락세 이후 나타납니다. 이때의 약간의 상승은 역시 Consolidation이라 불리는 과정으로, 거래량이 감소하는 특징이 있습니다.

약세 깃발형 패턴의 상단 추세선은 고점이 점점 높아지는 Higher High 추세를 보입니다. 하단 추세선도 저점이 점차 높아지는 Higher Low 추세를 보이는데요. 이러한 상황은 상승 채널과 유사하게 보일 수 있으나, 기존의 가파른 하락세의 존재 유무를 통해 쉽게 구분할 수 있습니다.

약세 깃발형 패턴의 되돌림 상승은 통상적으로 깃대 역할을 하는 첫 번째 하락세(L)의 50% 미만입니다. 강세 깃발형 패턴과 마찬가지로 이상적으로는 0.382 Level 내의 되돌림이 일어나게 되며, 이는 6장에서 다루게 될 피보나치 되돌림 내용이므로 아직 피보나치 되돌림에 대한 학습이 되지 않으신 분들이라면 넘어가셔도 좋습니다.

약세 깃발형 패턴은 파생상품 시장을 기준으로 숏 포지션을 진입할 수 있는 패턴입니다. 크게 두 가지 포인트를 고려할 수 있습니다. 첫 번째 진입 포인트는 하단 추세선을 돌파할 때 진입하는 것입니다. 하단 추세선을 돌파한다는 것은 다시 하락세가 시작될 가능성이 높다는 시장의 신호로 받아들일 수 있습니다. 조금 더 보수적인 진입을 원한다면 기존의 전저점을 이용할 수 있습니다. 목표 손절가는 상단 추세선, 혹은 유의미한 저점 등을 이용하여 설정할 수 있습니다.

두 번째 하락은 통상적으로 이전 하락분과 비슷하거나 크기가 작은 경우가 많으므로, 이를 고려하여 수익 실현할 수 있습니다.

깃발형 패턴의 Key Point

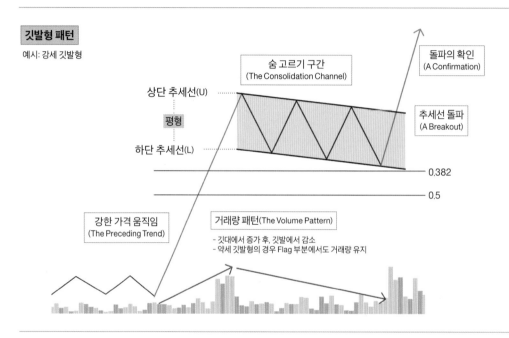

깃발형 패턴

예시: 강세 깃발형

- 숨 고르기 구간 (The Consolidation Channel)
- 돌파의 확인 (A Confirmation)
- 상단 추세선(U)
- 평형
- 하단 추세선(L)
- 추세선 돌파 (A Breakout)
- 0.382
- 0.5
- 강한 가격 움직임 (The Preceding Trend)
- 거래량 패턴(The Volume Pattern)
  - 깃대에서 증가 후, 깃발에서 감소
  - 약세 깃발형의 경우 Flag 부분에서도 거래량 유지

1) 첫 번째로 '깃대'에 해당하는 강한 가격 움직임이 관찰되어야 합니다.

2) 이후 '깃발'에 해당하는 숨 고르기 구간이 나타나며, 이를 Consolidation Channel이라 부릅니다. 이때 채널을 이루는 두 추세선은 평행합니다. 두 추세선이 수렴하는 경우를 Pennant 패턴으로 따로 분류하는 경우도 있으나, Flag 패턴 혹은 지속형 쐐기 패턴과 유사한 패턴으로 예시에서만 언급드릴 예정입니다.

3) 특징적인 거래량 패턴을 보입니다. 깃대에서의 강한 가격 움직임에 거래량은 증가합니다. 깃발 부위의 Consolidation Period에서는 거래량이 감소합니다. 약세 깃발형 패턴의 경우 투자자들의 두려움과 불안에 의해 거래량이 감소하지 않고 유지되는 경향이 있습

니다.

4) 기존 추세선의 돌파와 함께 새로운 추세가 시작되게 됩니다. 이 돌파는 매수 타이밍 혹은 포지션 진입 타이밍으로 사용할 수 있습니다.

5) 추세선 돌파 이후 다양한 트레이딩 도구들을 이용하여 가격이 다시 원래의 추세와 같은 방향으로 움직이는지 확인하는 과정이 필요합니다.

깃발형 패턴의 성공률과 한계

깃발형 패턴 역시 'Advanced Forex Blog'에서 진행한 연구 결과를 함께 살펴보도록 하겠습니다. 외환(Forex), 선물(Futures), 증권(Equities), 가상자산(Crypto), 채권(Bonds)의 5개 시장에 대해 10종류의 기술적 분석 패턴을 22개월의 기간에 걸쳐 도합 2,500건의 패턴 트레이딩 사례를 분석하였다고 합니다. 깃발형 패턴의 경우 지난 장에서 알아보았던 삼각수렴 패턴과 쐐기형 패턴보다 다소 성공률이 높은 경향을 보입니다.

「**Popular Price Pattern Study and Their Success Rates**」

단독으로 깃발형 패턴을 사용할 시 성공률

Bullish / Bearish Flags – 44.4 %

지지/저항 주요 지점 분석을 같이 한 경우

Bullish / Bearish Flags – 74.2 %

단독으로 깃발형 패턴을 사용할 때보다 지지/저항에 대한 주요 지점의 분석을 곁들여서 사용할 때 약 30%가량의 성공률이 증가하는 것을 확인할 수 있습니다.

다음 파트에서는 깃발형 패턴을 실제로 트레이딩에 이용하는 예시에 대해 알아보도록 하겠습니다.

깃발형 패턴의 실전 적용

강세 깃발형 패턴

강세 깃발형

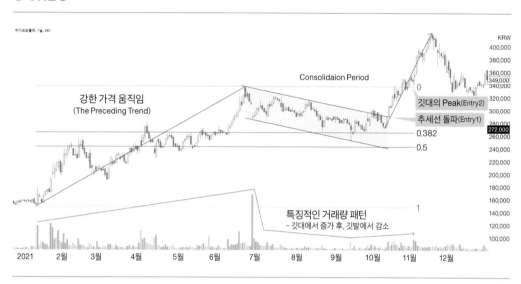

하이브 보통주 일봉 차트에서 형성된 강세 깃발형(Bullish Flag) 패턴입니다.

깃대의 강한 가격 움직임 이후 약 4달여에 걸쳐 형성된 Consolidation Period가 관찰됩니다. 이후 하단을 높여가며 상단 추세선에 근접한 후 돌파가 일어납니다. 특징적인 거래량 패턴 역시 관찰되며, 거래의 진입은 추세선 돌파 시점과 깃대의 봉우리(Peak) 돌파 시점 등을 이용할 수 있습니다.

약세 깃발형 패턴

약세 깃발형

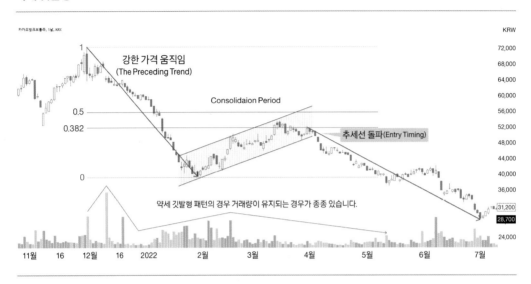

카카오뱅크 보통주 일봉 차트에서 나타난 약세 깃발형(Bearish Flag) 패턴입니다.

강한 하락세 이후 Consolidation Period가 약 2달 반 정도의 기간에 걸쳐 형성되었습니다. 약세 깃발형 패턴의 경우 거래량이 유지되는 경우가 종종 있습니다. 이는 하락장에서는 Consolidation Period에 관계없이 매도세가 유지되는 경우가 있기 때문입니다. 이후 상단이 낮아지며 하단 추세선과 가까워진 후 추세선 돌파가 일어나며 재차 하락세가 시작됩니다.

삼각 깃발형 패턴

강세 삼각 깃발형

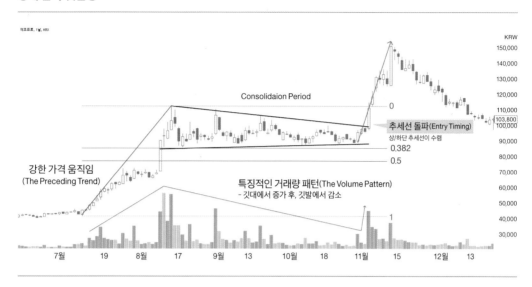

에코프로의 일봉 차트입니다.

약 3개월에 걸쳐 형성된 삼각 깃발형 패턴(Pennant Pattern)이 관찰됩니다. 삼각 깃발형 패턴은 깃발형 패턴의 변형으로 상/하단 추세선이 수렴하는 것이 특징입니다. 개념적으로는 깃발형 패턴, 쐐기형 패턴과 매우 유사합니다. 깃발형 패턴과 같이 강한 가격 움직임이 먼저 나타나며, 깃대 부위에서는 거래량이 증가하는 특징이 있습니다.

이후 Consolidation Period를 거치며 거래량이 감소하는 특징적인 거래량 패턴을 보이며, 강세 패턴의 경우 상단 추세선을 돌파하며 다시 강한 추세를 보입니다. 거래의 진입 타이밍은 상단 추세선 돌파 시 혹은 깃대의 최상단(예시 그림상 피보나치 되돌림 '0' Level)을 이용할 수 있습니다.

헤드 앤 숄더 패턴

↓↑ 헤드 앤 숄더 패턴의 기초 개념과 형태

이전까지 살펴보았던 패턴이 지속형 패턴의 경향을 띠었다면, 헤드 앤 숄더 패턴(Head & Shoulder Pattern)은 전형적인 반전(Reversal) 패턴에 해당합니다. 헤드 앤 숄더 패턴은 상승 추세가 소진된 후 반전이 언제 진행될 수 있는지 식별하는 데 도움이 되는 가격 역전 패턴입니다. 이 패턴은 반전형 패턴 중 가장 일관성이 있다고 여겨지는 패턴 중 하나로, 초보 트레이더부터 전문적인 트레이더에 이르기까지 모두 사용할 수 있는 패턴입니다. 또 흥미로운 점 중 하나는 엘리어트 파동 이론에서 상승 충격파(Impulse Wave) → 조정파(Correction Wave)로 반전하는 모습이 종종 헤드 앤 숄더 패턴으로 나타난다는 것입니다(심화 내용).

역 헤드 앤 숄더 패턴(Inverse Head & Shoulder Pattern)은 헤드 앤 숄더 패턴과 동일한 구조를 갖지만, 역방향으로 하락 추세에서 관찰할 수 있으며, 더 높은 흐름이 생성될 때 하락 추세가 상승 추세로 반전될 수 있는 가능성을 나타냅니다.

먼저 간략한 모식도를 통해 헤드 앤 숄더 패턴을 구성하는 요소들부터 확인해보도록 하겠습니다.

헤드 앤 숄더 패턴

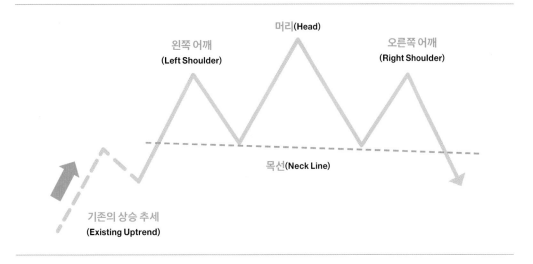

헤드 앤 숄더 패턴은 우리의 몸과 같이 ① 왼쪽 어깨(Left Shoulder), ② 머리(Head), ③ 오른쪽 어깨(Right Shoulder)로 이어지며, 3개의 고점(Peak)과 2개의 저점(Trough)으로 형성됩니다. 이는 가운데가 높은 산 모양의 픽토그램을 연상케 하며 우리에게 친숙한 형태를 띱니다. 머리와 어깨 형상 말고도 패턴 내의 저점들을 연결하는 ④ 목선(Neck Line)과 패턴이 나타나기 이전의 ⑤ 명확한 상승 추세(Uptrend)를 포함하면 총 5개의 구성요소가 존재합니다.

먼저 왼쪽 어깨부터 살펴보도록 하겠습니다. 이 부분은 패턴의 시작이라 볼 수 있으며, 상승 추세가 이어지다 하락 조정을 받으며 고점을 형성할 때 만들어집니다.

고점을 그리며 하락하던 시장은 다시 반전하여 기존 상승 추세를 이어가게 되는데, 이때 첫 번째 저점이 만들어지며 왼쪽 어깨가 완성됩니다. 왼쪽 어깨까지는 아직 상승 추세가 유효한 상태입니다.

두 번째 구성요소인 머리는 왼쪽 어깨의 저점을 기준으로 다시 상승하여 왼쪽 어깨의 고점을 돌파할 때 형성됩니다. 왼쪽 어깨와 마찬가지로 두 번째 저점을 형성하며 완성되는데, 이때의 저점은 통상적으로 상승 추세선을 하방 돌파하게 되며, 이를 통해 기존의 상승 추세가 전환될 수 있음을 예측할 수 있습니다.

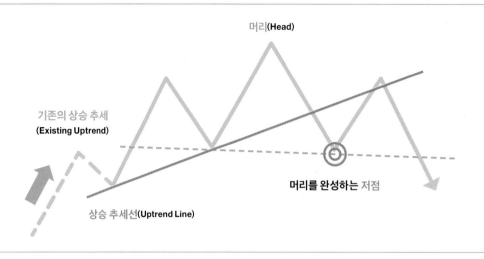

이후 오른쪽 어깨가 형성되며, 어깨의 고점은 왼쪽 어깨와 비슷한 수준의 높이를 보입니다.

목선의 경우 수평, 우하향, 우상향의 3가지 경우 모두 가능합니다. 다만 하락 반전형 패턴의 일종으로 간주할 때 Lower Low를 형성하는 우하향의 경우가 빈도도 가장 잦으며, 신뢰도는 가장 높습니다.

마지막으로 거래량의 경우 점차 감소하는 양상을 보이며, 구체적으로는 모식도를 통해 확인해볼 수 있습니다.

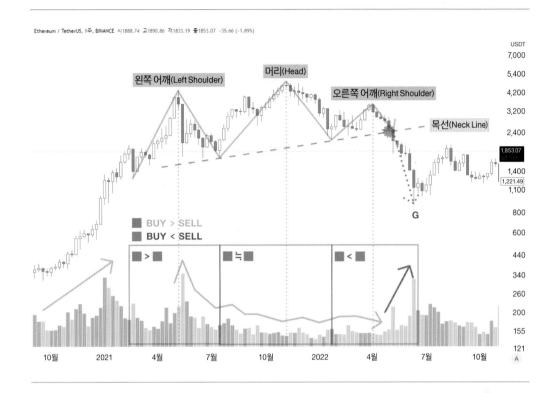

기존의 상승 추세와 왼쪽 어깨에 이르기까지는 거래량은 상당히 높게 나타날 수 있습니다. 하지만 하락세 전환은 시장의 관심과 수요가 줄어들 때 나타나므로, 정석적인 패턴이라면 거래량이 패턴이 완성됨에 따라 점점 감소하게 됩니다. 이후 주의할 점은 가격이 목선을 하방 돌파함에 따라 거래량은 다시 증가한다는 사실입니다. 이는 목선을 주요 지지선으로 여겨오던 투자자들의 공포에 의한 매도 물량에서 기인합니다.

역 헤드 앤 숄더 패턴

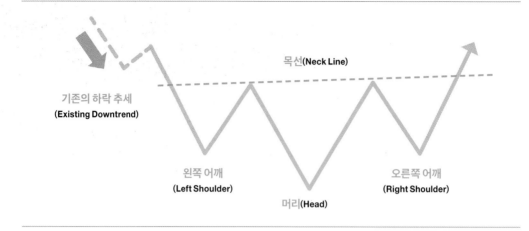

다음은 역 헤드 앤 숄더 패턴에 대한 모식도를 살펴보도록 하겠습니다. 역 헤드 앤 숄더 패턴은 헤드 앤 숄더 패턴의 정반대 형태로, 3개의 저점과 2개의 고점으로 구성되며 헤드 앤 숄더 패턴이 뒤집힌 모양을 띠고 있습니다. 각 구성요소 역시 그 양상이 상하 반전되어 나타나는 것으로 간주하면 쉽게 이해할 수 있습니다. 목선 역시 높아진 고점(Higher High)을 형성하며 우상향 기울기를 나타내는 경우가 많습니다.

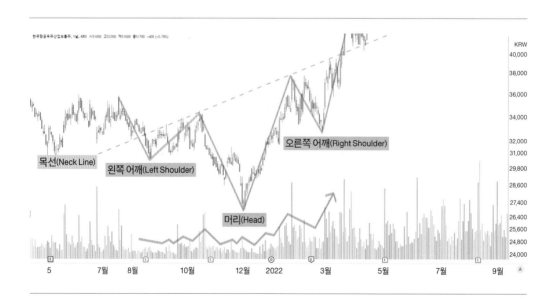

하지만 거래량 패턴에서는 다소 차이를 보입니다. 헤드 앤 숄더 패턴이 상승 → 하락으로의 반전형 패턴이었다면, 역 헤드 앤 숄더 패턴은 하락 → 상승 반전이 나타나는 패턴입니다. 상승세로의 전환은 매수세의 증가를 뜻하며 이는 거래량의 증가를 동반하기 때문입니다.

▎▌▐ 헤드 앤 숄더 패턴의 특징

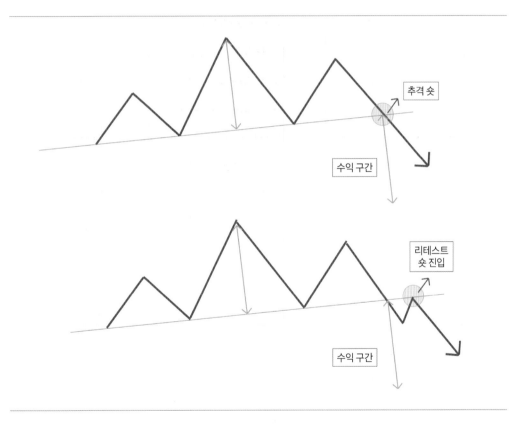

헤드 앤 숄더 패턴의 거래는 목선을 이용합니다. 여기서 반드시 알아두어야 할 점은 패턴이 완성된 후에 진입하는 것이 중요하다는 점입니다. 또한 하락 반전형 패턴이므로 숏 포지션 진입이 원칙입니다.

즉 목선을 돌파하는 순간에 거래에 진입하는 것이 가장 일반적인 원칙이며, 보다 보수적으로 진입하기 위해서는 목선을 한 번 더 리테스트한 후 진입하는 것도 좋습니다.

손절가의 경우 오른쪽 어깨를 사용하는 것이 일반적입니다. 머리를 이용할 수도 있으나, 이는 손실에 대한 리스크가 커지며, 손익비가 좋지 않은 거래가 될 수 있습니다.

목표가의 경우 목선에서 머리까지의 거리를 이용하여 설정할 수 있으며, 그 외에 다양한 기술적 분석을 이용하여 설정할 수도 있습니다.

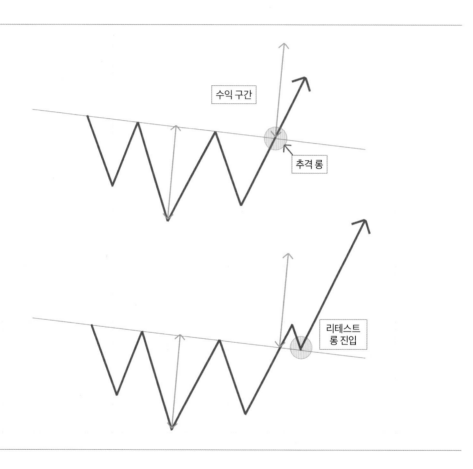

역 헤드 앤 숄더 패턴은 현물 매수 혹은 롱 포지션 진입이 가능하며, 마찬가지로 목선 돌파를 확인한 후 들어가는 것이 원칙입니다. 목표가와 손절가는 헤드 앤 숄더 패턴과 동일하게 설정할 수 있습니다.

이번엔 헤드 앤 숄더 패턴의 형성 원리에 대해 알아보도록 하겠습니다. 역 헤드 앤 숄더 패턴은 반대 개념으로 받아들일 수 있습니다.

종목의 가격이 '머리'를 형성한 이후에는 매도자들이 시장에 많아지게 되며, 공격적인 매수 주문은 줄어들게 됩니다. 가격이 '목선'에 근접하면서 '머리'와 '어깨'에서 매수한 많은 투자자들이 손실에 직면하게 되며, 이들은 포지션을 종료하거나 현물을 매도하기 시작합니다. 이러한 움직임은 목선 하방으로 가격이 더 내려가게 만드는 원동력이 됩니다. 오른쪽 어깨는 낮아진 고점(Lower High)에 해당하므로, 다시 상승 추세로 전환되기 전까지는 돌파당할 일이 적습니다. 목선이 가까워질수록 매도자들은 늘어나며 매수자들은 줄어들기 때문에 하락 추세로의 반전이 일어나게 됩니다.

헤드 앤 숄더 패턴의 Key Point

1) Price Action 및 기술지표를 이용하여 전반적인 시장 동향을 파악해야 합니다. 즉 헤드 앤 숄더 패턴은 이전의 상승세가 확인되어야 하며, 역 헤드 앤 숄더 패턴은 이전의 하락 세가 확인되어야 합니다.

2) '머리(Head)', '어깨(Shoulder)', '목선(Neck Line)' 등의 구성요소를 구분해야 합니다.

3) 머리와 양쪽 어깨 간의 거리는 가능한 같은 것이 좋습니다.

4) 양측 '어깨' 사이의 변곡점을 이어 '목선'을 작도합니다.

5) 손절가는 오른쪽 어깨(Right Shoulder)를 이용합니다.

6) 목표가(Limit Level = Target Price)는 머리에서 목선까지의 거리를 이용합니다.

헤드 앤 숄더 패턴의 성공률과 한계

　헤드 앤 숄더 패턴 역시 'Advanced Forex Blog'에서 진행한 연구 결과를 함께 살펴보도록 하겠습니다. 외환(Forex), 선물(Futures), 증권(Equities), 가상자산(Crypto), 채권(Bonds)의 5개 시장에 대해 10종류의 기술적 분석 패턴을 22개월의 기간에 걸쳐 도합 2,500건의 패턴 트레이딩 사례를 분석하였다고 합니다.

　헤드 앤 숄더 패턴의 경우 연구상 단일 패턴 중 가장 높은 성공률을 보였습니다.

「**Popular Price Pattern Study and Their Success Rates**」

단독으로 H&S 패턴을 사용할 시 성공률

헤드 앤 숄더 패턴 – 48.6 %

지지/저항 주요 지점 분석을 같이 한 경우

헤드 앤 숄더 패턴 – 84.1 %

　역시 단독 패턴 사용보다 지지/저항에 대한 주요 지점의 분석을 곁들여서 사용할 때에 성공률이 증가하는 것을 확인할 수 있습니다.

　다음 파트에서는 H&S 패턴을 실제로 트레이딩에 이용하는 예시에 대해 알아보도록 하겠습니다.

헤드 앤 숄더 패턴의 실전 적용

헤드 앤 숄더 패턴

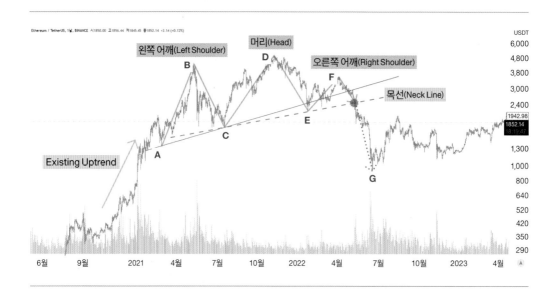

장기간 형성된 이더리움의 헤드 앤 숄더 패턴입니다. 일봉을 기준으로 하였으며, 기존의 강한 상승 추세 이후 왼쪽 어깨, 머리, 오른쪽 어깨가 차례로 형성됩니다. 거래량이 특징적으로 줄어드는 양상을 관찰할 수 있으며 돌파와 함께 거래량은 다시 증가합니다.

패턴의 신뢰도를 더하는 것은 두 번째 저점인 E의 위치가 A-C를 이은 추세선(Trendline) 하방에 위치했다는 점입니다. 이후 목선을 하방 돌파하며 하락이 시작됩니다. 패턴의 완성은 목선의 돌파 순간이므로, 이를 이용하여 숏 포지션에 진입할 수 있습니다. 손절가는 F 지점 (Right Shoulder)을 이용하며 목표가는 D(Head)와 목선 사이의 수직 거리를 이용하여 설정할 수 있습니다.

삼성생명 보통주의 2019~2020년간의 차트입니다. 헤드 앤 숄더 패턴이 형성되며 시장이 하락 반전하는 것을 확인해볼 수 있습니다.

역 헤드 앤 숄더 패턴

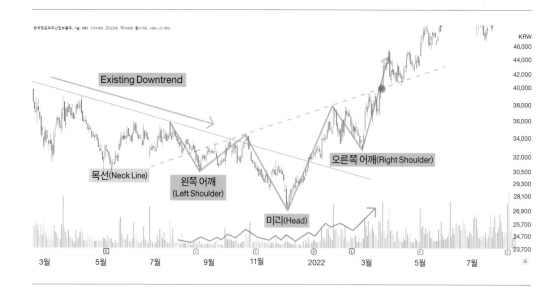

마지막으로 한국항공우주산업(KAI) 보통주에서 나타난 역 헤드 앤 숄더 패턴을 확인해보 겠습니다. 역 헤드 앤 숄더 패턴의 가장 큰 특징은 헤드 앤 숄더 패턴과 달리 오른쪽 어깨에 서 거래량이 증가한다는 점입니다.

기존의 하락 추세를 쉽게 확인 가능하며, 헤드 앤 숄더와 동일한 수순으로 왼쪽 어깨, 머리 의 형성을 확인합니다. 거래량 역시 머리로 진행될수록 점차 줄어든 것을 볼 수 있습니다.

하지만 머리가 형성한 저점 이후, 상승이 본격화되며 거래량은 점차 증가합니다. 오른쪽 어 깨가 형성될 즈음에는 상당한 수준의 거래량이 동반된 것을 볼 수 있습니다. 상승세가 지속 되며 목선의 저항을 돌파, 역 헤드 앤 숄더 패턴이 완성됩니다.

현물 매수 혹은 롱 포지션 진입을 고려할 수 있으며, 마찬가지로 목표가는 머리와 목선 사 이의 거리를 이용, 손절가는 오른쪽 어깨를 이용할 수 있습니다.

이중 천장 & 바닥 패턴

▮▮ 이중 천장 & 바닥 패턴의 기초 개념과 형태

이중 천장 & 바닥 패턴(Double Top & Bottom Pattern)은 '추세 반전형(Trend Reversal)' 패턴의 대표 주자 격인 패턴입니다.

이중 천장 & 바닥 패턴

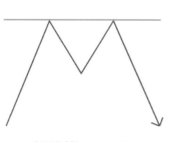

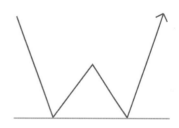

이중 천장형: Double Top 이중 바닥형: Double Bottom

이중 천장 & 바닥 패턴은 반복형(Recurring) 패턴의 일종으로 명확한 M(이중 천장형) 및 W(이중 바닥형) 모양을 나타내므로 비교적 확인이 쉬운 패턴에 해당합니다. 이중 천장 & 바닥 패턴은 강한 추세 반전을 암시합니다. '이중 천장형' 패턴의 경우 상승 추세의 막바지에서 나타나며, 하락 반전을 보입니다. 반대로 '이중 바닥형' 패턴의 경우 하락 추세의 막바지에서 주로 나타나며, 상승 반전을 보이는 것으로 알려져 있습니다.

두 패턴은 서로를 거울로 보는 것처럼 구성요소 및 특징 역시 상호 반전된 양상을 보이므로 쉽게 이해할 수 있습니다.

먼저 이중 천장 & 바닥 패턴의 구성요소에 대해 살펴보도록 하겠습니다.

이중 천장 & 이중 바닥 패턴

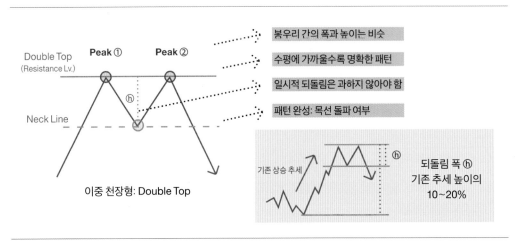

이중 천장형: Double Top

이중 천장 & 바닥 패턴의 천장과 바닥을 이루는 극점은 2개입니다. 이중 천장형 패턴의 경우 2개의 고점으로, 이중 바닥형 패턴의 경우 2개의 저점으로 만들어지게 됩니다. 이 두 극점을 이어 추세선을 작도할 수 있습니다. 이 추세선이 수평에 가까울수록 보다 정석적인 패턴이 완성됩니다.

이중 천장형 패턴의 경우 2개의 고점 사이에 한 개의 골(Valley)이 형성됩니다. 이 골은 일시적 추세 반전으로 인해 만들어지게 되며, 일시적 되돌림은 통상적으로 기존 추세 높이의 10~20% 수준으로 과하지 않아야 합니다. 또한 이 골은 목선을 형성하게 되며, 이 목선은 패턴의 완성 여부를 확인하는 주요 레벨로 사용되게 됩니다.

반대로 이중 바닥형 패턴의 경우 2개의 저점 사이에 한 개의 봉우리(Peak)가 형성됩니다.

이 봉우리는 일시적 상승 되돌림으로 인해 만들어지며, 역시 과하지 않은 되돌림이 일어나야 합니다. 마찬가지로 이 봉우리 높이에서 목선이 형성되며, 목선을 이용해 패턴의 완성 여부를 확인할 수 있습니다.

이중 천장 & 바닥 패턴의 형성 원리와 특징

이중 천장 & 바닥 패턴은 긴 타임프레임(일봉, 주봉)에서 중장기적으로 관찰 시에 효과적인 패턴으로 알려져 있습니다. 통상적으로 패턴의 완성은 1~3개월 정도가 걸리는 것이 일반적입니다. 그렇다고 해서 낮은 타임프레임(분봉, 시간봉)에서 사용할 수 없는 것은 아닙니다. '타임프레임'에 관계없이 형성 원리는 동일하기 때문입니다.

이중 천장 & 바닥 패턴의 형성 원리에 대해 먼저 알아보도록 하겠습니다.

추세의 반전은 매수자와 매도자들의 심리와 직결되어 나타나며, 이러한 심리 속에서 패턴이 형성되게 됩니다.

이중 천장형 패턴을 예시로 들어 형성 원리에 대해 알아보도록 하겠습니다.

이중 천장형 패턴

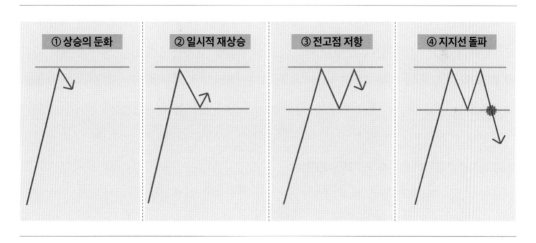

① 상승의 둔화 및 1차 반전(하락)의 등장

상승세의 끝자락에서는 가격 상승을 주도하던 매수 세력의 힘이 약해지는 시기가 찾아오게 됩니다. '언젠가 하락하는 것 아니야?' 또는 '충분히 올랐으니 수익 실현을 위해 매도해야지'라는 생각을 지닌 투자자들이 늘어나기 때문이지요. 따라서 상승이 둔화되며, 1차 하락 반전이 찾아오게 됩니다.

② 투자자들의 여전한 '확신'은 다시 재상승으로!

이러한 1차 하락 반전을 다시 매수의 기회로 여기는 투자자들이 나타납니다. 기존의 상승세가 명확했을수록 매수에 대한 '확신'은 지배적이게 되죠. 이때의 투자자들의 심리는 '여태껏 잘 올라왔는데 앞으로도 오르지 않을까?' 또는 '잠깐 조정 시기이니 오히려 매수 기회야!' 등의 심리가 지배적입니다. 1차 반전에 따른 하락을 '강화(Consolidation)' 혹은 '조정 (Manipulation)' 등의 구간으로 간주함과 동시에, 여전히 상승에 대한 '확신'이 남아 있는 시기입니다. 결국 가격은 다시 2차 상승 반전을 일으키게 되며, 직전 고점을 향해 상승하게 됩니다.

③ 전고점이 '저항'이 되어 확신은 의심으로…

희망을 품은 매수세에 힘입어 가격은 다시 상승합니다. 하지만 직전의 고점에서 저항이 나타나게 되며, 시장엔 하락에 대한 우려와 의심이 감돌게 됩니다. 투자자들은 차트의 전고점을 바라보며, '이 전고점을 다시 뚫지 못할 것 같다'는 생각을 하게 되고, 거래량 역시 이전의 전고점만큼 뒷받침되지 못합니다. 결국 전고점을 돌파하지 못하는 경우 3차 하락 반전이 나타나게 되고, 이때 매수 투자자들의 피로(Exhaustion)는 상당히 누적된 상태이며, Market Maker, 즉 세력들은 상당 부분 수익 실현을 한 상태일 가능성이 매우 높습니다.

④ 지지선을 돌파하며 본격적인 하락세로!

하락이 이어져 결국 '2차 반전'이 일어났던 골 레벨을 돌파한다면, 투자자들의 심리 변화는 더욱 걷잡을 수 없게 됩니다. 하락에 대한 공포가 본격적으로 찾아오는 시기이며, 매도 심리가 매우 우세한 시기입니다. 수익 실현을 하려는 투자자들과 고점에서 물린 투자자들이 뒤엉키면서 본격적인 하락세로 전환되게 됩니다.

위 일련의 과정을 거치며 차트는 'M' 모양을 그리게 됩니다. 이중 바닥형의 경우 이중 천장형 패턴과 '반대'의 과정을 거쳐 형성됩니다.

이중 천장 & 바닥 패턴 Key Point

이중 천장형 패턴

이중 천장형

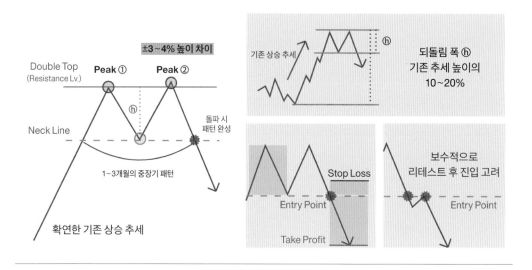

1) 기존의 상승 추세를 반드시 확인해야 합니다. 기존의 상승 추세가 강력할수록 패턴의 신뢰도가 높아지게 됩니다.

2) 2개의 봉우리와 한 개의 골을 확인해야 합니다. 첫 번째 봉우리는 기존 추세에서 가장 높은 가격을 형성해야 합니다. 이후 되돌림은 전체 추세의 약 10~20% 가량의 하락 되돌림이 나타나게 됩니다. 두 번째 봉우리는 다시 첫 번째 봉우리와 유사하게 반전이 일어나지만, 첫 번째 봉우리의 높이에는 미치지 못하는 경우가 많습니다. 지나치게 봉우

리 사이가 좁거나, 골이 깊은 경우 패턴의 신뢰도가 떨어지게 됩니다.

3) 패턴이 완성되어감에 따라 거래량의 감소를 확인해야 합니다. 투자자들의 매수 심리 감소로 인해 시장의 거래량은 줄어들게 됩니다.

4) 목선의 하방 돌파 전에 패턴의 완성을 속단해서는 안 됩니다. 목선의 하방 돌파를 확인하기 전에는 이중 천장형 패턴인지, 강화 구간(Consolidation Period)인지 판단할 수 없습니다. 목선을 하방 돌파한 경우 거래에 진입할 수 있으며, 보수적인 진입은 목선 리테스트를 기다렸다가 목선에서의 저항을 확인한 후 진입할 수 있습니다. 이중 천장형에서의 거래는 숏 포지션이 원칙입니다.

5) 통상적으로 손절가의 경우 Peak Level 혹은 그 약간 상방을 사용할 수 있습니다. 삼중천장(Triple Top) 형태의 패턴이 다시 형성될 가능성도 있기에 손절가의 경우 Peak Level 혹은 그 약간 상방을 사용하는 것이 좋습니다.

이중 바닥형 패턴

이중 바닥형

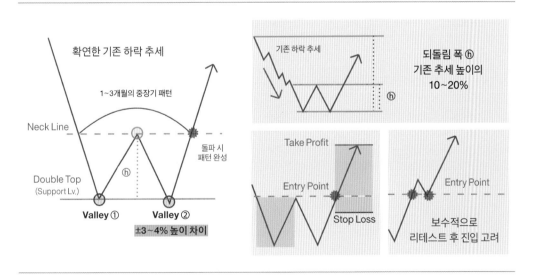

1) 기존의 하락 추세를 반드시 확인해야 합니다. 기존의 하락 추세가 강력할수록 패턴의

신뢰도가 높아지게 됩니다.

2) 2개의 골과 한 개의 봉우리를 확인해야 합니다. 첫 번째 골은 기존 추세에서 가장 낮은 가격을 형성해야 합니다. 이후 되돌림은 전체 추세의 약 10~20%가량의 상승 되돌림이 나타나게 됩니다. 두 번째 골은 다시 첫 번째 골과 유사하게 반전이 일어나지만, 첫 번째 골보다 약간 높게 형성되는 경우가 많습니다. 지나치게 골 사이가 좁거나, 봉우리가 높은 경우 패턴의 신뢰도가 떨어지게 됩니다.

3) 패턴이 완성되어감에 따라 거래량은 감소하게 됩니다. 하지만 패턴이 완성된 후 저항을 돌파할 때쯤에는 오히려 매수 심리가 증가하며 거래량이 증가하게 됩니다. 매수 심리가 강할 경우, 두 번째 저점을 이룰 때부터 거래량이 증가하는 경우도 있습니다. 투자자들의 매수 심리 증가로 인해 시장의 거래량은 증가하게 됩니다.

4) 목선의 상방 돌파 전에 패턴의 완성을 속단해서는 안 됩니다. 목선의 상방 돌파를 확인하기 전에는 이중 바닥형 패턴인지, 재하락 전의 강화 구간(Consolidation Period)인지 판단할 수 없습니다. 목선을 상방 돌파한 경우 거래에 진입할 수 있으며, 보수적인 진입은 목선 리테스트를 기다렸다가 목선에서의 지지를 확인한 후 진입할 수 있습니다. 이중 바닥형 패턴의 경우 현물 매수 혹은 롱 포지션 진입이 원칙입니다.

5) 통상적으로 손절가의 경우 골 레벨 혹은 그 약간 하방을 사용할 수 있습니다. 삼중 바닥(Triple Bottom) 형태의 패턴이 다시 형성될 가능성도 있기에 손절가의 경우 골 레벨 혹은 그 약간 하방을 사용하는 것이 좋습니다.

이중 천장 & 바닥 패턴의 성공률과 한계

이중 천장 & 바닥 패턴 역시 'Advanced Forex Blog'에서 진행한 연구 결과를 함께 살펴보도록 하겠습니다. 외환(Forex), 선물(Futures), 증권(Equities), 가상자산(Crypto), 채권(Bonds)의 5개 시장에 대해 10종류의 기술적 분석 패턴을 22개월의 기간에 걸쳐 도합 2,500건의 패턴 트레이딩 사례를 분석하였다고 합니다.

이중 천장 & 바닥 패턴의 경우 연구상 단일 패턴 중 상당히 높은 성공률을 보였습니다.

「Popular Price Pattern Study and Their Success Rates」

단독으로 이중 천장 & 바닥 패턴을 사용할 시 성공률

이중 천장 & 바닥 패턴 – 41.2 %

지지/저항 주요 지점 분석을 같이 한 경우

이중 천장 & 바닥 패턴 – 63.8 %

역시 단독 패턴 사용보다 지지/저항에 대한 주요 지점의 분석을 곁들여서 사용할 때에 성공률이 증가하는 것을 확인할 수 있습니다.

다음 파트에서는 이중 천장 & 바닥 패턴을 실제로 트레이딩에 이용하는 예시에 대해 알아보도록 하겠습니다.

이중 천장 & 바닥 패턴의 실전 적용

이중 천장 & 바닥 패턴의 경우 본격적인 추세 반전을 나타내는 패턴으로 사례는 비교적 거시적 시간대에서 나타난 예시를 선택하였습니다.

이중 천장형 패턴

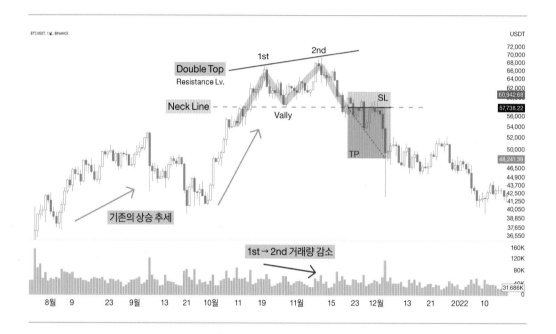

비트코인의 일봉 차트이며, 기존의 상승 추세 막바지에 M 형태의 이중 천장 패턴이 형성된 것을 볼 수 있습니다.

이전의 큰 상승세와 첫 고점까지의 상승폭의 크기는 $38.2k 가량입니다. 이후 되돌림을 보여주며 일시 하락이 일어났으며, 되돌림 값은 $9.6k로 상승폭의 약 25%가량을 차지하였습니다. 통상적인 10~20%에 비해 약간 깊은 되돌림을 나타내었습니다. 두 봉우리의 높이는 동일하지는 않으나, 그 편차가 약 4.7%로 일반적인 양상을 크게 벗어나지 않았습니다.

목선을 이용하여 거래에 진입할 수 있으며, 이중 천장 패턴은 숏 포지션 진입이 원칙입니다. 첫 목선 돌파 이후 목선을 리테스트하는 움직임 역시 관찰되며, 이를 확인한 후 진입하는 것도 보수적인 전략으로 운용할 수 있습니다.

이중 바닥형 패턴

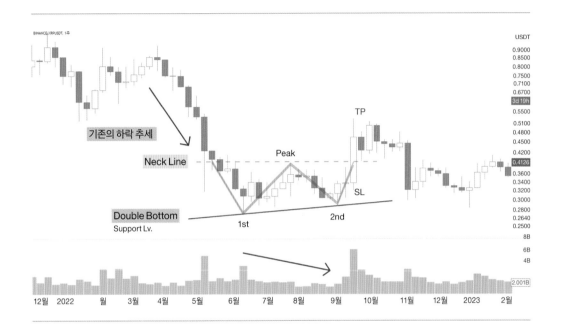

리플의 주봉 차트입니다. 명확한 이중 바닥 패턴이 관찰되며, 이전의 큰 하락세의 낙폭은 $0.645가량이며, 되돌림 반등은 $0.125로 19.4%의 되돌림을 보였습니다. 또한 골의 높이 차이 역시 4.0%로 패턴의 형성 조건에 부합합니다.

목선을 이용하여 거래에 진입할 수 있으며, 이중 바닥 패턴의 경우 현물 매수 혹은 롱 포지션 진입을 계획할 수 있습니다. 목선은 되돌림 양을 이용하여 $0.125가량의 상승을 보인 $0.535 구역으로 설정할 수 있습니다.

6

삼중 천장 & 바닥 패턴

이번 파트에서 다룰 삼중 천장 & 바닥 패턴(Triple Top & Bottom Pattern)은 이중 천장 & 바닥형 패턴의 확장판이라고도 볼 수 있으며, 헤드 앤 숄더 패턴과도 다소 유사한 형태를 가지고 있습니다. 여러 번 다루었던 형태의 패턴이니 쉽게 이해할 수 있을 것입니다.

삼중 천장 & 바닥 패턴의 기초 개념과 형태

삼중 천장 & 바닥 패턴

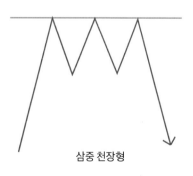

삼중 천장형

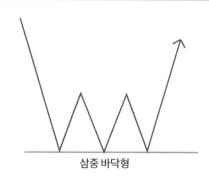

삼중 바닥형

삼중 천장 & 바닥 패턴 역시 반복형(Recurring) 패턴의 일종으로 강한 추세 반전을 암시하는 패턴입니다. ΛΛΛ(삼중 천장형) 및 VVV(삼중 바닥형) 모양을 나타내므로 비교적 확인이 쉽습니다.

'이중 천장 & 바닥' 패턴과의 차이점은, 천장(또는 바닥)을 이루는 변곡점이 3개, 목선의 기준이 되는 반전 지점은 2개로 늘어난다는 점입니다.

천장 & 바닥을 이루는 변곡점의 수가 늘어난다는 것은, 그만큼 강한 저항/지지선을 형성한다는 의미입니다. 따라서 결국 이를 돌파한다면, 강한 추세 반전을 나타낼 수 있다는 것이 '삼중 천장 & 바닥 패턴'의 핵심 내용이 되겠습니다.

마찬가지로 삼중 천장 패턴은 상승 추세의 막바지에 나타나며 하락 반전을, 삼중 바닥 패턴은 하락 추세의 막바지에 나타나며 상승 반전을 보이게 됩니다.

삼중 천장 & 바닥 패턴의 구성요소에 대해 살펴보도록 하겠습니다.

삼중 천장 & 바닥 패턴

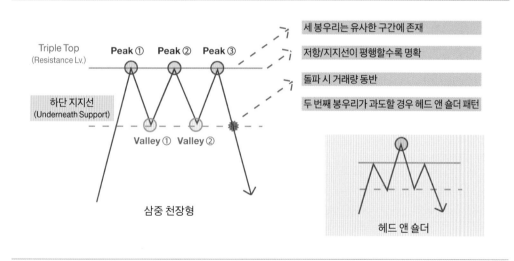

삼중 천장 & 바닥 패턴의 천장과 바닥을 이루는 극점은 3개입니다. 삼중 천장 패턴의 경우 3개의 고점으로, 삼중 바닥 패턴의 경우 3개의 저점으로 만들어지게 됩니다.

이 세 극점이 속한 가격 구간이 유사할수록 보다 명확한 패턴이 됩니다. 만약 두 번째 극점이 과도할 경우 헤드 앤 숄더 패턴이 형성될 수도 있습니다.

삼중 천장형 패턴의 경우 3개의 고점 사이에 2개의 골이 형성됩니다. 이 골들은 일시적 추세 반전으로 인해 만들어지게 되며, 일시적 되돌림은 역시 과하지 않아야 합니다. 또한 이 골들을 이은 추세선은 하단 지지선(Underneath Support)을 형성하게 되며, 이 하단 지지선은 패턴의 완성 여부를 확인하는 주요 레벨로 사용되게 됩니다.

반대로 삼중 바닥형 패턴의 경우 3개의 저점 사이에 2개의 봉우리가 형성됩니다. 이 봉우리는 일시적 상승 되돌림으로 인해 만들어지며, 역시 과하지 않은 되돌림이 일어나야 합니다. 마찬가지로 이 봉우리들을 이은 추세선에서 상단 저항선(Overhead Resistance)이 형성되며, 상단 저항선을 이용해 패턴의 완성 여부를 확인할 수 있습니다.

▐▮ 삼중 천장 & 바닥 패턴의 특징

삼중 천장 & 바닥 패턴 역시 주로 긴 타임프레임(일봉, 주봉)에서 관찰되는 패턴이긴 하나, 모든 타임프레임에서 사용해도 무방한 패턴입니다. 발생 빈도는 매우 드문 편이나, 강한 추세 반전을 암시합니다.

삼중 바닥형 패턴

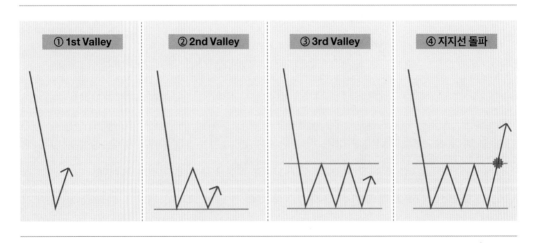

| ① 1st Valley | ② 2nd Valley | ③ 3rd Valley | ④ 지지선 돌파 |

형성 원리는 앞서 살펴보았던 이중 천장 & 바닥 패턴과 매우 유사하며, 되돌림이 1회 더 발생하는 데에서만 차이가 있습니다.

천장 패턴의 봉우리, 바닥 패턴의 골은 첫 번째, 두 번째, 세 번째 극점으로 갈수록 이전 점 보다 추세가 약해지는 것이 특징입니다. 다시 말해, 봉우리는 점점 낮아지고 골은 점점 올라 가는 것이 일반적입니다.

또한 삼중 천장 & 바닥 패턴에서는 위아래의 변곡점에서 각각 2개의 추세선이 발생할 수 있습니다. 이러한 2개의 추세선이 완벽하게 평행한 경우는 매우 드물지만, 평행에 가까울수 록 이상적인 형태로 신뢰도가 상승하게 됩니다.

★★ 이건 꼭 기억하자 ★★

삼중 천장 & 바닥 패턴 Key Point

삼중 천장형 패턴

삼중 천장형

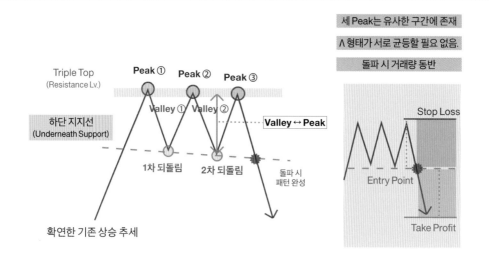

1) 기존의 상승 추세를 반드시 확인해야 합니다. 기존의 상승 추세가 강력할수록 패턴의 신뢰도가 높아지게 됩니다.

2) 3개의 봉우리와 2개의 골을 확인해야 합니다. 첫 번째 봉우리는 기존 추세에서 가장 높은 가격을 형성해야 합니다. 이후 되돌림은 하락을 형성하게 됩니다. 두 번째 봉우리는 다시 첫 번째 봉우리와 유사하게 반전이 일어나지만, 첫 번째 봉우리의 높이와는 유사하거나 약간 낮은 경우(Lower High)가 많습니다. 두 번째 되돌림 역시 일시적 하락 되돌림

이며, 세 번째 봉우리는 다시 더 낮은 고점(Lower High)을 형성하는 경우가 많습니다.

3) 패턴이 완성되어감에 따라 거래량의 감소를 확인해야 합니다. 투자자들의 매수 심리 감소로 인해 시장의 거래량은 줄어들게 됩니다.

4) 하단 지지선(Underneath Support)의 하방 돌파 전에 패턴의 완성을 속단해서는 안 됩니다. 하단 지지선의 하방 돌파를 확인하기 전에는 삼중 천장 패턴인지, 강화 구간 (Consolidation Period)인지 역시 판단할 수 없습니다. 하단 지지선을 하방 돌파한 경우 거래에 진입할 수 있으며, 보수적인 진입은 하단 지지선을 리테스트하는 움직임을 기다렸다가 되돌림(Pullback)을 확인한 후 진입할 수 있습니다.

5) 손절가의 경우 손익비에 따라 다르지만, 세 번째 고점 혹은 약간 상단에 설정할 수 있습니다.

삼중 바닥형

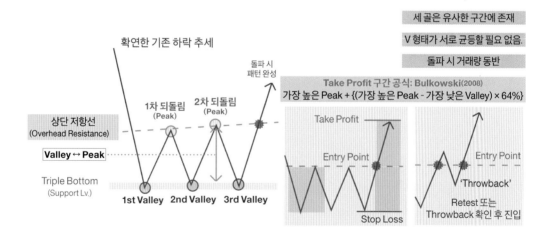

삼중 바닥형 패턴

1) 기존의 하락 추세를 반드시 확인해야 합니다. 기존의 하락 추세가 강력할수록 패턴의 신뢰도가 높아지게 됩니다.

2) 3개의 골과 2개의 봉우리를 확인해야 합니다. 첫 번째 골은 기존 추세에서 가장 낮은 가격을 형성해야 합니다. 이후 되돌림은 상승을 형성하게 됩니다. 두 번째 골은 다시 첫 번째 골과 유사하게 반전이 일어나며, 첫 번째 골의 높이와는 유사하거나 약간 높은 경우(Higher Low)가 많습니다. 두 번째 되돌림 역시 일시적 상승 되돌림이며, 세 번째 골은 다시 높아진 저점(Higher Low)을 형성하는 경우가 많습니다.

3) 패턴이 완성되어감에 따라 거래량은 감소하게 됩니다. 하지만 패턴이 완성된 후 저항을 돌파할 때쯤에는 오히려 매수 심리가 증가하며 거래량이 증가하게 됩니다. 이를 확인한 후 진입하는 것이 좋습니다. 매수세가 강한 경우 3번째 저점부터 거래량이 증가하는 경우도 있습니다. 투자자들의 매수 심리 감소로 인해 시장의 거래량은 줄어들게 됩니다.

4) 상단 저항선(Overhead Resistance)의 상방 돌파 전에 패턴의 완성을 속단해서는 안 됩니다. 상단 저항선의 상방 돌파를 확인하기 전에는 삼중 바닥형 패턴인지, 강화 구간(Consolidation Period)인지 역시 판단할 수 없습니다. 상단 저항선을 상방 돌파한 경우 거래에 진입할 수 있으며, 보수적인 진입은 상단 저항선을 리테스트한 후 재상승 움직임을 확인한 후 진입할 수 있습니다.

5) 손절가의 경우 손익비에 따라 다르지만, 세 번째 저점 혹은 약간 하단에 설정할 수 있습니다.

삼중 천장 & 바닥 패턴의 성공률과 한계

'Samurai Trading Academy'에서 시행한 여러 추세 패턴들의 성공률 분석 연구

Samurai Trading Academy에서 추세 패턴 중 대표적인 7종류의 성공률을 분석하는 연구를 진행했습니다. 놀랍게도 반전형 패턴이 상위권을 차지했는데요, 삼중 천장 & 바닥 패턴은 3위를 차지했습니다.

> **삼중 천장 패턴(77.59%) / 삼중 바닥 패턴(79.33%)**
>
> 'Success'의 기준은 돌파가 지지/저항선(삼중 천장: 지지선 / 삼중 바닥: 저항선)을 뚫고 발생했을 시 진입하여, Pullback 지점과의 낙폭(높이)만큼 도달한 경우를 조사하였습니다. 이는 추세 반전을 명확히 나타내는 경우만을 기준으로 했다고 볼 수 있습니다.
>
> 참고로 헤드 앤 숄더 패턴의 경우 성공률 1위를 기록하였습니다.[*]

불코우스키의 삼중 천장 & 바닥 패턴 연구

불코우스키(Bulkowski)의 2005년 저서 『*The Chart Pattern*』 내용 중 삼중 천장 & 바닥과 관련된 내용이 있습니다. 수천 개의 여러 실제 거래 패턴을 분석한 결과라고 하네요.

---

[*] Samurai Trading Academy: The 7 Best Price Action Patterns Ranked by Reliability

삼중 천장형(Triple Top) / 표본 수: 2,500

패턴 유용성 순위: 24위(39개 중)

돌파가 일어났음에도 패턴이 실패할 확률: 25%

평균 하락량: 14%

돌파 후 Pullback 발생률: 66%

수익 목표 달성률: 49%

삼중 바닥형(Triple Bottom) / 표본 수: 1,964

패턴 유용성 순위: 12위 (39개 중)

돌파가 일어났음에도 패턴이 실패할 확률: 13%

평균 상승량: 46%

돌파 후 Throwback 발생률: 65%

수익 목표 달성률: 74%

앞선 연구와는 다르게 삼중 바닥 패턴에 비해 삼중 천장 패턴의 신뢰도가 다소 떨어지는 편이군요. 수익 목표 달성률에서 큰 차이를 보이는 점이 인상적입니다. 또한 리테스트가 평균적으로 2/3에서는 발생한 것을 확인할 수 있습니다. 따라서 리테스트 이후 진입하는 전략도 충분히 유효함을 확인할 수 있습니다.

또한 불코우스키는 삼중 바닥 패턴에 대해서는 목표 구간을 설정하는 공식도 제시하였습니다.* 삼중 바닥 패턴의 경우 다음과 같은 공식으로 목표 구간을 설정할 수 있습니다.

두 Peak 중 가장 높은 Peak + {(가장 높은 Peak – 가장 낮은 Valley) × 64%}

★ Bulkowski(2005), 『The Chart Pattern』

삼중 천장 & 바닥 패턴의 실전 적용

삼중 천장 패턴

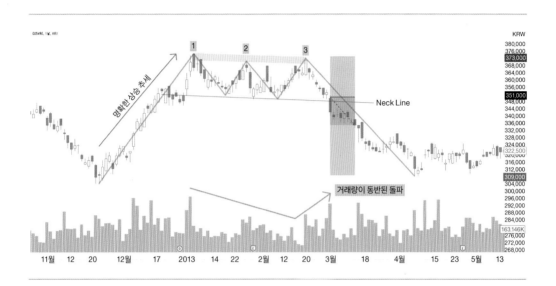

포스코홀딩스 보통주의 일봉 차트입니다. 삼중 천장 패턴은 약 2개월여에 걸쳐 형성되었으며, 패턴의 고점을 이은 상단 저항 구역과 하단의 지지선이 거의 평행한 양상을 보입니다.

명확한 상승 추세 이후 나타났으며, 점차 봉우리가 낮아지는 낮아진 고점(Lower High)의 양상을 보입니다. 저점 역시 점점 낮아지는 낮아진 저점(Lower Low) 형태를 띠어 이상적인 삼중 천장 패턴의 형태를 보입니다. 세 봉우리의 시간 간격 또한 유사합니다.

삼중 천장 패턴의 경우 원칙적으로 숏 포지션 진입이 원칙이므로 만약 숏 포지션을 진입할 수 있는 파생상품 시장에서 삼중 천장 패턴이 나타난다면 좋은 진입 타이밍으로 사용할 수 있습니다. 위 차트의 시점에서 포스코홀딩스 보통주의 현물을 보유하고 있었다면 강한 하락을 예측하고 매도의 타이밍으로 이용할 수 있겠습니다.

삼중 바닥 패턴

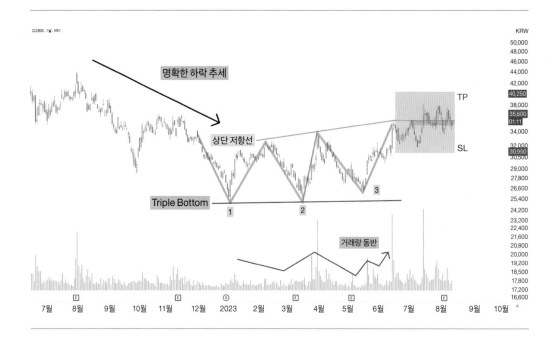

이번엔 삼중 바닥 패턴의 예시입니다. 심텍 종목에서 2022년 말~2023년 중반까지 비교적 오랜 기간 동안 진행된 패턴입니다. 패턴의 고점을 이은 상단 저항선과 바닥 지지선은 다소 평행하지 못하나, 비교적 전형적인 양상을 보이고 있습니다.

먼저 첫 저점에 비해 두 번째, 그리고 세 번째 저점이 점점 높아지는 높아진 저점(Higher Low)의 형태를 보이며, 고점 역시 첫 번째 고점보다 두 번째 고점이 높은 높아진 고점(Higher High)의 형태를 보입니다. 또한 세 골의 간격 역시 비교적 균일한 모습을 보입니다.

불코우스키의 목표 구간 설정 공식에 따라 목표가를 설정해보도록 하겠습니다. 목표가는 34,000원 + {(34,000원 − 24,900원) × 64%} = 39,800원 정도로 설정할 수 있습니다.

7

손잡이 달린 컵 패턴

앞서 살펴보았던 반전형 패턴들과 달리, 손잡이 달린 컵 패턴(Cup with Handle Pattern)은 지속형 패턴 중 하나입니다. 지속형 패턴은 추세가 잠시 보합 상태로 숨 고르기를 할 때 나타나는 패턴입니다.

손잡이 달린 컵 패턴의 기초 개념과 형태

손잡이 달린 컵 패턴

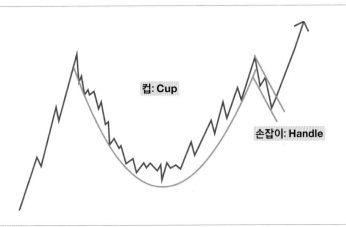

컵: Cup

손잡이: Handle

손잡이 달린 컵 패턴은 윌리엄 오닐(William J. O'Neil)이 1988년도에 집필한 기술적 분석의 고전 『*How to Make Money in Stocks*』에서 처음 언급한 패턴입니다.

상승 추세가 이어지다 가격 강화(Consolidation)로 인한 횡보 시 나타나는 특징적인 모양을 재미있게도 손잡이 달린 컵이라는 이름을 붙여준 것입니다. 정확히는 '오른쪽에 손잡이가 달린 컵'이라고 부를 수 있습니다.

차트는 하강(Pullback)과 상승을 거쳐 U자형의 컵 또는 그릇 모양을 그리게 되며, 이후 하락 되돌림이 나타나는데, 이를 컵의 손잡이 'Handle'이라 부릅니다. 이후 상단 저항선을 상승 돌파하며 패턴이 완성되는데, 패턴의 완성 이후 기존의 상승 추세가 이어져 나타나므로 지속형 패턴에 속합니다.

손잡이 달린 컵 패턴의 구성요소에 대해 살펴보도록 하겠습니다.

손잡이 달린 컵 패턴의 구성

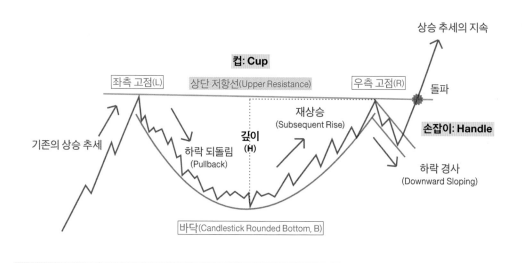

손잡이 달린 컵 패턴은 상승 지속형 패턴으로 기존의 상승 추세가 전제조건이 되는 패턴입니다. 손잡이 달린 컵의 주요 변곡점을 시간 순서에 따라 알아보도록 하겠습니다.

첫 번째 등장하는 좌측 고점(L)은 컵의 좌측단을 형성한 후 하락 하게 됩니다. 이어 완만한 둥근 모양의 바닥(Candlestick Rounded Bottom, B)이 형성되며 가격은 이전 고점 수준으로 다시 상승하며 컵의 우측단(R)을 형성하게 됩니다.

이후 일시적 하락 추세로 되돌림이 나타나며, 손잡이를 형성하게 됩니다. 손잡이가 형성된 후 다시 상승 되돌림이 나타나며, 패턴은 컵의 양 끝단으로 이어진 상단 저항선을 돌파하며 완성됩니다.

▮▮ 손잡이 달린 컵 패턴의 형성 원리와 특징

손잡이 달린 컵 패턴 역시 모든 타임프레임에서 사용할 수는 있으나, 일봉 타임프레임에서 사용하는 것이 가장 권장되며, 긴 상승 추세 이후에 나타나는 경우가 보다 더 신뢰도가 높습니다. 패턴의 완성은 반전형 패턴에 비해 다소 짧은 기간 동안 형성될 수 있으며, 패턴 형성이 너무 길어질 경우 상승 모멘텀이 약해질 수도 있습니다.

기존 추세에 따른 패턴 차이

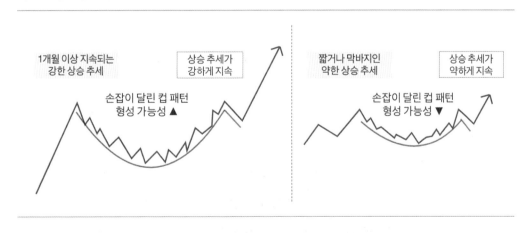

이번엔 손잡이 달린 컵 패턴의 형성 원리에 대해 알아보도록 하겠습니다.

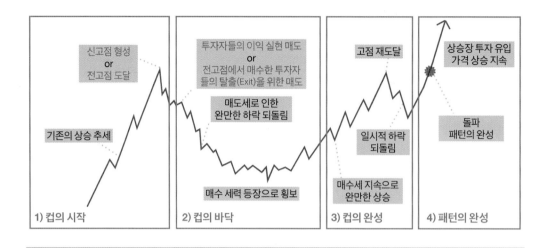

패턴의 고안자인 윌리엄 오닐은 패턴의 형성을 4단계로 나누어 제시하고 있습니다.

컵의 시작: 상승 추세의 고점 달성과 하락의 시작

주가가 신고점을 달성하는 경우, 수익 실현을 위한 매도가 나타나며 완만한 하락세를 보이는 경우가 있습니다. 만약 새로운 고점의 형성이 아닌, 전고점 구간의 도달 시에는 전고점 부근에서 매수했던 투자자들이 탈출(Exit)하기 위한 매도로 인한 하락세가 나타날 수 있습니다. 완만한 하락이 나타날 경우 거래량은 점점 줄어들게 되며, 이 고점은 컵의 좌측단(L)을 이루게 됩니다.

컵의 바닥: 하락 되돌림을 거쳐 형성

이후 조정을 맞아 기존 상승세의 30~50%가량 하락하게 될 때, 일부 투자자들은 이를 매수의 기회라 생각하게 됩니다. 기존의 상승 추세가 명확했다면, 이후에도 상승 모멘텀이 다시 찾아올 것이라 기대하기 때문입니다. 이 과정에서 매도세와 매수세가 엎치락뒤치락하며 완만한 바닥을 형성하게 됩니다.

컵의 완성과 손잡이의 형성:
다시 이전 고점 부근으로 상승 후 일시적 하락 되돌림(Pullback)

저가 매수의 기회로 삼는 매수자들이 늘어나면서 다시 상승 추세가 나타나게 됩니다. 거래량 역시 소폭 증가하게 됩니다. 하지만 이전 고점에 도달하게 되면, 다시 수익 실현 또는 출구 확보를 위한 움직임으로 하락 되돌림이 나타날 수 있습니다. 이때의 하락 되돌림은 컵 깊이의 1/3~1/2 수준이며, 기존 상승세 기준으로는 10~15%가량의 되돌림이 나타나는 것이 일반적입니다.

패턴의 완성: 컵 상단 저항선을 상승 돌파하면서 컵의 깊이만큼의 신고점 형성

투자자들은 기존의 명확했던 상승세와 하락 되돌림에도 불구하고 재상승하여 '컵' 모양을 만드는 것을 확인한 상태입니다. 이처럼 두 번의 상승세를 본 투자자들은 하락 되돌림이 나타나며 '손잡이' 형태를 만들 때 이를 저가 매수의 기회로 생각하게 됩니다. 결국 일시적 하락 되돌림은 다시 상승세로 바뀌게 되며 컵의 양 끝단으로 만들어진 상단 저항선을 상승 돌파하면서 패턴이 완성되게 됩니다. 패턴이 완성된 후에는 상승을 믿는 심리가 더욱 늘어나게 되며, 가격은 상승을 이어가게 됩니다. 돌파 이후 컵의 깊이 정도의 추가 상승을 기대하는 것이 일반적입니다.

손잡이 달린 컵 패턴 Key Point

손잡이 달린 컵 패턴 분석

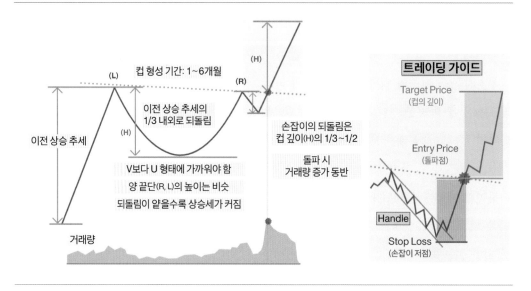

1) 기존의 상승 추세를 확인해야 합니다. 1~3개월에 걸쳐 약 20~ 30% 이상의 상승을 보일 경우를 권장합니다.

2) 컵의 모양은 V자 형태보다는 U자 형태가 이상적입니다. 급격한 반전이 나타나는 경우보다 완만한 조정이 나타나는 것이 가격 강화(Consolidation) 가능성이 높기 때문입니다. 또한 컵의 양 끝단의 높이는 비슷할수록 이상적이며, 저항선은 양 끝단을 이은 추세선 혹은 양 끝단 중 고점을 이용한 수평선을 사용할 수 있습니다. 컵의 깊이는 이전 상승 추세의 1/3~1/2 수준이 이상적이며 형성 기간은 1개월(일봉)~6개월(주봉)가량 걸릴 수 있습니다.

3) 손잡이의 크기는 컵 깊이의 1/3가량이 권장되며, 손잡이의 형태는 되돌림(Pullback), 삼각 수렴 패턴, 강세 깃발형 패턴 등의 형태로 나타날 수 있습니다. 또한 손잡이가 짧게 형성 될수록 이후 나타나는 상승 추세가 강할 수 있습니다. 손잡이는 일봉 프레임 기준으로 1개월 이내에 완료되는 것이 일반적입니다.

4) 거래량은 컵의 좌측단 → 바닥까지는 감소하며, 바닥 → 우측단까지는 증가합니다. 그 후 다시 손잡이 형성 시 거래량이 일시적으로 감소하는 경우가 많으며, 돌파 시 다시 거 래량이 상승하며 패턴이 완성됩니다.

5) 트레이딩의 진입가는 손잡이의 상단 추세선 상방 또는 컵 양 끝단으로 이루어진 저항 선 상방에서 진입할 수 있으며, 손절가는 손잡이의 저점 혹은 컵 깊이의 1/3~1/2 구간 을 이용할 수 있습니다. 마지막으로 목표가는 컵의 깊이만큼을 설정할 수 있으며, 분할 수익 실현을 통해 리스크 관리를 시행할 수 있습니다.

손잡이 달린 컵 패턴의 변형

손잡이 달린 컵 패턴의 변형

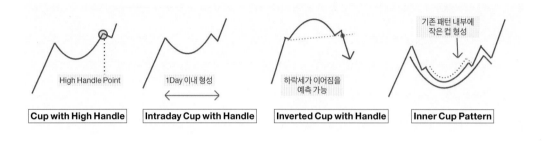

Cup with High Handle

일반적인 Cup with Handle의 경우 손잡이가 형성되는 지점(R)과 좌측단(L)의 편차는 10%
내외로 알려져 있습니다. 하지만 시장의 추세가 극도로 강세를 보이는 경우, 우측단이 높아져
손잡이의 형성이 보다 높은 곳에서 형성될 수 있습니다. 이러한 변형 패턴을 Cup with High
Handle이라 부릅니다. 이후 손잡이의 하락 되돌림도 크지 않은 경우, 손잡이의 저점이 컵 자
체보다 위에 있는 경우도 존재할 수 있습니다.

Intraday Cup with Handle

통상적인 Cup with Handle 패턴 형성 시 1달 이상의 기간이 걸리는 것이 일반적이지만,
분봉 단위의 작은 타임프레임을 통해 패턴이 하루 내에 완성되는 경우도 있습니다.

Inverted Cup with Handle Pattern

Inverted Cup with Handle 패턴의 경우, 하락 반전형 패턴에 해당합니다. 패턴은 3~6개월
에 걸쳐 형성되며, 상승세의 막바지에서 천장을 형성하며 하락 반전됩니다.

Inner Cup Pattern

Inner Cup Pattern은 전형적인 Cup with Handle 패턴의 U자 컵 모양 내부에 작은 컵 패턴이 추가로 위치하는 경우를 의미합니다. 이러한 경우 작은 컵의 손잡이 부분이 우측단의 상승 추세와 궤를 같이하게 되며, 작은 컵과 큰 컵의 손잡이 부분에서 모두 트레이딩 진입이 가능합니다.

╻╻ 손잡이 달린 컵 패턴의 성공률과 한계

불코우스키의 2005년 저서 『The Chart Pattern』 내용 중 손잡이 달린 컵 패턴에 관한 연구 결과를 살펴보겠습니다. 총 913개의 트레이딩 사례를 기반으로 결과를 도출하였습니다.

Overall Performance rank: 3 out of 39

39개의 차트 패턴 중 패턴 유용성 순위에서 3위를 기록하였습니다.

Break-even Failure Rate: 5%

패턴이 예측대로 상승(또는 하락)하더라도, 그 정도가 5.0% 미만에 불과하여 일반적인 수준의 수익률에 미치지 못할 확률을 의미합니다. 이 경우 트레이딩 비용(수수료 등)을 감안한다면 본전 혹은 손실로 이어질 수 있습니다. 보다 쉽게 표현하면 '부대 비용을 감안한 실질적인 손익분기점에 도달하지 못할 확률'을 의미하며, 손잡이 달린 컵 패턴은 5%로 매우 낮은 실패율을 보여주고 있습니다.

Average Rise: 54%

돌파가 일어난 다음 날을 기준으로, 이후 최고점까지의 평균 상승률에 대한 조사입니다. 돌파를 기점으로 약 54%의 상승은 높은 수치로 볼 수 있겠습니다.

Throwback rate: 62%

가격대가 돌파 후에 상승하다, '30일' 이내에 다시 돌파 구간 수준으로 회귀할 확률입니다.

Percentage meeting Price Target: 61%

목표가를 달성할 확률은 61%가량입니다.

손잡이 달린 컵 패턴의 실전 적용

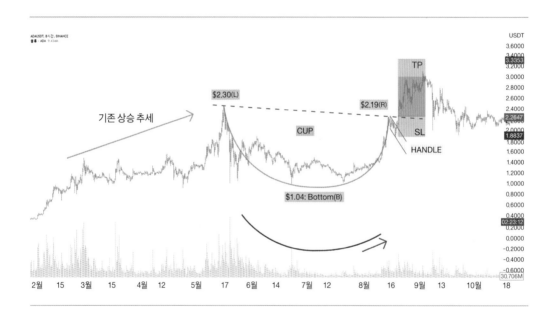

ADAUSDT(에이다)의 일봉 차트입니다. 목표가의 도달이 조금 아쉽지만, 비교적 이상적인 손잡이 달린 컵 패턴이 관찰됩니다.

먼저 기존의 상승 추세는 약 5개월간 이어졌으며, 신고점 $2.30을 달성하였습니다. 총 상승 폭은 $2.13입니다.

이후 하락 되돌림은 약 60%가량 일어나며 컵의 바닥에 도달하였습니다. 변동성이 심한 크립토 자산의 특성상 하락 폭이 다소 컸던 것으로 생각됩니다. 이후 다시 상승하나 우측단(R)은 $2.19로 이전 고점(L)을 넘지 못합니다.

약 1주간의 하락 되돌림이 일어나며 컵의 손잡이가 형성되며, 되돌림은 $0.32로 컵 깊이의 약 28%에 해당합니다. 이후 재상승하여 R-L 상단 저항선을 돌파하였습니다.

[심화] 콰지모도 패턴

콰지모도 패턴의 기초 개념과 형태

콰지모도 패턴

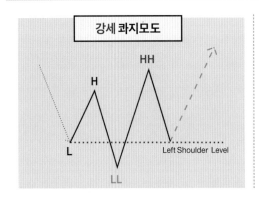

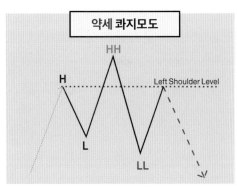

콰지모도 패턴(Quasimodo Pattern)은 Higher High, Lower Low, 왼쪽 어깨(Left Shoulder)로 이루어진 비교적 단순한 패턴입니다. 하지만 Price Action의 개념적으로 상당히 중요한 패턴이며, 따라서 Price Action에 대한 배경지식이 없이는 이해가 다소 어려울 수 있어 심화 패턴으로 분류하였습니다. 추세의 반전을 알아차리기에 유용하게 쓰일 수 있는 패턴으로 아직 Price Action의 개념을 학습하지 않으신 독자들도 가벼운 마음으로 공부해보시면 좋을 듯합니다.

강세 콰지모도 패턴

강세 콰지모도 패턴(Bullish Quasimodo Pattern)은 통상적인 Swing Low, Swing High의 형성 이후 Lower Low(LL)와 Higher High(HH)가 연속적으로 형성되며 나타납니다. 이때 마지막 Swing Low가 왼쪽 어깨 레벨(Left Shoulder Level)로 작용하며 HH 이후 왼쪽 어깨 레벨까지의 하방 되돌림이 일어나는 것이 특징입니다. 왼쪽 어깨 레벨에서의 지지 이후에는 다시 상승 추세를 보이게 됩니다.

강세 콰지모도 패턴은 2개의 봉우리와 3개의 골로 구성돼 있습니다. 3개의 골 중 가운데 골이 가장 낮으며, 양옆의 골은 높이가 같습니다. 봉우리의 경우에는 2개의 봉우리 중 두 번째 봉우리의 높이가 더 높습니다.

약세 콰지모도 패턴

약세 콰지모도 패턴(Bearish Quasimodo Pattern)은 강세 콰지모도 패턴을 상하 반전시킨 모습입니다. 통상적인 Swing High, Swing Low의 형성 이후 Higher High(HH)와 Lower Low(LL)가 연속적으로 형성됩니다. 이때 마지막 Swing High가 왼쪽 어깨 레벨로 작용하며 LL 이후 왼쪽 어깨 레벨까지의 상방 되돌림이 일어나게 됩니다. 왼쪽 어깨 레벨에서의 저항 이후에는 다시 하락 추세를 보이게 됩니다.

약세 콰지모도 패턴은 3개의 봉우리와 2개의 골로 구성돼 있습니다. 3개의 봉우리 중 가운데 봉우리가 가장 높으며, 양옆의 봉우리는 높이가 같습니다. 골의 경우에는 2개의 골 중 두 번째 골의 높이가 더 낮습니다.

콰지모도 패턴 속의 Price Action

콰지모도 패턴을 이용한 트레이딩 전략은 Price Action의 개념 중 가장 기본적인 개념이라 할 수 있는 수요와 공급 구간(Supply & Demand Zone)에 기반을 두고 있습니다.

콰지모도 패턴의 출현 위치

콰지모도 패턴

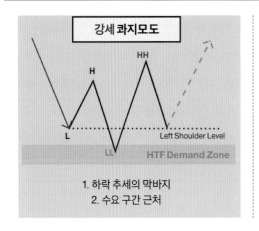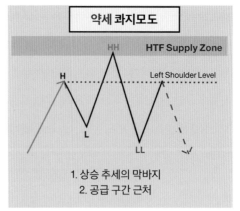

먼저 콰지모도 패턴의 출현 위치에 대해 고찰해보도록 하겠습니다. 콰지모도 패턴은 기본적으로 추세의 반전을 나타냅니다. 따라서 강세 콰지모도(Bullish Quasimodo) 패턴은 하락세의 막바지에 나타나는 것이 신뢰도가 높으며, 반드시 수요 구간(Demand Zone) 근처에서 나타나야 합니다. 같은 이치로 약세 콰지모도(Bearish Quasimodo) 패턴은 상승세의 막바지에, 공급 구간(Supply Zone)의 근처에서 형성됩니다.

콰지모도 패턴의 형성 과정

가장 정석적인 콰지모도 패턴은 총 세 단계의 과정을 통해 완성됩니다.

콰지모도 패턴

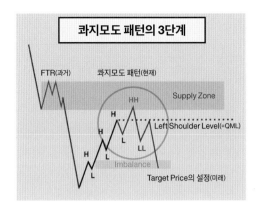

콰지모도 패턴의 3단계

1. 선행되는 FTR과 Flag Limit의 확인(과거)

2. 콰지모도 패턴의 출현(현재)

3. Target Price의 설정(미래)

첫 번째 선행 조건은 FTR(Fail to Return)과 Flag Limit의 확인입니다. 반드시 선행되어야만 성립하는 것은 아니지만, 가장 완성된 콰지모도 패턴의 경우 선행 조건을 갖추고 있어야 합니다.

FTR은 Fail to Return의 약자로 추세가 반전될 것으로 예상하였으나 실패한 지점을 뜻합니다. Flag Limit은 Rally-Base-Rally or Drop-Base-Drop에서의 'Base'로 생각하셔도 좋습니다.

기술적으로 두 용어는 조금 다릅니다만, 결과적으로 두 지점은 모두 가격이 추세를 따라 갈지, 혹은 반전될지 힘겨루기를 했던 지점에 해당합니다. Price Action 파트에서 다루게 되는 S&D 지속형 패턴을 참고하시면 이해가 쉽습니다.

'R-B-R' → Base에서 Demand Zone 형성 → Bullish Quasimodo

'D-B-D' → Base에서 Supply Zone 형성 → Bearish Quasimodo

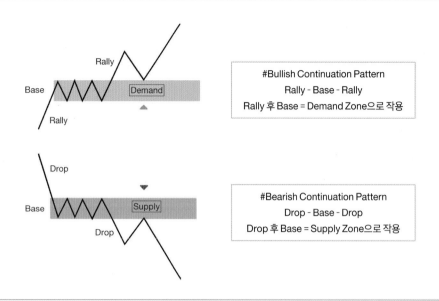

이후 콰지모도 패턴이 출현하게 되며, 콰지모도 패턴의 출현 지점은 기존의 FTR이 형성되었던 지점입니다. 이 구역은 주요 수요/공급 구간(Major Supply & Demand Zone)이며, 이 구역에서의 콰지모도 패턴의 출현은 추세 지속에 실패하였음을 뜻합니다. 따라서 콰지모도 패턴의 출현 이후 추세의 반전이 일어날 가능성이 높아지게 됩니다.

이전의 갭 또는 가격 불균형(Imbalance) 등이 위치한 곳 혹은 기타 차트상 주요 지점에 목표가를 설정할 수 있으며, 이 지점에 도달하는 것이 콰지모도 패턴 3단계의 마지막 단계입니다.

콰지모도 패턴과 헤드 앤 숄더 패턴의 비교

콰지모도 패턴과 헤드 앤 숄더 패턴은 그 모양이 비슷하지만 두 가지 주요한 차이점이 있습니다.

첫 번째로는 2개의 골이 다른 가격 구조를 가진다는 점입니다. 콰지모도 패턴의 경우 2개의 골에 대칭성이 존재하지 않지만, 헤드 앤 숄더 패턴의 경우 2개의 골이 대칭적(Neck Line)입니다.

두 번째로는 진입(Entry) 테크닉이 다르다는 점입니다. 콰지모도 패턴의 경우 왼쪽 어깨 레벨에서 진입하지만, 헤드 앤 숄더 패턴의 경우 목선의 돌파와 함께 진입하게 됩니다.

콰지모도 패턴의 매매 전략(Trading Strategy)에 대해서는 다음 파트에서 자세히 알아보도록 하겠습니다.

▮▋ 콰지모도 패턴의 실전 적용

콰지모도 패턴의 트레이딩 규칙

콰지모도 패턴

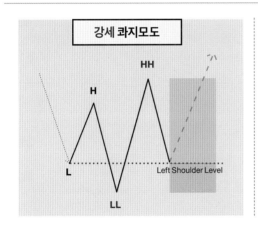
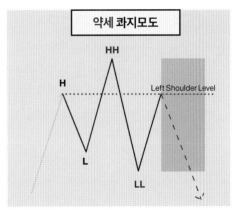

콰지모도 패턴에서 거래의 진입은 강세, 약세 패턴 모두 왼쪽 어깨 레벨을 이용합니다. 콰지모도 패턴의 손절가와 목표가는 Lower Low와 Higher High 레벨을 이용하여 쉽게 정할 수 있습니다.

강세 콰지모도 패턴의 손절가는 LL 포인트를 이용할 수 있습니다. 손절가를 여유 있게 설정하고 싶은 경우 과거 S&D 구간의 하방 혹은 기타 주요 레벨들을 이용해도 무방합니다. 약세 쾌지모도 패턴의 경우 숏 포지션 진입이 원칙이며, 손절가는 HH 포인트를 이용합니다. 마찬가지로 기타 주요 레벨들을 이용하여 여유 있게 설정해도 좋습니다.

　강세 쾌지모도 패턴의 첫 번째 목표가는 첫 번째 봉우리입니다. 하지만 더 나은 손익비를 얻기 위해 목표가를 두 번째 봉우리(HH Point)에 설정하는 것이 가장 권장됩니다. 역시 마찬가지로 차트의 다른 주요 지점에 설정하는 전략도 무방합니다. 약세 쾌지모도 패턴 역시 마찬가지로 첫 번째, 두 번째 골 혹은 기타 주요 지점들을 이용하여 목표가를 설정할 수 있습니다.

실제 사례로 알아보는 쾌지모도 패턴

강세 쾌지모도 패턴 트레이딩

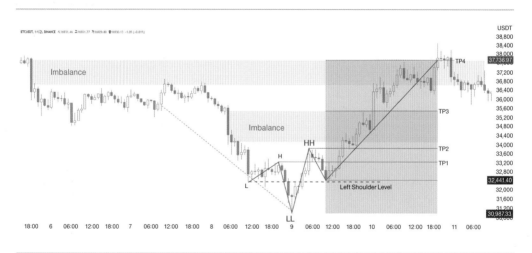

　먼저 강세 쾌지모도 패턴의 실제 예시를 확인해보도록 하겠습니다. 위 예시의 쾌지모도 패턴은 1시간봉, 즉 LTF에서 나타난 패턴입니다. 이전의 급격한 하락으로 많은 Imbalance가 확인되며, 강세 쾌지모도 패턴의 출현 이후 추세가 반전되며 Imbalance가 다시 해소되는 양상이 관찰됩니다. 쾌지모도 패턴 트레이딩의 핵심은 LL→HH를 확인하는 것입니다. 위 사례의 경우 HTF에서의 강세 추세의 근거가 추가로 확인된다면 분할 수익 실현을 활용해 높은 손익비를 기대해볼 수 있습니다.

약세 쾌지모도 패턴 트레이딩

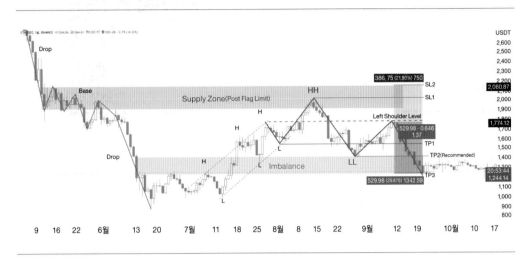

이번 사례는 아주 정석적인 약세 쾌지모도 패턴의 예시입니다. 먼저 쾌지모도 패턴 출현 이전의 공급 구간부터 체크해보도록 하겠습니다. 이전에 나타난 D-B-D 양상의 Flag limit 을 이용하여 공급 구간을 작도할 수 있으며, 이후 나타난 상승세가 주요 공급 구간(Major Supply Zone)에서 저항을 받는 것을 확인할 수 있습니다. 저항 과정에서 나타난 약세 쾌지모도 패턴에 의해 추세 반전이 일어나게 되며, 이 반전은 과거의 Imbalance 구간까지 이어집니다. 마찬가지로 H-L-HH에서 LL로 넘어가는 곳을 포착하는 것이 쾌지모도 패턴 트레이딩의 핵심입니다.

[심화] 울프 웨이브 패턴

울프 웨이브 패턴의 기초 개념과 형태

울프 웨이브 패턴(Wolfe Wave Pattern)은 쾌지모도 패턴과 마찬가지로 3개의 스윙(Swing)으로 구성된 패턴입니다.

이름이 비슷한 엘리어트 파동(Elliott Wave)과 헷갈리실 수 있지만, 엘리어트 파동은 1930년 대에 도입된 이론이며 패턴 그 자체, 즉 Fractal의 원리에 집중하는 이론입니다. 반면 울프 웨이브 패턴은 1970년대 빌 울프(Bill Wolfe)라는 경제학자에 의해 도입된 패턴으로 Fractal에 기반을 두었다기보다는 '가격의 균형'에 입각한 이론입니다.

울프 웨이브 패턴의 핵심은 '가격의 균형'입니다. 원리 자체는 엘리어트 파동보다는 하모닉 패턴에 더 가깝다고 할 수도 있겠네요. 따라서 시장의 종류와 타임프레임을 가리지 않고 나타날 수 있습니다.

패턴을 창시한 빌 울프는 다음과 같이 설명하였습니다.

It is based on Newton's Law

that for every action

there is an equal and opposite reaction.

I simplify it as 'Balance.'

(울프 웨이브는) 뉴턴의 법칙 중 '작용-반작용'에 기반을 두었다.

나는 이를 'Balance'라고 단순화하였다.

즉 뉴턴의 제 3법칙인 작용-반작용 원리를 적용하여 만든 비교적 심플(Simple)한 패턴으로 이해하시면 되겠습니다. 울프 웨이브는 3개의 Swing과 5개의 파동으로 구성돼 있습니다. 가장 기본적인 울프 웨이브의 모식도를 먼저 살펴보도록 하겠습니다.

울프 웨이브 패턴

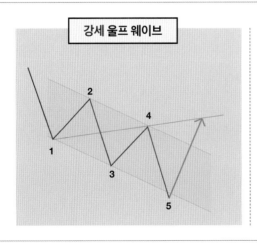
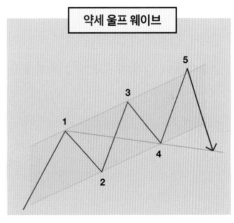

강세 울프 웨이브 / 약세 울프 웨이브

먼저 울프 웨이브 패턴의 공통적인 성립 조건부터 살펴보도록 하겠습니다. 7장에서 다룰 AB=CD 패턴과도 일견 유사한 부분이 있습니다. 첫 번째 조건은 5개 파동의 시간 간격이 비슷해야 한다는 점입니다. 두 번째 조건은 3~4번째 파동은 1~2번째 파동과 대칭을 이루어야 한다는 점입니다. 세 번째 조건은 3~4번째 파동이 1~2번째 파동이 만드는 채널 내에 있어야 한다는 점입니다. 마지막으로 3번째, 5번째 파동은 일반적으로 1~2 파동의 피보나치 연장 (Fibonacci Extension)을 따른다는 점입니다.

강세 울프 웨이브(Bullish Wolfe Wave) 패턴의 경우 1~5 파동은 모두 하락세를 보이게 됩니다. 따라서 3번째 파동은 반드시 1번째 파동보다 낮아야 합니다. 여기서 중요한 점은 4번째 파동은 반드시 1번째 파동보다 높고, 1번째와 2번째 파동 사이에 있어야 한다는 점입니다. 마지막으로 5번째 파농은 거짓 돌파(False Breakout) 양상을 띠며, 1~3 파동이 만든 추세선을 잠시 돌파하게 됩니다. 이러한 거짓 돌파는 반드시 나타나는 것은 아니지만, 나타날 경우 패턴을 식별하기에 좋은 특징이 될 수 있습니다. 마지막으로 EPA(Estimated Price on Arrival)라고도 불리는 목표가는 1~4 파동을 이은 선으로 설정할 수 있습니다.

약세 울프 웨이브(Bearish Wolfe Wave) 패턴의 경우 1~5 파동은 모두 상승세를 보이게 됩니다. 따라서 3번째 파동은 반드시 1번째 파동보다 높아야 합니다. 강세 패턴과는 반대로 4번째 파동은 반드시 1번째 파동보다 낮아야 하며, 1번째와 2번째 파동 사이에 있어야 합니다. 마지막으로 5번째 파동은 거짓 돌파 양상을 띠며, 1~3 파동의 추세선을 돌파한 후 바로 복귀하게 됩니다. 이러한 거짓 돌파는 반드시 나타나는 것은 아닙니다. 목표가 또한 1~4 파동을 이은 선을 이용해 강세 패턴과 똑같이 설정할 수 있습니다.

울프 웨이브 + 쐐기형 패턴

울프 웨이브 + 쐐기형 패턴

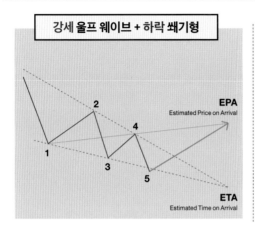

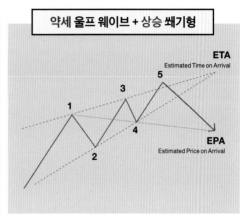

앞서 살펴본 사례는 울프 웨이브 패턴이 채널 형태를 만들며 형성되는 예시였습니다. 그러나 울프 웨이브 패턴의 추세선이 항상 평행한 채널 형태로 나타나는 것은 아닙니다. 두 추세선이 수렴하게 될 경우 우리가 이미 알고 있는 패턴과 굉장히 유사한 형태를 띠는데요. 강세 울프 웨이브의 경우 하락 쐐기형(Falling Wedge)의 형태를, 약세 울프 웨이브의 경우 상승 쐐기형(Rising Wedge)의 형태를 보입니다.

이 두 패턴은 잠재적으로 모두 반전형 패턴에 해당하죠. 이 두 패턴이 조합될 경우 목표가뿐만 아니라 목표 기간까지도 어느 정도 예측이 가능합니다.

다음 파트에서는 울프 웨이브 패턴의 정확도에 대해 통계를 통해 검증해보도록 하겠습니다.

▗▖ 울프 웨이브 패턴의 성공률과 한계

Forex-Central에서는 6269개의 울프 웨이브 패턴을 분석하여 통계를 내었습니다.

Criteria	Results
가격이 2파에 도달	36%
가격이 EPA에 도달	41%
가격이 4파에 도달	56%
5% 미만의 상승	16%
EPA에 도달하였으나, 최종석으로 5파 밑으로 하락	15%
EPA에 도달하지 못함 + 최종적으로 5파 밑으로 하락	49%

통계를 해석하자면 이렇습니다.

울프 웨이브 패턴을 사용한 모든 경우를 종합했을 때 약 41%가 EPA에 도달하였습니다. 목표가를 1-4 파동을 이은 EPA가 아닌 4번째 파동으로 두었을 경우 무려 50% 이상의 승률을 보인 것을 알 수 있습니다. 다음 통계는 보다 더 흥미롭습니다. EPA에 도달하였으나, 최종적으로는 5파 밑으로 하락한 경우가 전체의 15%(EPA 도달 기준 36.5%)나 되었습니다. 이는 EPA 이상의 목표가(Profit Target)를 잡는 것이 상당히 위험함을 뜻합니다. 마지막으로 EPA에 도달하지 못하고, 최종적으로 5파 밑으로 하락한 경우를 조사했을 때 무려 49%나 되는 수치를 보였습니다. 이는 패턴의 어쩔 수 없는 한계라 볼 수 있으며, 따라서 거래에 임할 때 단순히 패턴 하나만을 맹신하는 것이 매우 위험한 일이라는 점을 시사합니다.

울프 웨이브 패턴의 실전 적용

울프 웨이브 패턴: Trading

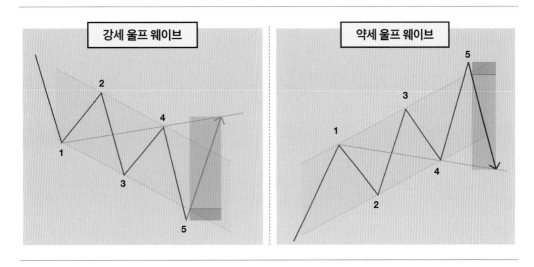

울프 웨이브 패턴의 거래에서 거래의 진입은 거짓 돌파를 이용하는 것이 가장 정석적입니다. 거짓 돌파 이후 1-3 추세선 내 재진입했을 때 거래에 진입하는 것입니다. 거짓 돌파가 일어나지 않을 경우, 1-3 파동이 이루는 추세선의 근처 변곡점에서 진입할 수 있습니다.

목표 손절가의 경우 5번째 파동의 위아래로 적절하게 위치시킬 수 있습니다. 아주 타이트한 손절가를 가져갈 경우 5파동, 즉 거짓 돌파의 변곡점을 이용할 수 있습니다.

울프 웨이브 패턴은 목표가를 여러 개 설정할 수 있다는 이점이 있습니다. 첫 번째로 4번째 파동까지를 목표가로 둘 수 있습니다. 이는 연구에 따르면 56% 정도의 승률을 보였습니다. 두 번째 목표가는 가장 추천되는 목표가인 EPA입니다. 울프 웨이브 패턴의 특징적인 목표가이며, 1-4파를 잇는 추세선의 연장선에서 수익 실현을 할 수 있습니다. 이는 41% 정도의 승률을 보이는 것으로 알려져 있습니다. 세 번째 목표가는 2번째 파동까지 거래를 유지하는 것입니다. 이는 36% 정도의 승률을 보이는 것으로 알려져 있으며, 전량을 TP3까지 유지하기보다는 분할 수익 실현을 통해 리스크 제거를 완료한 후 일부 물량만을 유지하는 것을 권장드립니다.

마지막으로 실전 거래 사례를 살펴보며 마치도록 하겠습니다.

강세 울프 웨이브 패턴

강세 울프 웨이브

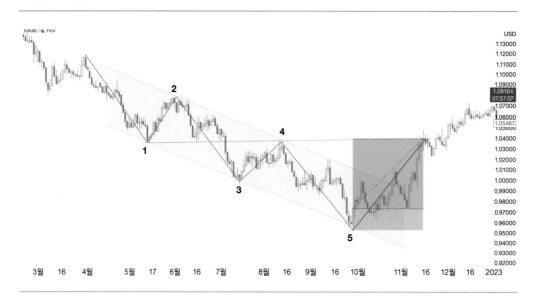

이번 예시는 외환 마켓인 EURUSD의 일봉 차트입니다. 아주 미약한 거짓 돌파가 나타났습니다. 거래의 진입은 1~3 파동이 만드는 추세선에서 시행할 수 있으며, 목표 손절가는 5파동의 저점으로 잡을 수 있습니다. 목표가의 경우 가장 정석적인 EPA로 설정할 수 있습니다. 위 경우는 EPA에는 도달하였으나, 2파에는 못 미쳤음을 알 수 있습니다.

약세 울프 웨이브 패턴

약세 울프 웨이브

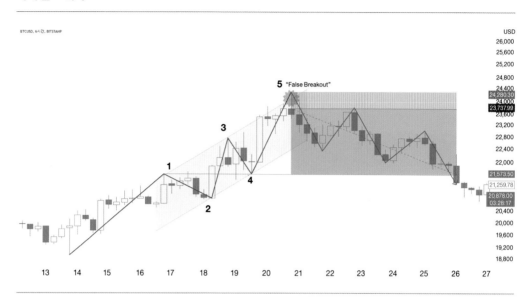

 이번 예시는 크립토 마켓의 차트입니다. 강한 변동성을 가진 마켓인 만큼 거짓 돌파가 비교적 확연하게 나타났습니다. 강세 패턴과 마찬가지로 거래에 진입할 수 있으며, 위 예시는 2파이상의 가격에 도달하였습니다.

울프 웨이브 + 쐐기형 패턴

약세 울프 웨이브 + 쐐기형

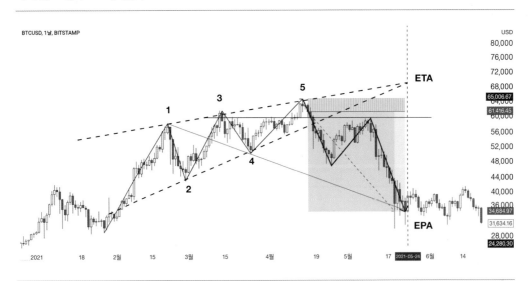

마찬가지로 크립토 마켓의 비트코인 일봉 차트입니다. 이번 예시의 경우 약세 울프 웨이브 (Bearish Wolfe Wave)와 상승 쐐기형(Rising Wedge)이 결합된 패턴입니다. 거래의 진입, 목표가 및 손절가는 마찬가지로 설정할 수 있으며, ETA(Estimated Time on Arrival)와 EPA(Estimated Price on Arrival)가 비교적 정확히 일치하였음을 확인할 수 있습니다.

위 사례의 경우 엘리어트 파동(Elliott Wave)으로도 해석될 수 있습니다만, 앞서 살펴보았듯 두 웨이브(Wave) 이론은 형성 원리가 전혀 다르기 때문에 두 가지 이론으로 다 해석 가능한 사례로 보입니다.

4장

보조지표

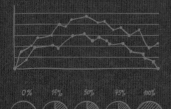

보조지표 기초편

트레이딩에 이용하는 보조지표(Trading Indicator)는 시장의 방향 및 강도 등을 나타내기 위해 그래프와 수학 공식을 사용하는 기술적 도구입니다. 이러한 보조지표들은 적절히 사용한다면 거래의 진입과 종료, 손절가와 목표가를 설정하는 데 유용할 수 있지만, 정확히 이해하지 못한 상태에서 사용한다면 오히려 트레이딩에 혼란을 줄 수 있습니다.

예를 들어 같은 역할(ex. 3개의 모멘텀 지표)을 하는 같은 종류의 보조지표를 한 차트에 띄워놓고 사용한다면 동일한 정보를 다르게 보여주며 오히려 차트를 복잡하고 혼란스럽게 할 수 있습니다. 즉 보조지표의 종류와 기본 원리를 제대로 이해하여 각각의 목적에 맞게 필요한 지표를 선택 및 조합해 사용하는 것이 중요합니다.

▮▏ 보조지표의 분류

보조지표는 먼저 큰 틀에서 선행지표(Leading Indicator)와 후행지표(Lagging Indicator)로 나눌 수 있습니다. 여기서의 선행지표 역시 선행하는 미래의 데이터를 반영한다는 것은 아닙니다. 모든 보조지표는 과거의 데이터를 활용합니다.

선행지표는 Price Action의 향후 결과를 예측하는 데 집중하는 것으로, 실제 가격의 움직임(Price Action)이 발생하기 전에 미리 신호를 제공하는 지표들을 뜻합니다. 쉽게 설명하자면, 운전 중 앞의 도로를 보기 위해 차 유리를 본다고 생각하면 좋습니다. 즉 앞에 보이는 것들을 바탕으로 앞으로의 운전을 예측해나가는 것입니다.

후행지표는 과거의 Price Action들에 주목하는 것으로, 과거의 데이터를 이용하여 현재의 상태를 나타내는 데 집중하는 지표입니다. 앞의 선행지표와는 반대로 지나왔던 도로들의 상태를 통해 현재의 상태를 분석하는 것이라 이해할 수 있습니다.

이번엔 보조지표의 5가지 분류에 대해 알아보도록 하겠습니다.

추세 지표, 추세 추종형 지표(Trending Indicator)

추세 지표란 가격의 방향성과 추세를 나타내는 지표로, 대표적으로 사용되는 것 중에는 MACD 지표가 있습니다. 가격의 방향성을 예측하는 지표이므로 종목이 횡보 국면에 접어들었을 때는 그 정확도가 다소 떨어지는 한계를 보입니다. 추세 지표에는 MACD, ADX, CCI, DMI, SONAR 등의 지표가 있으며, 이 책에서는 MACD에 대해 다룰 예정입니다.

모멘텀 지표, 탄력성 지표(Momentum Indicator, Oscillator Indicator)

모멘텀 지표, 탄력성 지표는 가격 추세의 속도, 가속도, 강도를 측정해 가격의 변동 상황을 이해하는 보조지표로서, 모멘텀의 기울기에 따른 추가 상승 및 하락을 예측하는 지표라 말할 수 있습니다. 즉 0~100 사이의 범위 안에서 과매수와 과매도 구간을 설정하고 매매 타이밍을 잡는 데 활용하는 경우가 많습니다. 모멘텀 지표의 종류에는 RSI, 스토캐스틱(Stochastic), 이격도 등이 있으며, 이 책에서는 RSI와 스토캐스틱 지표에 대해 다룰 예정입니다.

변동성 지표(Volatility Indicator)

변동성 지표는 가격의 변동을 측정하는 보조지표로, 매매 신호를 파악하기에는 어려움이 있을 수 있지만, 시장 상황을 한눈에 파악하기에는 좋은 지표입니다. 변동성 지표는 위험도 및 투자 적합 구간 또한 보여줄 수 있습니다. 변동성 지표의 종류에는 볼린저 밴드(Bollinger

Band), ATR(Average True Range), RVI(Relative Volatility Index), 엔벨로프(Envelope) 등이 있으며, 이 책에서는 볼린저 밴드에 대해 다룰 예정입니다.

가격 지표(Price Indicator)

가격 지표란 종목의 과거 가격 통계에 따른 현재 가격의 방향성을 예측하는 지표로, 대표적으로 이동평균선 등이 있습니다.

볼륨 지표, 거래량 지표, 시장 강도 지표(Volume Indicator)

볼륨 지표는 종목의 가격 또는 거래량 증감을 통해 가격의 방향성 강도를 나타내는 지표로, 과열과 침체를 파악하는 데 활용됩니다.

┃┃ 보조지표의 한계성

보조지표는 말 그대로 보조적인 역할을 하는 지표이며, 한계성을 가집니다. 이러한 한계성을 잘 알아두어야 보조지표에만 의존해서 잘못된 트레이딩을 하는 우를 범하지 않을 수 있습니다.

첫 번째 한계는 과거의 데이터를 이용한다는 점입니다. 즉 현재 시점에서의 다양한 시장 변수에 따른 가격 변화를 반영할 수 없으며, 이로 인한 오류가 발생할 수 있습니다. 예를 들어 갑자기 등장한 악재 등으로 인한 주가 하락은 예측할 수 없습니다.

두 번째 한계는 개별 종목의 보조지표는 시장 전체의 방향성을 반영하지 못합니다. 전체 시장에 영향을 끼치는 많은 변수가 존재합니다. 전체 시장에 악영향을 주는 변수가 생길 경우, 개별 종목의 보조지표가 아무리 좋더라도 가격은 하락할 수밖에 없습니다.

세 번째 한계는 횡보장에서의 보조지표 적용입니다. 가령 가격의 흐름이 뚜렷한 추세를 보일 경우 보조지표의 성공 확률은 높아지지만, 변동성이 적은 박스권 횡보 장세에서는 수많은 의미 없는 신호를 발생시키게 되어 오히려 의사결정에 혼란을 줄 수 있습니다.

▐▌ 보조지표의 한계성을 극복하는 방법

이번 파트에서는 보조지표의 한계성을 극복하는 방법에 대해 정리해보도록 하겠습니다.

첫 번째 방법은 동일한 정보를 사용하는 지표를 중복 사용하지 않는 것입니다. 동일한 정보를 사용하는 지표를 너무 많이 사용할 경우 지표의 신뢰도가 떨어지며, 차트 작도를 혼란스럽게 할 수 있습니다. 따라서 같은 카테고리의 정보를 제공하는 지표라면 본인에게 잘 맞는 것을 골라 1~2개 정도만 사용하는 것이 좋습니다.

두 번째로는 서로 다른 분류의 지표를 결합하여 근거를 높이는 방법입니다. 즉 보조지표 모멘텀, 추세, 가격, 변동성, 거래 강도 등 다양한 분류의 지표를 복합적으로 분석 및 판단하여 적용한다면 투자의 성공률을 보다 높일 수 있습니다.

세 번째로는 보조지표의 후행적 특징을 이해하고, 시장 전반의 매크로 상황 및 변수에 대해 관심을 가져야 합니다. 모든 보조지표는 과거의 데이터를 활용하는 한계를 지니므로 시장 전반의 호재 및 악재, 매크로 이슈 등에 대해 관심을 가지고 시장의 이슈가 가격에 어떤 영향을 미치는지 잘 공부해두어야 합니다.

마지막으로 가장 중요한 것은 자신만의 전략을 수립하는 것입니다. 남들이 사용하는 지표를 그저 따라 하는 것이 아닌, 본인이 공부하고 경험한 자신만의 전략을 수립하여 트레이딩에 활용해야 합니다. 아무리 좋은 무기라도 나에게 맞지 않는 것을 제대로 공부하지 않고 사용한다면 정확히 활용할 수 없습니다.

이동평균선

📊 주가의 상승과 인간의 편향

보조지표에 대한 강의를 시작하기에 앞서, 먼저 주가의 상승과 인간의 편향에 관련된 브레인스토밍을 한번 해보며 글을 시작해보려 합니다.

> 66
>
> 투자에 있어 가장 중요하게 고려해야 할 것은 무엇일까요?
>
> 99

전설적인 투자의 귀재들은 인간의 본능, 즉 인지심리학적 편향을 벗어나는 것이 성공의 지름길임을 늘 강조하였으며, '시장 참여자의 심리'를 파악하는 것을 매우 중요하게 생각하였습니다. 혹시 '뜨거운 손의 오류'라는 인지심리학적 편향에 대해 알고 계신가요?

Is Klay Thompson Proof that Hot Hand Exists?

Klay Thompson's career 3-point percentages when he has been "hot" vs "cold", ie. 3P% on shots sorted by the preceding 3PA sequence; in 600 games from 2011-12 to 2018-19. Data source: Basketball-Reference.

	After missed 3PAs - "cool" hand			After made 3PAs - "hot" hand		
3-point percent:	40%	42%	41%	43%	43%	45%
	COLD					HOT!
Sequence of preceding 3-pointers:	Missed 3+ 3-pointers in a row, N=458	Missed previous two 3PA, N=521	Missed previous 3-pointer, N=1,065	Made previous 3-pointer, N=950	Made previous two 3PA, N=363	Made 3+ 3-pointers in a row, N=231

Klay's temperature

Nylon Calculus | @ Crumpled Jumper | Source: Basketball-Reference

뜨거운 손의 오류(Hot Hand Fallacy)란 이전 슛을 성공시킨 농구 선수가 다음 슛 역시 성공시킬 것이라고 믿게 되는 현상을 말합니다.

투자에서도 뜨거운 손의 오류는 자주 발견됩니다. 예를 들어보겠습니다. 투자자 A씨는 최근 10번의 투자를 성공시켰습니다. 이제 투자자 A씨는 다음 투자 역시 성공할 것이라 굳게 믿게 될 것입니다. 옆 동네의 집값이 3년 만에 두 배가 올라서 친구 B가 큰돈을 벌었다거나, 미국 주식 ETF가 끊임없이 우상향해서, 옆집 C씨가 투자한 1억이 2억이 됐다는 소식은 어떤가요?

인간은 누구나 이런 이야기를 들으면 가슴이 두근거리고 내가 사도 오를 것이라는 편향적 오류에 빠져 뒤늦게 매수에 참여하게 될 것입니다.

심리학 이야기는 이쯤하고 다시 투자 이야기로 돌아가보겠습니다.

그렇다면 주가는 왜 상승할까요? '기업이 호황이다', '주요 사업의 수요가 많다', '경기 호황으로 시장에 돈이 풀렸다', '세력이 붙었다' 등등 많은 이유를 갖다 붙일 수 있겠지만, 근본적으로 생각해보자면 '계속해서 더 비싼 가격에 사는 사람'이 있기 때문이지, 그 이상도 이하도 아닙니다.

그렇다면 '더 비싼 가격에 사는 사람'은 왜 주식을 더 비싼 가격에 살까요? 바로 '주가가 더 오를 것이라고 생각하기 때문'일 것입니다. 아까 살펴본 뜨거운 손의 오류에 입각하여 생각해본다면, 마지막으로 주가가 더 오를 것이라고 생각하는 이유는 '최근에 주가가 올랐기 때문'일 가능성이 높습니다.

모멘텀 투자의 기본 개념

주가가 한 번, 두 번 상승함

→ 주가가 또 상승할 것이라는 편향을 가짐

→ 계속해서 비싼 값에 사는 사람이 나타남

→ 주가 상승

위와 같은 사고의 흐름에 따른 방법을 모멘텀 투자라고 부릅니다. 증시, 특히 개별 종목을 중단기로 투자하는 경우, 아쉽게도 기업의 펀더멘탈에 대한 대단한 분석보다는 모멘텀에 의해 주가가 움직이는 모습을 볼 수 있습니다.

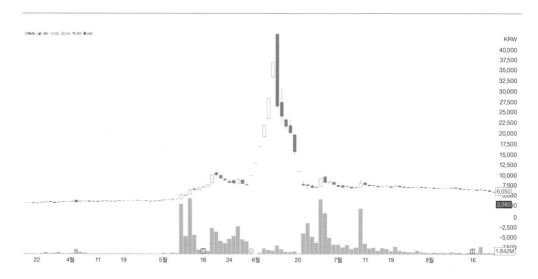

HLB바이오스텝㈜의 차트. 과연 정말 한 달도 안 되는 기간 동안 펀더멘탈이 5배 넘게 성장했다가 다시 돌아왔을까요?

주식시장에서 심리를 판단하기에 가장 중요한 지표를 고르라 한다면 단연 '거래량'과 '이동평균선'을 고를 수 있습니다. 다양한 기술적 지표들이 많이 개발되고 있지만, 너무 단순하게도 가장 많은 사람이 참고하는 지표가 위의 두 가지이기 때문에 가장 중요하다고 할 수 있겠습니다.

이번 파트에서는 이동평균선에 대해 속속들이 알아보도록 하겠습니다.

╢╫ 이동평균선의 정의

이동평균선(Moving Average, MA)이란 당일을 포함한 최근 특정일 동안의 주가 평균값을 말합니다. 즉 5일 이동평균선은 최근 5일간의 주가 평균값, 20일 이동평균선은 최근 20일간의 주가 평균값입니다.

위에 말씀드린 이동평균선은 엄밀히는 '단순'이동평균선(Simple Moving Average, SMA)을 말합니다. 여기에 하나를 더해 '지수'이동평균선(Exponential Moving Average, EMA)이라는 것도 존재합니다. EMA는 똑같은 이동평균선이지만 최근 주가에 더 가중치를 부여한 평균값을 의미합니다. 단순이동평균선이 가장 많이 이용되나, 간혹 지수이동평균선을 사용하는 트레이더들도 있습니다.

이동평균선의 의미

어떤 지표이건 단순한 정의를 넘어 군중들의 심리와 연결 짓는 의미를 파악하는 것이 중요합니다. 이동평균선에 담긴 심리에 대해 알아보도록 하겠습니다.

이동평균선
=
특정 기간 동안 종목을 매수한 사람들의 평균 단가

이와 같이 이해할 수 있습니다. 물론 정확할 수는 없지만, 경향성은 충분히 반영할 수 있습니다. 즉 '5일 이평선'의 값은 5일간 종목을 매수한 사람들의 평균 단가를, '20일 이평선'의 값은 20일간 종목을 매수한 사람들의 평균 단가를 의미합니다.

이렇게 이동평균선의 심리학을 이용하여 얻을 수 있는 첫 번째 결론은 다음과 같습니다.

현재 주가가 n일 이평선 보다 위에 있다.

=

n일간 매수한 사람들은 현재 평가 수익 상태이다.

=

종목에 대한 투자자들의 심리가 양호하다.

또한 이평선은 말 그대로 '선'이기 때문에 그 값과 더불어 기울기도 매우 중요합니다. 기울기와 이동평균선의 심리학을 이용하여 얻을 수 있는 두 번째 결론입니다.

n일 이평선의 기울기가 우상향 중이다.

=

n일간 매수한 사람들의 평가금액이 우상향 중이다.

=

최근 주가가 높아지는 동시에 매수세가 붙고 있다.

=

종목에 대한 투자자들의 심리가 양호하다.

종합하자면, "주가가 n일 이평선보다 상방에 위치하며, n일 이평선의 기울기가 우상향 중이라면 해당 종목을 n일간 지켜본 사람들의 심리는 매우 양호하다"라는 결론을 얻을 수 있습니다.

더 나아가 주가가 n일 이평선 하방에 위치하고 기울기가 우하향 상태에서 주가가 n일 이평선 상방에 위치하며 기울기가 우상향 전환되었다면 해당 종목에 대한 투자자들의 심리가 긍정적인 쪽으로 추세 전환되었다고 판단할 수 있을 것입니다.

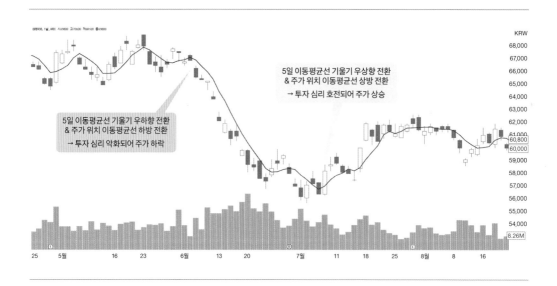

5일 이동평균선 기울기 우상향 전환
& 주가 위치 이동평균선 상방 전환
→ 투자 심리 호전되어 주가 상승

5일 이동평균선 기울기 우하향 전환
& 주가 위치 이동평균선 하방 전환
→ 투자 심리 악화되어 주가 하락

단기 이평선과 장기 이평선

투자자들마다 모두 이용하는 타임프레임이 다르기 때문에 단기와 장기 이평선 역시 딱 잘라서 구분할 수는 없는 상대적 개념입니다. 틱/분 단위로 거래하는 스캘핑 투자자에게는 5일 이동평균선이 장기 이평선이겠지만, 주/월 단위로 거래하는 스윙/장기 투자자에게는 5일 이동평균선이 단기 이평선이 될 수 있겠지요.

따라서 먼저 본인의 투자 스타일이 어느 쪽에 속하는지 정해야 단기와 장기 이평선을 구분할 수 있습니다. 이 글에서는 일봉을 기준으로 거래하는 다수 투자자를 기준으로 장단기 이평선을 설정하도록 하겠습니다.

단기 이평선은 3일, 5일, 10일, 20일선이 있고, 장기 이평선은 60, 120, 240(224)일선이 있습니다. 단기 이평선부터 각각의 부여된 의미를 살펴보도록 하겠습니다. 3일선은 가장 빠르게 추세를 반영하는 이평선입니다. 참고로 1일 이평선은 당일 종가에 해당하며, 2일 이평선은 이틀간 종가의 중점에 해당하여 차트로 직관적 파악이 가능하기에 잘 활용하지 않습니다.

주식시장을 기준으로 5일선은 거래일 기준 1주일의 추세를 반영하는 이평선입니다. 마찬가지로 10일선은 거래일 기준 2주일의 추세를 반영하는 이평선이 되며, 20일선은 거래일 기준 1개월의 추세를 반영하는 이평선으로 생각할 수 있습니다.

단기 이평선은 통상적으로 특정 종목의 한 달 이내의 추세를 반영하는 이평선이라고 할 수 있습니다. 만약 1달 이내에 기업의 펀더멘탈을 변화시킬 이슈가 발생하지 않았다면, 단기 이평선은 단기적인 추세와 단기 투자자들의 심리에 집중한 이평선이라고 할 수 있습니다.

따라서 단기 이평선이 우상향 중이며, 주가가 단기 이평선보다 상방에 있다면 단기적으로 투자자들의 심리가 양호하며 시장의 관심을 받고 있을 가능성이 높습니다.

장기 이평선의 경우 60일선은 거래일 기준 3개월, 즉 1분기의 추세를 반영하는 이평선이며, 120일선은 거래일 기준 6개월, 즉 반기의 추세를 반영하는 이평선입니다. 240(224)일선은 거래일 기준 1년의 추세를 반영하는 이평선이 됩니다(휴일을 제외하여 224일선을 참고하는 사람들도 있음).

장기 이평선은 각각의 기간 동안 종목의 추세를 반영하는 이평선임과 동시에 기업은 분기별로 재무제표를 포함한 분기 보고서를 발표하므로 재무, 실적 등 기업의 펀더멘탈을 변화시킬 만한 이슈가 반영된 이평선이라고 할 수 있습니다.

따라서 장기 이평선이 우상향 중이고 주가가 장기 이평선보다 상방에 있다면 장기적으로 투자자들의 심리가 양호하며 기업의 실적과 재무, 업황이 탄탄할 가능성이 높습니다.

이동평균선의 지지와 저항

이동평균선은 그 자체가 지지와 저항의 역할을 하는 경우가 많으며 일반적으로 장기 이평선이 단기 이평선에 비해 더 강한 지지와 저항 역할을 하게 됩니다. 또한 지지와 저항의 전환(S/R Flip) 역시 이평선에서도 동일하게 나타나게 됩니다.

다음의 피코그램 일봉 예시처럼 2023년 초에 지지와 저항의 역할을 명확하게 수행했던 이평선은 미래에도 지지와 저항으로 작용할 가능성이 큽니다.

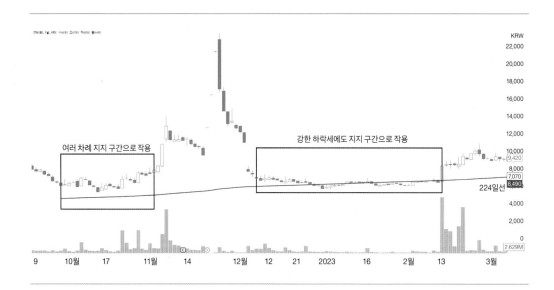

반면 하단 래몽래인 일봉의 예시처럼 최근 손쉽게 이평선의 지지와 저항이 무너졌던 경우 미래에도 어려움 없이 돌파될 가능성이 높으며, 오히려 돌파 시에 매수/매도세를 더 강하게 하는 효과를 보이는 경우가 많습니다.

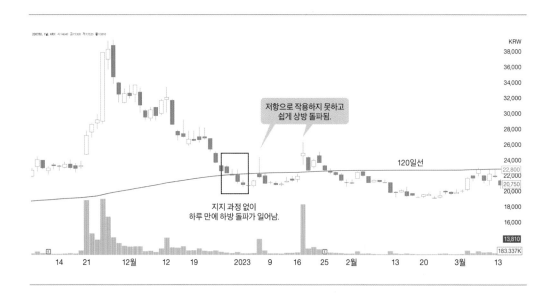

3

RSI
(Relative Strength Index)

RSI 지표란?

RSI의 정의

RSI란 Relative Strength Index의 약자로, 대표적인 모멘텀 지표에 해당합니다. 모멘텀 지표는 시장이 얼마나 과매수(Overbought) 혹은 과매도(Oversold) 상태인지를 보여주는 지표들이며, 가격을 기반으로 한 수치이지만, 0~100 사이를 '진동(Oscillate)'하는 방식의 수치로 나타납니다.

RSI는 1978년 월레스(J. Welles)라는 기계공학자에 의해 개발된 지표입니다. RSI는 가격의 모멘텀을 측정하며, 모멘텀 지표이기 때문에 0~100 사이의 값을 가집니다. 또한 RSI는 최근 14주기의 가격 데이터를 이용해 계산합니다(1주기 = 차트상의 1캔들). RSI는 종목이 과매수(Overbought) 상태인지, 과매도(Oversold) 상태인지를 나타내는 지표입니다. 통상적으로 RSI가 70 이상일 때 과매수 상태라고 판단하며, 반대로 RSI가 30 이하일 때는 과매도 상태라고 판단할 수 있습니다. RSI는 또한 컨버전스(Convergence, 수렴) & 다이버전스(Divergence, 발산)에 대한 정보도 제공하며, 이를 통해 시장의 추세를 예측할 수도 있습니다. 마지막으로 RSI는 추세장보다는 횡보장에서 잘 작동하는 지표입니다.

RSI 계산법

　보조지표의 계산법을 다루는 이유에 대해 먼저 짚고 넘어가도록 하겠습니다. 보조지표의 계산법을 다루는 이유는 절대 직접 계산을 해서 보조지표를 사용하라는 의미가 아닙니다. 계산법을 이해할 수 있다면 지표에 숨은 의미와 접근법을 이해할 수 있기 때문입니다. 하지만 계산법이 너무 복잡하고 재미가 없다면 과감하게 스킵(Skip)하셔도 좋습니다!

　RSI의 계산법은 아주 복잡하지는 않습니다.

$$RSI = 100 - \frac{100}{(1+RS)}$$

　우선 위 식에서 RSI는 0 초과 100 미만의 값을 가진다는 것을 확인할 수 있을 것입니다.

　이제 위 식에 등장하는 'RS'에 대해 알아보도록 하겠습니다. 'RS'란 쉽게 생각하면 상승과 하락을 비율로 나타낸 것이며, 계산식으로는 $\frac{AU}{AD}$ 로 나타낼 수 있습니다. 여기서 AU란 Average Ups의 줄임말로, 가격이 전일 가격보다 상승한 날의 상승분을 U(up)라고 했을 때 14주기 동안의 U 값들의 평균이 됩니다. 반대로 AD란 Average Downs의 줄임말로, 가격이 전일 가격보다 하락한 날의 하락분을 D(down)라고 했을 때 14주기 동안의 D 값들의 평균이 됩니다. 즉 상승 이동 vs 하강 이동의 강도를 나타내주는 값인 것이죠.

　예를 들어 14주기 동안의 상승값의 평균이 $100, 하락값의 평균이 $20였다면 RS는 5가 됩니다. RSI는 83.3이 나오겠네요. 즉 14주기 동안의 상승이 과했던 경우 RSI는 과매수 신호를 주게 됩니다. 반대로 14주기 동안의 상승값의 평균이 $20, 하락값의 평균이 $100였다면 RS는 0.2가 됩니다. RSI는 16.7이 나오게 되겠죠. 즉 14주기 동안의 하락이 과했던 경우 RSI는 과매도 신호를 주게 되는 것입니다.

　계산식을 조금 더 자세히 알아보도록 하겠습니다.

$$RSI = 100 - \frac{100}{(1+RS)} = 100\left(1 - \frac{1}{(1+RS)}\right) = 100\left(\frac{\frac{AU}{AD}}{\frac{AU+AD}{AD}}\right) = 100\left(\frac{AU}{AU+AD}\right)$$

즉 RSI는 '상승 평균 + 하락 평균'을 분모로, '상승 평균'을 분자로 하여 그 비율을 퍼센트 (%)화한 것이라 볼 수 있습니다.

RSI 지표의 초보적인 해석과 그 한계

RSI의 초보적인 해석

모든 보조지표에서 가장 중요한 것은 보조지표만을 보고 의존하여서는 안 된다는 점입니다. 실제로 RSI 지표 또한 많은 거짓 신호를 줄 때가 있습니다.

이번 파트에서는 RSI를 해석하는 방법에 대해 알아보도록 하겠습니다. RSI 지표는 얼핏 보았을 때는 아주 간단한 지표처럼 보입니다. RSI를 얕게 알고 있는 투자자들은 다음과 같은 공식을 세울 수도 있습니다.

RSI > 70 → 과매수 구간 → 하락 가능성 높음 → 매도

RSI < 30 → 과매도 구간 → 상승 가능성 높음 → 매수

하지만 우리는 추세장에서의 심리가 그렇게 쉽게 꺾이지 않는다는 것을 오랫동안 보아왔습니다. 이론적으로 과매수는 상당히 오래 유지될 수 있으며, 과매도 또한 마찬가지입니다.

2023년 초 기록적인 상승을 기록했던 '에코프로' 차트를 확인해보겠습니다.

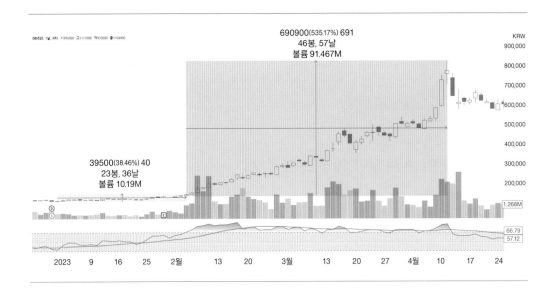

차트에 표시된 첫 번째 박스 구간은 RSI 33~70까지의 상승을 보여주고 있습니다. 첫 번째 박스 구간의 초입에 진입하여 RSI 70의 과매수 시그널을 확인한 후 매도하였더라도 현물 기준 40%가량의 수익을 올릴 수 있었을 것입니다.

그러나 에코프로는 과매수 구간에 진입한 후, 67일의 긴 과매수 구간을 가졌으며, 과매수 구간 중에 최대 535%가량의 추가적인 상승을 보였습니다. 즉 과매도 구간 진입(Entry), 과매수 구간 탈출(Exit)이라는 공식만을 맹신하고 적용하는 것은 옳지 않습니다.

횡보장과 추세장에서의 RSI

앞선 예시에서 RSI의 초보적인 해석에 대해 알아보았습니다. 물론 RSI를 이용하여 진입 후 매도했어도 수익을 거둘 수는 있었으나, 우리가 원하는 그림은 아니었죠.

그렇다면 어느 부분에서 오류가 있었던 것일까요? 지금부터 횡보장과 추세장에서의 RSI를 살펴보도록 하겠습니다. 먼저 횡보장에서의 RSI에 대해 살펴보죠.

횡보장에서 가격은 특정 구역(Range) 내에서 움직입니다. 즉 특정 Range의 상단에는 저항(Resistance)이, 하단에는 지지(Support)가 존재하게 되는 것입니다.

위아래로 의미 있는 움직임은 거의 없으며, 지속적인 움직임 또한 없습니다.

RSI의 계산식을 다시 떠올려보도록 하겠습니다. 계산식의 분모인 AU + AD는 Range 내에서 비교적 무작위하게 움직이기에 변동이 크지 않은 변수입니다. 따라서 분모의 변동이 상대적으로 크지 않기 때문에 분자인 AU가 높을수록 RSI는 증가하게 됩니다. 즉 횡보장에서 RSI는 Range Eq*를 기준으로 Premium** 구간에서는 '과매수' 시그널을, Discount*** 구간에서는 '과매도' 시그널을 보낼 가능성이 높습니다.

그런 의미에서 횡보장에서는 아래 모식도와 같이 과매도 구간에서의 진입, 과매수 구간에서의 탈출도 나쁘지 않은 전략이 될 수 있습니다.

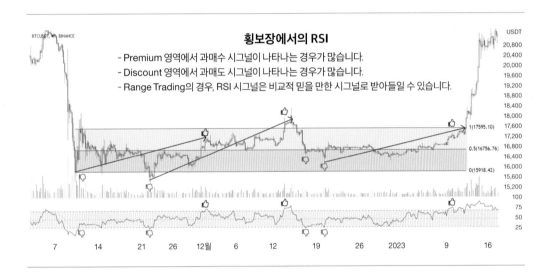

횡보장에 대해 알아보았으니, 이제는 횡보장과 추세장을 비교해보도록 하겠습니다.

상승장을 예로 들어 살펴보겠습니다. 상승장의 초입에서 가격은 Range Premium에서 기존 Range 상단을 돌파하는 양상을 보일 것입니다. 그 후 새로운 Higher High를 만들게 되죠. 그럴 경우 RSI는 70 이상의 과매수 시그널을 줄 가능성이 높습니다.

---

* Range Eq: Range Equilibrium의 줄임말로, 박스권 장세에서 박스권의 중간값을 의미함.

** Premium 구간: 박스권 장세에서 중간값을 기준으로 상/하단으로 나누었을 때 상단. 가격의 상대적 고평가 구간

*** Discount 구간: 박스권 장세에서 중간값을 기준으로 상/하단으로 나누었을 때 하단. 가격의 상대적 저평가 구간

상승장의 중반에는 상승 채널을 형성하며, Higher High, Higher Low, Higher High를 차례로 형성하게 됩니다. 이때 RSI의 한계가 나타나기 시작합니다. 이전 파트에서 RSI는 오직 14주기 동안의 가격의 흐름만을 가지고 계산하는 지표라는 점을 알아보았습니다. 즉 14주기 이상의 추세가 지속될 때, RSI는 그 추세를 전혀 인지하지 못하게 되는 것이죠.

어쩌면 추세장(Trending Market)에서 RSI만 보고 투자하는 것은 눈을 감고 코끼리 다리를 만지는 것과 같을지도 모릅니다.

Bullish Market Structure

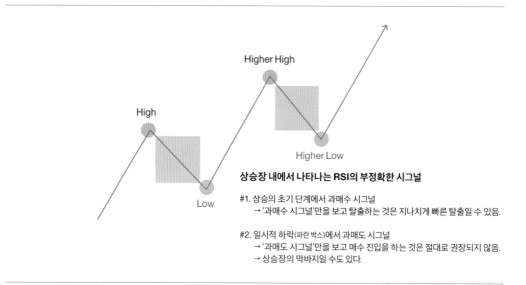

High

Higher High

Higher Low

Low

상승장 내에서 나타나는 RSI의 부정확한 시그널

#1. 상승의 초기 단계에서 과매수 시그널
→ '과매수 시그널'만을 보고 탈출하는 것은 지나치게 빠른 탈출일 수 있음.

#2. 일시적 하락(파란 박스)에서 과매도 시그널
→ '과매도 시그널'만을 보고 매수 진입을 하는 것은 절대로 권장되지 않음.
→ 상승장의 막바지일 수도 있다.

위 모식도는 상승장 내에서 나타나는 RSI의 부정확한 시그널(Signal)에 대한 내용입니다.

첫 번째 부정확한 시그널은 상승의 초기 단계에서 과매수 시그널입니다. '과매수 시그널'만을 보고 탈출하는 것은 지나치게 빠른 탈출일 수 있습니다. 또한 '과매수' 구간이 반드시 천장이 아닐 수도 있으며, 꽤 오래 지속될 수도 있습니다.

두 번째 부정확한 시그널은 일시적 하락(파란 박스)에서 LTF상 과매도 시그널이 나타날 수 있다는 점입니다. LTF에서의 '과매도 시그널'만을 보고 매수 진입을 하는 것은 절대로 권장되지 않습니다. '과매도' 구간이 바닥이 아닌 상승장의 막바지, 즉 천장일 수도 있습니다.

하락장에서의 RSI 역시 이와 똑같은 흐름으로 이해하시면 되겠습니다. 즉 '추세장에 접어든 이후부터는 RSI는 매수-매도에 관한 적절한 시그널을 줄 수 없다'라는 결론을 내릴 수 있겠습니다.

컨버전스와 다이버전스

컨버전스와 다이버전스란?

컨버전스(Convergence, 수렴)와 다이버전스(Divergence, 발산)는 가격과 보조지표(특히 Oscillating Indicator) 움직임의 '방향 차이'를 이용하는 개념입니다. 컨버전스와 다이버전스의 정의부터 살펴보도록 하겠습니다.

다이버전스(Divergence, 정확히는 Regular Divergence를 의미)는 가격이 이전의 고점을 상방 돌파, 혹은 저점을 하방 돌파했지만, 보조지표는 돌파하지 못했을 때를 의미합니다. 이는 곧 뒤이어 Trend의 반전이 일어날 가능성이 높다는 것을 의미하게 됩니다.

반대로 컨버전스(Convergence)라고 언급되는 Hidden Divergence(Reverse Divergence)는 가격이 저점을 올려 가거나, 고점을 낮춰 갈 때 발생합니다. 이때 보조지표는 저점을 하방 돌파, 혹은 고점을 상방 돌파할 수 있지만, 이는 가격에 크게 영향을 주지 못하며 가격의 추세는 유지될 가능성이 높습니다.

Regular / Hidden Divergence

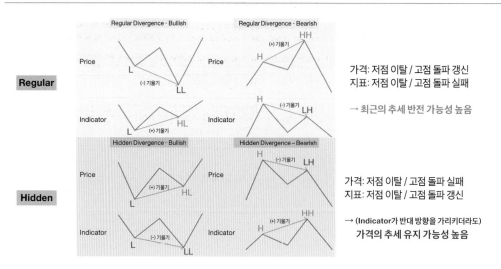

가격: 저점 이탈 / 고점 돌파 갱신
지표: 저점 이탈 / 고점 돌파 실패

→ 최근의 추세 반전 가능성 높음

가격: 저점 이탈 / 고점 돌파 실패
지표: 저점 이탈 / 고점 돌파 갱신

→ (Indicator가 반대 방향을 가리키더라도)
가격의 추세 유지 가능성 높음

※ 가격, 보조지표의 최근 추세란 저점과 저점, 혹은 고점과 고점 사이의 관계를 의미함.

이를 표로 정리하면 다음과 같습니다.

출현 패턴	강세		약세	
	컨버전스(히든 다이버전스)	다이버전스	컨버전스(히든 다이버전스)	다이버전스
Price	저점 → 높아진 저점	저점 → 낮아진 저점	고점 → 낮아진 고점	고점 → 높아진 고점
RSI	저점 → 낮아진 저점	저점 → 높아진 저점	고점 → 높아진 고점	고점 → 낮아진 고점
Answer	상승 추세의 지속	상승 추세로 전환	하락 추세의 지속	하락 추세로 전환
Action	**Long**		**Short**	

컨버전스와 다이버전스에 숨은 Price Action을 조금 더 알아보도록 하겠습니다.

가격은 기본적으로 상하 운동을 반복하는 스윙 움직임을 보입니다. 이러한 스윙 패턴은 고점과 고점, 저점과 저점 사이의 관계에 따라 Higher High, Higher Low, Lower High, Lower Low의 네 가지 패턴을 보일 수 있습니다.

이때 가격의 방향과 보조지표의 방향이 다를 때를 가리켜 다이버전스라 부릅니다. 이러한 다이버전스는 다시 Regular / Hidden Divergence로 구분 지을 수 있으며, 이 두 다이버전스의 차이는 가격 추세가 반전되는지, 혹은 지속되는지의 여부에 따라 구분합니다. 또한 강세/약세 다이버전스로도 구분 지을 수 있습니다. 이 경우 강세 다이버전스는 가격 저점의 변동을, 약세 다이버전스는 가격 고점의 변동을 활용하는 것으로 구분됩니다.

다이버전스를 해석하기 위해서는 가격과 지표를 모두 중요하게 고려해야 합니다. 먼저 Regular Divergence의 해석부터 살펴보도록 하겠습니다. Bullish Regular Divergence란 가격은 Lower Low를 형성하며 저점을 낮추었지만, 보조지표의 강도가 높아지면서(Higher Low) 지지를 보여주는 상황이라 볼 수 있습니다. 즉 지지 구간은 깨졌지만, 매수세가 유입되는 상황이라 볼 수 있죠. 이러한 경우 상승 반전의 가능성이 높다고 판단하게 됩니다.

Bearish Regular Divergence는 그 반대의 경우가 일어나는 상황입니다. 가격이 고점에서 더욱 상승했다면, 즉 Higher High를 만들었다면 가격이 저항 구간에 진입했다고 볼 수 있으며, 해당 구간에서 추가적인 가격 상승이 나타나기 위해서는 충분한 거래 강도가 뒷받침되어야 할 것입니다. 그러나 거래의 강도를 나타내는 보조지표가 감소했기 때문에 이는 매수세가 뒷받침되지 못했다고 판단할 수 있고, 이 경우 가격의 하락 반전이 나타날 것이라고 해석할 수 있습니다.

다음으로 Hidden Divergence에 대해 알아보도록 하겠습니다. Hidden Divergence의 경우 지표 → 가격의 순서로 해석해주시는 것이 좋습니다. Bullish Hidden Divergence(=Bullish Convergence)부터 살펴보도록 하겠습니다. Bullish Hidden Divergence의 경우 RSI, 즉 거래 강도가 감소하였음에도 가격의 저점이 높아지며 Price Higher Low를 형성한 경우에 해당합니다. 이 경우 '작은 매수 강도로도 저점을 높이는 데 성공하였으므로' 추후 가격의 상승 추세가 이어질 가능성이 높습니다.

마지막으로 Bearish Hidden Divergence(=Bearish Convergence)의 예를 들어보겠습니다. Hidden Bearish Divergence의 경우 RSI, 즉 거래 강도는 증가하여 Higher High를 만들어냅니다. 하지만 가격은 상승하지 못한(Price Lower High) 상황이므로 가격이 하락하던 추세(Price Lower High)를 지속하며 하락할 가능성이 높습니다.

RSI를 이용한 트레이딩

RSI 트레이딩 전략

1. 과매수/과매도 시그널을 활용한 트레이딩

2. 컨버전스와 다이버전스를 활용한 트레이딩

Strategy #1. 과매수/과매도 시그널을 활용한 트레이딩

첫 번째 선략은 가상 기초석인 RSI의 활용법입니다. RSI가 70 이상일 때 주는 과매수 시그널과 30 이하일 때 주는 과매도 시그널을 이용하여 트레이딩에 임하는 전략입니다. 단, 주의해야 할 점은 과매수/과매도 시그널이 완전한 천장과 바닥을 의미하는 것은 아니라는 점이며, 앞서 살펴보았듯이 횡보장에서 사용하는 것이 원칙입니다. RSI 단독 사용은 신뢰도가 떨어지므로 다른 보조지표를 함께 사용하는 것도 도움이 됩니다.

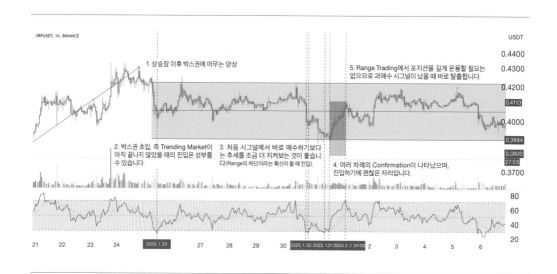

예시의 차트에서 가격은 상승장 이후 횡보하는 양상을 보입니다. 이때 박스권 초입에서도

과매도 시그널이 나타나지만 처음 시그널에서 바로 매수하기보다는 추세를 조금 더 지켜보는 것이 좋습니다. 추세장(Trending Market)이 아직 끝나지 않았을 때의 진입은 섣부를 수 있기 때문입니다. 계속해서 박스권 장세가 유지되며 과매도 시그널이 추가로 관찰될 때 Range의 하단일 가능성이 높기 때문에 상승을 노리고 진입하기에 좋습니다.

이때 추가적으로 RSI의 하방 경계에 대해서도 확인해준다면 보다 신뢰도를 높일 수 있습니다. 현재 차트상에서 RSI는 일정 저점을 유지하고 있으며, 이는 매수세가 계속해서 어느 정도 선까지 뒷받침되고 있다는 것을 의미합니다. Range Trading의 경우 Position을 길게 운용할 필요가 없으므로, 과매수 시그널이 나타났을 때 탈출합니다. 다만 Range의 막바지라고 생각이 될 때는 조금 더 추세를 관찰하는 것이 좋습니다.

Strategy #2. 컨버전스와 다이버전스를 활용한 트레이딩

단순히 RSI의 값만을 이용하는 것이 아닌 RSI의 Momentum(기울기)까지 이용하는 전략입니다. 주로 이중 천장과 이중 바닥 형태의 차트에서 사용하기에 용이합니다. 또한 추세의 지속을 나타내는 컨버전스보다는 다이버전스 이후 나타나는 추세의 반전을 노리는 것이 보다 좋은 성과를 낼 수 있습니다. 아래 그래프는 약세 RSI 다이버전스를 이용한 트레이딩 예시입니다.

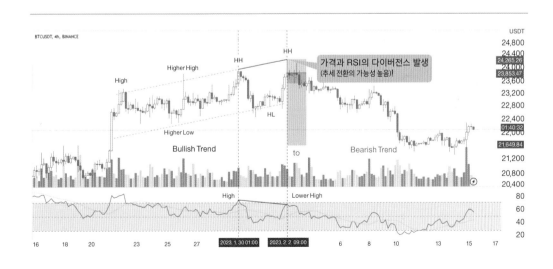

예시의 차트에서는 상승 후 횡보, 그리고 다시 상승하는 중에 상승 채널이 나타납니다. 예시는 상승 채널과 이중 천장, 그리고 RSI 다이버전스를 이용한 트레이딩 전략입니다. 가격은 High → Higher Low → Higher High → Higher Low → Higher High를 반복하여 갱신하고 있습니다. 가격의 고점 갱신이 일어났으나, 윗꼬리가 크게 달렸고, RSI는 고점을 갱신하지 못하는 '약세 RSI 다이버전스'가 관찰됩니다. 추세의 반전이 일어날 것으로 예상하고 현물을 매도하거나 숏 포지션에 진입할 수 있습니다.

MACD
(Moving Average Convergence & Divergence)

투자에 있어 단기적인 추세와 장기적인 방향성을 파악하고 예측하는 것은 매우 중요하지만 쉽지 않습니다. 특히 이를 적용할 적절한 방법을 알지 못할 때, 난이도는 기하급수적으로 상승합니다. 가장 일반적으로 사용되는 장단기 이동평균선의 교차점(골든 크로스 혹은 데드 크로스)을 매매 신호로 보는 이동평균 기법의 경우 시차(Time Lag)가 생기는 문제가 있습니다.

MACD(Moving Average Convergence & Divergence)는 이동평균선에 비해 조금 더 빠르게 추세 전환을 예측하게 해주는 추세 지표 중 하나로, 장단기 이동평균선 간의 차이를 이용하여 매매 신호를 포착하게 해줍니다.

┃ MACD란?

MACD는 제럴드 아펠(Gerald Appel)이라는 펀드매니저에 의해 1970년대에 개발된 지표입니다. 비록 Moving Average Convergence & Divergence라는 긴 이름은 매우 복잡해 보이지만 실제로는 이해하기 그리 어렵지 않은 지표입니다.

장단기 이동평균 간의 차이를 이용하여 매매 신호를 포착하려는 기법으로, 장기 이동평

제럴드 아펠

균선과 단기 이동평균선이 서로 멀어지게 되면(Divergence) 언젠가는 다시 가까워지게 되며(Convergence), 두 이동평균선이 반드시 어느 시점에서는 교차된다는 성질을 근거로 합니다. 즉 이동평균선의 수렴과 확산을 이용하여 그 과정 속에서 교차되는 지점을 찾아 매수/매도 타이밍을 결정하는 지표라고 할 수 있습니다.

MACD 정리

1. MACD선과 시그널선(신호선)으로 구성(Histogram, Oscillator 부가 활용 가능)

2. MACD선: 단기(12주기) 지수이동평균 – 장기(26주기) 지수이동평균

3. 시그널선: MACD의 9주기 지수이동평균

4. MACD선이 시그널선 위로 교차하거나 (매수) 아래로 떨어질 때 (매도) 신호 포착

5. 추세의 변화 예상에 도움을 주며, 과매수/과매도 여부 판단에도 도움을 줄 수 있음

6. 강세/약세 다이버전스는 가격 추세 반전을 암시할 수 있음

고전적으로 사용하는 장단기 이동평균선의 교차점을 매매 신호로 이용하는 방법은 시차(Time Lag)가 생긴다는 문제가 존재합니다. 즉 과거 주가들의 평균을 이용한 선이기 때문에 반드시 시간 차이가 발생할 수밖에 없으며, 이미 단기 이평선이 상승한 상태에서 신호가 발생한다는 단점이 있습니다.

MACD의 가장 큰 장점은 앞서 설명한 이동평균선 투자 기법의 단점인 시차 문제(후행성)를 어느 정도 극복할 수 있다는 점입니다.

MACD의 형성 원리

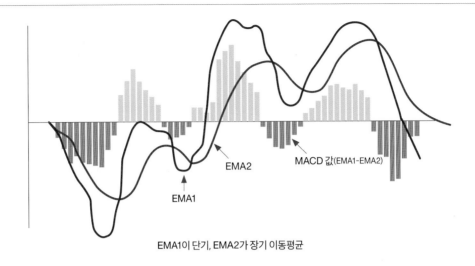

EMA1이 단기, EMA2가 장기 이동평균

이제 MACD의 구성요소에 대해 알아보도록 하겠습니다. MACD는 크게 MACD선, MACD 시그널선, MACD 오실레이터(≒ MACD Histogram)로 구성됩니다. MACD선은 단기 지수이동평균에서 장기 지수이동평균을 뺀 값을 선으로 나타냅니다. MACD 시그널선은 MACD의 9일 지수이동평균(EMA)을 적용한 선입니다. 마지막으로 MACD 오실레이터

MACD 구성요소

MACD선
단기 지수이동평균 - 장기 지수이동평균

MACD 시그널선
MACD의 n일 지수이동평균(EMA)
단기: 12일, 장기: 26일, n: 9일을 기본적으로 합니다.

MACD 오실레이터(≒ Histogram)
MACD선 - 시그널선을 막대그래프로 표현

(≒ MACD Histogram)는 MACD선에서 시그널선을 뺀 값을 막대그래프로 표현한 것입니다.

단기 지수이동평균은 보통 12주기 이동평균을 사용하며, 장기 지수이동평균은 보통 26주기 이동평균을 사용합니다. 시그널선의 경우 MACD의 9일 지수이동평균을 적용한 선입니다. TradingView를 이용한다면 자신에게 맞는 MACD를 설정하기 위해 날짜를 변경할 수 있습니다. 더 짧은 이동평균값을 사용한다면 더 빠르고 민감하게 추세 변화를 감지할 수 있지만 동시에 더 많은 거짓 신호(False Signal)를 유발하게 될 수 있습니다.

MACD의 장단점

MACD는 트레이딩에 활용할 때 어떤 장단점을 가지고 있을까요?

장점	단점
시차가 이동평균 자체에 비해 적어 단기적인 추세파악에 도움을 주며, 단기매매 시 유리한 지표입니다.	과도한 매매 신호를 발생시키는 경우가 존재합니다(False signal).
	서로 다른 종목끼리의 비교가 불가합니다.
지표의 형태가 직관적이어서 사용하기 쉽습니다.	장기적인 추세나 전환점을 파악하기에는 부적합할 수 있습니다.

가장 큰 장점으로는 앞서 설명한 장단기 이동평균선의 교차점을 매매 신호로 보는 이동평균 기법의 단점인 시차 문제(후행성)를 극복할 수 있다는 점입니다. 이를 이용한다면 단기적인 매매를 진행할 시에는 성공률을 높일 수 있습니다. 또한 지표의 형태가 매우 직관적이기 때문에 트레이더들이 사용하기 쉽습니다.

이 지표를 사용하여 거래 신호를 생성할 때의 단점은 경우에 따라 상대적으로 작은 가격 움직임으로도 지표가 방향을 바꿀 수 있기 때문에 여러 번의 False Negative Signal을 발생시킬 수 있다는 점입니다. 즉 트레이더는 왜곡된 신호(Whipsaw)가 나타날 수 있음을 인식해야 합니다.

MACD의 또 다른 단점은 서로 다른 자산 간의 비교가 불가하다는 것입니다. MACD는 같은 자산의 두 이동평균 사이의 비교이기 때문에 서로 다른 종목을 비교할 때 이용될 수는 없습니다.

마지막으로 단기적인 이동평균을 활용하여 추세를 파악(장기 이동평균선이 26일 이동평균선을 사용)하는 지표이기 때문에 장기적인 추세나 전환점을 파악하기에는 적합하지 않을 수 있습니다.

MACD의 해석

해석을 위해서는 MACD선과 시그널선의 기울기와 교차(Cross)를 동시에 활용할 수 있습니다.

MACD 해석법 1

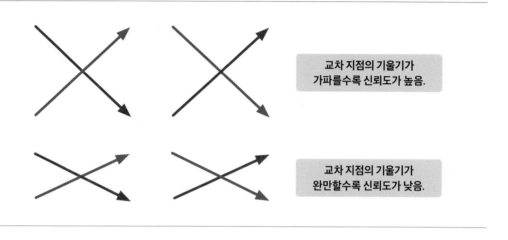

먼저 MACD선과 시그널선이 교차(Cross)될 때 그 기울기가 가파를수록 상대적으로 신뢰도가 높아집니다. 반면 서로의 기울기가 완만할수록 변동성이 작고 추세 전환이 분명하지 않은 것으로 해석할 수 있으며, 교차가 주는 시그널의 신뢰도 또한 상대적으로 낮습니다.

MACD 해석법 2

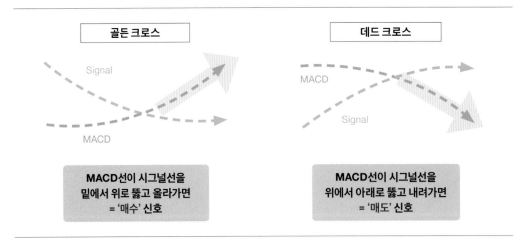

다음으로는 교차의 의미에 대해 알아보도록 하겠습니다.

시그널은 MACD선의 이동평균선이므로 MACD선의 최근 추세가 9일의 평균보다 우세하다면 MACD선이 시그널선보다 위에 있게 됩니다. 이를 이용하여 MACD선이 시그널선을 상방 돌파할 때, 즉 골든 크로스(Golden Cross)를 매수 혹은 롱 포지션 진입 시점으로 택할 수 있습니다. 반대로 MACD선이 시그널선을 하방 돌파할 때, 즉 데드 크로스(Dead Cross)가 일어나는 시점에서 매도 혹은 숏 포지션 진입을 시도할 수 있습니다.

또한 MACD선의 값 자체가 음(-)에서 양(+)으로 전환된다면 단기 지수이동평균선과 장기 지수이동평균선의 골든 크로스가 일어난 것이므로 상승 추세로의 전환으로 판단할 수 있으며, 반대로 양에서 음으로 변하면 하락 추세로의 전환으로 판단할 수 있습니다.

MACD를 이용한 트레이딩 전략

MACD 트레이딩 전략

1. MACD 값의 증감

2. MACD와 시그널의 교차

3. MACD의 Zero-Line 돌파

Strategy #1. MACD 값의 증감

앞서 MACD의 개념에서도 살펴보았듯 MACD 값은 단기 이동평균값 − 장기 이동평균값을 의미합니다. 따라서 MACD 값이 증가 혹은 감소하고 있다는 것은(기울기가 + 혹은 −) 단기 이동평균과 장기 이동평균의 차이가 생기고 있다는 것을 의미합니다. 양의 값으로 증가하고 있는 경우 상승 추세, 음의 값으로 감소하고 있는 경우 하락 추세를 보이고 있다고 생각할 수 있으며, 또한 증가하던 MACD가 감소로 추세가 바뀌거나 감소하던 MACD 값이 증가로 추세가 바뀌는 경우 상승/하락의 추세가 전환될 가능성이 있음을 생각해볼 수 있습니다.

이를 이용해 매수와 매도를 결정하고 신규 포지션 진입과 기존의 포지션을 정리하는 기준점으로 활용할 수 있습니다.

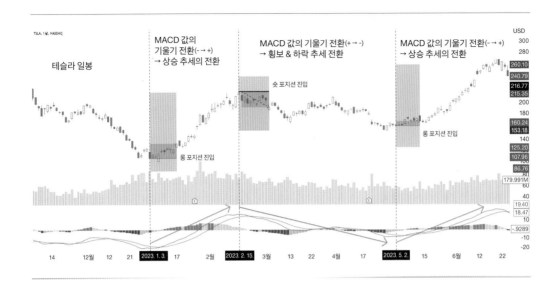

Strategy #2. MACD와 시그널의 교차

앞서 시그널은 MACD 값의 9일 이동평균임을 말씀드렸습니다. MACD 값이 시그널을 골든 크로스 / 데드 크로스하는 경우, 가장 최근의 추세가 9일간의 추세를 상회하거나 하회한다는 의미이므로 각각 매수/매도를 계획하거나 신규 롱 포지션, 숏 포지션 진입을 계획할 수 있습니다.

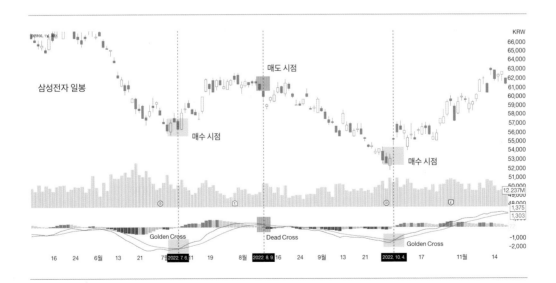

Strategy #3. MACD의 Zero-Line 돌파

MACD Zero-Line은 MACD 값이 0인, 즉 단기 이동평균값과 장기 이동평균값이 동일한 지점을 의미합니다. MACD 값이 음의 값을 가지다가 Zero-Line을 상방 돌파했다는 것은 단기 이동평균값이 장기 이동평균값을 상회하기 시작한 지점을 의미합니다. 반대로 MACD 값이 양의 값을 가지다가 Zero-Line을 하방 돌파했다는 것은 단기 이동평균값이 장기 이동평균값을 하회하기 시작한 지점을 의미합니다. 따라서 Trading Strategy 1에서 알아본 MACD의 기울기를 이용하는 전략과 병행하면 False Signal을 좀 더 걸러내는 데 유용할 수 있으며, 다음과 같이 활용될 수 있습니다.

> **1) MACD가 증가하면서 Zero-Line을 돌파: 보다 확률 높은 매수 & 롱 포지션 진입 시점**
>
> **2) MACD가 감소하면서 Zero-Line을 돌파: 보다 확률 높은 매도 & 숏 포지션 진입 시점**

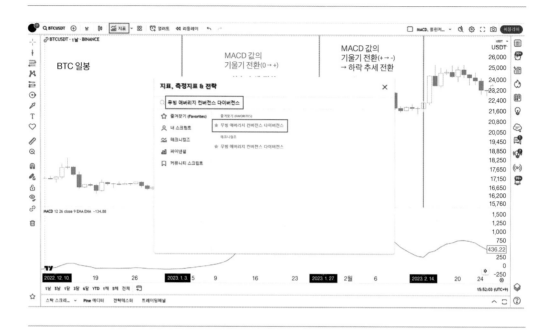

원하는 차트를 불러온 뒤 ① 상단 바의 지표 클릭, ② 무빙 애버리지 컨버전스 다이버전스를 검색한 후 클릭하여 적용합니다. 기본 세팅은 단기 이동평균선은 12, 장기 이동평균선은 26, 시그널은 MACD 이동평균 9를 이용합니다. 이때 조금 더 길거나 짧은 호흡으로 적용하고 싶어 이동평균선의 기준을 수정하고자 할 때는 MACD를 더블클릭하여 수정할 수 있습니다.

키움증권 HTS에서 적용하기

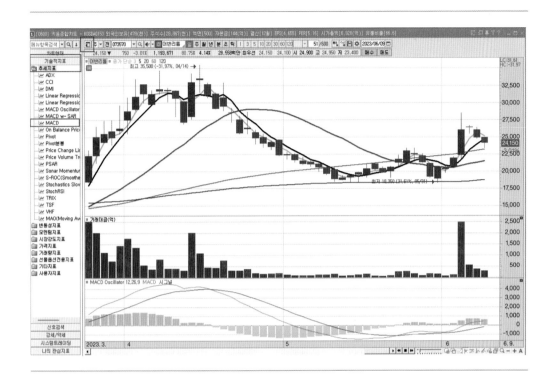

키움증권 0600 키움종합차트 화면에서 네모 칸을 클릭하여 MACD를 적용할 수 있고, TradingView에서와 마찬가지로 기준 MA를 변경하고자 하는 경우 빨간 박스의 지표명을 더블클릭한 뒤 생기는 팝업창에서 수정해주면 됩니다.

MACD는 추세에 대한 비교적 정확한 정보와 추세 전환 여부를 알려주는 데 도움을 줍니다. 단, 그 정확도를 더욱 향상시키기 위해서는 다양한 타임프레임을 더블체크하여 같은 신호를 보이는지 확인하는 작업이 반드시 필요하며, MACD만을 맹신하거나 단독으로 사용하기보다는 하나의 매매 기준으로 활용하며 다른 지표나 패턴을 함께 활용하는 것이 그 유용성과 정확도를 향상시키는 데 도움이 될 것으로 생각됩니다.

볼린저 밴드

이번 파트에서는 개별 종목뿐만 아니라 환율, 지수 등 시장 전반에 대해서도 공통적으로 적용할 수 있는 추세지표인 볼린저 밴드에 대해 알아보도록 하겠습니다.

볼린저 밴드란?

박스권 매매라고도 일컬어지는 Range Trading 혹은 지지/저항 레벨을 이용한 트레이딩에 익숙하신 분들은 볼린저 밴드(Bollinger Band)를 한번쯤 들어보고 적용해보셨을 것이라 생각합니다. 볼린저 밴드는 증권분석가인 페리 카우프맨들(Perry Kaufmandl)이 처음 소개한 후 1980년대 초반 미국의 재무분석가인 존 볼린저(John Bollinger)가 발전시켜 상표권을 취득한 기술적 분석 도구입니다.

95% 신뢰 구간 및 표준편차

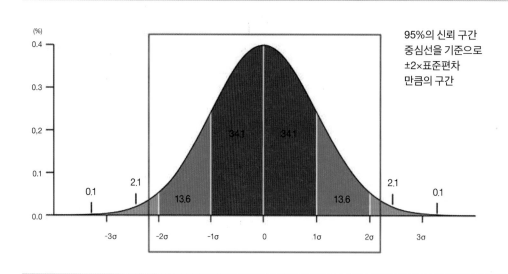

95% 신뢰 구간 및 표준편차

일반적으로 가격 밴드는 이동평균선을 기준으로 일정 간격 혹은 비율로 결정되지만, 볼린저 밴드는 가격 변동성, 즉 표준편차의 배수로 결정되는 것이 큰 차이점입니다. 여기에는 가격의 변동이 표준정규분포 함수에 따른다는 전제조건이 필요합니다.

95% 신뢰 구간 및 표준편차

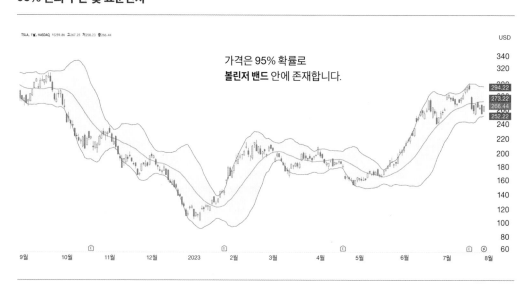

가격이 정규분포를 따른다고 가정한다면,

과거의 가격은 95% 확률로 볼린저 밴드 안에 존재하게 됩니다(후행적).

볼린저 밴드는 이동평균선과 표준편차를 기준으로 상한선과 하한선을 생성하여 가격의 상승 및 하락 경향을 파악하는 데 도움을 주는 지표입니다.

볼린저 밴드 주요 요약

1. 볼린저 밴드는 과매도와 과매수 상태를 분석하는 도구

2. 볼린저 밴드는 3개의 선으로 구성(상단, 중심, 하단)

3. 기본적으로 20일 단순 이동평균선과 2배의 표준편차를 활용

4. 기본적으로 일봉 타임프레임을 활용

5. 가격이 상단 밴드에 근접 시 과매수 신호를 나타냄(하락 추세 전환 가능성)

6. 가격이 하단 밴드에 근접 시 과매도 신호를 나타냄(상승 추세 전환 가능성)

7. 밴드 폭이 증가하면 변동성 증가, 감소하면 변동성 감소를 의미

볼린저 밴드는 다음과 같은 계산식으로 생성됩니다.

볼린저 밴드

볼린저 밴드(상단) = MA + m × σ
볼린저 밴드(하단) = MA - m × σ

MA: 중심선, 기준 이동편균선(주로 20일)
m: 상수(주로 2)

 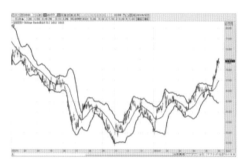

존 볼린저는 볼린저 밴드의 중심선을 지수이동평균이 아닌 20일 단순이동평균(Simple Moving Average, SMA)으로 정의했습니다. 그리고 중심선과 동일한 이동평균선의 표준편차값을 이용하며, 이는 분산의 제곱근을 통해 계산합니다.

그는 미국 IBM, S&P500, 나스닥, 일본 니케이255, 영국 골드 불리온, 독일 마르크 / 미 달러 교차환율 등의 시장들을 대상으로 가격이 밴드 안에 분포할 확률이 높은 '상수'를 정하기 위한 백테스트를 시행하였습니다. 그 결과 10일을 기준으로 할 때 1.9, 20일을 기준으로 할 때 2.0이 되며, 50일을 기준으로 할 때는 2.1로 상수를 정해야 함을 알아냈습니다. 즉 중심선을 더 장기로 적용할 때에는 좀 더 큰 상수값을 적용하는 것이 분석의 확률을 높일 수 있음을 알 수 있습니다.

볼린저 밴드의 장단점

볼린저 밴드는 트레이딩에 활용할 때 어떤 장단점을 가지고 있을까요?

장점	단점
추세뿐만 아니라 밴드의 폭 변화를 통해 변동성 분석이 가능	이동평균선을 기반으로 하기에 후행성 지표
과매수/과매도 신호를 통해 추세 반전 파악 가능	변동성이 큰 경우 비교적 정확도가 떨어짐

가장 큰 장점은 가격을 활용한 분석이므로 상단, 중심, 하단이 상승/하락하는지를 파악함으로써 가격의 상승/하락/횡보 추세를 파악할 수 있으며, 이와 동시에 변동성 분석이 가능하다는 점입니다. 또한 밴드의 폭이 증가하는 경우 변동성이 증가, 밴드의 폭이 감소하는 경우 변동성이 감소되고 있음을 알 수 있어 변동성, 즉 특정 자산에 대한 시장의 관심도 또한 직관적으로 파악할 수 있습니다. 추가적으로 상단과 하단 밴드에 근접하는 모습을 보일 경우 각각 과매수, 과매도 신호를 보이는 것이기에 이후 기존의 추세를 전환하는 움직임이 생길 가능성을 파악할 수 있게 합니다.

단점으로는 가격 분석을 토대로, 특히나 과거 가격의 평균값인 이동평균선을 활용하기에 후행성 지표의 특징을 보인다는 점입니다. 이러한 이유로 변동성이 큰 경우에는 통계적으로 정확도가 떨어지는 모습을 보입니다.

이러한 문제는 과거의 가격의 평균값인 이동평균선이 현재의 가격 변화 추세를 따라가지 못하기 때문에 발생하며, 가격이 볼린저 밴드의 상단 또는 하단에 근접 혹은 돌파하여 추세가 전환될 것이라고 잘못 예측함으로써 발생합니다. 추세가 강력한 경우 밴드의 폭이 계속 넓어지며 밴드를 이탈하지 않기 때문에 추세 전환을 예상하고 진입한 트레이더는 손실폭을 지속적으로 키우게 됩니다.

볼린저 밴드의 해석

먼저 볼린저 밴드의 상/하단 밴드와 가격의 이탈에 대해 알아보도록 하겠습니다.

볼린저 밴드의 상단 밴드와 하단 밴드는 과거 20일 가격의 평균과 그 분산(표준편차)을 토대로 만들어집니다. 따라서 가격이 상단 밴드에 근접했다는 것은 과거의 흐름에서 표준편차의 2배를 더한 값만큼 현재 가격이 상승했다는 의미이므로 과거의 흐름을 기준으로 현재의 가격이 고점에 위치해 있음을 의미합니다. 반대로 가격이 하단밴드에 근접했다는 것은 과거의 흐름에서 표준편차의 2배를 뺀 값만큼 현재 가격이 하락했다는 의미이므로 과거의 흐름을 기준으로 현재의 가격이 저점에 위치해 있음을 의미합니다.

이런 추세 분석에서는 표준편차 값이 매우 중요한 역할을 하므로 다음과 같은 숭요한 체크 포인트를 얻을 수 있습니다.

> **1. 가격이 정규분포를 따를수록 정확한 분석이 될 수 있다**(트레이더가 쉽게 판단할 수 있는 영역은 아님).
> **2. 과거**(설정한 이동평균 기간만큼)**의 추세와 분산이 현재와 유사할수록 정확한 분석이 될 수 있다.**

즉 최근 급격한 변동성이 부여된 구간에서는 볼린저 밴드의 신뢰도가 떨어질 수 있으며, 따라서 볼린저 밴드의 적용에 조금 더 신중을 기해야 합니다.

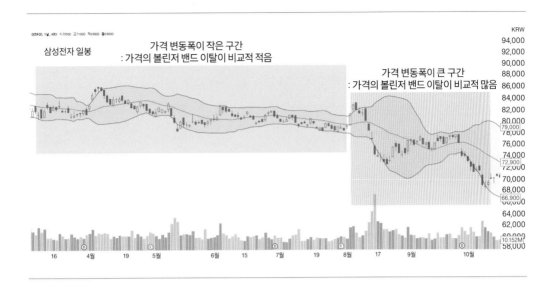

다음으로 '볼린저 밴드의 폭'의 해석에 대해 알아보도록 하겠습니다.

볼린저 밴드는 표준편차의 개념을 기초로 하기 때문에 밴드의 폭이 넓다는 것은 변동성이 큰 시장임을, 밴드의 폭이 좁다는 것은 변동성이 작은 시장임을 의미합니다.

변동성 분석

1) 밴드의 폭이 넓어지는 추세이면 변동성이 증가하고 있는 것을 의미한다(시장 주도 가능성).

2) 밴드의 폭이 좁아지는 추세이면 변동성이 감소하고 있는 것을 의미한다(시장 소외 가능성).

변동성은 거래량과 더불어 자산에 대한 시장의 관심도를 나타내는 지표이기 때문에 수급과 모멘텀을 활용하는 트레이더들에게 볼린저 밴드의 폭을 이용한 변동성 분석은 유용하게 활용될 수 있습니다. 또한 변동성 분석은 Price Action에서의 '연속 청산(Squeeze)' 개념과 유사하게 한 번 더 꼬아 적용할 수도 있습니다.

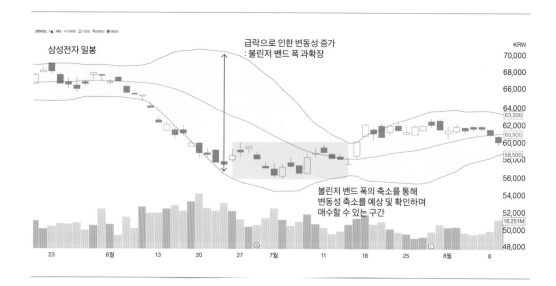

삼성전자 일봉

급락으로 인한 변동성 증가
: 볼린저 밴드 폭 과확장

볼린저 밴드 폭의 축소를 통해
변동성 축소를 예상 및 확인하며
매수할 수 있는 구간

즉 매수 대기 중인 종목의 밴드의 폭이 과도하게 넓어져 있는 상태라면 곧 변동성이 축소되며 밴드의 폭이 좁아질 가능성이 높고, 이를 고려하여 매집을 준비할 수 있습니다. 변동성이 축소돼 있을 때 안정적인 매집이 가능하며 유리한 손익비를 확보할 수 있기 때문입니다. 따라서 폭이 좁아지기 시작할 때 다른 지표들을 함께 활용하여 시장 추세를 확인, 예상한 후 거래에 진입할 수 있습니다.

마지막으로 볼린저 밴드의 상/하단 돌파에 대해 알아보도록 하겠습니다.

앞서 볼린저 밴드의 상단 밴드와 하단 밴드는 강한 저항과 지지로 작용하며 기존 추세의 전환을 일으킬 가능성이 높다고 말씀드렸습니다. 하지만 지지와 저항은 돌파되는 순간 S/R Flip이 일어나며, 저항과 지지로 변화하게 됩니다. 또한 강한 지지와 저항일수록 돌파되기가 어렵고, 돌파가 되었다는 것은 기존 추세가 그만큼 강력함을 의미합니다. 결론적으로 볼린저 밴드의 상/하단 밴드의 돌파는 기존 추세가 그만큼 강력하다는 반증이며, 기존 추세가 지속될 가능성이 존재합니다.

돌파 분석

1) 밴드 상단을 강하게 돌파하는 경우 추세 전환보다 강한 상승 추세의 지속을 의미할 가능성

2) 밴드 하단을 강하게 돌파하는 경우 추세 전환보다 강한 하락 추세의 지속을 의미할 가능성

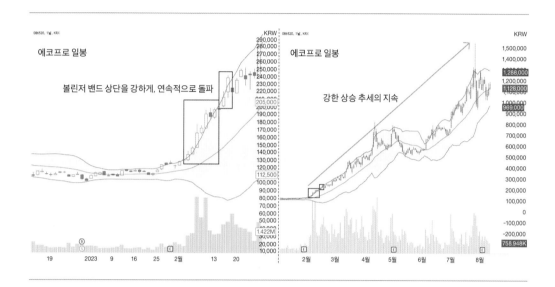

볼린저 밴드를 이용한 트레이딩 전략

볼린저 밴드 트레이딩 전략

1. 밴드의 상/하단 이용 전략

2. 밴드의 폭을 이용한 매집 전략

3. 밴드의 중심선 이용 전략

Strategy #1. 밴드의 상/하단 이용

볼린저 밴드의 상/하단을 이용하면 과매수와 과매도를 판단하는 데 도움을 줍니다. 즉 볼린저 밴드의 상단에 가격이 근접한 경우는 상단이 저항 구간으로 작용할 수 있으며, 기존의 상승 추세가 하락 추세로 전환될 가능성이 있습니다. 상단 근처에서 저항을 받고 하락하는 것을 확인한다면 밴드 상단에서 숏 포지션 설정이 가능합니다. 목표가는 중심선 혹은 밴드 하단을 이용할 수도 있고, 다른 지표 혹은 패턴을 통해 하락 추세의 종료를 살펴 탈출할 수 있습니다. 손절가는 밴드 상단을 재돌파하는 움직임 혹은 다른 지표 혹은 패턴을 통해 유연하게 대처할 수 있습니다.

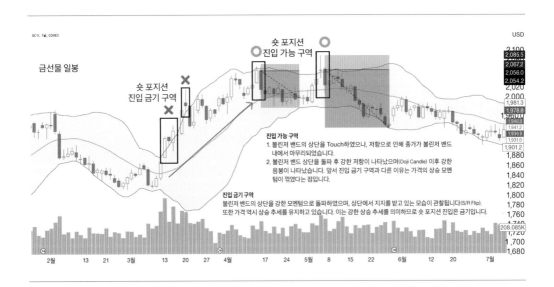

반대로 볼린저 밴드 하단에 가격이 근접한 경우는 하단이 지지 구간으로 작용할 가능성이 높습니다. 또한 기존의 하락 추세가 상승 추세로 전환될 가능성이 존재합니다. 따라서 하단 근처나 하단의 지지 확인 이후 매수 혹은 롱 포지션 진입이 가능합니다. 목표가는 중심선, 밴드 상단, 다른 지표 혹은 패턴을 통해 상승 추세 종료를 확인함으로써 설정할 수 있으며, 손절가는 밴드 하단을 돌파하는 움직임 혹은 다른 지표 혹은 패턴을 통해 설정할 수 있습니다.

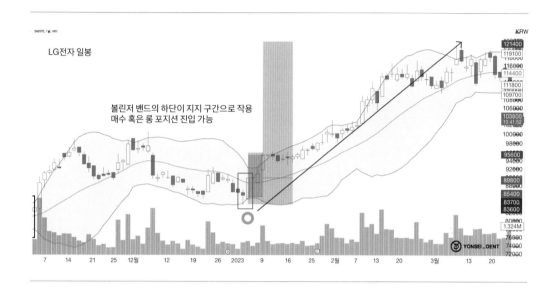

Strategy #2. 밴드의 폭을 이용한 매집

평소 매매를 준비하고 있던 종목의 경우 매수 타이밍을 잡기 위해 볼린저 밴드를 이용할 수 있습니다. 즉 매수하고 싶어 하는 종목의 밴드 폭이 과도하게 넓어져 있는 상태라면 앞으로 변동성이 축소되며 밴드의 폭이 좁아질 가능성이 높습니다. 이 시기를 이용하여 매집을 할 수 있습니다.

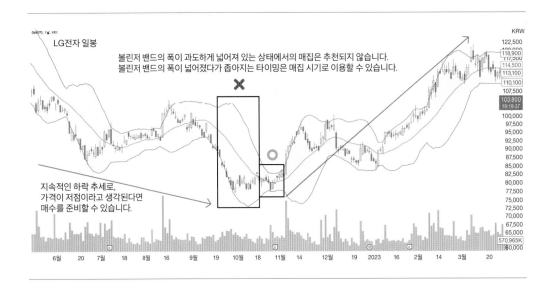

Strategy #3. 밴드의 중심선 이용

볼린저 밴드는 정규분포 곡선과 표준편차의 배수를 이용한 지표입니다. 따라서 가격의 변동이 표준정규분포 함수에 따른다는 것이 전제된다면 가격은 밴드 내에 위치할 가능성이 매우 높으며, 밴드 내에서도 중심선 쪽으로 이동하려는 경향이 있습니다. 즉 가격의 '폭'이 어느 정도 정해져 있는 박스권 장세라면 가격은 표준정규분포를 따를 가능성이 보다 높으며, 중심선 쪽으로 이동하려는 경향이 높습니다.

따라서 박스권 장세에서는 다음과 같은 전략을 선택할 수 있습니다.

> **밴드 상단 ~ 중심선 내에 가격이 위치할 경우 → 중심선 쪽으로의 이동 가능성이 높음(숏 포지션).**
>
> **밴드 하단 ~ 중심선 내에 가격이 위치할 경우 → 중심선 쪽으로의 이동 가능성이 높음(롱 포지션).**

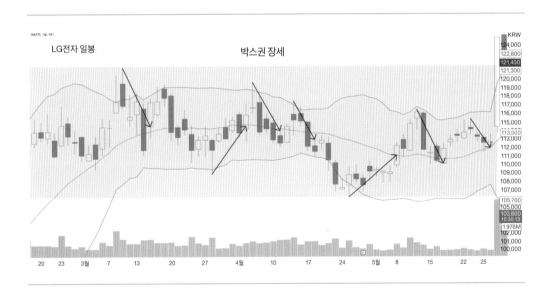

즉 중심선을 목표가로 이용한 단기 매매가 가능합니다.

반면 추세장의 경우는 상황이 좀 다릅니다. 볼린저 밴드의 상/하단 밴드가 강하게 돌파당하며 나타나는 추세장은 가격이 정규분포를 따르지 않고 새로운 영역으로 이동할 가능성이 높아지며, 따라서 중심선의 의미도 박스권 장세에서와 다른 의미를 가집니다. 박스권 장세와는 반대로 추세장의 경우 밴드 상방 ~ 중심선에 가격이 위치한다면 상승 추세의 가능성이 높습니다. 마찬가지로 밴드 하방 ~ 중심선에 가격이 위치할 경우, 하락 추세가 지속될 가능성이 높습니다.

따라서 추세장의 경우 중심선 근처를 진입가(Entry)로 이용할 수 있습니다.

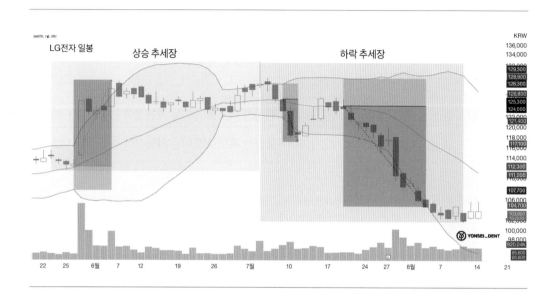

TradingView, 키움증권 HTS에서 적용하기

실제로 트레이더들이 가장 많이 사용하는 TradingView, 그리고 국내 주식 개인 투자자들이 가장 많이 활용하는 키움증권 HTS에서 적용하는 방법을 알아보고 글을 마무리하도록 하겠습니다.

TradingView에서 적용하기

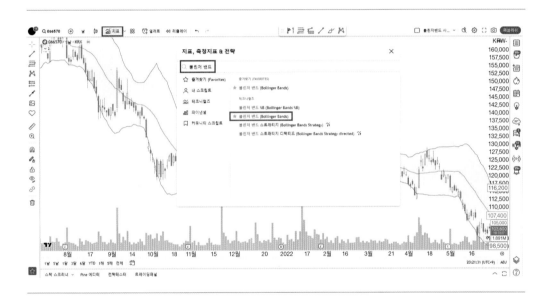

원하는 차트를 불러온 뒤 ① 상단 바의 지표를 클릭한 후, ② 볼린저 밴드를 검색하여 적용합니다.

앞서 말씀드렸듯이 20MA와 표준편차 상수 2가 볼린저 밴드 세팅의 기본이지만, 변동성이 적고 사이클이 느린 자산일수록 긴 MA와 큰 표준편차 상수를 이용할 수 있습니다. 반대로 변동성이 크고 사이클이 빠른 자산일수록 짧은 MA와 작은 표준편차 상수를 이용할 수 있습니다. 이때 조금 더 길거나 짧은 호흡으로 볼린저 밴드를 적용하고 싶어 MA의 기준을 수정하거나, 볼린저 밴드 상수를 수정하고자 할 때는 다음 모식도와 같이 접근하여 해당 칸을 수정합니다.

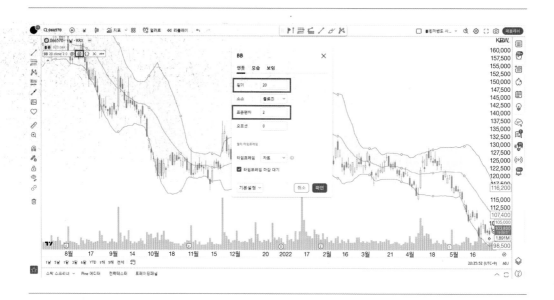

키움증권 HTS에서 적용하기

키움증권 0600 키움종합차트 화면에서 숫자 순서대로 버튼을 클릭하면 볼린저 밴드를 적용할 수 있고, TradingView에서와 마찬가지로 기준 MA와 상수를 변경하고자 하는 경우, ①을 더블클릭한 뒤, 생기는 팝업창에서 수정해주면 됩니다.

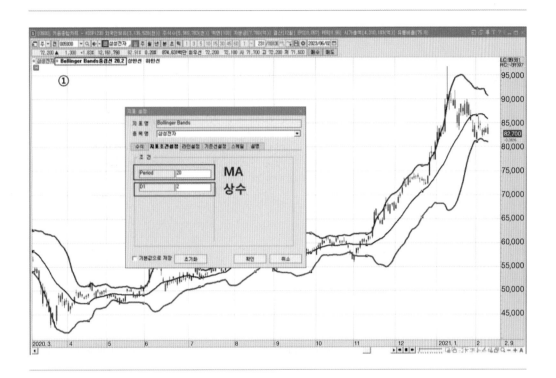

스토캐스틱

스토캐스틱이란?

이번 파트에서 다룰 스토캐스틱 지표는 모멘텀 보조지표 중 하나로 현재 주가가 어디쯤에 위치해 있는지 알아봄으로써 향후 주가를 예측할 수 있는 지표입니다.

현재 가격이 너무 고가 혹은 저가는 아닐지, 아니면 더 오를 수 있는지, 더 내릴 수 있는지 가격 움직임을 예측하는 것은 항상 많은 투자자들에게 있어서 주요 관심사 중 하나입니다.

스토캐스틱(Stochastics)은 사전적 의미로 '확률론적'이란 의미를 가집니다. 즉 지표의 이름만으로도 지표에 통계학적인 개념이 포함된 것을 눈치챌 수 있습니다.

스토캐스틱은 가격의 최근 변동폭과 종가와의 관계를 구하려는 지표로, 주어진 기간 중에 최고가와 최저가 가격 범위 안에서 당일의 종가가 상대적으로 어디에 위치하고 있는지를 알려주는 모멘텀 지표입니다.

조지 레인(George Lane)은 1950년대 그가 속해 있던 팀에서 스토캐스틱을 기술적 지표로 사용했으며, 1984년 Lane's Stochastics이라는 이름으로 《CMT Association Journal Article》(현재 《Journal of Technical Analysis》)에 발표했습니다.

조지 레인

2007년 조지 레인은 스토캐스틱에 대해 다음과 같이 말했습니다.

Stochastics measures the momentum of price.

If you visualize a rocket going up in the air ,

before it can turn down, it must slow down.

Momentum always changes direction before price.

스토캐스틱은 가격의 모멘텀을 측정합니다.

로켓이 공중으로 올라가는 것을 떠올려본다면,

로켓이 방향을 바꾸어 떨어지기 전에

속도가 느려지는 과정이 무조건 먼저 선행되어야 합니다.

즉 모멘텀은 항상 가격보다 먼저 방향을 바꿉니다.

이러한 내용을 전제로 하여 나온 개념이 바로 스토캐스틱입니다. 이 지표는 시장이 명확한 추세를 나타내지 않을 때, 즉 횡보장에서 가장 잘 작동하는 지표입니다. 하지만 추세장에 접어들 경우, 미세한 움직임에도 지표가 빠르게 큰 폭으로 방향을 바꿔 혼동을 준다는 단점이 있습니다.

스토캐스틱 주요 요약

1. 과매수 및 과매도 신호를 생성하는데 널리 사용되는 모멘텀 지표

   0~100까지의 척도로 측정하며, 80 이상이면 과매수, 20 미만이면 과매도 상태

2. 가격 기록에 의존해 가격 등폭(Range)의 중심 수준에서 변동하는 경향

3. 가격의 모멘텀을 측정하여 추세를 파악하고 반전을 예측

4. 추세가 없는 시장에서 잘 적용되는 지표 = 박스권에서 사용이 유리!

추세가 한 방향으로 진행될 경우 미세한 되돌림에도 큰 폭으로 방향을 바꿀 수 있는 단점

5. 가격을 선도할 만큼 빠른 반전 신호를 주는 지표

스토캐스틱

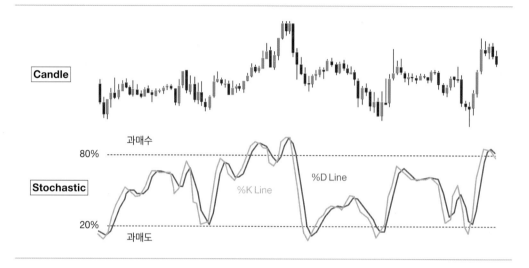

스토캐스틱의 모식도입니다. 스토캐스틱은 범위 제한이 있다는 특징을 가집니다. 즉 항상 0에서 100 사이에서 움직이게 되며 이는 과매수 및 과매도 상태를 나타내게 됩니다. RSI가 30, 70을 사용했던 것과 달리 스토캐스틱은 80 이상일 때 과매수, 20 이하일 때 과매도를 나타냅니다.

또한 스토캐스틱은 MACD와 유사하게 %K와 %D의 2개의 선으로 구성됩니다. %K는 금일의 종가를 정해진 기간의 고점 및 저점과 비교한 라인이며, %D는 %K의 이동평균선으로 %K의 최근 추세를 나타내게 됩니다. 즉 %K가 최근의 가격에 대해 보다 민감하게 반응하는 선이며, %D는 %K보다 조금 더 느리게 반응하는 선입니다. 이 두 선의 교차(Cross)를 이용해 모멘텀의 변화, 즉 반전의 타이밍을 알아차릴 수 있습니다.

그리고 각각의 %K와 %D에 관해 다시 Fast 지표와 Slow 지표로 나눌 수 있습니다.

스토캐스틱의 구성요소 중 %K, %D 그리고 Fast & Slow에 대해 보다 자세히 알아보겠습

Fast

$$\%K = \frac{\text{Price(close)} - \text{Price(Low, N)}}{\text{Price(High, N)} - \text{Price(Low, N)}} \times 100$$

Price(close): 금일 종가 / Price(Low, N): N일 동안의 최저 가격 / Price(High, N): N일 동안의 최고 가격

%D = %K의 m일간의 이동평균선

Slow

Slow %K = Fast %D

Slow %D = Slow %K의 t일간의 이동평균선

니다.

먼저 Fast%K는 N일간의 최고가와 최저가, 즉 N일간의 가격 범위에서 금일 종가가 어느 정도에 위치해 있는지를 분석한 요소입니다.

다음으로 알아볼 Fast %D는 Fast %K의 m일간의 이동평균선이므로 Fast%K보다는 완만한 형태의 그래프를 그리게 됩니다. Fast% K를 따라가는 모습을 보이며 주로 신호선 역할을 합니다. 레인은 Fast %D가 "매수 또는 매도 신호를 생성하는 유일한 신호(Signal)"라고 표현했습니다. 또한 Fast %D는 Slow %K와 같습니다.

Slow %D는 Slow %K(= Fast %D)의 t일간의 이동평균선입니다. Fast 지표는 주가 전환에 매우 민감해 불규칙한 변동을 보이는 경우가 많아 거짓 신호가 많다는 단점이 있습니다. Slow 지표는 이를 보완하기 위해 사용하는 지표입니다. 조금 더 완만한 형태의 그래프가 생성되며 주가 변화에 Fast 지표에 비해 덜 민감한 지표입니다.

Fast %K와 Fast %D를 이용하는 스토캐스틱을 Fast 스토캐스틱, Slow %K와 Slow %D를 이용하는 스토캐스틱을 Slow 스토캐스틱이라 부릅니다.

비유를 하자면 Fast 스토캐스틱은 스포츠카로, Slow 스토캐스틱은 리무진으로 생각할 수 있습니다. 스포츠카처럼 Fast 스토캐스틱은 민첩하고 갑작스러운 변화에 매우 빠르게 반응하여 톱니 모양처럼 불규칙한 변동을 보일 수 있습니다. 반면 리무진이 방향을 바꾸는 데 조금

더 시간이 걸리지만 매우 부드러운 승차감을 약속하듯이 Slow 스토캐스틱은 주가 변화에 덜 민감한 신호를 나타냅니다.

　Fast와 Slow 스토캐스틱의 기간 설정은 통상적으로 (N, m, t)으로 표시를 하며, 이는 사용자가 얼마든지 변경하여 적용할 수 있습니다. 가장 많이 사용하는 기간은 단기 트레이딩에서는 (5, 3, 3)을, 중기 트레이딩에서는 (10, 6, 6), (14, 3, 3) 등을 사용하며, 장기 트레이딩에서는 (20, 12, 12) 주기를 가장 많이 이용합니다.

　(5, 3, 3) 주기를 예로 들면, Fast %K는 5일간의 가격 범위 안에서 현재 가격(Close)의 위치를 0~100 사이의 비율로 나타내게 되며, Fast %D(= Slow %K)는 Fast %K의 3일간의 이동평균선이 됩니다. 마지막으로 Slow %D는 Slow %K의 3일간의 이동평균선으로 정의할 수 있습니다.

┣┃┃ 스토캐스틱의 장단점

트레이딩에 활용할 때 스토캐스틱은 어떤 장단점을 가지고 있을까요?

장점	단점
간단하고 직관적인 분석 방법	변동이 심한 시장에선 잘못된 신호 생성 가능
잠재적인 가격 추세 반전을 예상하는 데 도움	추세가 심한 장에선 잘못된 신호 생성 가능

　장점으로는 간단하고 직관적인 분석 방법을 제공한다는 점입니다. 스토캐스틱은 0~100까지의 범위 내에서 변동하는 선으로, 매수 및 매도 시점을 쉽게 파악할 수 있으므로 초보자들에게도 도움을 줍니다. 이러한 쉬운 방법은 투자자들에게 향상된 의사결정을 내릴 수 있도록 도와주며, 투자한 종목에 관한 위험을 평가할 수 있으므로 리스크 관리에도 도움을 줍니다. 또한 빈번한 신호를 나타내며 잠재적인 가격 추세 반전을 예상하는 데 도움을 줍니다.

　단점으로는 지표가 통계학적으로 과거 데이터에 기초하기 때문에 최근의 주가 변동을 잘 반영하지 못할 수 있습니다. 스토캐스틱은 변동이 심한 시장에서는 지표가 심하게 요동치며 지표에 의해 거래 신호가 생성되지만 실제로는 따르지 않을 수 있는, 즉 잘못된 신호를 생성할 수 있습니다. 전반적으로 스토캐스틱은 전반적인 추세나 방향이 아니라 시장에서 가격 행동(Price Action)의 강약을 나타내는 지표이므로 중장기 추세를 예측하는 것은 불가능하며, 계속해서 추세가 강화되는 장에서는 취약한 점이 있습니다. 이러한 단점을 보완하기 위해서는 산출 기간을 늘리는 방법, 즉 (N, m, t)를 길게 설정하여 체크하는 방법을 사용할 수 있습니다.

📊 스토캐스틱의 해석

스토캐스틱 지표의 가장 기본적인 목적은 과매수 및 과매도 수준을 식별하는 것입니다.

스토캐스틱 해석법 1

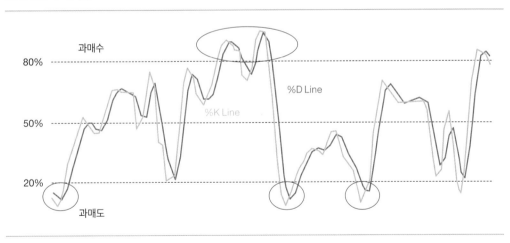

전통적으로 스토캐스틱 지표는 80을 과매수 임계값으로, 20을 과매도 임계값으로 사용합니다. 즉 80 이상의 확률적 선은 높은 수준의 과매수(Overbought)를 나타냅니다. 통상적으로 과매수 구간은 추세의 하락 반전이 나타날 수 있는 구간입니다. 반대로 20 이하의 확률적 선은 높은 수준의 과매도(Oversold)를 나타냅니다. 과매도 구간은 추세가 곧 상승 반전을 일으킬 수도 있다는 사실을 나타냅니다.

중간 지점인 50 또한 추세 반전의 진입점 또는 확인점으로 사용할 수 있습니다. 즉 상승 추세에서 스토캐스틱 지표가 50 이상을 유지하면 매수 압력이 꾸준히 유지되고 있음을 알 수 있으며, 하락 추세에서 스토캐스틱 지표가 50 미만을 유지하면 매도 압력이 계속되고 있음을 알 수 있습니다.

스토캐스틱 해석법 2

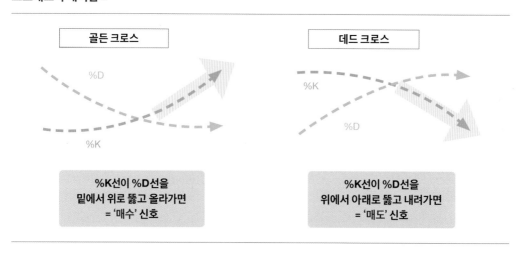

이번에는 교차(Cross)의 해석에 대해 살펴보도록 하겠습니다. 스토캐스틱 역시 MACD와 마찬가지로 두 지표가 교차하는 부분에서 매수 또는 매도 타이밍을 잡을 수 있습니다. 즉 단기 지표인 %K선과 상대적 장기지표인 %D선을 장단기 이동평균선처럼 생각하고 해석하는 방법입니다. %K선이 %D선을 상방 돌파, 즉 골든 크로스가 일어날 때를 매수 시점으로, %K선이 %D선을 하방 돌파, 즉 데드 크로스가 일어나는 시점을 매도 시점으로 이용할 수 있습니다.

> **스토캐스틱 해석**
>
> 1. 80 범위 위로 상승하면 과매수 구간, 20 범위 아래로 하락하면 과매도 구간
>
> 2. 중간 지점(50)을 돌파하는 것을 스토캐스틱 지표의 추세 반전의 진입점 또는 확인점으로 사용
>
> 3. %K선이 %D선 위로 상방 돌파하면 매수 신호
>
> 4. %K선이 %D선 아래로 하방 돌파하면 매도 신호

스토캐스틱을 이용한 트레이딩 전략

> **스토캐스틱 활용 트레이딩 전략**
>
> 1. 과매도, 과매수 전략
>
> 2. 교차(Golden Cross, Dead Cross) 전략
>
> 3. 강세 다이버전스 전략
>
> 4. 약세 다이버전스 전략

Strategy #1. 과매도, 과매수

앞에서 서술한 바와 같이 스토캐스틱은 80과 20의 임계값을 통해 과매수, 과매도 구간을 인식할 수 있습니다.

%K선은 가격의 변화에 매우 민감하여 가격의 작은 변화에도 급격하게 변할 수 있습니다. 반면 %D선의 경우 %K를 이동평균한 값이므로 가격 변화의 지나친 변동성을 어느 정도 완화시킬 수 있어 주로 %D선을 이용합니다. 하지만 RSI와 볼린저 밴드의 예시에서도 살펴보았듯, '과매수 신호가 반드시 약세 반전을 의미하지는 않는다'는 점에 유의해야 합니다.

강력한 상승 추세장에서는 오랫동안 지속적으로 과매수 상태를 유지할 수 있습니다. 임계

범위 상단 근처에서 지표가 계속해서 형성되는 것은 지속적인 매수 압력이 존재함을 나타냅니다. 비슷한 맥락에서 과매도 수치 역시 반드시 낙관적인 것(Bullish)은 아닙니다. 강한 하락세 동안 오랫동안 과매도 상태를 유지할 수 있습니다. 종가가 지속적으로 임계 범위 하단 근처에 있다는 것은 지속적인 매도 압력이 존재함을 나타냅니다.

따라서 과매수, 과매도 수준을 진입할 때나 머물고 있을 때 포지션을 취하기보다는 과매수 수준을 하방 돌파하거나, 과매도 수준을 상방 돌파할 때를 이용하는 것이 보다 안정적일 수 있습니다. 또한 반드시 여러 타임프레임을 이용하여 더 큰 추세를 파악하고 큰 추세의 방향으로 거래하는 것이 중요합니다.

첫 번째 전략을 이용한 트레이딩 사례입니다.

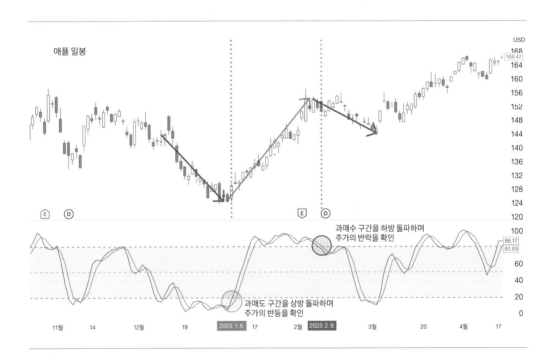

가격이 과매수(80) 수준에 도달하면 하락 반전 가능성이 커지며, 현물의 매도 혹은 숏 포지션을 취할 수 있습니다. 반대로 가격이 과매도(20) 수준에 도달하면 가격의 상승 반전 가능성이 커지기 때문에 현물 매수 혹은 롱 포지션을 취할 수 있습니다.

Strategy #2. 교차(Golden Cross, Dead Cross)

앞에서 서술한 바와 같이 %D선을 시그널선으로 생각하여 %K선과의 교차를 이용하는 방법입니다. 먼저 %K선이 %D선을 상방 돌파할 때를 골든 크로스(Golden Cross)로 이해하여 매수 시점으로 이용할 수 있습니다. 반대로 %K선이 %D선을 하방 돌파할 때를 데드 크로스(Dead Cross)로 이해하여 매도 시점으로 이용할 수 있습니다.

추가적으로 신뢰도를 높이기 위해서는 과매수/과매도 구간과 중첩(Confluence)하여 75 이상에서 매도 시그널, 25 이하에서 매수 시그널이 나올 때를 이용하는 방법이 있습니다. 마찬가지로 다양한 타임프레임에서 추세를 파악하고 추세의 방향을 고려하는 해석 역시 신뢰도를 높일 수 있습니다. 마지막으로 %K의 이동평균선인 %D와 현재의 시장 추세를 비교하여 같은 방향으로 움직일 때 매매하는 방법 역시 신뢰도를 높일 수 있습니다. %D와 추세를 비교하여 일치할 때 진입하는 것은 추세가 이미 진행 중인 것을 확인한 후 포지션을 취하는 것으로 거짓 신호를 걸러낼 수 있고, 위험을 줄일 수 있습니다. 하지만 상대적으로 늦은 매매 타이밍을 잡게 된다는 단점도 있습니다.

두 번째 전략을 이용한 트레이딩 예시입니다.

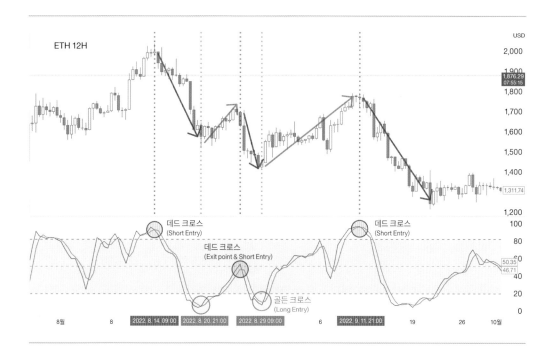

Strategy #3. 강세 다이버전스

다이버전스는 가격 변동의 방향이 지표의 방향과 반대가 될 때 발생합니다. 다이버전스가 형성되는 위치에 따라 강세 다이버전스가 될 수도 있고 약세 다이버전스가 될 수도 있습니다.

강세 다이버전스의 경우를 먼저 살펴보겠습니다.

여기서 가격의 움직임(캔들의 추세)과 스토캐스틱 지표가 서로 다른 시그널을 보여줘야 합니다. 강세 다이버전스는 가격이 이전 저점보다 낮은 저점(Lower Low)을 형성하였지만 스토캐스틱 지표는 이전 저점보다 높은 저점(Higher Low)을 나타낼 때 발생합니다. 이러한 강세 다이버전스가 발생한 후에는 일반적으로 주가가 상승할 것이라 기대할 수 있습니다.

고점 혹은 서점을 형성한 후 중산 지점(50선)을 돌파하는 스토캐스틱 라인은 추세 반전의 진입점 또는 확인으로 사용할 수 있습니다. 강세 다이버전스를 이용한 트레이딩 예시입니다.

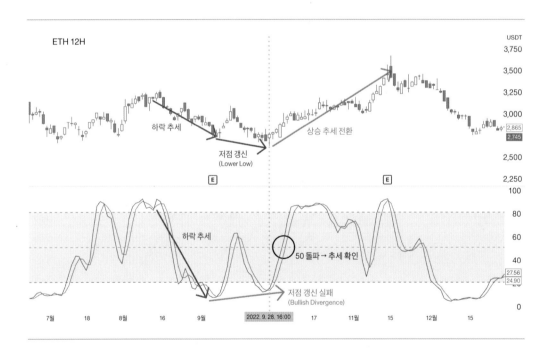

위와 같은 강세 다이버전스는 일반적으로 명확한 매수 신호입니다. 이 정보를 최대한 활용하기 위해 거래 전략에 따라 매매하여 상승에서 이익을 얻거나 롱 포지션에 들어갈 수 있습

니다. 손절가(Stop Loss)의 설정은 필수적입니다.

Strategy #4. 약세 다이버전스

반대로 주가가 전고점보다 높게 형성(Higher High)되었지만, 지표가 전고점보다 낮게 형성 (Lower High)되면 스토캐스틱 지표에서 약세 다이버전스가 형성됩니다. 이러한 약세 다이버전 스는 일반적으로 주가의 하락 이전에 나타나는 신호일 수 있습니다. 여기서도 약세 다이버전 스를 형성한 후 중간 지점(50선)을 돌파하는 지점을 확인 또는 진입 지점으로 사용할 수 있습 니다. 약세 다이버전스를 이용한 트레이딩 사례입니다.

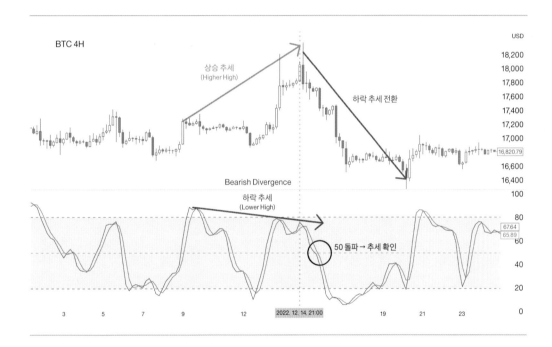

이러한 약세 다이버전스는 명확한 매도 신호로 볼 수 있으며, 거래 목표에 따라 주식을 매 도하거나 숏 포지션을 취할 수 있습니다. 마찬가지로 목표 손절가를 설정하면 신호가 거짓으 로 판명될 경우 손실을 제한하는 데 도움이 될 수 있습니다.

TradingView에서 적용하기

TradingView에서 적용하는 방법을 알아보고 글을 마무리하도록 하겠습니다.

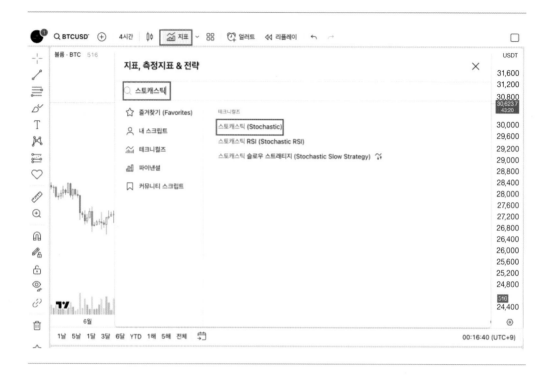

원하는 차트를 불러온 뒤 ① 상단 바의 지표 클릭, ② 스토캐스틱 검색, ③ 클릭하여 적용합니다. 중기적인 트레이딩의 경우 기본 세팅은 (14, 3, 3)을 이용합니다.

이때 조금 더 길거나 짧은 호흡으로 적용하고 싶어 (N, m, t)를 수정하고자 할 때는 다음 모식도와 같이 접근하여 해당 칸을 수정합니다.

투자의 호흡을 달리할 때, 여러 호흡을 같이 한눈에 바라볼 수 있는 방법 또한 설명드리겠습니다.

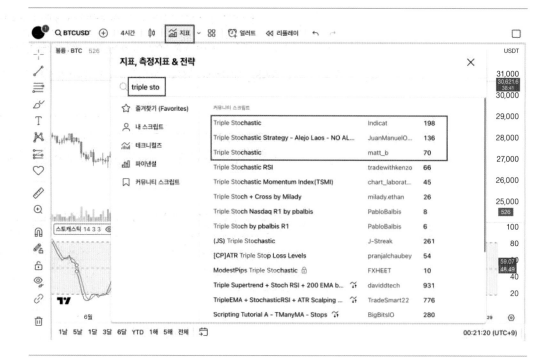

① 상단 바의 지표를 클릭한 후, ② Triple Stochastic을 검색합니다. ③ 커뮤니티 스크립트에 여러 항목이 나오는데, 자기에게 잘 맞는 항목을 찾아보시면 좋습니다.

Triple Stochastic으로 (5, 3, 3), (10, 6, 6), (20, 12, 12) 주기를 적용한 예시입니다. 즉 단기/중기/장기적인 흐름을 한눈에 파악할 수 있습니다.

기간을 변경하고 싶을 때는 아래의 모식도와 같이 접근하여 해당 칸을 같이 수정합니다.

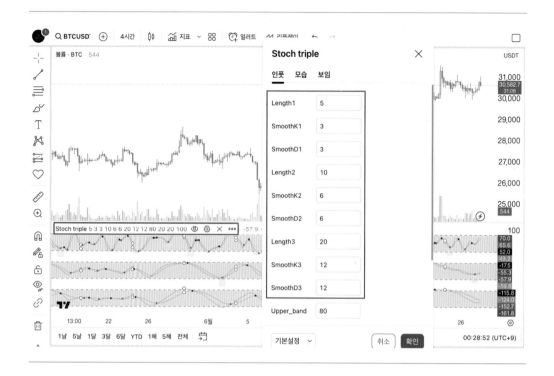

7

OBV
(On Balance Volume)

이번 파트에서 살펴볼 OBV 지표는 거래량 보조지표 중 하나로 종목이 매집 단계에 있는지, 아니면 분산 단계에 있는지 광범위하게 체크할 수 있는 지표입니다.

OBV란?

가격 움직임을 예측하는 것은 항상 투자자들에게 가장 주요한 관심사입니다. 가격 움직임은 수요와 공급의 법칙에 의해 결정되며, 수요로 인해 매수세가 증가하면 가격이 상승하고, 반대로 매도세가 늘어나면 하락하게 됩니다.

거래량(관심)은 주가에 선행한다.

이번 파트에서는 '거래량은 주가에 선행한다'는 전제하에 거래량 분석을 통해 주가의 변동에 대해 분석하는 기법인 OBV에 관해 알아보도록 하겠습니다.

OBV(On Balance Volume)는 양수 및 음수 거래량 흐름을 사용하여 주식 가격 추세의 변화를 예측하는 기술적 지표입니다. OBV 지표를 이용하여 현재 가격 추세를 확인하거나 추세의 이탈 가능성을 예측할 수 있습니다.

조셉 그랜빌(Joseph Granville)은 1963년 『*New Key to Stock Market Profits*』라는 책에서 OBV 지표를 처음으로 기술했습니다.

조셉 그랜빌

그랜빌은 거래량을 시장의 엔진을 구동하는 '증기'에 비유하며, 거래량이 시장의 핵심 동력이라고 믿었습니다. 또한 거래량 변화를 기반으로 시장의 주요 움직임이 발생할 시기를 예측할 수 있도록 OBV를 설계했습니다.

그는 자신의 책에서 OBV에 의해 생성된 예측을 '팽팽하게 감긴 스프링(a spring being wound tightly)'라고 표현하였습니다. 그는 가격의 변화가 작은 상태에서 물량이 급격히 증가한다면 이는 팽팽한 스프링처럼 곧 가격이 추세를 나타내기 시작할 것이라고 믿었습니다. 또한 상승 추세에서는 가격이 상승함과 함께 거래량이 증가한다고 하였으며, 하락 추세에서는 가격이 하락함과 함께 거래량이 감소한다고 주장하였습니다.

따라서 OBV의 상승은 가격 상승으로 이어질 수 있는 양(+)의 물량 압력을 나타내며, OBV의 감소는 가격 하락으로 이어질 수 있는 음(-)의 물량 압력을 나타냅니다. 또한 양수 및 음수 거래량 흐름의 누적 합계는 OBV 라인을 형성합니다. 이처럼 OBV 라인은 가격의 방향과 상대적인 거래량을 결합함으로써 트레이더에게 그 순간 추세의 강도를 알려주며 추세가 같은 방향으로 계속될 가능성을 시사할 수 있습니다. 또한 OBV는 군중 심리와 가격 변동 사이의 관계 역시 보여줄 수 있습니다.

OBV

OBV 주요 요약
1. OBV는 거래량의 변화를 통해 가격을 예측하는 모멘텀 지표
2. 강세 또는 약세를 예상할 수 있는 시장의 관심도 변화를 보여줌.
3. 캔들과 OBV를 비교하면 가격 지표보다 더 많은 추세 시그널을 얻을 수 있음.
4. 가격 움직임 강도에 대한 고려는 적은 편

이번엔 OBV를 구하는 공식에 대해 알아보도록 하겠습니다.

OBV 공식

$$OBV_T = OBV_{prev} + \begin{cases} + Volume, & close_T > close_{prev} \\ 0, & close_T = close_{prev} \\ - Volume, & close_T < close_{prev} \end{cases}$$

OBV_T: 금일 OBV / OBV_{prev}: 어제 / Volume: 거래량 / $close_T$: 오늘 종가 / $close_{prev}$: 어제 종가

날짜	1	2	3	4	5	6	7	8	9
당일 종가	1000	1050	1200	1350	1350	1200	1100	900	1000
일일 거래량	1000	1000	1200	1500	1600	1000	900	800	1000
OBV	1000	2000	3200	4700	4700	3700	3200	2400	3400

OBV는 거래량의 누적 합계를 나타내며, OBV를 계산하는 3가지 규칙이 있습니다.

첫 번째로 오늘의 종가가 어제의 종가보다 높으면 '현재 OBV = 이전 OBV + 오늘 거래량'으로 계산할 수 있습니다. 두 번째로 오늘의 종가가 어제의 종가보다 낮으면 '현재 OBV = 이전 OBV - 오늘 거래량'으로 계산할 수 있으며, 세 번째로 만약 오늘의 종가와 어제의 종가가 같으면 현재 OBV는 이전 OBV와 동일합니다.

모식도 하단에 시간의 흐름과 종가에 따라 거래량을 이용하여 OBV를 계산하는 예시에 대해 수록해두었습니다.

OBV의 장단점

트레이딩에 활용할 때 OBV는 어떤 장단점을 가지고 있을까요?

장점	단점
해석하기 쉬움	부정확한 시그널의 가능성
추세가 강한 시장에서 정확	추세가 약한 시장에서는 비교적 부정확
군중의 심리를 평가하는 데 유용	비교 시작점에 따라 다른 결과
저항선 돌파 및 돌파 가능성 판단에 유용	가격 자체에 대해 많은 정보를 가지진 않음

OBV의 장점으로는 양수와 음수 2가지 상태만 있기 때문에 해석이 직관적이라는 점입니다. 지표가 위로 움직이면 매도 압력보다는 매수 압력이 더 높다는 것을 나타냅니다. 반대로 지표가 하락하면 매수 압력보다는 매도 압력이 더 크다는 것을 나타냅니다. 또한 OBV 지표는 시장에서 매수 및 매도 압력을 식별하도록 설계되었기 때문에 추세 시장에서 잘 작동합니다. 추세 시장에서도 다른 보조지표들과 달리 OBV 지표는 트레이더가 추세의 방향을 식별하고 강도를 확인하는 데 도움이 될 수 있습니다.

OBV 지표는 다양한 거래 스타일과 선호도에 맞게 수치를 변경하여 사용할 수 있습니다. 예를 들어 거래자는 OBV 지표를 계산하는 데 사용되는 기간을 조정하여 거래량 변화에 다소 민감하게 만들 수 있습니다. 또한 OBV 지표는 군중의 심리를 평가하는 데 유용하고, 고점과 저점을 예측할 수 있으며 돌파 및 돌파 가능성을 측정하는 데 유용합니다.

OBV의 단점으로는 선행지표로서 시장 상황이 갑자기 변할 경우 잘못된 신호를 제공할 수 있다는 점이 있습니다. 그 때문에 OBV 지표를 사용함에 있어서도 다른 기술 지표 및 기본 분석과 함께 중첩하여 사용하는 것이 중요합니다. 또한 OBV 지표는 거래량 급증에 민감합니다. 거래량이 갑자기 증가하면 OBV 지표가 한 방향으로 빠르게 움직일 수 있으며 이는 반드시 시장의 기본 추세를 반영하지 않을 수 있습니다.

추가적으로 OBV 지표는 거래량이 적은 시장이나 변동성이 낮은 시장과 같은 모든 시장에 적합하지 않을 수 있습니다. 이러한 경우 OBV 지표는 잘못된 신호를 생성하거나 충분한 정보를 제공하지 못할 수 있습니다.

마지막으로 누적의 거래량을 계산하므로 계산값은 트레이더들이 선택한 시작점에 따라 임의로 결정됩니다. 이로 인해 OBV는 다른 해석을 낳을 수 있습니다. 또한 OBV는 가격 자체에 대해 많은 것을 알려주지는 않습니다.

OBV는 트레이더들이 추세를 확인하고 잠재적인 추세 반전을 식별하는 데 유용한 도구가 될 수 있지만 자산의 가격 움직임을 보다 완벽하게 파악하려면 다른 지표 및 거래 전략과 함께 사용해야 합니다.

OBV의 해석

OBV의 해석은 '거래량이 가격에 선행한다'는 가정을 근거로 합니다. 즉 상승하는 OBV는 더 높은 가격에 이를 수 있는 양의 거래량을 반영한다고 생각할 수 있습니다. 반대로 하락하는 OBV는 가격 하락을 암시할 수 있는 음의 거래량을 반영할 수 있습니다.

그랜빌은 실제로 그의 연구에서 OBV가 자주 가격보다 먼저 움직이는 것에 주목했습니다. 따라서 가격이 횡보하거나 하락하고 있는 동안 OBV가 상승 중이라면 가격의 상승을 예측한다고 보았고, 가격이 횡보하거나 상승하는 동안 OBV가 하락하고 있다면 가격의 하락을 예측한다고 설명했습니다.

결국 가장 중요한 점은 OBV의 절대치보다는 OBV 선의 방향성에 초점을 맞추어야 한다는 것입니다.

OBV를 이용한 트레이딩 전략

OBV 트레이딩 전략

1. 추세 확인 전략

2. 다이버전스 전략

3. 돌파 전략

Strategy #1. 추세 확인 전략

추세 확인 전략에서 중요한 포인트는 시간 경과에 따른 자산 가격과 OBV 지표 간의 관계를 분석하는 것입니다. 상승 추세에서 OBV 지표는 일반적으로 고점과 저점이 모두 높아져야 하며, 이는 자산의 매수 압력이 증가하고 있음을 나타냅니다. 하락 추세에서 OBV 지표는 일반적으로 고점과 저점이 모두 낮아져야 하며, 이는 자산의 매도 압력이 증가하고 있음을 나타냅니다.

OBV 추세 확인 전략을 구현하기 위해 트레이더는 일반적으로 자산 가격이 새로운 고가 또는 저가를 만드는 상황 + OBV 지표의 신고가 또는 저가를 만드는 상황을 찾습니다. 이러한 유형의 확인은 현재의 추세 자체가 강하며, 앞으로도 매수 또는 매도 압력이 계속될 가능성이 있음을 나타냅니다.

첫 번째 전략에 대한 거래 예시입니다.

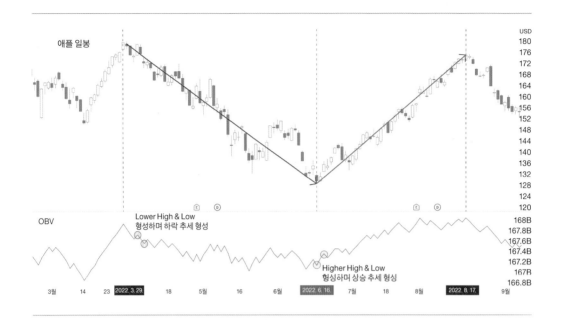

가격과 OBV가 Higher High & Higher Low를 만들며 상승한다면 상승 추세가 진행될 가능성이 높습니다. 반대로 가격과 OBV가 Lower High & Lower Low를 만들며 하락한다면 하락 추세가 진행될 가능성이 높습니다.

Strategy #2. 다이버전스 전략

트레이더는 추세를 확인하기 위해 자산 가격과 OBV 지표 간의 차이를 이용할 수도 있습니다. 가격의 추세와 OBV의 추세가 반대로 나타나는 경우, 가격 추세가 모멘텀을 잃고 반전될 수 있다는 경고 신호일 수 있습니다.

OBV 다이버전스 전략에서 트레이더는 자산 가격과 OBV 지표 사이의 불일치(Divergence)를 찾습니다. 다이버전스는 가격 움직임의 모멘텀이 약해지고 있으며 잠재적인 추세 반전이 임박했음을 시사합니다. OBV 다이버전스 전략을 구현하기 위해 트레이더는 포지션을 취하기 전에 다른 기술적 지표 또는 가격 분석을 활용하여 다이버전스 신호를 추가로 확인하고 거래의 시작 및 종료 지점을 결정하는 것이 보다 안전합니다

첫 번째로 가격은 더 낮은 저점(Lower Low)을 만들지만, OBV는 더 낮은 저점을 만들지 못하면(Higher Low) 하락 추세가 멈추거나 반전될 가능성이 있습니다. 이를 강세 다이버전스(Bullish Divergence)라고 합니다.

OBV의 강세 다이버전스를 이용한 트레이딩의 예시입니다.

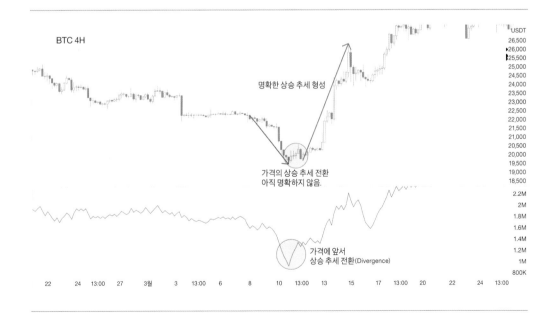

두 번째로 가격은 더 높은 고점(Higher High)을 만들지만, OBV는 더 높은 고점을 만들지 못하면(Lower High) 상승 추세가 정체되거나 하락 반전될 가능성이 있습니다. 이를 약세 다이버전스(Bearish Divergence)라고 합니다.

OBV의 약세 다이버전스를 이용한 트레이딩의 예시입니다.

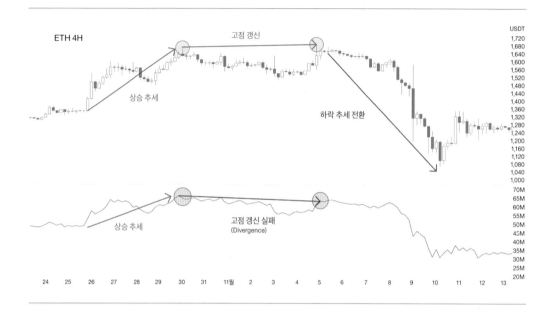

Strategy #3. 돌파 전략

돌파 전략의 중요 포인트는 시간 경과에 따른 자산 가격과 OBV 지표 간의 관계를 분석하는 것입니다. 즉 주요 가격 저항/지지를 앞두고 OBV가 누적해서 상승/하락한다면 가격 저항/지지를 돌파할 가능성이 높다는 것입니다.

돌파 전략을 이용한 트레이딩 예시입니다.

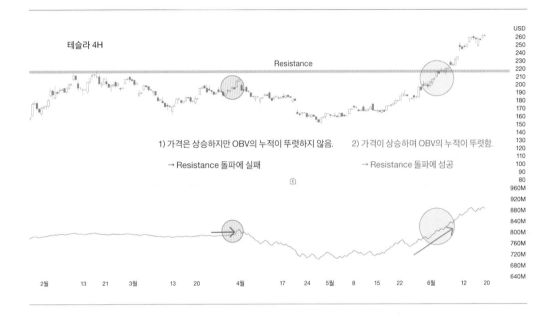

마지막으로 실제로 트레이더들이 가장 많이 사용하는 TradingView, 그리고 국내 주식 개인 투자자들이 가장 많이 활용하는 키움증권 HTS에서 적용하는 방법을 알아보고 글을 마무리하도록 하겠습니다.

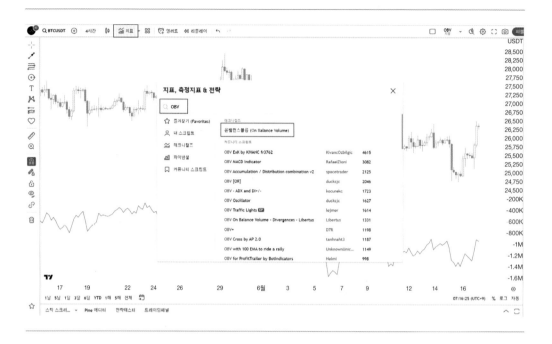

TradingView 상에서 원하는 차트를 불러온 뒤 ① 상단 바의 지표 클릭, ② OBV 검색 후, 클릭하여 적용합니다.

기본 세팅은 단순이동평균 5 또는 9값을 이용할 수 있습니다. 이때 조금 더 길거나 짧은 호흡으로 적용하고 싶어 MA의 기준을 수정하고자 할 때는 다음 모식도와 같이 접근하여 해당 칸을 같이 수정합니다.

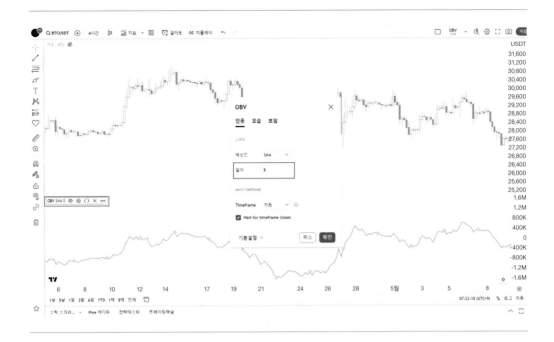

키움증권 HTS에서 적용하기

키움증권 0600 키움종합차트 화면에서 네모 칸을 클릭하여 OBV를 적용할 수 있습니다.

TradingView에서와 마찬가지로 기준 MA를 변경하고자 하는 경우 아래 모식도와 같이 빨간 박스의 지표명을 더블클릭한 뒤, 생기는 팝업창에서 수정해주면 됩니다.

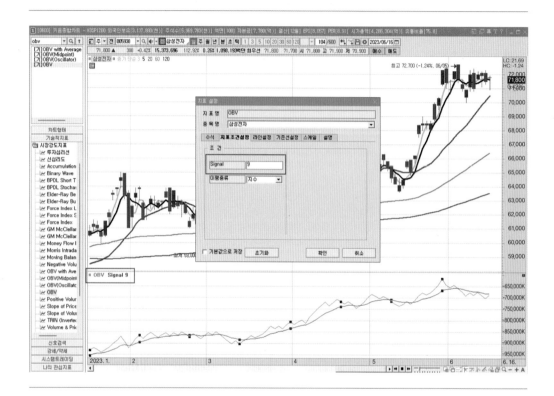

OBV는 거래량을 기본 데이터로 하며 가격의 추세, 다른 보조지표와 병행될 때 새로운 추세의 형성, 기존 추세의 반전을 예측할 수 있게 도와줍니다.

그 정확도를 더욱 향상시키기 위해서는 다양한 TF를 더블체크하여 같은 신호를 보이는지 확인해야 하고, 맹신하거나 단독으로 사용하기보다는 하나의 매매 기준으로 활용하며, 다른 지표나 패턴을 함께 활용하는 것이 그 유용성과 정확도를 향상시키는 데 도움이 될 것으로 생각됩니다.

5장

와이코프 분석

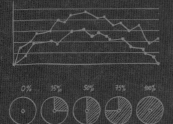

와이코프 분석 기초편

리처드 와이코프(Richard D. Wyckoff, 1873~1934)는 기술적 분석의 선구자 중 한 명으로, 현재는 다우(Dow), 갠(Gann), 엘리어트(Elliott), 메릴(Merrill)과 더불어 기술적 분석의 5대 거장으로 불립니다.

거의 100년이 지난 지금, 와이코프의 이론은 여전히 모든 마켓에 걸쳐 충분히 유효하다 볼 수 있습니다. 특히 큰 추세의 변화를 파악하거나 사이클을 읽는 데 큰 도움이 되기 때문에 투자자라면 꼭 갖춰야 할 무기라고 할 수 있습니다. 와이코프는 시장에 대한 5단계의 접근법을 제시하였으며 'Composite Man'이라는 와이코프 본인만의 시장을 바라보는 방법론을 제시하였습니다. 또한 가격 사이클에 대한 내용을 정의하며 와이코프의 가격을 움직이는 3가지 법칙을 제시했습니다. 이번 파트에서는 위 내용들을 가볍게 정리해보도록 하겠습니다.

시장에 대한 5단계 접근

시장의 현재 위치를 파악하고 미래의 추세를 예측하라

투자자들이라면 시장의 현재 추세가 경색돼 있는지, 흐름을 타고 있는지 항상 확인해야 합니다. 또한 시장의 수요와 공급이 가까운 미래에 어떤 영향을 미칠지를 분석해야 적중률 높은 포지션 설정을 할 수 있게 됩니다.

추세에 맞는 종목을 선정하라

와이코프는 상승세에는 시장보다 강세를 보이는 종목을 골라야 하며, 하락세에는 시장보다 반응이 둔한 종목을 골라야 한다고 언급하였습니다. 또한 종목 자체에 확신이 없다면, 매달리지 말고 다른 종목으로 옮겨갈 것을 강조하였습니다.

충분한 근거를 가지고 종목을 선택하라

와이코프는 항상 그의 기본 원칙에 입각하여 진입, 손절가, 목표가를 정하였습니다. 비록 현재는 잘 사용하지 않는 방법론도 많이 존재하나, 충분한 근거를 가지고 종목을 선택하라는 조언은 여전히 유효한 것으로 보입니다.

개별 종목이 움직일 준비가 되었는지 확인하라

와이코프는 9가지의 Buying Test / Selling Test를 제시하였으며, 이를 통해 개별 종목이 움직일 준비가 되었는지를 확인하였습니다. 뒤이어 다룰 와이코프의 Accumulation과 Distribution의 과정을 잘 이해한다면 여러분도 개별 종목의 움직임을 포착하는 눈을 키울 수 있을 것입니다.

시장의 변화에 맞추어 진입 시점을 정하라

와이코프는 거래의 성공률을 높이기 위해서는 반드시 전체 시장의 흐름에 조화를 이루는 선택을 해야 한다고 강조하였습니다. 또한 와이코프는 시장의 변화를 알리는 신호에 주목하였습니다.

🕯️ 와이코프의 Composite Man

와이코프는 시장의 모든 유동성(Liquidity)과 각 종목의 움직임은 마치 한 사람이 움직인 것처럼 받아들여야 한다고 주장하였고, 그 한 사람을 'Composite Man'이라고 칭하였습니다. 또한 와이코프는 개인 투자자들에게도 'Composite Man'이 된 것처럼 거래에 임해야 한다고 조언했습니다.

와이코프가 말하는 'Composite Man', 즉 시장의 특징은 크게 2가지로 정리할 수 있습니다.

> 1) 'Composite Man'은 신중하게 계획하고, 실행에 옮겨, 자신이 생각했던 작전을 마무리 짓는다.
> 2) 'Composite Man'은 자신이 이미 매집(Accumulation)을 마친 종목을 마치 오를 것처럼 포장하여 대중들로 하여금 사도록 만든다.

와이코프는 개인 투자자들로 하여금 개별 종목을 분석할 때 'Composite Man'의 동기와 행동을 파악해야 한다고 강조하였으며, 'Composite Man'의 행동을 이해할 수 있게 되어야 투자와 거래에서 이윤을 취할 수 있다고 보았습니다.

이는 현대 투자 이론에서 Market Maker 혹은 Smart Money와 같은 개념과 일맥상통하는 부분이며, 현대 투자 이론에서도 여전히 유효한 부분이라 볼 수 있습니다.

와이코프의 '가격 주기 이론(Price Cycle)'

와이코프는 시장의 수요와 공급을 분석함으로써 가격을 이해할 수 있다고 주장하였습니다. 와이코프의 '가격 주기 이론(Price Cycle)'을 모식도를 통해 알아보도록 하겠습니다.

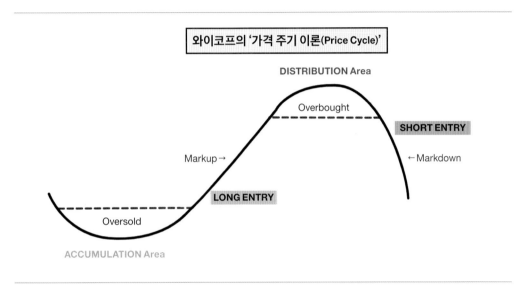

와이코프는 시장이 'Accumulation → Markup → Distribution → Markdown → Accumulation → …'의 과정을 반복한다고 보았습니다. 'Composite Man'은 과매도되어 있는 구간에서 Accumulation 후, 과매수(Overbought) 구간에서 Distribution합니다.

따라서 개인 투자자들은 Accumulation과 Markup 구간 사이에서 매수 혹은 롱 포지션 진입, Distribution과 Markdown 사이에서 매도 및 숏 포지션에 진입하는 전략을 세우는 것이 좋습니다.

와이코프의 3가지 법칙

수요와 공급의 법칙

첫 번째 법칙은 어디선가는 대부분 들어보았을 법칙인 수요와 공급의 법칙입니다. 수요와 공급의 법칙은 매우 쉬운 개념입니다. 수요가 공급보다 클 때 가격은 상승하고, 공급이 수요보다 많다면 가격은 하락합니다. 수요와 공급이 비슷하다면 가격의 큰 등락은 없으며, 이를 '변동성이 낮다'라고 표현할 수도 있습니다.

와이코프는 이 수요와 공급의 법칙은 단순히 주식시장뿐 아니라 밀, 면, 설탕 등의 원자재 시장, 심지어 부동산, 노동시장 등 모든 시장에서 적용된다고 주장하였고, 100년이 흐른 지금에도 수요와 공급의 법칙은 훨씬 더 나양해신 시상 속에서도 잘 작동하고 있는 것으로 보입니다.

원인과 결과의 법칙

와이코프는 Accumulation(축적)이나 Distribution(분배)과 같은 먼저 일어났던 일련의 사건들로 인해 이후의 추세가 변하고 가격의 등락이 찾아온다고 보았습니다. 그렇다면 투자자들에게 중요한 것은 Accumulation과 Distribution의 과정에 대한 이해가 되겠죠.

Accumulation은 축적 혹은 매집 등으로 이름 붙일 수 있으며, 직전에 찾아왔던 큰 하락 추세를 다시 상승세로 전환시키기 위해 필요한 과정입니다. 와이코프의 관점에서 해석하자면 'Composite Man'에 의한 장기간의 매집 행위로 볼 수 있겠습니다.

Distribution의 경우는 수익 실현 혹은 공매도가 존재하는 파생상품의 경우 숏 포지션 매집 등으로 이름 붙일 수 있는 개념입니다. 마찬가지로 와이코프의 관점에서 본다면 'Composite Man'에 의한 이익 실현 혹은 숏 포지션 매집 행위로 볼 수 있으며, Accumulation에 비해서는 단기간에 일어날 수 있습니다.

다음 파트에서 Accumulation과 Distribution에 대해 자세히 알아볼 예정입니다.

투입된 노력(Volume) 대 결과(Price)의 법칙

와이코프는 차트에서 얻을 수 있는 '사실'은 상대적으로 굉장히 적다고 설명하였습니다. 와이코프가 이야기한 차트에서 얻을 수 있는 '사실'은 다음과 같습니다.

---

1) 가격의 이동

2) 거래량으로 대표되는 거래 강도

3) 가격의 움직임과 거래량의 관계

4) 모든 시장의 움직임이 일어나는 데 필요한 시간

가격의 움직임과 거래량의 관계는 거래량과 가격이 함께 증가하면 추세가 유지되는 것으로 보았습니다. 물론 반대의 경우는 추세가 역전되는 것으로 생각하였습니다.

2

와이코프의 Accumulation

　이번 파트에서는 시장 조성자(Market Maker)들의 매집이 일어나는 지역인 Accumulation Area에서 일어나는 일련의 과정들에 대해 알아볼 예정입니다. 처음 접하시는 분들은 용어나 내용들이 다소 복잡할 수 있으나, 시간 순서대로 일어나는 일련의 과정이라고 생각하고 이야기를 읽듯 읽어주시면 이해가 빠를 것으로 생각됩니다.

와이코프의 Accumulation 모식도

다소 복잡해 보일 수도 있는 이 그림은 와이코프가 설명한 Accumulation Area의 전체 구성요소를 담은 모식도입니다. 주가가 하락하는 과정에서 상승하는 과정으로, 그 과정에서 상승의 동력을 얻게 되는 이유와 매집의 과정을 생각하면서 뒤의 내용을 읽어주세요.

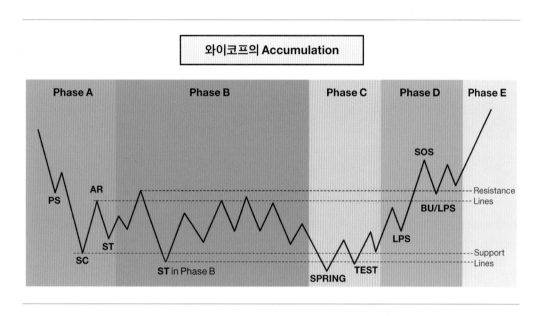

와이코프의 Accumulation

와이코프의 Accumulation - Phase A

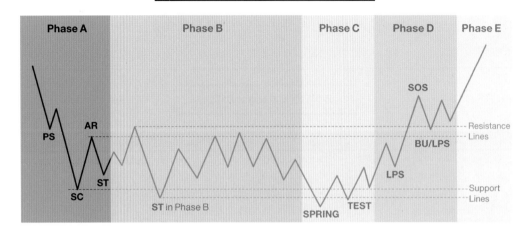

와이코프의 Accumulation - Phase A

Phase A | Phase B | Phase C | Phase D | Phase E

PS
AR
ST
SC
ST in Phase B
SPRING
TEST
LPS
BU/LPS
SOS
Resistance Lines
Support Lines

용어 정리

PS(Preliminary Support)

: Substantial buying begins to provide pronounced support after a prolonged down-move.

'PS'는 지속된 하락 움직임 이후에 나오는 지지(support) 구간에 해당합니다. PS에서는 주로 Market Maker 등에 의해 상당한 양의 매수 주문이 나오게 됩니다. 매수 주문을 하는 주체인 대형 구매자들은 시장이 저점에 가깝다고 인식한 것입니다. 하지만 개인 투자자들은 지속된 하락에 공포심이 가득한 상태로 매도 포지션을 취합니다. PS 구간에서는 대형 구매자들의 매수 주문으로 인해 거래량(Volume)이 증가하고, 이는 변동성 증가로 이어져 가격 변화폭이 넓어집니다.

SC(Selling Climax)

: SC is the point at which widening spread and selling pressure usually climaxes.

'SC' 단계에서 개인 투자자들은 공포에 찬 매도(Heavy, Panic Selling)를 하게 됩니다. 이 매도 주문을 흡수하는 주체는 Market Maker들이죠. 마찬가지로 많은 매도 주문에 의해 큰 거래량이 발생하게 됩니다. SC의 최저점은 추후 전체 Accumulation 과정에서 지지선으로 작용합니다.

AR(Automatic Rally)

: AR occurs because intense selling pressure has greatly diminished.

'AR'은 기술적 반등 구간이라 해석할 수 있습니다. Selling Climax 과정에서 매도를 되받아치는 매수로 인해 등장하는 반등이죠. 이때 Market Maker들의 Short Covering 또한 함께 일어납니다. AR 과정에서의 고점은 Accumulation 과정의 저항선으로 작용합니다.

ST(Secondary Test)

: In secondary test, Price revisits the Area of the SC to test the supply/demand balance at these Levels.

'ST' 과정에서 가격은 'SC' 구간까지 다시 하락하게 됩니다. 이는 SC 영역에서 수요/공급의 균형을 테스트하는 과정입니다. 지지가 확인된다면 거래량과 가격 변화폭은 줄어들게 됩니다. 통상적으로 ST는 SC 이후 여러 차례 일어납니다. 이때 신저점을 갱신할 수도 있으며, 신저점 갱신 시 이 구역 또한 주요 지지 구간으로 작용하게 됩니다.

Phase A

Phase A는 이전의 하락 추세의 마무리를 의미하는 단계입니다. Phase A는 이전 하락 추세의 마무리 단계이기 때문에 매도세, 즉 공급(Supply)이 우세합니다. Phase A에서는 PS와 SC 단계를 거치며, 공급의 감소가 조금씩 확인됩니다. 강한 매도 압력이 조금씩 해소되면 일반적으로 Market Maker들의 수요(Demand)에 의한 AR 과정이 뒤따릅니다.

Secondary Test(ST)가 성공적으로 확인될 경우 SC 혹은 SC 위에서 형성되는 가격, 줄어든 매도세와 거래량을 확인할 수 있습니다. SC와 ST의 저점, AR의 고점이 Trading Range(TR)의 경계를 형성하게 됩니다.

PS, SC, AR, ST의 출현은 큰 세력이 Accumulation을 시작했다는 것을 명확히 알려줍니다. 상승세의 중간에 나타날 수 있는 Re-accumulation(재축적) 과정에서는 Phase A의 형성이 명확하지 않을 수 있습니다.

와이코프의 Accumulation - Phase B

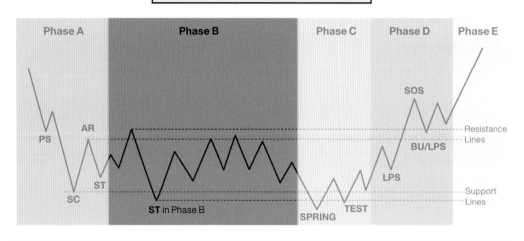

와이코프의 Accumulation - Phase B

Phase B

와이코프 분석에서 'Building a cause'라 불리는 새로운 상승 추세를 위한 근거를 마련하는 시기라고 볼 수 있습니다. Phase B는 Accumulating(매집)이 가장 활발하게 일어나는 시기입니다. 여러 차례의 ST(Secondary Test)가 나타날 수 있으며, Phase B의 시기는 Accumulation 과정 중 가장 긴 부분을 차지합니다.

Phase B에서는 Trading Range의 상방으로 Upthrust 형태의 움직임도 빈번하게 나타날 수 있습니다. 매집의 목표는 남은 공급(Supply)들을 최대한 많이 흡수하는 것이며, 이 과정에서 특징적인 가격의 상하 움직임이 나타납니다. Phase B의 초기에는 강한 거래량과 높은 폭의 가격 움직임이 관찰되지만, 매집이 진행됨에 따라 거래량과 가격 폭은 모두 감소하게 됩니다.

와이코프의 Accumulation – Phase C

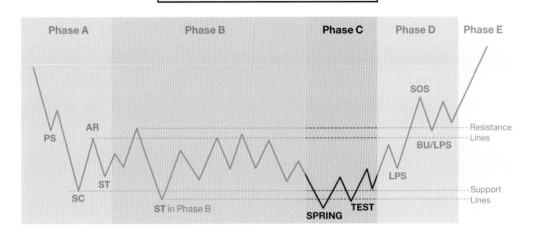

와이코프의 Accumulation - Phase C

용어 정리

Spring(or Shakeout)

: Spring or shakeouts usually occur late within a Trading Range (TR) and allow the stock's dominant players to make a definitive test.

Spring은 주로 Accumulation 과정의 후반부에 출현하는 특징적인 움직임입니다. 바닥에 가까운 가격으로 대중들의 물량을 마지막으로 더 흡수하는 과정이죠. 상승이 시작한 후에도 급격한 하방 움직임으로 대중들의 매도와 롱 포지션의 청산 혹은 손절을 유도합니다.

Test

: Large operators always test the market for supply throughout a TR and at key points during a price advance.

Test란 ST, Spring, Shakeout 등을 모두 포함하는 개념입니다. Test를 하는 중에 상당한 양의 매도 물량 (Supply)이 나오게 될 경우, Market Maker들은 아직 Markup 단계로 진입할 준비가 되지 않았다고 판단합니다. 성공적인 Test란 적은 거래량으로 Higher low를 만드는 것을 뜻합니다.

Phase C

Phase C는 상승 전에 나타나는 '결정적인 시험의 단계'입니다. Phase C의 Spring은 심리적 지지 구간 하방으로 거짓 돌파(False Breakout)가 일어나는 것을 의미하며, Spring 후에는 보통 가격이 다시 재상승합니다. 낮은 거래량을 동반한 Spring은 보통 상승을 예고하며, 좋은 진입 구간으로 볼 수 있습니다. Spring이나 Shakeout 없이도 지지 구간 위에서 테스트가 일어나기도 하며, 이 경우에 Phase C는 Phase B와 크게 구분되지 않을 수도 있습니다.

와이코프의 Accumulation - Phase D

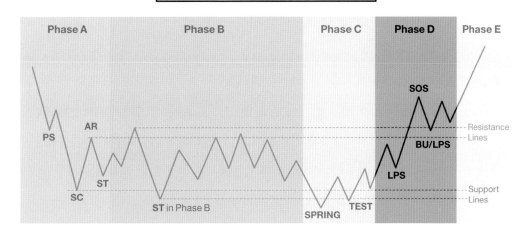

와이코프의 Accumulation - Phase D

용어 정리

SOS(Sign of Strength)

: SOS is a price advance on increasing spread and relatively higher volume. SOS after a spring is validating the analyst's interpretation of that prior action.

SOS는 상승을 위해 Higher High를 만드는 과정입니다. SOS 과정에서는 상대적으로 강한 거래량이 뒷받침된 가격 상승이 나타납니다. SOS는 Spring 등의 테스트 과정 이후에 나타나는 경우가 많습니다. 테스트 이후 나타나는 SOS는 본격적인 상승 단계로 넘어가려는 Market Maker들의 의도를 확인할 수 있습니다.

LPS(Last Point of Support)

: Last point of Support is the low point of a reaction or pullback after a SOS.

'LPS'는 'SOS' 전후로 나타나는 되돌림(Pullback) 과정입니다. LPS는 Test 과정과 마찬가지로 여러 차례에 걸쳐 나타날 수 있습니다. 통상적으로는 LPS에서는 가격 폭과 거래량이 줄어드는 양상을 보입니다.

> **BU**(Back Up)
>
> : Back up is short-term profit-taking and a test for additional supply around the Area of Resistance.
>
> 이전의 저항선에서 지지를 받게 되는, S/R Flip 현상을 나타냅니다. Markup 과정에서의 큰 가격적 상승을 위한 과정입니다. Back up은 다양한 형태로 나타날 수 있습니다.

Phase D

Phase D는 매수세, 즉 수요(Demand)가 매도세, 즉 공급(Supply)을 압도하기 시작하는 구간입니다. Phase D에서는 강한 거래량을 동반한 SOS, 낮은 거래량의 LPS 패턴이 나타나는 것이 특징입니다. Phase D 동안 가격은 적어도 Trading Range의 상방 이상으로 상승하게 됩니다. Phase D의 LPS 또한 매수에 적합한 시기입니다.

와이코프의 Accumulation - Phase E

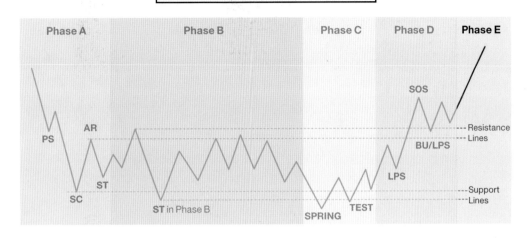

와이코프의 Accumulation - Phase E

Phase E

Phase E에서 가격은 Trading Range를 벗어나 상승하게 됩니다. Phase E에서는 Markup이 확연하게 나타납니다. Phase E에서는 이익 실현을 위한 매도세와 재매집(Re-accumulation)을 위한 매수세가 경쟁하게 됩니다. Accumulation의 Phase E에서는 'Stepping stone'이라고 불리는 계단식 상승을 하기도 합니다.

실제 사례로 알아보는 와이코프의 Accumulation

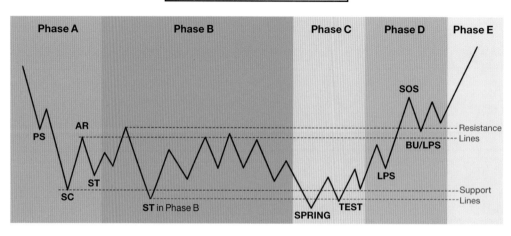

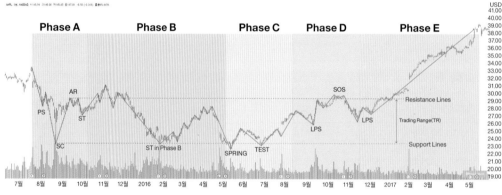

APPLE, 1D 차트와 와이코프의 Accumulation 모식도의 비교입니다.

Phase A

Phase A는 이전의 하락 추세가 마무리되는 과정이며, 매도세, 즉 공급이 우세한 구간입니다. PS(Preliminary Support)와 SC(Selling Climax) 단계를 거치며, 줄어드는 거래량이 확인됩니다. Market Maker들의 매수 수요에 의한 AR(Automatic Rally) 과정이 뒤따릅니다. ST(Secondary Test)

가 확인되며 SC 위에서 형성된 가격, 줄어든 거래량이 확인됩니다. SC부터 AR까지의 범위를 Trading Range(TR)라 볼 수 있으며, 이후 와이코프의 Accumulation 전반에 걸쳐 중요한 영역으로 사용됩니다.

Phase B

Phase B는 Accumulating(매집)이 가장 활발하게 일어나는 시기입니다. 실제 사례에서는 Trading Range의 상방으로 Upthrust 형태의 움직임이 확인됩니다. Phase B가 진행됨에 따라 거래량과 가격 폭은 모두 감소하게 됩니다. 앞서 살펴본 바와 같이, ST 과정에서 SC보다 하락하는 신저점이 나타날 수도 있습니다.

Phase C

Phase C는 상승 전에 나타나는 '결정적인 시험의 단계'입니다. SC로 대표되는 심리적 지지 구간 하방으로 거짓 돌파를 확인할 수 있습니다. 이를 Spring이라 부릅니다. 이후 Test 과정이 한 차례 더 나타났고, 이때 SC 레벨에서의 지지(Support)가 확인됩니다.

Phase D

Phase D에서는 매수세, 즉 수요(Demand)가 매도세, 즉 공급(Supply)보다 우세합니다. 실제 사례에서는 LPS 이후 AR 레벨을 넘나드는 SOS가 관찰됩니다. SOS 구간 이후에도 다시 LPS가 나타나는 것을 확인할 수 있습니다.

Phase E

Phase E에서는 Markup이 확연하게 나타납니다. 이익 실현을 하려는 매도 세력과 재매집을 원하는 매수 세력이 경쟁하게 됩니다.

와이코프의 Distribution

이번 파트에서는 Market Maker들의 수익 실현, 즉 매도가 일어나는 지역인 Distribution Area에서 일어나는 일련의 과정들에 대해 알아볼 예정입니다. 지난 파트에서 알아보았던 Accumulation을 뒤집은 듯한 모양이며, 구성요소는 아주 조금 차이가 있습니다. Accumulation 과정을 잘 이해하였다면, Distribution은 보다 쉽게 이해할 수 있습니다.

와이코프의 Distribution 모식도

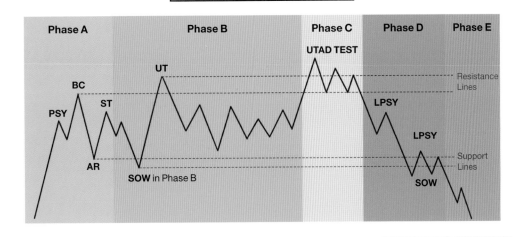

와이코프가 설명한 Distribution Area의 구성요소를 담은 모식도입니다. 가격이 상승하는 과정에서 하락하는 과정으로, 그 과정에서 하락하게 되는 이유와 Large Player들의 수익 실현 과정을 떠올리면서 뒤의 내용을 읽어주세요.

와이코프의 Distribution - Phase A

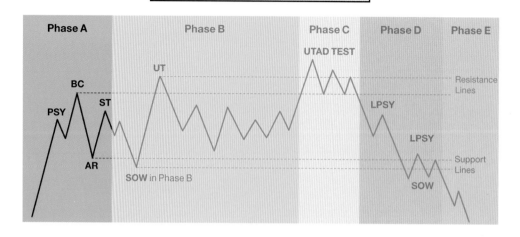

와이코프의 Distribution - Phase A

용어 정리

PSY(Preliminary Supply)

: Large interests begin to unload shares in quantity after a pronounced up-move.

Markup Phase 이후 대형 구매자들은 시장에 거품이 끼어 있다고 인식합니다. 이러한 필요 이상의 가격 상승은 수익 실현을 통한 공급의 우세를 불러오게 됩니다. 상당한 양의 매도 주문(Selling Order)이 쏟아져 나오게 되며, PSY 과정에서의 매도 주문은 주로 Market Maker 등에 의해 나타나게 됩니다. 반면 개인 투자자들은 지속된 상승으로 흥분한 상태로 매수 포지션을 취합니다. PSY 구간은 거래량이 증가하고, 가격 변화 폭이 넓어진다는 특징이 있습니다.

BC(Buying Climax)

: The force of buying reaches a climax, with heavy or urgent buying by the public at prices near a top.

BC 과정에서는 대중들의 어리석은 매수가 일어납니다. Market Maker들은 대중들에게 물량을 비싼 가격에 모두 넘기기 위해 뉴스 혹은 실적 보고 등을 동원합니다. 큰 거래량을 동반하는 것이 일반적이며, BC의 최고점은 Distribution 과정의 저항선으로 작용합니다.

AR(Automatic Reaction)

: AR takes place with intense buying substantially diminished after BC and heavy supply continuing.

Buying Climax 과정 이후, 과매수 상태에서 쏟아내는 매도 물량으로 인해 기술적 하락이 등장합니다. 공급(매도세)이 수요(매수세)를 넘어선 상태로, 큰 거래량과 큰 하락이 동반됩니다. 하락세를 조정으로 생각하고 진입하는 대중들에 의해 주가는 다시 회복됩니다. AR 과정에서의 저점은 Distribution 과정의 지지선으로 작용합니다.

ST(Secondary Test)

: In secondary test, Price revisits the Area of the BC to test the demand/supply balance at these Levels.

ST 과정에서 가격은 BC 영역까지 상승하게 됩니다. 이는 BC 영역에서 수요/공급의 균형을 테스트하는 과정입니다. 가격의 상단이 확인되면 거래량과 가격 변화 폭은 줄어들게 됩니다. 역시 Market Maker들의 물량 정리 과정이기도 합니다.

Phase A

Phase A는 이전의 상승 추세의 마무리를 의미합니다. Phase A는 상승 추세의 마무리 단계이기 때문에 매수세, 즉 수요가 우세합니다. Phase A에서 PSY와 BC 단계를 거치며, 수요의 감소가 조금씩 확인됩니다. 강한 매수 압력이 조금씩 해소되면 일반적으로 Market Maker들의 공급에 의한 AR 과정이 뒤따르게 됩니다. PSY, BC, AR, ST 과정을 겪으며 Market Maker들의 수익 실현이 점차 이루어지기 때문에 거래량은 점차 감소하게 됩니다. BC와 ST의 고점, AR의 저점이 Trading Range(TR)의 경계를 형성하게 되며, 대중들이 매수 포지션을 적극적으로 취하지 않을 경우 극적인 가격 상승이 없이 매수세가 소진되는 경우도 있을 수 있습니다. Re-distribution 과정에서는 Phase A가 마치 Accumulation 과정처럼 보이기도 합니다.

와이코프의 Distribution - Phase B

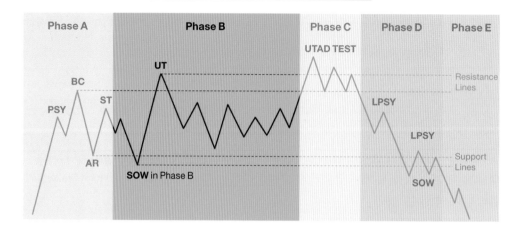

와이코프의 Distribution - Phase B

용어 정리

SOW(Sign of Weakness)

: A down-move to the lower boundary of the TR, usually occurring on increased spread and volume.

TR의 하방을 향하는 하락의 형태로 관찰됩니다. 통상적으로 가격 폭과 거래량이 증가하게 되며, AR과 초기 SOW는 시장의 약세장으로의 분위기 전환을 의미합니다.

UT(Upthrust)

: Price moves above the Resistance represented by the BC and possibly other STs.

Accumulation 과정에서의 'Spring'과 대비되는 개념입니다. BC 과정에서 형성한 고점을 재차 돌파하는 상승이 나타납니다. 이러한 특징적인 상승에 속아 대중들은 매도 물량을 받아내게 됩니다.

Phase B

와이코프 분석에서 'Building a cause', 즉 하락 추세로 전환되는 근거를 마련하는 시기라고 볼 수 있습니다. Market Maker들은 서서히 물량을 정리하며 숏 포지션 진입을 시작합니다. SOW 이후 Market Maker들에 의한 가격의 재상승이 나타나는데, 이는 남은 물량까지 모두 매도하기 위함입니다. SOW와 UT를 반복하며 가격은 점점 수렴하게 되며, 이는 수요/공급의 균형이 점점 이동하고 있다는 의미입니다.

와이코프의 Distribution - Phase C

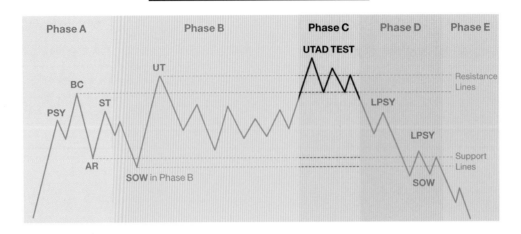

와이코프의 Distribution - Phase C

용어 정리

UTAD Test(Upthrust After Distribution)

: A UTAD is the distributional counterpart to the spring and terminal shakeout in the accumulation TR.

Accumulation의 Spring이나 최종 Shakeout과 상응하는 개념입니다. TR에서 여겨졌던 저항선을 돌파하며 새로운 매수세를 테스트하는 과정입니다. Spring이나 Shakeout과 마찬가지로 반드시 필요한 개념은 아닙니다.

Phase C(BULL TRAP!!)

Phase C는 남은 매수세에 대한 테스트 과정입니다. UTAD 과정은 가격 범위의 저항선을 돌파하지만, 가격은 빠르게 다시 본래의 범위 내로 돌아오게 됩니다. 이를 'Bull Trap'이라고 부르며, 상승 추세가 다시 시작되는 것으로 착각하게 만듭니다. UTAD 과정에서 Market

Maker들은 마지막 물량을 개인 투자자들에게 넘겨줍니다. 또한 UTAD 과정에서 소액 투자자들의 숏 포지션 청산도 많이 일어나게 됩니다. Phase C에서 숏 포지션 진입은 가능하지만, UTAD 과정이 여러 차례 일어날 수 있기 때문에 안전한 진입은 아닙니다.

와이코프의 Distribution - Phase D

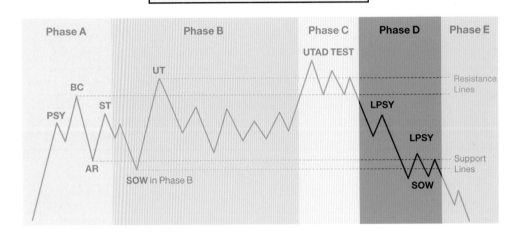

와이코프의 **Distribution - Phase D**

용어 정리

LPSY(Last Point of Supply)

: LPSYs represent exhaustion of demand and the last waves of large operators' distribution before markdown begins.

지지(Support)를 계속 테스트하며, 미약한 Rally가 일어납니다. 이 과정에서는 주가의 상승 여력은 거의 보이지 않게 됩니다. LPSY는 매수세의 소진을 의미하며, Distribution의 마지막 과정임을 의미합니다.

Phase D

Phase D는 마지막 매수세가 발현되는 시점입니다. Phase D에서는 여러 차례의 약한 LPSY를 동반하며 주가가 서서히 하락합니다. Phase D 동안 가격은 Trading Range 내에서 맴돌게 됩니다. 지지선(Support Line)을 명확히 허무는 움직임이 관찰되며, Trading Range의 중간선 아래로 점진적으로 하락하는 LPSY가 관찰됩니다. 이러한 신호를 통해 Phase D가 조정이 아닌 하락의 시작임을 확인할 수 있습니다. 숏 포지션을 진입하려는 투자자들에게는 LPSY가 진입하기에 좋은 구간입니다.

와이코프의 Distribution – Phase E

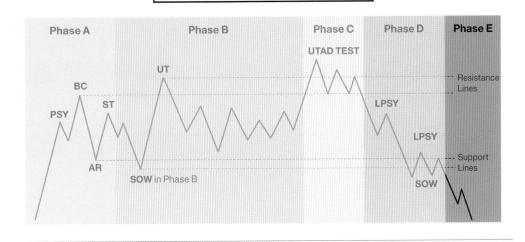

Phase E에서 가격은 Trading Range를 벗어나 바닥으로 하락하게 됩니다. Phase E는 Markdown이 확연하게 나타나는 시기입니다. Phase E를 주도하는 것은 숏 포지션입니다. Accumulation 과정에서의 계단식 상승과는 달리 Rally는 매우 미약하며, 주가는 급격하게 하락합니다.

실제 사례로 알아보는 와이코프의 Distribution

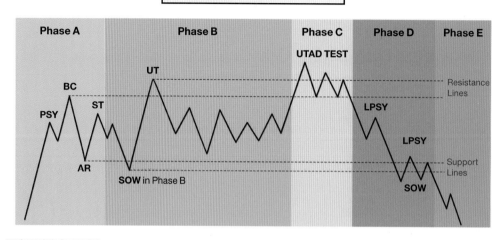

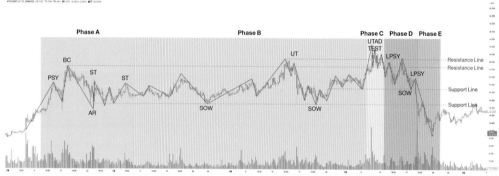

ATOMUSDT, 6h와 와이코프의 Distribution 모식도의 비교입니다.

Phase A

이전의 상승 추세가 마무리되는 과정이며, 아직 매수세, 즉 수요가 우세한 구간입니다. 실제 사례에서 PSY(Preliminary Supply)와 BC(Buying Climax) 단계를 거치며, 줄어드는 거래량 (Volume)이 확인됩니다. Market Maker들의 매도 공급에 의한 AR(Automatic Rally) 과정이 뒤따릅니다. ST(Secondary Test) 역시 확인되며, AR 위에서 형성된 가격과 줄어든 거래량이 확인됩니다. AR에서 BC까지의 구간이 Trading Range를 형성하며 이후 Distribution 과정에 주요한 역할을 하게 됩니다.

Phase B

Phase B는 Distribution, 즉 Market Maker들의 물량 소화 과정입니다. 실제 사례에서도 Trading Range의 상방으로 UT(Upthrust) 형태의 움직임이 확인됩니다. Phase B가 진행됨에 따라 거래량과 가격 폭은 모두 감소하며 수렴하는 양상을 보이게 됩니다. Phase B에서 가격은 SOW와 테스트를 반복하며 Trading Range 내에서 움직입니다. 위 예시에서는 Phase B의 말미에 기존 지지선보다 약간 높은 새로운 지지선의 형성이 관찰됩니다.

Phase C

Phase C는 'Bull Trap'이라고도 불리는 테스트 과정입니다. UTAD 과정은 가격 범위의 저항선을 돌파하지만 빠르게 하락합니다. 반드시 나타나는 과정은 아니지만, 이 단계에서 개인 투자자들이 잘못된 진입을 하기 쉽기 때문에 중요한 단계에 해당합니다.

Phase D

Phase D에서는 매도세, 즉 공급(Supply)이 매수세, 즉 수요(Demand)보다 우세합니다. 실제 사례에서는 저항 레벨을 넘지 못하는 LPSY가 관찰되며, Phase C부터 D까지 점진적인 가격의 하락이 관찰됩니다.

Phase E

Phase E에서는 Markdown이 확연하게 나타납니다. Markup 과정과 다르게 매우 급격하게 하락하는 것을 관찰할 수 있습니다.

와이코프의
Volume Spread Analysis

4

이번 파트에서는 와이코프의 Volume Spread Analysis에 관한 내용을 다룹니다.

Accumulation 과정과 Distribution 과정에서의 심화된 투자 기법에 대해 알아볼 예정입니다. 주로 Phase C에서의 Spring과 Upthrust에 대한 확인과 이를 이용한 투자 전략에 대해 알아볼 것입니다.

와이코프의 Volume Spread Analysis의 기본 개념

와이코프의 투자 이론에서 거래량(Volume)은 중요한 의미를 갖는 지표입니다. 와이코프는 거래량을 가리켜 'Behind the scenes', 즉 막 뒤에서 어떤 일이 실제로 일어나고 있는지를 보여주는 지표라 설명한 바 있습니다.

와이코프의 거래량에 대한 기본 개념은 크게 두 가지로 정의할 수 있습니다.

> **1. 거래량 분석은 향후 가격 사이클 동안 일어날 과정에 대한 확인 과정이다.**
>
> **2. 큰 거래량은 가격의 변화를 이끌 수 있다.**

위 기본 개념이 이해가 되셨다면 좀 더 심화 개념으로 들어가 보도록 하겠습니다.

> 1) 가격 사이클에서 다음 단계로 넘어갈 때 Volume Spread Analysis를 통해 검증할 수 있다.
>
> 2) 가격이 주요 레벨을 통과할 때의 거래량으로 돌파의 성격을 판별할 수 있다.
>
>   - 거래량이 줄어들 경우 → 거짓 돌파, 즉 Spring일 가능성이 높음.
>
>   - 거래량이 늘어날 경우 → 진짜 돌파, 즉 MSB 일 가능성이 높음.
>
> 3) 'Spring'의 경우 가격의 회복이 매우 빠르게 일어납니다.
>
>   - Spring 이후 거래량 증가와 양봉의 연속적인 출현이 나타날 경우 상승을 기대해볼 수 있습니다.

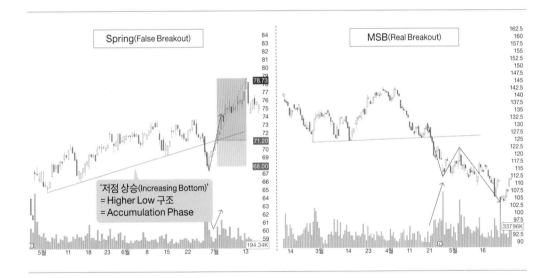

두 차트는 모두 구글의 4시간봉 차트입니다.

먼저 좌측의 차트부터 살펴보도록 하겠습니다. 좌측의 경우 Higher Low가 반복해서 나타나는 '저점 상승(Increasing Bottom)' 구조가 관찰됩니다. 이러한 구조는 Accumulation Phase에서 흔하게 일어나는 매집의 과정이죠. 이후 추세선을 하방 돌파하는 모습을 보이고 있습니다. 이때 거래량에 주목할 필요가 있습니다. 거래량이 돌파 과정에서 감소하는 모습을 관찰할 수 있습니다. 따라서 거짓 돌파(False Breakout)임을 예상하고, 기존의 상승세가 다시 지속될 것이라는 기대를 할 수 있습니다. 추세선을 재돌파할 시에 매수 포지션에 진입할 수 있습니다.

우측 차트의 경우 하단의 지지선을 돌파하면서 거래량이 점점 증가합니다. 이는 Real Breakout, 즉 강세 시장 구조가 붕괴되는 MSB임을 예상해야 합니다.

Volume Spread Analysis를 활용한 투자 기법(Accumulation 편)

와이코프 메소드: Trading

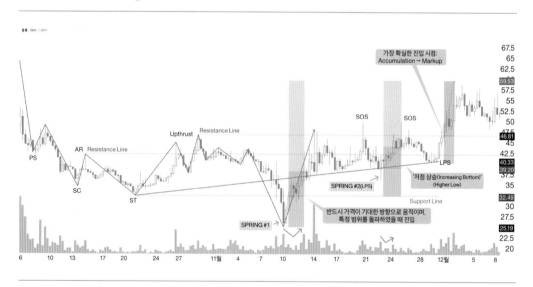

먼저 투자의 진입에 대해 살펴보도록 하겠습니다. 와이코프의 Accumulation을 이용한 가장 확실한 진입 시점은 Accumulation에서 Markup으로 전환되는 시점입니다. 이를 발견하기 위해서는 이전 가격 움직임에서 단서를 찾는 것이 중요합니다. 첫 번째 단서로는 Accumulation 과정에서 저점을 높여가는 Higher Low 형태의 '저점 상승(Increasing Bottom)'이 있습니다. 'Spring'을 확인하는 것도 좋은 방법입니다. 마지막으로 상승의 근거가 되는 차트 패턴을 감별하는 것도 유용한 방법입니다. 실전에서의 진입은 가격이 기대한 방향으로 움직이며, 특정 범위를 돌파했을 때 진입하는 것이 옳습니다.

예시의 첫 번째 진입은 Spring이 일어난 후 가격이 다시 Secondary Test의 지지선을 다시 돌파할 때 진입한 예시입니다. 거래량의 변화를 통해 첫 하단 돌파가 거짓 돌파(False Breakout)임을 짐작할 수 있습니다.

두 번째 진입은 LPS 과정에서의 진입입니다. 저점 상승(Increasing Bottom) 형태의 상승 추세선을 그려볼 수 있으며, 상승 추세선을 하방 돌파하는 움직임이 나타나지만, 거래량이 뒷받침되지 않습니다. 따라서 거짓 돌파(False Breakout)인 LPS임을 짐작할 수 있으며, 다시 상승 추세선 내로 가격이 돌아올 때 거래에 진입합니다.

세 번째 진입은 가장 확실한 진입 시점인 Markup 시기의 초입에서의 진입입니다.

다음으로 손절가의 설정에 대해 알아보도록 하겠습니다. 모든 거래에는 '항상' 목표 손절가의 설정이 필요합니다. Accumulation 단계에서 가장 여유롭게 설정할 수 있는 손절가는 Spring(없었다면 Test) 단계의 가장 낮은 지점입니다. 이외에도 Secondary Test, Selling Climax의 지지 레벨을 손절가로 설정할 수 있습니다. 또한 Phase D로 넘어갈 경우 두 번째, 세 번째 예시처럼 LPS의 하단을 손절가로 설정할 수도 있습니다. 레버리지를 활용한 투자를 할 경우 앞서 서두에서 알아보았던 R의 개념을 함께 적용하여 손절가를 설정하는 것이 가장 좋습니다.

마지막으로 목표가 설정과 투자의 탈출(Exit)에 대해 알아보도록 하겠습니다. 와이코프 메소드(Wycoff's Method)에서의 목표가 설정은 결국 Markup에서 Distribution으로 전환되는 지점을 찾는 것입니다. 첫 번째 단서는 Lower High, 즉 '고점 하락(Descending Top)'을 찾는 것입니다. 두 번째로는 하락 추세선을 상단 돌파하지만 거래량이 뒷받침되지 못하는 'Bearish Spring'을 찾는 방법이 있습니다. 세 번째로는 약세 전환의 신호를 줄 수 있는 차트 혹은 캔들 패턴을 찾는 방법이 있을 수 있습니다. 이외에도 목표가는 본인의 손익비 혹은 피보나치 되돌림이나 본인이 설정한 저항선 등 다양한 방법으로 정할 수 있습니다.

Volume Spread Analysis를 활용한 투자 기법(Distribution 편)

Distribution 과정을 이용한 거래는 대부분 파생상품 거래에서의 숏 포지션 거래입니다. 따라서 Accumulation 과정에서의 투자보다 리스크가 크며, 보다 정교한 진입이 요구됩니다. 따라서 Distribution 과정을 이용한 거래에서는 반드시 적절한 레버리지와 손절가를 준수하여 거래에 임해야 합니다.

먼저 와이코프의 Distribution 과정을 확인할 수 있는 방법에 대해 알아보도록 하겠습니다.

와이코프 메소드: Trading

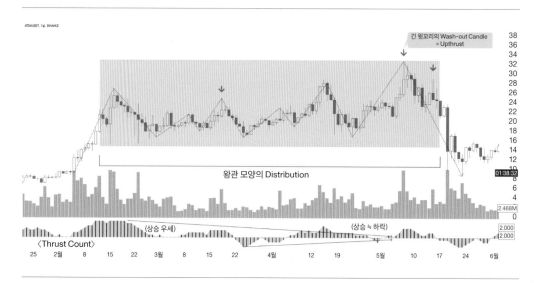

Accumulation에서 Markup에 이르는 시기까지는 통상적으로 가격이 상승한 날이 하락한 날보다 많습니다. 하지만 Distribution 과정에 접어들면서 점차 상승과 하락의 비율은 비슷해지게 되며, Markdown 과정에서는 하락이 우세해지게 됩니다. 이를 확인하기 위해서는 TradingView 사이트를 이용한다면 'Thrust Count'라는 지표를 활용할 수 있습니다.

Thrust Count: 14일 동안의 'Upthrust day' - 'Downthrust day'

Upthrust Day: 종가가 전일의 고가보다 높은 경우

Downthrust Day: 종가가 전일의 저가보다 낮은 경우

Thrust Count > 0: 상승 우세 / Thrust count < 0: 하락 우세

예시는 Distribution 전반을 담은 것으로, Thrust count 지표가 처음엔 상승이 우세했다가, 점차 상승과 하락의 비율이 비등해지는 것을 확인할 수 있습니다. 또한 Distribution 과정은 세력의 물량 떠넘기기가 일어나는 과정입니다. 따라서 다양한 지지/저항 레벨에서 많은 거래가 일어나게 되며, 차트에는 특정 지지/저항 레벨 주위로 요동치는 모습이 나타나게 됩니다.

거래량 역시 주목할 만한 요소입니다. 상승 움직임에서는 거래량이 감소하며, 하락 움직임에서 거래량이 증가하는 전형적인 약세 신호가 관찰됩니다.

위로 긴 꼬리가 달린 캔들은 기본적으로는 매도 압력이 높아짐을 의미합니다. 역시 Distribution 과정에서 흔히 일어나는 일이죠. 이러한 특징적인 캔들에 대해 조금 더 깊이 알아보도록 하겠습니다. 이러한 윗꼬리가 길게 달린 캔들은 설거지(Wash-out) 캔들 혹은 Upthrust Candle이라 부를 수 있으며, 이는 Price Action에서 숏 스퀴즈(Short Squeeze)에 해당하는 개념입니다. 즉 개인의 숏 포지션을 청산시키는 강한 상승 움직임에 이은 빠른 재하락 움직임으로, 시장에 유동성을 부여하고, Market Maker들의 숏 포지션 물량을 늘릴 수 있게 됩니다.

마지막으로 Distribution의 전반적인 과정은 왕관(Crown) 모양으로 보이게 됩니다.

다음으로는 와이코프의 Distribution을 이용한 실제 거래에 대해 알아보도록 하겠습니다.

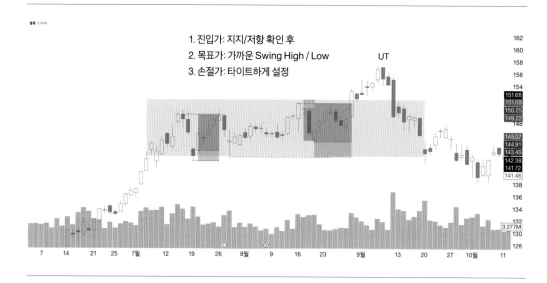

첫 번째 트레이딩 전략은 가장 기초적인 방법인 Range Trading입니다. 앞서 Distribution 과정에서의 지지는 AR 혹은 SOW에서, 저항은 BC 혹은 UT에서 이루어짐을 확인하였습니다. 이 과정에서 박스권이 형성됩니다. 이때 나타나는 지지와 저항을 이용한 거래입니다.

거래의 진입은 지지 혹은 저항이 확인된 후 하는 것이 원칙이며, Distribution은 Accumulation에 비해 비교적 짧은 시간 동안 일어나기 때문에 신중하게 진입하는 것이 좋습니다. 목표가는 가까운 Swing High / Low를 이용하여 설정할 수 있으며, 역시 투자의 호흡은 짧게 가져가는 것이 좋습니다. 또한 Markdown 혹은 UT 과정이 언제 일어날지 확신할 수 없으므로 목표 손절가도 타이트하게 설정하는 것이 좋습니다. 롱, 숏 포지션을 모두 설정할 수 있으나, 롱 포지션의 경우가 리스크가 더 높습니다. 현물 매수 거래의 경우 삼가는 편이 좋습니다.

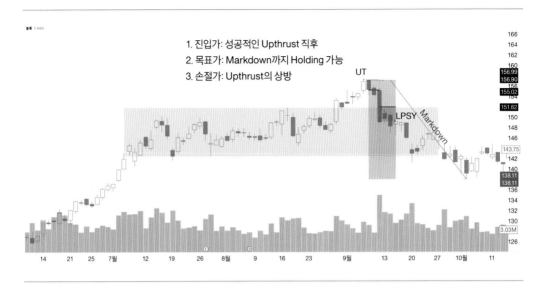

두 번째 전략은 Upthrust를 이용하는 전략입니다. 숏 포지션만 취할 수 있으며, 다소 공격적인 진입이 될 수도 있으나, 시장이 와이코프의 Distribution 과정에 잘 맞아 떨어질수록 큰 기회를 얻을 수 있습니다.

먼저 Distribution의 가격 범위 설정이 우선시되어야 합니다. 이후 성공적인 Upthrust가 나타난다면, Upthrust의 직후 거래에 진입할 수 있습니다. 예시는 첫 번째 진입은 Upthrust가 시작되는 음봉에 맞추어, 두 번째 진입은 Upthrust 이후 가격 범위의 상단에 재진입할 때 시행한 예시입니다. Markdown이 지속될 경우 목표가는 Markdown이 끝날 때까지 지속적으로 유지할 수 있으며, 높은 손익비를 기대해볼 수 있습니다. 그러나 Distribution처럼 보이는 Re-Accumulation도 많이 출몰할 수 있으므로 투자의 호흡은 역시 짧게 가져가며 적극적으로 리스크 관리를 행하는 것이 좋습니다. 목표 손절가는 Upthrust의 상방으로 설정할 수 있습니다.

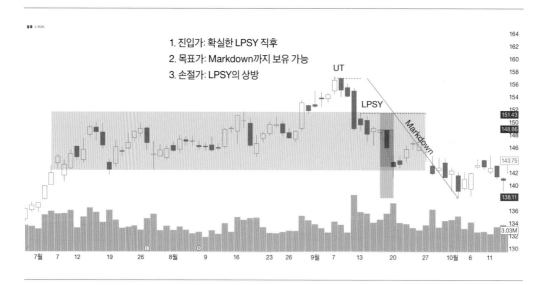

1. 진입가: 확실한 LPSY 직후
2. 목표가: Markdown까지 보유 가능
3. 손절가: LPSY의 상방

세 번째 전략은 와이코프의 Distribution의 Phase D까지 기다렸다가 진입하는 보수적인 전략입니다. 다소 늦은 진입이더라도 Phase E의 하락세는 보통 가파른 편이기에 Markdown 이 잘 나타난다면 충분히 좋은 손익비를 가져갈 수 있습니다.

거래는 확실한 LPSY가 나타난 직후 진입하는 것이 좋으며, 목표가는 Phase E, 즉 Markdown이 나타날 때까지 충분히 기다릴 수 있습니다. 손절가는 LPSY의 상방 혹은 'Decreasing Top'이 나타나는 하락 추세선으로 설정할 수 있으며, 리스크 관리는 역시 적극적으로 시행하는 것이 좋습니다.

6장

피보나치의 이해

피보나치 분석 기초편

피보나치 분석은 기술적 분석에서 빠질 수 없는 기본적인 내용이지만, 많은 투자자들이 단순하게 되돌림 등의 기본적인 스킬만을 익힌 후 투자에 적용하고 있습니다. 이 책에서는 피보나치 분석에 대해 기초와 심화편으로 나누어 깊이 있게 다루고 있습니다.

피보나치수열 & 황금비율

피보나치수열(Fibonacci Sequence)은 1202년, 이탈리아의 수학자 레오나르도 피보나치(Leonardo Fibonacci)의 저서에서 언급한 수의 패턴을 일컫는 용어입니다. 하지만 기원전 450년에도 해당 패턴에 대한 기록이 남아 있는 만큼 '피보나치'에 대한 개념 자체는 오래전부터 다루어져 온 개념이라 할 수 있습니다.

피보나치수열은 아주 간단합니다. 해당 항(F_n)의 수와 이전 항(F_{n-1})의 수를 더하면 다음 항(F_{n+1})이 된다는 규칙만 알면 누구나 피보나치수열을 만들 수 있습니다. 첫 항이 '0', 둘째 항이 '1'이라면 셋째 항은 0+1='1'이 됩니다. 셋째 항을 더하여 1+1='2', 다섯째 항은 1+2='3'으로 이어지게 됩니다. 이 수를 나열하면 다음과 같습니다.

피보나치수열 & 황금비율

레오나르도 피보나치
(1170~1250)

$$F_{n+1} = F_n + F_{n-1}$$

피보나치수열

1, 1, 2, 3, 5, 8, 13, 21, 34, 55, 89, 144, 233, 377···

1+1=2	13+21=34
1+2=3	21+34=55
2+3=5	34+55=89
3+5=8	55+89=144
5+8=13	89+144=233
8+13=21	144+233=377

0, 1, 1, 2, 3, 5, 8, 13, 21, 34, 55, 89, 144, 233, 377, 610, 987, 1597···

단순한 숫자의 나열로 보이지만, 그 속에는 신묘한 법칙이 숨어 있습니다. 바로 특정 항을 이전 항으로 나눈 값이 순차를 거듭할수록 특정 값으로 수렴하게 된다는 사실입니다.

$1÷1=1$ → $2÷1=2$ → $3÷2=1.5$ → $5÷3=1.66$ → $8÷5=1.6$ → $13÷8=1.625$ → $21÷13=1.615$···

처음엔 뚜렷하지 않던 값들이 점차 1.61~1.62 사이의 값으로 모이는 것을 확인할 수 있습니다. 최종 수렴값은 '$φ=1.618$'이며, 이를 황금비율(Golden Ratio, Divine Proportion)이라고 부릅니다.

기술적 분석에서의 피보나치 비율

랄프 엘리어트

이번 파트에서는 왜 기술적 분석에 피보나치수열과 그 비율이 사용되는 것인지 알아보도록 하겠습니다.

엘리어트 파동 이론(Elliott Wave Principle)의 창시자인 랄프 엘리어트(Ralph Nelson Elliott)의 저서 『*The Wave Principle: Nature's Law Financial World Articles*』(1938)에는 이런 구절이 있습니다.

인간도 해나 달과 다를 바 없는 자연 속의 한 주체다.

따라서 인간의 행동들 역시 그 양상을 수리적 분석의 대상으로 삼을 수 있다.

…

한 걸음 나아가,

이처럼 인간의 행동이 주기적 순환의 과정을 밟는다는 근거하에서

그 행동의 변화를 계량화함으로써

전례 없는 수준의 타당성과 확실성을 갖춘 미래 예측을 해낼 수 있다.

기술적 분석에서의 피보나치 비율

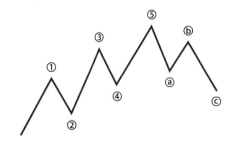

Impulse (①③⑤) + Correction (②④)
3 + 2 = 5

Impulse (①②③④⑤) + Correction (ⓐⓑⓒ)
5 + 3 = 8

즉 투자자의 심리와 행동은 시장에 반영되며, 시장의 흐름을 담고 있는 차트는 특정 리듬과 규칙에 의해 '기술적'으로 분석을 할 수 있다는 논리입니다.

실제로 엘리어트의 파동 이론에서도 숨겨진 '피보나치' 수를 발견할 수 있습니다. 한 파동은 5개의 파동으로 이루어져 있으며, 각각 3개의 충격파(Impulse Wave)와 2개의 조정파(Correction Wave)로 만들어지게 됩니다. 이는 2+3=5의 피보나치수열에 해당합니다. 또한 큰 틀에서 조정파(하락 파동)는 A-B-C의 3개의 파동으로 구성돼 있으며, 5개의 상승파와 3개의 하락파를 거치는 동안 3+5=8개의 작은 파동이 내부에 존재하게 됩니다. 이 또한 피보나치수열에 해당합니다.

하지만 여전히 의문을 가질 수 있습니다.

피보나치수열과 황금비율은 자연의 근본 비율이니 당연히 기술적 분석에도 쓸 수 있다?
근거가 빈약하지 않나요?

옳은 지적입니다. 사실 황금비율의 사례는 자연에서 수없이 찾을 수 있지만, 해당 규칙의 탄생 '근본'이 무엇인지는 아무도 알 수 없기 때문입니다. 하지만 우리는 피보나치수열의 '규칙'을 토대로 또 다른 근거를 찾을 수 있습니다.

F_n을 '현재' 투자자들의 심리 상태와 행동 양상이라고 가정하겠습니다. 심리와 그에 따른 행동은 시간에 따라 변화하므로 'n = 시간 흐름의 변수'로 설정할 수 있습니다. 이렇게 설정할 경우 F_{n-1}은 '과거', F_{n+1}은 '미래' 시점의 투자자들의 심리 상태와 행동 양상을 의미하게 됩니다.

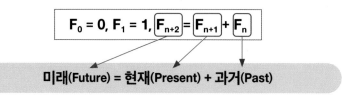

$$F_0 = 0, F_1 = 1, \boxed{F_{n+2}} = \boxed{F_{n+1}} + \boxed{F_n}$$

미래(Future) = 현재(Present) + 과거(Past)

과거와 현재의 정보를 토대로 미래를 예측한다
= 기술적 분석의 의의

이러할 경우 미래의 투자자들의 심리와 행동 양식은 과거와 현재의 투자자들의 심리와 행동 양식이 더해져 만들어진다는 피보나치수열의 공식이 간단하게 성립합니다. 기술적 분석을 사용하는 트레이더들은 '과거'와 '현재'의 정보를 이용해서 '미래'의 시장 움직임을 예측하고 있습니다. 즉 피보나치수열은 수학적으로도 당연히 중요한 의미를 갖고 있지만, 변수를 시간으로 설정할 때 인간의 심리와 행동 양식에서도 적용할 수 있다는 사실을 알 수 있습니다.

이는 피보나치수열이 왜 기술적 분석에서도 근거를 가지는지에 대한 타당한 근거가 될 수 있습니다.

피보나치 분석의 목적과 의의

기술적 분석에서 피보나치 비율을 사용하는 이유

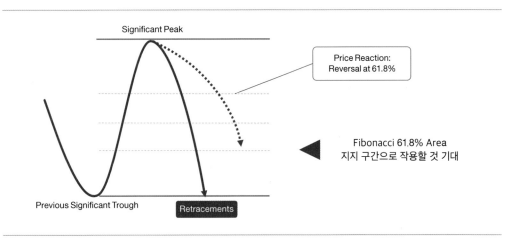

피보나치 분석은 수열의 패턴과 비율을 토대로 가격의 반응이 일어나는 범위와 반전이 일어날 수 있는 구간을 예측하는 용도로 사용됩니다. 즉 고점과 저점 같은 유의미한 가격의 변곡 지점을 기준으로 가격의 되돌림(Retracement)과 연장/확장(Extension/Expansion) 범위를 예측하는 것이죠. 피보나치 분석을 통해 찾아낸 가격 구간은 지지 및 저항 구간으로 작용할 것을 기대할 수 있습니다.

기술적 분석에서 사용되는 피보나치 비율

피보나치 분석은 황금비율을 기반으로 한 주요 비율과 그에서 파생된 파생 비율까지 다양한 비율을 사용합니다. 이 중 어떤 비율을 선택하는지는 투자에 중요한 영향을 미칩니다. 황금비율(φ=1.618)을 토대로 한 적용 비율의 종류는 다음과 같습니다.

피보나치 비율(Feat. Gann, Dow, Pivot)

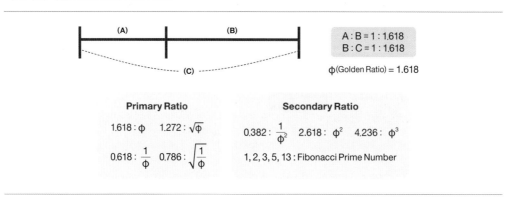

먼저 황금비율과 그 역수, 그리고 두 값의 제곱근으로 구성된 주요 비율(Primary Ratio)에 대해 알아보도록 하겠습니다. 황금비율인 1.618의 역수는 0.618입니다. 황금비율의 제곱근은 1.272이며, 이 역수는 0.786이 됩니다.

다음은 주요 비율에서 부가적 연산을 통해 파생된 값인 파생 비율(Secondary Ratio)입니다. 0.236, 0.382, 0.5, 1, 1.13, 1.414, 2.618… 등이 있으며 보조 수치로 참고할 수 있습니다.

기술적 분석에서 사용되는 피보나치 툴

피보나치 비율을 이용한 분석 툴은 다양한 종류가 있습니다. 이들은 큰 틀에서 가격(Price)과 시간(Time)을 기준으로 한 3가지 카테고리로 나눌 수 있습니다.

피보나치 툴(Price and Time Elements)

Price		Price and Time		Time	
	되돌림 (Retracements)		팬 (Fan Lines)		숫자 셈법 (Number Counts)
	연장 (Extensions)		채널 (Channels)		파동 셈법 (Wave Counts)
	확장 (Expansions)		나선 (Spirals)		시간 비율 투사 (Time Ratio Projections)
	투사 (Projections)		아크 (Arcs)		시간대 투사 (Time Zone Projections)
			원 & 타원 (Circles & Ellipses)		

다만 시간 요소가 들어간 툴의 경우, 주식시장은 폐장 시간 동안의 공백이 발생하여 정확하게 사용할 수 없으므로 스캘핑, 데이 트레이딩과 같은 작은 시간 단위의 트레이딩에서 드물게 사용되거나 24시간 개장하는 시장의 분석에 가끔 사용될 뿐, 중요도는 낮습니다. 따라서 이 책에서는 시간 요소가 들어간 피보나치 툴은 제외하고 가격 기반 피보나치 툴에 대해서만 설명드릴 예정입니다.

피보나치 툴의 적용 영역 설정

적용 영역(예시)

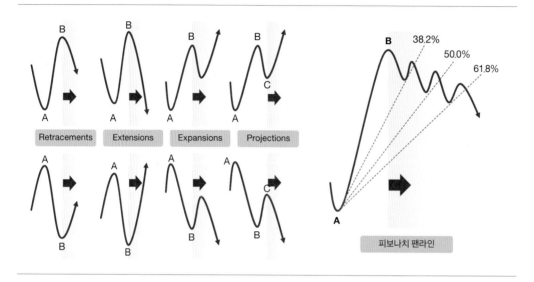

피보나치 분석을 정확히 사용하기 위해서는 언제, 어디에 적용할지 알고 있어야 합니다. 예시를 통해 확인해보도록 하겠습니다. 어찌 보면 당연한 말이지만, 피보나치 분석은 분석의 기준점(A, B) 중 상대적으로 최근인(B) 점 이후의 영역에만 적용이 가능합니다. 기준이 되는 A-B 지점 사이에서 나타나는 후향적(Retrospective) 지점들은 피보나치를 통해 예측하고자 하는 변곡 구간에 대한 추가적인 근거로서 작용할 수 있습니다(다음 예시 참고).

적용 영역(예시)

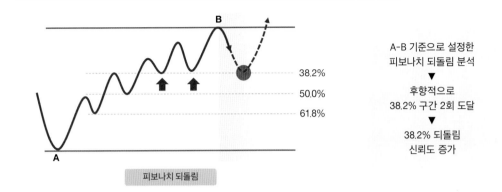

두 번째 예시를 살펴보도록 하겠습니다. 투자자들은 B 지점 이후의 가격 반응을 예측하기 위해 피보나치 분석을 사용합니다. 하지만 A-B 지점 사이의 주요 변곡점들을 이용해 되돌림에 대한 추가적 근거를 확보할 수 있습니다. 즉 A-B 지점 사이에서 38.2% 구간에 2번 도달한 것을 보면 추후 나타날 되돌림 역시 38.2% 수준에서 나타날 가능성이 높을 것이라 기대할 수 있습니다.

이제 A, B Point를 설정하는 기준에 대해 알아보도록 하겠습니다. 분석의 기준점인 변곡점 (Inflection Point)은 명확하고 분명한 저점과 고점을 사용해야 합니다. 높은 타임프레임(HTF)과 낮은 타임프레임(LTF) 모두에서 분명히 관찰되는 지점일수록 좋으며, 캔들의 형태 또한 반전형 캔들을 띈 지점일수록 신뢰도가 높아집니다. 또한 거래량 등의 보조지표 및 크립토 마켓의 경우 온체인 데이터상의 근거가 동반되는 지점일수록 해당 기준점의 중요도는 높아지게 됩니다.

2

피보나치 분석 심화편

📊 가격 요소와 피보나치 툴

가격 요소란?

피보나치 툴: 가격 요소

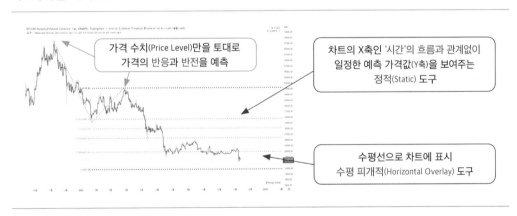

피보나치 도구를 사용해 도출한 특정 가격 구간은 심리적 유인력이 큰 영역입니다. 심리적 유인력이 크다는 뜻은 투자자들이 해당 범위에서 가격의 반전 또는 일시적 지지/저항의 등장을 기대하는 심리가 크게 작용한다는 의미이며, 이러한 구간에서 특정한 가격 반응(Price

Reaction)이 일어남을 기대할 수 있습니다. 이 중에서 가격 요소(Price Element)를 기반으로 한 피보나치 도구는 시간의 흐름에 따른 변화가 반영되지 않고, 오로지 가격 수치만을 토대로 가격의 반응과 반전 구간을 예측하는 도구입니다.

따라서 차트의 X축인 '시간'의 흐름과 관계없이 일정한 예측 가격값(Y축)을 보여주는 정적(Static) 도구라 할 수 있으며, 작도 시의 분석값이 수평선으로 차트에 나타나므로 수평 피개적(Horizontal Overlay) 도구로도 불립니다. 주식시장의 경우 개장 시간, 휴일 등의 영향으로 시간 공백이 발생하여 시간 흐름이 연속적이지 않지만, 가격 기반 피보나치 툴의 경우 문제없이 적용할 수 있습니다.

기술적 분석에 주로 사용되는 가격 기반 피보나치 툴에 대해 간단히 알아보도록 하겠습니다. 가격 기반 피보나치 툴에는 되돌림(Retracement), 연장(Extension), 확상(Expansion), 투사(Projection)의 4가지가 속해 있습니다. 이들은 시간의 흐름에 따른 변화가 반영되지 않고, 오로지 가격 수치만을 토대로 가격의 반응과 반전 구간을 예측합니다.

가격 기반 피보나치 툴

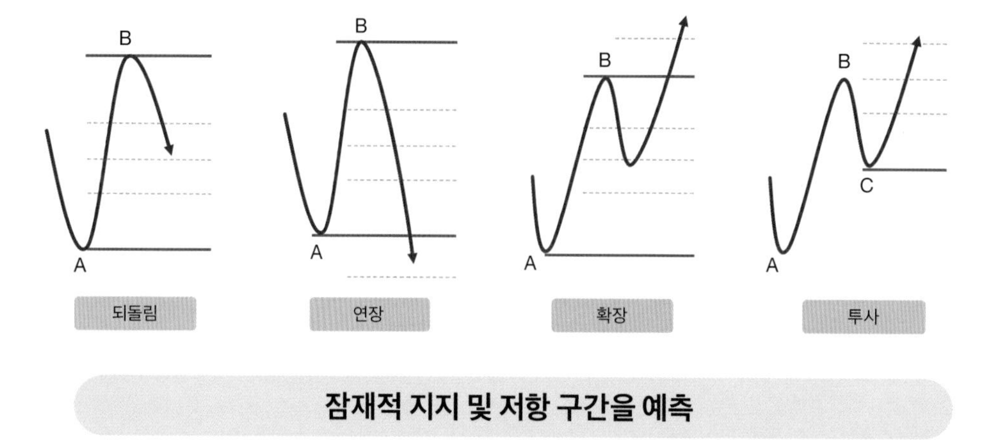

이제 4가지 피보나치 가격 기반 툴의 정의와 함께 실제 사용 예까지 자세히 알아보도록 하겠습니다.

피보나치 되돌림

되돌림

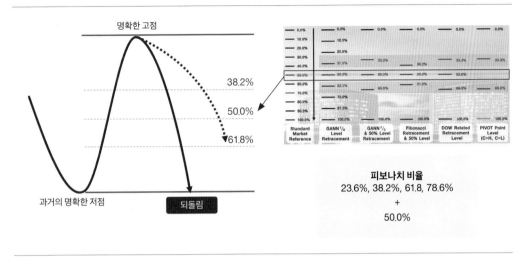

'되돌림(Retracement)'은 가격이 명확한 고점을 형성한 후 하락이나 조정을 보이는 경우, 또는 가격이 명확한 저점을 형성한 후 상승을 보이는 경우를 의미합니다. 따라서 되돌림 수준은 명확한 고점과 저점 사이의 가격 범위 내에서'만' 존재합니다. 즉 고점과 저점이 형성하는 가격 범위를 벗어나는 경우, 되돌림이라 볼 수 없습니다.

되돌림은 상방 또는 하방으로 일어날 수 있으며, 서로 반전된 형태를 보입니다. 그렇다면 피보나치 되돌림 구간은 어떻게 설정하는 것이 좋을까요? 보편적으로 사용하는 되돌림 구간은 0.236, 0.382, 0.5, 0.618, 0.786 등입니다.

다음으로 되돌림의 두 가지 형태인 상방 되돌림과 하방 되돌림에 대해 알아보도록 하겠습니다.

상방 되돌림

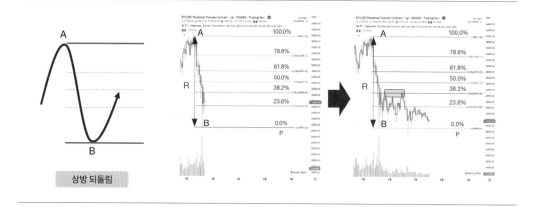

상방 되돌림(Upside Retracements)은 잠재적 저항 구간을 찾는 데 이용할 수 있습니다. 상방 되돌림의 공식은 다음과 같습니다.

$$되돌림(P) \ 가격 = 저점(Trough: B) + \{범위 \ 값(R) \times 되돌림 \ 비율(P)\}$$

$$범위 \ 값(R) = 고점(A) - 저점(B), \ 0 < 되돌림 \ 비율(P) < 1$$

하방 되돌림

하방 되돌림

하방 되돌림(Downside Retracement)은 잠재적 지지 구간을 찾는 데 이용할 수 있습니다. 하방 되돌림의 공식은 다음과 같습니다.

$$되돌림(P)\ 가격\ =\ 고점(Peak: B)\ -\ \{범위\ 값(R) \times 되돌림\ 비율(P)\}$$

$$범위\ 값(R)\ =\ 고점(B)\ -\ 저점(A),\ 0 < 되돌림\ 비율(P) < 1$$

피보나치 되돌림은 굳이 공식에 대입하지 않더라도 TradingView 등의 사이트를 사용할 경우, 툴을 이용해 간단하게 작도할 수 있습니다. 이때 가격 범위(A&B) 설정 시 순서가 반대로 되지 않도록 유의해야 합니다.

마지막으로 조금 더 심화 내용인 다중 되돌림(Multi-Legs Retracement)에 대해 알아보도록 하겠습니다. 만약 피보나치 되돌림을 적용하고자 할 때, 설정한 가격 범위 사이에 또 다른 명확한 고점/저점이 있다면 어떻게 적용해야 할까요?

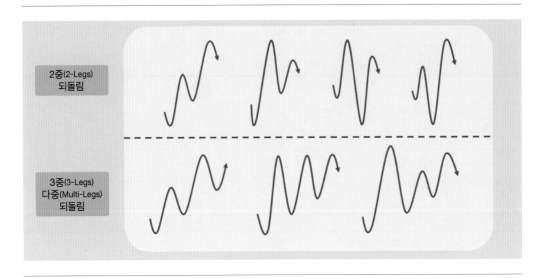

위 그림과 같은 경우를 2중/3중/다중 되돌림이라 합니다. 여러 고점/저점이 있으므로 가격 범위를 각각 설정할 수 있습니다. 다중 되돌림에는 지켜져야 할 한 가지 규칙이 있습니다. 바로 가장 큰 가격 범위가 뒤에 이어서 등장하는 다른 가격 범위들을 포함하도록 설정되어야 한다는 점입니다.

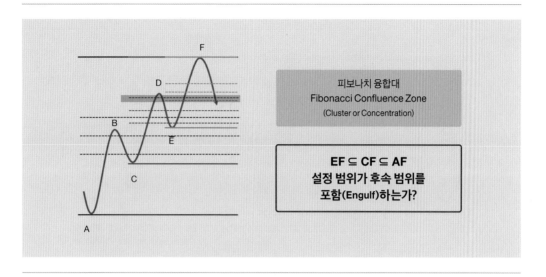

위 그림은 A-F, C-F, E-F의 가격대에 걸쳐 3중 되돌림을 적용한 예시입니다. 이 경우 세 범위 내에서 각각 피보나치 비율을 적용한다면, 되돌림 구간이 서로 겹치는 경우가 나타납니다. 이를 피보나치 융합대(Fibonacci Confluence Zone)라고 부르며, 해당 구간은 높은 신뢰도를 가지게 됩니다.

 **피보나치 연장**

연장

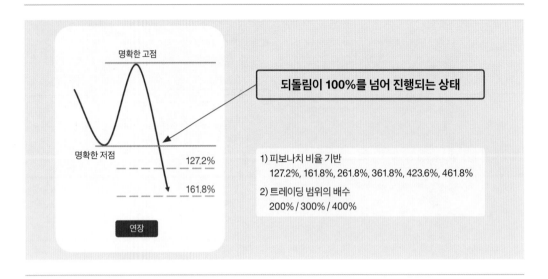

'연장(Extension)'은 가격 되돌림이 100% 구간을 초과하는 경우를 의미합니다. 즉 되돌림이 가격 범위를 넘어 진행되는 경우가 연장인 셈입니다.

상방 연장은 상방 되돌림이 직전 고점을 넘어 진행되는 것을, 하방 연장은 하방 되돌림이 직전 저점보다 내려가는 경우를 의미합니다.

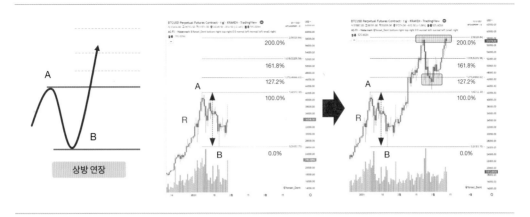

상방 연장(Upside Extension)은 되돌림과 마찬가지로 잠재적 저항 구간을 찾는 데 이용할 수 있습니다. 상방 연장의 공식은 다음과 같습니다.

$$연장(P) \ 가격 \ = \ 저점(Trough: B) + \{범위 \ 값(R) \times 되돌림 \ 비율(P)\}$$

$$범위 \ 값(R) = 고점(A) - 저점(B), \ 되돌림 \ 비율(P) > 1$$

하방 연장(Downside Extension)은 잠재적 지지 구간을 찾는 데 이용할 수 있습니다. 하방 연장의 공식은 다음과 같습니다.

$$연장(P) \ 가격 = 고점(Peak: B) - \{범위 \ 값(R) \times 되돌림 \ 비율(P)\}$$
$$범위 \ 값(R) = 고점(B) - 저점(A), \ 되돌림 \ 비율(P) > 1$$

TradingView 등의 사이트를 이용할 경우, 피보나치 연장은 되돌림 툴을 비율만 변경하여 동일하게 이용할 수 있습니다.

피보나치 확장

확장

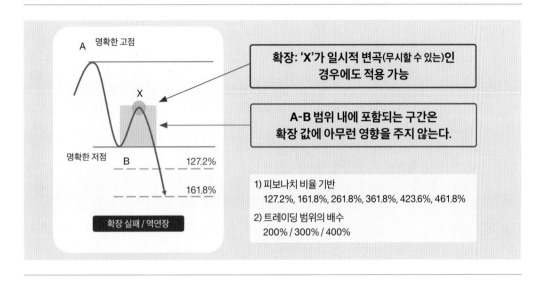

명확한 고점

A

X

확장: 'X'가 일시적 변곡(무시할 수 있는)인 경우에도 적용 가능

A-B 범위 내에 포함되는 구간은 확장 값에 아무런 영향을 주지 않는다.

명확한 저점

B

127.2%

161.8%

확장 실패 / 역연장

1) 피보나치 비율 기반
127.2%, 161.8%, 261.8%, 361.8%, 423.6%, 461.8%

2) 트레이딩 범위의 배수
200% / 300% / 400%

확장(Expansion)은 연장(Extension)과 유사하나 약간의 다른 점이 존재합니다. 연장이 직전 가격 범위의 추세를 '되돌리는' 것이 더욱 길어진 것이라면, 확장은 되돌아가다 말고 다시 기존 추세 방향으로 연장되는 것을 의미합니다. 위 모식도에 그 내용이 담겨 있습니다.

자세히 보면 확장의 형태 안에 연장이 숨어 있음을 알 수 있습니다. 즉 확장은 연장의 반대 방향 변형인 셈이며, '되돌림'이 방향을 바꾸지 않고 원래 추세를 뛰어넘을 경우 연장, '되돌림'이 방향을 바꾸어 다시 기존 추세를 지속할 경우 확장이라고 볼 수 있습니다.

사용하는 피보나치 비율은 연장과 동일하며, 툴 또한 피보나치 되돌림 툴을 그대로 사용하면 되나, A-B 점의 순서를 연장과는 반대로 적용해주어야 합니다.

TradingView를 사용하는 경우 '리버스' 기능을 적용하면 됩니다. 우선 '피보나치 되돌림' 도구로 확장 값을 쉽게 구할 수 있습니다. 구하고자 하는 영역의 시작점(A)과 종료 지점(B) 되돌림을 구할 때와 동일한 순서로 설정합니다. 이후 설정에서 하단에 위치한 '리버스' 기능을 활성화하면 되돌림과 다르게 분석 방향이 반전(리버스)됩니다. 이때 100% 이상의 값을 활성화해두면 쉽게 확장 값을 알 수 있습니다.

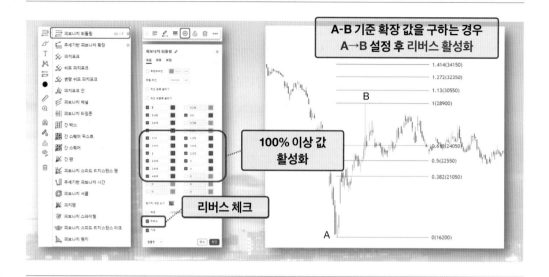

피보나치 투사

투사

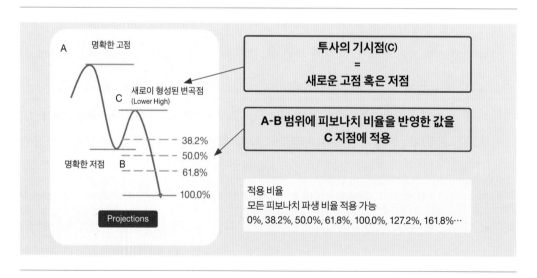

'투사'의 사전적 의미는 다음과 같습니다.

「명사」(현 상황을 근거로 한 규모·비용·양 등의) 예상, 추정, 투사, 투영

이는 어떤 상황에 대한 예측을 위해 현재의 상태를 이용하는 것이라 할 수 있습니다.

피보나치 투사(Fibonacci Projection)는 다른 피보나치 가격 요소 툴과 마찬가지로 잠재적 지지/저항 구간을 예측하는 데 사용합니다. 다른 툴과의 차이점은 새로운 고점 혹은 저점(New Swing High/Low)이 나타난 경우 이를 새로운 기시점(C)으로 삼게 된다는 점입니다. 즉 새로 등장한 기시점에 직전의 '명확한 가격 범위(Significant Price Range, A-B)'를 투사하여 피보나치 비율을 적용시키는 것입니다. 이 때문에 피보나치 투사를 'ABC 투사'라고 부르기도 합니다.

피보나치 투사는 현재 나타나는 가격 반응(Price Action)이 과거의 범위를 넘어서는 새로운 양상을 보일 때 특히 유용하게 사용될 수 있습니다. '새로운 양상'이란 과거에 참고할 만한 지지/저항 구간이 존재하지 않는 경우를 뜻하며, 주식시장에서의 쉬운 예로는 신고가를 기록하고 있는 종목 등이 있겠습니다.

상방 투사(Upside Projection)를 이용한 저항 구간 예측에 대해 알아보도록 하겠습니다. 상방 투사의 공식은 다음과 같습니다.

$$투사(P) \ 가격 = 새로운 \ 기시점(New \ Swing \ Low: C) + \{범위 \ 값(R) \times 되돌림 \ 비율(P)\}$$

$$범위 \ 값(R) = 고점(B) - 저점(A)$$

하방 투사

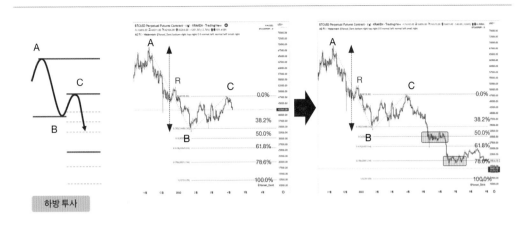

하방 투사

하방 투사(Downside Projection)의 이용 역시 상방 투사와 동일하며, 지지 구간을 예측할 수 있습니다. 하방 투사의 공식은 다음과 같습니다.

투사(P) 가격 = 새로운 기시점(New Swing High: C) − {범위 값(R) × 되돌림 비율(P)}

범위 값(R) = 고점(A) − 저점(B)

피보나치 투사의 경우 TradingView에서는 '추세 기반 피보나치 되돌림' 툴을 이용할 수 있으며, A-B-C 지점을 순차적으로 지정하여 적용할 수 있습니다.

앞서 살펴본 다중 되돌림과 마찬가지로 피보나치 투사와 확장을 동시에 이용한다면 피보나치 융합대를 구할 수 있습니다.

피보나치 군집

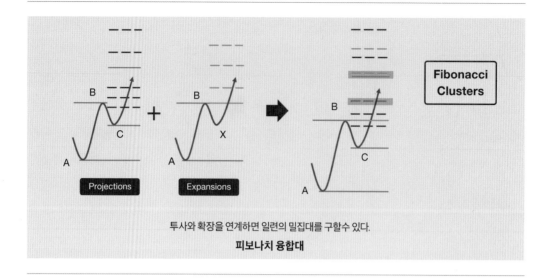

투사와 확장을 연계하면 일련의 밀집대를 구할수 있다.
피보나치 융합대

　예시는 A, B, C를 기준으로 피보나치 투사를 적용하고, A, B만을 기준으로 피보나치 확장을 적용한 것입니다. 이 경우 투사(Projection)와 확장(Expansion)이 나타내는 구간 값이 서로 일치하거나 근접하는 경우가 생기게 됩니다. 이를 피보나치 군집(Fibonacci Cluster)이라 부르며, 피보나치 융합대(Fibonacci Confluence Zone)로 간주합니다. 해당 구간의 경우 지지/저항 구간으로서 신뢰도가 더욱 상승하게 됩니다.

7장

ABCD 패턴

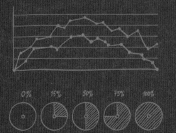

ABCD 패턴 기초편

ABCD 패턴이란?

ABCD 패턴

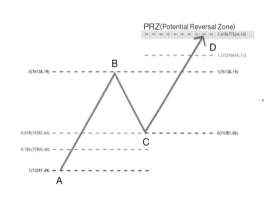

- 3개의 연속된 스윙 혹은 추세
- PRZ의 선행지표
- ABCD 점: 명확한 저점과 고점
- ABCD 패턴은 피보나치 비율을 기반으로 함.

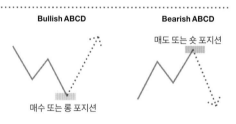

ABCD 패턴이란 3개의 연속적인 스윙(Swing) 또는 추세(Trend)로 이루어지는 패턴으로, 마치 '번개'와 같은 모양이 차트에 나타나게 됩니다.

패턴의 구성이 간단한 만큼 차트에서 쉽게 관찰할 수 있는 패턴이며, PRZ(Potential Reversal Zone)를 파악해 거래의 진입 및 종료의 시기와 주가의 움직임 폭을 판단하는 데 도움을 주는 선행지표의 일종입니다. 하모닉 패턴(Harmonic Pattern)의 일종으로 여기기도 하며, 이 경우 AB=CD 타입의 ABCD 패턴을 의미합니다.

ABCD 패턴의 각 변곡점 A, B, C, D는 모두 명확한 고점 혹은 저점이어야 하며, 이 4개의 점을 이용해 총 3개의 연속적 스윙 또는 추세(AB, BC, CD)를 만들 수 있습니다. 각 구간은 피보나치 비율에 근거하며, BC는 AB의 조정(Correction) 또는 되돌림(Retracement)으로 해석할 수 있습니다. ABCD 패턴은 강세와 약세 모두 적용 가능합니다. 강세 ABCD의 경우 매수 혹은 롱 포지션 진입 기회를 제공하며, 약세 ABCD의 경우 매도 혹은 숏 포지션 진입 기회를 제공합니다.

▌ ABCD 패턴의 특징

ABCD 패턴 특징

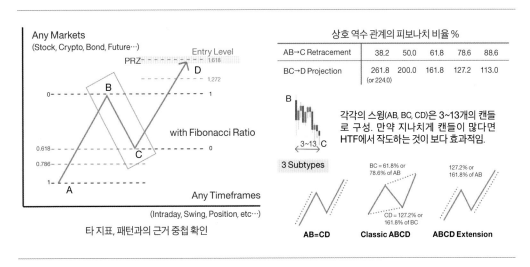

ABCD 패턴은 주식, 선물, 채권, 외환 그리고 크립토 마켓 등 어느 시장에서나 활용할 수 있으며 어떠한 투자 방식(Intraday, Swing, Scalping 등), 어떠한 시장 상황(상승장, 하락장, 보합세)에서

도 적용할 수 있는 간편한 도구입니다. 또한 하모닉 패턴 등 기술적 분석에 사용되는 심화 패턴 중 다수가 ABCD 패턴을 근간으로 삼고 있습니다.

AB↔CD 간의 비율을 판단할 시 피보나치 비율을 적용하게 됩니다. 이를 통해 패턴이 완성되는 시점(D)의 시기와 가격대를 예상할 수 있습니다. 또한 ABCD 패턴은 손절가와 목표가가 비교적 뚜렷한 패턴으로, 트레이딩 전 손익비를 판단할 수 있도록 도와줍니다. 모식도상 ''상호 역수 관계의 피보나치 비율 %'로 표시한 비율을 보면, 두 값을 서로 곱할 시 100%가 되므로 AB=CD를 이루게 되나, 모든 ABCD 패턴의 필수 조건은 아닙니다. 따라서 표상에서 주어진 비율 관계가 아니더라도(ex. 38.2% ↔ 161.8% or 127.2%…) ABCD 패턴을 형성할 수 있습니다.

ABCD 패턴 역시 다른 패턴들과 마찬가지로 동일 타임프레임이나 여러 타임프레임을 거쳐 다른 근거들을 중첩시킬 경우 신뢰도가 더욱 상승합니다. ABCD 패턴의 각 구간(AB, BC, CD)들은 설정된 타임프레임상에서 3~13개의 바(또는 캔들)로 구성되는 것이 좋습니다. 만약 14개 이상의 바로 구성되는 경우, 더 큰 타임프레임으로 옮겨 다시 패턴을 확인하는 것을 권장드립니다.

ABCD는 다시 'AB=CD', 'Classic ABCD', 'ABCD 연장' 3개의 종류로 나뉩니다.

ABCD 패턴의 종류

ABCD 패턴: Subtypes

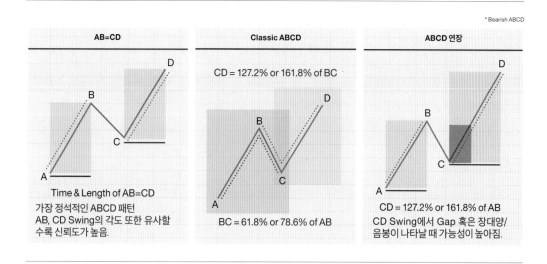

* Bearish ABCD

AB=CD

Time & Length of AB=CD
가장 정석적인 ABCD 패턴
AB, CD Swing의 각도 또한 유사할
수록 신뢰도가 높음.

Classic ABCD

CD = 127.2% or 161.8% of BC

BC = 61.8% or 78.6% of AB

ABCD 연장

CD = 127.2% or 161.8% of AB
CD Swing에서 Gap 혹은 장대양/
음봉이 나타날 때 가능성이 높아짐.

AB=CD

CD의 길이와 기간이 AB와 동일한 ABCD 패턴으로, 하모닉 AB=CD 패턴으로도 불리며, 상호 역수 비율(Reciprocal) AB=CD와 같은 파생형이 있습니다. AB와 CD의 가격과 시간 간격이 동일하므로 그려지는 추세선의 각도가 동일합니다. ABCD 중 신뢰도가 높은 패턴에 해당하며, 흔하게 접할 수 있어 트레이딩에서 자주 사용됩니다.

| AB=CD 상호 역수 관계의 비율 ||
AB → C 되돌림(Retracement) 비율	BC → D 투사(Projection) 비율
38.2%	224.0% or 261.8%
50.0%	200.0%
61.8%	161.8%
70.7%	141.4%
78.6%	127.2%
88.6%	112.8%

BC의 되돌림 수준과 관계없이 CD의 가격 폭은 AB와 동일합니다. 따라서 BC의 되돌림 비율에 따라 BC → D로의 투사(Projection) 비율 역시 달라지게 됩니다(상단 표 참조).

Classic ABCD

Classic ABCD 패턴에서의 C 지점은 일반적으로 AB의 피보나치 되돌림 61.8% 또는 78.6% 수준에서 형성됩니다. 이후 D 지점은 BC의 연장으로 BC의 127.2% 또는 161.8% 수준에서 형성됩니다. 만약 BC가 AB의 61.8% 되돌림인 경우 CD는 BC의 161.8%로 나타나는 경향을, 만약 BC가 AB의 78.6% 되돌림인 경우 CD는 BC의 127.2%로 나타나는 경향을 보입니다. 이는 61.8% × 161.8% ≒ 78.6% × 127.2% ≒ 100%로 AB와 CD의 길이가 같아지기 때문입니다.

ABCD 연장

CD가 AB의 127.2% 또는 161.8% 수준의 연장을 보이는 패턴으로 200% 이상의 연장을 보이는 경우도 있습니다. 다음과 같은 신호가 보일 시 ABCD 연장(Extension)의 가능성이 높아집니다.

① C 지점 이후 가격 움직임에서 갭 상승 혹은 갭 하락이 나타나는 경우
② C 지점 근방에서 장대봉(Marubozu)이 나타나는 경우

ABCD 패턴의 작도

이번 파트에서는 ABCD 패턴을 작도하는 방법에 대해 알아보도록 하겠습니다. 트레이딩뷰(TradingView)에서의 작도를 기준으로 설명드릴 것인데, 강세 ABCD에 대한 예시를 설명드릴 예정입니다. 약세 ABCD의 경우 반대 형태로 작도하면 되겠습니다.

ABCD 패턴: Drawing

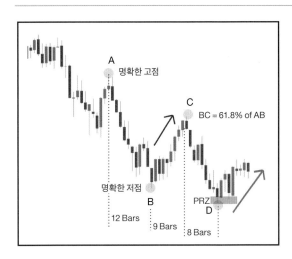

* Bullish ABCD

1. AB 확인하기
2. BC 확인하기
3. CD 작도하기
4. 피보나치 비율, 패턴 및 추세 확인하기
   → 근거의 중첩 확인하기
5. 갭(Gap), Wide-Ranging Bars 확인하기
   → 연장형 ABCD 가능성 여부 확인

AB 확인하기

가장 먼저 해야 할 일은 AB 추세(Trend)를 파악하는 것입니다. 이때 강세 ABCD 패턴을 기준으로 A는 명확한 고점이어야 하며, B는 명확한 저점이어야 합니다. 즉 A-B 하락 움직임을 파악하는 것이 중요합니다. 이때 A와 B 지점 사이에서는 A를 넘는 고점이나 B보다 낮은 저점이 있어서는 안 됩니다.

BC 확인하기

A-B 하락 움직임 이후에는 가격이 다시 상승하며 C가 나타나야 하며, C는 A를 넘어설 수 없습니다. 마찬가지로 B↔C 지점 사이에서는 B보다 낮은 저점이나 C보다 높은 고점이 있어

서는 안 됩니다. C는 AB의 61.8% 또는 78.6% 수준의 되돌림이 원칙이나, 시장의 추세가 강한 경우 38.2% 또는 50.0% 수준일 수 있습니다.

CD 작도하기

D 지점에서 시장은 새 저점을 기록해야 합니다. 즉 D는 B보다 낮게 위치해야 하며, C와 D 지점 사이에서는 C를 넘는 고점이나, D보다 낮은 저점이 있어서는 안 됩니다.

세 번째 단계에서는 ABCD 패턴의 종류에 따라 D가 나타나며 패턴이 완성될 만한 구간과 시간을 미리 예측하고 결정해야 합니다.

AB=CD 패턴의 경우, CD는 AB와 같은 가격 폭과 시간 간격을 보이므로 쉽게 예측할 수 있습니다.

Classic ABCD 패턴의 경우, BC 길이가 AB의 61.8% 혹은 78.6 % 수준에서 결정되었을 것입니다. 이때 CD는 BC 길이의 127.2% 또는 161.8% 수준에서 형성될 것이며, 이러한 PRZ들을 미리 작도해두는 것이 도움이 됩니다. Classic ABCD 패턴의 경우 시간 간격이 다양하게 형성될 수 있습니다.

ABCD 연장의 경우, CD는 AB 길이의 127.2% 또는 161.8% 수준까지 형성될 수 있으며, 200% 이상의 비율도 가능하므로 신중을 기해 거래에 임하는 것이 좋습니다. ABCD 연장의 경우 CD는 AB 기간의 127.2% 또는 161.8% 수준의 기간(Time)을 보입니다.

피보나치 비율, 패턴 및 추세 확인하기

ABCD 패턴이 완성되어가는 단계에서는 다른 패턴, 추세, 피보나치 분석과의 근거 중첩 (Convergence)을 확인하는 것이 좋습니다.

갭(Gap), Wide-Ranging Bars 확인하기

마지막으로 CD 추세상에서 가격의 갭 상승 & 갭 하락 혹은 마루보주 캔들 등장 여부를 확인하는 것이 필요합니다. 이에 해당하는 경우 잠재적 시장 추세가 강할 것으로 예측할 수 있으며, CD가 127.2% 또는 161.8%의 연장을 보일 가능성이 높습니다.

ABCD 패턴의 실전 적용

ABCD 패턴: Trading

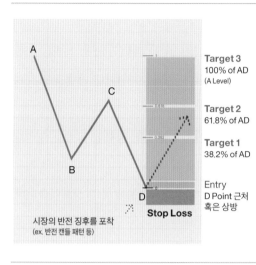

Target 3
100% of AD
(A Level)

Target 2
61.8% of AD

Target 1
38.2% of AD

Entry
D Point 근처
혹은 상방

Stop Loss

시장의 반전 징후를 포착
(ex. 반전 캔들 패턴 등)

NASDAQ 100 CME_MINI : 1wk Timeframe

ABCD 패턴을 이용한 거래는 D 지점이 확실히 확인된 이후, 즉 패턴이 완성된 이후 진입하는 것이 권장됩니다. 따라서 진입가는 D 지점 또는 강세 ABCD 패턴의 경우 D 지점 상방, 약세 패턴의 경우 D 지점 하방으로 설정할 수 있습니다. D 지점의 확인에는 반전형 캔들 패턴을 이용할 수 있습니다.

ABCD 패턴의 목표가 설정에는 A-D 피보나치 되돌림을 이용하는 것이 일반적입니다. 목표가를 표시할 때 Target Price의 약자인 'TP'를 많이 사용합니다. 순서대로 첫 번째 목표가를 TP1, 두 번째 목표가를 TP2, 세 번째 목표가를 TP3로 표시하는 경우도 많이 있습니다. ABCD 패턴의 경우 TP1은 AD의 0.382 되돌림 구간으로, TP2는 AD의 0.618 되돌림 구간으로, TP3는 A 구간으로 설정하게 됩니다. 이는 하모닉 패턴에서도 동일하게 적용되는 내용이니 기억해두는 것이 좋습니다.

목표가를 설정함에 있어서는 다양한 분석 도구를 병행하는 것은 선택이 아닌 필수입니다. 이론적으로 정해진 목표가만을 고집하기보다는 이론적인 목표가를 참고하여 다양한 근거들을 이용해 분할 수익 실현을 해나가는 것이 중요합니다.

통상적으로 TP1까지 빠르게 도달 시 TP2를 달성할 가능성이 높아진다고 알려져 있으며, 반대로 TP1까지 느리게 도달 시 TP1을 넘어서지 못하고 가격 되돌림(Return)이 일어날 가능성이 높아집니다. ABCD 패턴 중 AB=CD 패턴의 경우 A 지점(TP3)에 도달할 가능성이 다른 ABCD 패턴에 비해 비교적 높습니다.

목표 손절가의 경우 D 근처에 설정하는 것이 일반적이며, ABCD 패턴의 경우 특별히 정해진 손절 라인은 없으므로 손익비, R의 개념 혹은 기타 차트의 주요 지지/저항 레벨들을 고려하여 적절히 설정합니다.

모식도의 우측 사례는 나스닥 100 CME_MINI의 주봉 차트입니다. 명확한 고점을 형성한 A에서 다음 저점인 B까지 12개의 캔들이 나타난 것을 확인할 수 있습니다. 이후 C의 경우 AB의 61.8% 되돌림 수준으로 형성되었으며, D는 BC의 127.2% 수준에서 형성되었습니다. 이는 ABCD 패턴의 3가지 종류 중 Classic ABCD 형태에 해당하며, A↔D 구간을 기준으로 TP 1, 2, 3을 설정 후 TP1 구간에 근접한 것을 확인할 수 있습니다.

ABCD 패턴 심화편

상호 역수 비율(Reciprocal) AB=CD

AB=CD 패턴은 앞서 살펴보았듯, CD의 길이와 기간이 AB와 동일한 ABCD 패턴입니다. AB와 CD의 가격과 시간이 동일하므로 그려지는 추세선의 각도 및 형태 역시 동일합니다.

반면 상호 역수 비율(Reciprocal) AB=CD 패턴은 AB=CD 패턴이 약간 변형된 패턴입니다. 그렇다면 이 패턴은 기존의 AB=CD 패턴과 어떤 차이가 있는 것일까요?

먼저 'Reciprocal'의 해석에 대해 고찰해보도록 하겠습니다.

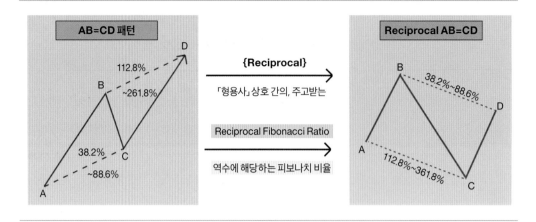

사전상 Reciprocal의 정의는 다음과 같습니다.

Reciprocal: 「형용사」 상호 간의, 주고받는

하지만 '상호 간의 AB=CD'라는 표현만으로는 패턴의 성격을 충분히 표현하지 못합니다. 이번엔 아래 영단어와 그 해석을 살펴봅시다.

Reciprocal Number: 「명사」 역수 - 어떤 수 a에 대해 1을 그 수로 나눈 수

Reciprocal Number는 수학적으로 '역의, 역수의 값'이라는 의미를 지니고 있습니다. Reciprocal AB=CD 패턴은 '역수'와 관련이 있는 패턴이며, 이 역수가 AB=CD와 Reciprocal AB=CD를 가르는 차이라는 생각이 문득 들 것입니다. 맞습니다. Reciprocal AB=CD는 패턴이 지닌 피보나치 비율과 이를 적용한 AB→BC→CD로 이어지는 투사(Projection)가 AB=CD와 역의 관계로 이루어진 패턴이라 할 수 있습니다. Reciprocal Ratio AB=CD란 표현이 더욱 이해가 쉬운 표현이 되겠으나, 『*Harmonic Trading*』(Harmonic Trader Press Printed in the United States of America)의 용어를 인용하여 Reciprocal AB=CD로 표기하도록 하겠습니다.

Reciprocal AB=CD 패턴

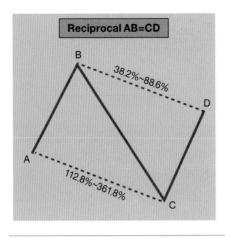

① 다양한 타임프레임, 시장의 종류, 시장의 흐름에 모두 적용 가능

② AB=CD 패턴에 비해서는 PRZ가 모호함.

③ AB 스윙과 CD 스윙의 길이가 같은 AB=CD 패턴의 변형

④ 역수에 해당하는 피보나치 비율

⑤ 5-0 패턴의 핵심 구성요소

Reciprocal AB=CD 패턴은 AB, CD의 길이가 짧고 둘 사이를 이어주는 BC의 길이가 긴 모습을 보이며, 흡사 늘어진 'Z' 또는 'S'와 같은 형태를 보입니다. 피보나치 비율의 적용 순서를 제외한다면, 기존 AB=CD 패턴이 지닌 특성을 동일하게 공유합니다.

기존 AB=CD 패턴과 달리 AB→C로의 적용 비율이 BC→D 비율보다 크다는 특징을 지니고 있으며, 패턴의 마지막 지점인 D는 AB=CD 패턴과 같이 PRZ로 작용하나 통상적인 AB=CD만큼 명확하게 형성되지 않는다는 차이점이 있습니다.

『Harmonic Trading』에서 제시하는 비율과 조합은 다음과 같습니다.

AB=CD 상호 역수 관계의 비율	
AB → C 연장 비율	BC → D 되돌림 비율
112.8%	88.6%
127.2%	78.6%
141.4%	70.7%
161.8%	61.8%
200.0%	50.0%
261.8%	38.2%
361.8%	27.6%

원서에서 제시되는 AB와 C 간의 비율은 112.8%~361.8%까지이지만, 이에 대응하는 BC 와 D 간의 비율은 361.8%에 대응하는 27.6%를 제외한 38.2%~88.6%를 제시하고 있습니다. 361.8%까지 투사되는 경우는 흔치 않으나, 만약 해당 구간에 도달하는 경우 AB와 CD의 길 이가 같아야 한다는 점을 우선적으로 고려할 것을 권장합니다.

Reciprocal AB=CD 패턴은 후에 공부하게 될 하모닉(Harmonic) 패턴의 한 종류인 5-0 패턴 의 완성 여부를 판단하는 데도 사용하게 됩니다.

Reciprocal AB=CD 패턴은 다음 방식으로 검증을 시행할 수 있습니다.

AB Leg와 CD Leg의 길이가 같을 것

AB→C / BC→D 비율이 상호 역수 관계로 곱할 시 100%를 이룰 것

Bullish Reciprocal AB=CD

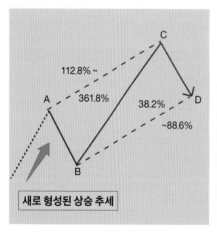

AB 스윙: 최초의 조정 추세(교정파)
B, D 지점의 가격 반전 → 상승 추세의 지속을 의미

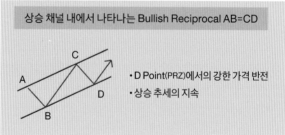

상승 채널 내에서 나타나는 Bullish Reciprocal AB=CD

• D Point(PRZ)에서의 강한 가격 반전
• 상승 추세의 지속

AB의 경우, 새로 확립된 상승 추세의 중간에 나타나는 명확한 조정 움직임(Correction Movement)이라 볼 수 있습니다. CD와 AB의 길이는 동일한 것이 이상적이며, D 지점에서 PRZ 가 형성되나 일반적인 AB=CD 패턴만큼 정확하지는 못합니다.

단, PRZ에서 가격 반전(Reversal)이 명확히 일어나는 경우, 앞선 상승 추세가 지속적으로 이

Bearish Reciprocal AB=CD

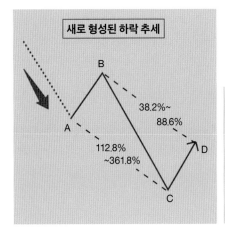

AB 스윙: 최초의 조정 추세(교정파)

B, D 지점의 가격 반전 → 하락 추세의 지속을 의미

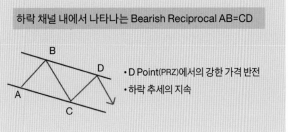

어짐을 의미합니다. 특히 상승 채널 내에서 Bullish Reciprocal AB=CD가 등장할 경우, D 지점(PRZ)에서 가격 반전과 기존 상승 추세의 지속이 더욱 잘 나타납니다.

이와 반대되는 개념인 Bearish Reciprocal AB=CD 패턴은, 마찬가지로 AB를 새로 확립된 하락 추세의 초기 단계에 나타나는 조정(Correction) 움직임으로 해석할 수 있습니다. 이후 D 지점에서 PRZ를 테스트 후 가격 반전을 이루며 하락하게 됩니다. 하락 채널 내에서 본 패턴이 등장하는 경우 PRZ에서의 반전과 기존 하락 추세의 지속이 더욱 잘 나타나게 됩니다.

Three Drive 패턴

Three Drive 패턴은 ABCD 패턴과 마찬가지로 시장 세력의 소진(Market Exhaustion)에 의한 PRZ의 형성을 포착할 수 있는 선행지표로 사용됩니다.

이전에 살펴본 ABCD가 3개의 연속적인 스윙 또는 추세로 이루어졌다면, Three Drive는 3개의 드라이브(Drive: AB, CD, EF)와 2개의 되돌림(BC, DE)으로 이루어집니다.

Three Drive 패턴

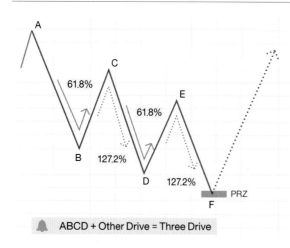

① 추세 반전의 선행 지표로 활용 가능
 - 시장 소진(Market Exhaustion) 여부 판단

② 5개의 스윙 또는 추세로 이루어져 있음
 - 3개의 드라이브(Drives: AB, CD, EF)
 - 2개의 되돌림(Retracements: BC, DE)

③ 피보나치 비율을 따름
 - 드라이브: 피보나치 연장 비율
 - 되돌림: 피보나치 되돌림 비율

🔔 ABCD + Other Drive = Three Drive

Three Drive 패턴은 각 스윙 또는 추세 간 피보나치 비율을 따른다는 점에서 ABCD와 별반 다르지 않으며, Drive가 3개라는 점에서 ABCD의 확장된 형태의 패턴이라 볼 수 있습니다. 따라서 ABCD 패턴을 확인했을 때 이후 추세 반전이 이루어지느냐, 또 다른 Drive가 나타나느냐의 여부로 Three Drive를 예측할 수도 있습니다.

또한 Three Drive는 그 형태가 3개의 드라이브(충격파, Impulse Wave) 및 2개의 되돌림(조정파, Correction Wave)로 구성된다는 점에서 엘리어트 파동 이론의 조상 격이라 할 수 있습니다. 엘리어트 파동 이론의 경우 이 책에서는 다루지 않기 때문에 넘어가도록 하겠습니다.

Three Drive 패턴의 특징

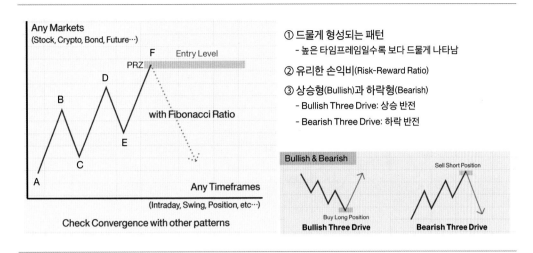

① 드물게 형성되는 패턴
  - 높은 타임프레임일수록 보다 드물게 나타남
② 유리한 손익비(Risk-Reward Ratio)
③ 상승형(Bullish)과 하락형(Bearish)
  - Bullish Three Drive: 상승 반전
  - Bearish Three Drive: 하락 반전

Three Drive 패턴은 3개의 드라이브가 모두 피보나치 비율이 성립해야 하기 때문에 드물게 나타납니다. 하지만 드물게 나타나는 만큼 강한 추세 반전의 신호를 주는 패턴입니다. 또한 Three Drive 패턴은 ABCD에 비해 PRZ의 형성이 더욱 강하게 이루어지므로 Three Drive 패턴이 명확하게 확인되었다면 우수한 손익비를 보일 수 있습니다.

Three Drive 패턴 역시 ABCD 패턴과 마찬가지로 각 변곡점은 명확한 고점 & 저점이어야 하며, 기존 추세가 명확하게 확인되어야 합니다. 즉 Bullish Three Drive의 경우 기존 하락 추세가, Bearish Three Drive의 경우 기존 상승 추세가 확인되어야 합니다.

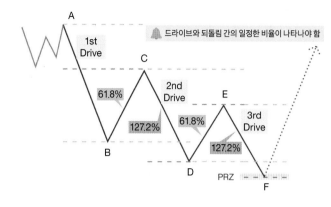

** Example: Bullish Three Drive

① 1차 드라이브: AB
   - 명확한 고점 및 저점을 바탕으로 형성

② 1차 되돌림: BD
   - AB의 61.8% 또는 78.6% 되돌림
   - 강한 추세의 경우 38.2% 또는 50.0% 가능

③ 2차 드라이브: CD
   - BC의 127.2% 또는 161.8%

④ 2차 되돌림: DE
   - 1차 되돌림인 BD와 동일

⑤ 3차 드라이브: EF
   - 2차 드라이브인 CD와 동일

Three Drive 패턴은 ABCD + 추가 스윙 또는 추세의 여부를 확인하면 쉽게 찾을 수 있습니다. 즉 ABCDEF 패턴으로 간주하면 보다 직관적으로 이해할 수 있습니다. Three Drive 패턴에서의 되돌림은 61.8%, Drive는 127.2%의 피보나치 비율을 보편적으로 적용합니다.

Three Drive 패턴의 첫 번째 드라이브인 AB는 명확한 고점 또는 저점으로 이루어져야 합니다. 이후 첫 번째 되돌림인 BC Leg가 나타나며, BC는 통상적으로 첫 번째 드라이브인 AB의 0.618 레벨에서 형성됩니다. 이때 시장 추세의 세기에 따라 0.786 혹은 0.382나 0.5 되돌림에서도 나타날 수 있습니다.

두 번째 드라이브인 CD는 BC 되돌림의 1.272 연장을 통해 새로운 스윙 고점 또는 저점을 형성합니다. 마찬가지로 1.618 연장 또한 가능하며, BC 되돌림이 0.618, CD 연장이 1.618 레벨에서 나타난 경우, 추가적으로 AB=CD 패턴을 만족합니다. 이후 나타나는 두 번째 되돌림인 DE는 BC의 경우와 마찬가지로 다양한 피보나치 비율의 되돌림이 가능합니다. 단, Three Drive 패턴에서 중요한 포인트는 BC와 DE의 되돌림 '비율'은 동일해야 한다는 것입니다. 추가적으로 BC와 DE에서 소요된 '기간(Time)' 역시 유사한 것이 좋습니다.

세 번째 드라이브인 EF는 DE 되돌림을 다시 피보나치 연장한 형태로 형성되며, 이때도 CD와 EF의 연장 '비율'은 동일해야 합니다. CD와 EF에서 소요된 '기간(Time)' 역시 유사한 것이 좋습니다.

Three Drive 패턴의 주의사항

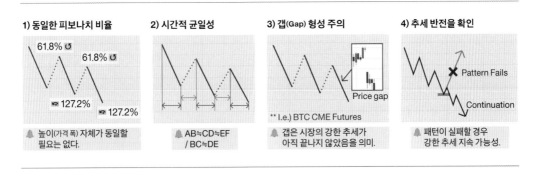

1) 동일한 피보나치 비율
61.8% ↻   61.8% ↻
↺ 127.2%   ↺ 127.2%
🔔 높이(가격 폭) 자체가 동일할 필요는 없다.

2) 시간적 균일성
🔔 AB≒CD≒EF / BC≒DE

3) 갭(Gap) 형성 주의
Price gap
** I.e.) BTC CME Futures
🔔 갭은 시장의 강한 추세가 아직 끝나지 않았음을 의미.

4) 추세 반전을 확인
✕ Pattern Fails
Continuation
🔔 패턴이 실패할 경우 강한 추세 지속 가능성.

    Three Drive 패턴을 통한 트레이딩 시 가장 중요한 점은 패턴이 '이상적'으로 형성되었는지 판단하는 것입니다. 일반적인 ABCD 패턴과 마찬가지로 피보나치 비율을 통한 검증이 필수적입니다. 또한 기준을 충족하지 못하는 패턴을 Three Drive로 간주하지 않도록 주의해야 하며, 패턴이 확실히 검증(Confirm)될 때까지 섣부른 판단은 지양해야 합니다.

    Three Drive 패턴의 성립 조건을 간단히 정리하고 넘어가도록 하겠습니다.

---

1) 각 스윙 또는 추세는 상호 동일한 피보나치 비율을 보여야 합니다.

  - 각 Drive(AB, CD, EF) 및 되돌림(BC, DE) 시 사용된 비율의 크기가 동일해야 합니다.

  - CD가 BC × 127.2%인 경우, EF 역시 127.2%를 나타내야 합니다.

  - BC가 AB × 61.8%인 경우, DE 역시 61.8%를 나타내야 합니다.

2) 시간적 균일성(Time Symmetry)을 보여야 합니다.

  - 각 드라이브(AB, CD, EF) 및 되돌림(BC, DE)에 소요된 기간(Time)이 유사해야 합니다.

  - 소요 기간: AB≒CD≒EF / BC≒DE

  - 드라이브는 드라이브 간에, 되돌림은 되돌림 간에 균일성을 보이면 충분합니다.

3) 가격 갭(Gap)이 큰 폭으로 나타나는 경우, 패턴에 문제가 있을 수 있습니다.

  - 추가 검증(Confirmation: Bullish의 경우 Top의 확인 / Bearish의 경우 Bottom의 확인)을 거친 후 트레이딩

에 진입해야 합니다.

4) 패턴 형성 후 추세 반전(Trend Reversal)이 나타나지 않는 경우, 패턴의 실패로 간주하는 것이 좋습니다.

   - 추세 연속(Continuation)이 강하게 이어질 수 있음을 유의해야 합니다.

Three Drive: Bullish vs Bearish

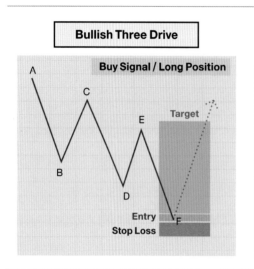
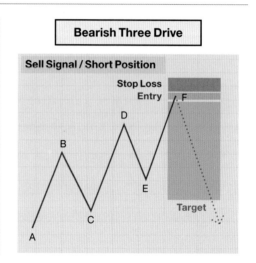

Three Drive 패턴 역시 강세/약세 패턴 모두 그릴 수 있습니다. 강세/약세 패턴 모두 형성 원리는 동일하며, EF를 거쳐 새로운 저점(Bullish) 또는 고점(Bearish)을 형성할 때 각각 매수/롱 또는 매도/숏 포지션 설정이 가능합니다.

Three Drive 패턴을 이용한 트레이딩

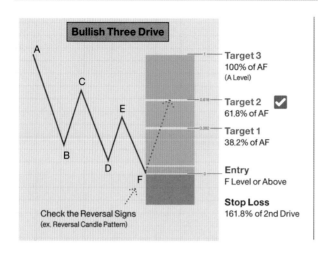

Bullish Three Drive

Target 3
100% of AF
(A Level)

Target 2 ✅
61.8% of AF

Target 1
38.2% of AF

Entry
F Level or Above

Stop Loss
161.8% of 2nd Drive

Check the Reversal Signs
(ex. Reversal Candle Pattern)

1) 목표가(Target Price, TP)
- 전체 패턴(AF)의 61.8% 구간
- 38.2~100.0%로도 설정 가능
🔔 Check Convergence with other Tools

2) 진입가(Entry Price, EP)
- 3차 드라이브(EF)의 완성 구간

3) 손절가(Stop Loss, SL)
- 2차 드라이브의 161.8% 구간
- E반전형 캔들의 경우 캔들 꼬리(Wick)의 끝 참고
🔔 Be Aware of RR Ratio & 'R'

강세 Three Drive 패턴을 예시로 Three Drive 패턴의 실전 거래에 대해 알아보도록 하겠습니다.

Three Drive 패턴에서 거래의 진입은 세 번째 드라이브가 완료되는 지점(F) 또는 세 번째 드라이브 완료 이후 방향이 나타난 이후 시행할 수 있습니다. 이때 F 지점에서는 반전형 캔들 패턴 등 추세 반전의 근거를 추가적으로 확인하는 것이 좋습니다

목표가는 패턴 전체(A-F) 구간을 이용하여 피보나치 되돌림을 적용하는 것이 일반적입니다. A-F의 0.382, 0.618, 그리고 A 구간(1.0)을 차례로 TP1, TP2, TP3로 설정할 수 있습니다. 이때 가장 권장되는 목표가는 TP2, 즉 전체의 0.618 되돌림 레벨입니다. 목표가 설정에 있어 다양한 분석 도구를 병행하는 것은 선택이 아닌 필수입니다. 통상적으로 TP1까지 빠르게 도달 시 TP2를 달성할 가능성이 높아지며, 반대로 TP1까지 느리게 도달 시 이를 넘어설 가능성은 낮아진다고 알려져 있습니다.

목표 손절가는 일반적으로 두 번째 드라이브의 161.8% 확장 구간을 손절가로 설정합니다. 하지만 추세 반전 캔들의 꼬리 '끝'을 손절가로 설정하여 다소 타이트한 목표 손절가를 가져갈 수도 있으며, 본인의 손익비 혹은 'R' 등을 고려하여 적절한 손절가를 설정할 수 있습니다.

C-D Leg Trend Trading

ABCD 패턴 심화편의 마지막 순서는 ABCD의 마지막 변(Leg)인 'C-D Leg의 움직임을 활용한 트레이딩: C-D Leg Trend 트레이딩'에 대해 다루어보도록 하겠습니다.

C-D Leg Trend Trading

BAMM & 자석 현상

ABCD 패턴의 경우, 가격의 움직임(Price Action)이 마지막 C-D Leg를 그려나갈 때 직전의 'B 구간'을 돌파하면 큰 저항 없이 움직임을 이어나가면서 PRZ에 도달하는 현상이 일어나곤 합니다. 이를 자석 현상(Magnet Phenomena)이라고 부릅니다.

이를 활용하여 B를 기준으로 그어진 수평 추세선을 기준으로, 가격이 이를 돌파하는 때를 이용하는 트레이딩이 가능합니다.

다음 파트에서 알아볼 하모닉 트레이딩 역시 피보나치 비율과 ABCD 패턴을 근간으로 하고 있으며, 하모닉 패턴에서는 BAMM(Bat Action Magnet Movement) 현상이 이를 활용한 대표적 테크닉이라 할 수 있습니다.

보다 정확한 용어는 'Trading using Magnet phenomena on the CD Leg'가 되겠으나, 편의상 축약하여 본문에서는 'C-D Leg Trend Trading'으로 표기토록 하겠습니다.

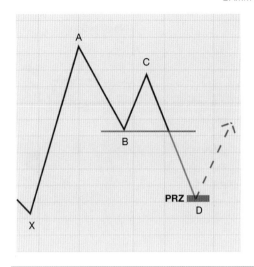

C-D Leg Trend Trading

BAMM & 자석 현상

1) 가격 움직임이 PRZ에 도달하기 전 트레이딩 기회 제공

2) 패턴 형성 후 PRZ에서 반전 성공 여부에 관계없이 트레이딩 가능

3) 명확한 패턴의 형성, 조건 충족 등 근거를 갖춘 상태에서 적용 권장
예) Harmonic Bat Pattern: BAMM

자석 현상을 이용한 C-D Leg Trend Trading의 가장 큰 장점은 가격 움직임이 PRZ에 아직 도달하지 않았더라도 트레이딩을 시도할 수 있다는 점입니다. 또한 패턴 형성 후 PRZ에서 추세 반전(Trend Reversal)의 성공 유무에 상관없이 우수한 트레이딩 기회를 제공합니다. 물론 자석 현상이 모든 ABCD 및 하모닉 패턴에서 관찰되는 것은 아니지만, 조건을 명확하게 충족하는 경우(주로 Bat 패턴이 뚜렷한 경우: BAMM), 아주 유용한 기회가 될 수 있습니다.

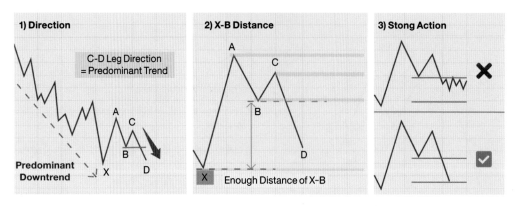

C-D Leg Trend Trading

BAMM & 자석 현상

1) Direction

C-D Leg Direction
= Predominant Trend

Predominant
Downtrend

2) X-B Distance

Enough Distance of X-B

3) Stong Action

C-D Leg Trend Trading을 효과적으로 시행하기 위한 조건을 알아보도록 하겠습니다.

첫 번째로 C-D Leg의 방향이, 큰 틀에서 주된 추세의 방향과 일치해야 합니다. HTF(High Timeframe) 상에서 해당 패턴이 속한 추세의 상방/하방 여부를 확인해야 합니다. 이는 자석 현상이 작용하는 방향과 직전까지 이어진 추세 방향이 동일한 경우에 가격 움직임에 힘을 실어줄 수 있기 때문입니다.

두 번째로 ABCD 직전의 변곡점 'X'와 'B' 사이의 거리가 충분히 확보되어야 합니다. C-D Leg의 경우 단순 AB=CD 형태로 나타나는 경우에도 적용이 가능하지만, 좋은 손익비를 위해서는 'X'와 'B' 간의 높이 차가 충분히 존재하는 경우가 권장됩니다. 이는 하모닉 패턴의 BAMM 파트에서 자세히 다룰 예정입니다.

세 번째로 C-D Leg 상에서 B 구간의 돌파는 강한 움직임으로 이어져야 합니다. 만약 B구간을 돌파했음에도 불구하고 정체된 양상을 보일 경우, 트레이딩을 종료해야 합니다. 이는 'D' 지점까지 이끌 충분히 강한 추세가 형성되지 못했다는 신호이며, ABCD 또는 하모닉 패턴의 완성 여부가 불확실해지기 때문입니다.

C-D Leg Trend Trading의 실전 거래는 C-D Leg상 B 구간 돌파 구간에서 진입할 수 있습니다. 목표가 설정은 예상되는 D 구간으로 설정할 수 있으며, 목표 손절가의 경우 C 구간을

이용할 수 있습니다.

C-D Leg Trend Trading은 하모닉 패턴을 자유자재로 이용하기 위해 꼭 필요한 개념이며, 하모닉 패턴에서 추후 더 자세히 다룰 예정입니다.

8장

하모닉 트레이딩

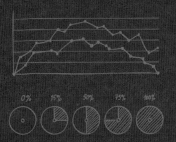

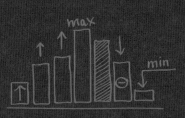

1

하모닉 트레이딩 기초편

하모닉 패턴이란?

하모닉 패턴이란 기본적으로 '반전 포인트'를 결정하는 패턴입니다. 하모닉(Harmonic)의 사전적 의미인 조화 혹은 화음이라는 단어에서 느낄 수 있듯이, 하모닉 패턴은 피보나치 비율과 대칭, 그리고 조화와 균형에 대한 법칙을 이용하는 패턴입니다.

하모닉 패턴의 기원은 H. M. 가틀리(H. M. Gartley)가 1935년에 쓴 『*Profits in the Stock Market*』이라는 책에 처음 등장합니다. 가틀리는 이 책에서 AB=CD 패턴을 처음 소개하였으며, 본인의 이름을 딴 가틀리 패턴을 이 책의 222페이지에서 소개한 바 있습니다. 뒤이어 래리 페사벤토(Larry Pesavento)는 피보나치 레벨을 이용한 트레이딩에 대한 기본 법칙을 확립하였습니다. 후에 스콧 M. 카니(Scott M. Carney)에 의해 많은 하모닉 패턴들이 발견되었고, 현대의 하모닉 패턴 이론으로 집대성되었습니다.

하모닉 패턴은 기본적으로 기하학적인 구조 속에서 나타나는 가격 패턴으로, 정확한 비율에 의한 작도와 수학적으로 이미 증명된 구조를 중시하는 이론입니다. 따라서 다른 투자의 여러 이론보다 비교적 객관적이라는 장점이 있습니다. 또한 정확한 비율이 맞아야 패턴이 완성되기 때문에 거짓 신호를 줄 확률이 적다는 장점도 있습니다.

실제로 오래된 시장인 Forex 마켓에서는 하모닉 패턴에 대한 성공률 조사가 많이 있었습니다. 한 예로 FXGroundworks의 연구에 따르면 하모닉 패턴은 적어도 80% 이상, 몇 개의 패턴은 90% 이상의 적중률을 보인다는 보고가 있었습니다.

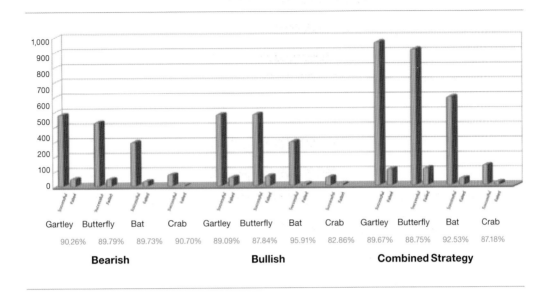

또한 2021년 University of Salford에서는 「Analysis of Trading with Harmonic Patterns in US stock, Forex, and Crypto Market」이라는 논문을 발표한 바 있습니다. 논문에 따르면 하모닉 패턴은 모든 자산 시장을 통틀어서 적어도 60% 이상의 성공률을 보이며, 크립토 마켓의 경우 US stock 혹은 Forex 마켓보다 변동성이 훨씬 크기 때문에 모든 하모닉 패턴의 출현 빈도가 잦다고 발표하였습니다.

그리고 많은 보조지표와 다르게 유일하게 패턴과 PRZ를 이용하여 반전을 염두에 두고 진입하는 선행지표의 성격을 가지고 있습니다. 따라서 하모닉 패턴은 다른 후행적 보조지표(이평선, RSI, 스토캐스틱) 혹은 Price Action과 조합하여 이용할 때 더더욱 진가를 발휘할 수 있습니다.

하모닉 패턴에서는 피보나치 비율과 관련된 중요한 숫자들이 여럿 등장합니다. 이러한 숫자들은 가격의 움직임을 정확하게 측정하고 패턴을 완성시키는 데 필수적이므로 반드시 숙지해야 합니다. 이러한 'Fibonacci Number'가 위치한 가격대에서는 추세 반전의 가능성이 아주 크다는 특징이 있습니다.

하모닉 패턴에서 자주 사용되는 피보나치 수

Key Set: 0.382, 0.618, 0.786, 1.0, 1.618, 2.0, 2.618, 3.618, 4.618

Secondary Set: 0.236, 0.886, 1.13, 2.236, 3.14, 4.236

마지막으로 하모닉 패턴을 사용함에 있어 가장 일반적인 가이드라인에 대해 살펴본 후 마치도록 하겠습니다.

---

1. 모든 하모닉 패턴은 주요 피보나치 되돌림 레벨에 따라 결정된다.

2. 하모닉 패턴은 모든 타임프레임에서 적용 가능하다.

3. 가장 기본적인 패턴은 X, A, B, C, D Point로 구성된다.

4. 하모닉 패턴을 작도하기 위해서는 반드시 (X), A, B, C 점의 좌표가 존재해야 한다.

하모닉 패턴의 5 Points(XABCD)

하모닉 패턴은 AB=CD 패턴과 Three Drive 패턴을 제외하고는 기본적으로 'M' 또는 'W' 모양으로 배치된 5개의 점으로 구성되며, 보통 X, A, B, C, D라고 표기하는 경우가 많습니다. 하모닉 트레이딩의 기본 원칙은 D 포인트 주위에서 형성되는 PRZ라는 반전 구간이 확인된 후에 포지션을 진입하는 것입니다.

이를 위해 먼저 X, A, B, C, D의 5개의 포인트와 그 점들이 만드는 다리(Leg)에 대해 알아보도록 하겠습니다. X, A, B, C, D 점은 XA, AB, BC, CD의 4개의 다리(Leg)를 생성하게 됩니다. 만들어진 XA, AB, BC, CD Leg는 서로 다른 추세를 가지며, 다른 방향으로 움직이게 됩니다.

하모닉 패턴의 5 Points

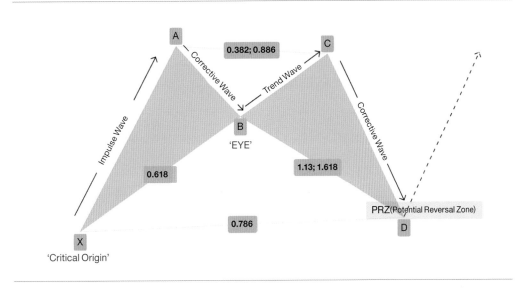

각각의 점과 다리들에 대해 좀 더 자세히 알아보도록 하겠습니다.

X점은 Critical Origin이라고도 불립니다. 패턴의 '원점'에 해당하는 포인트라 볼 수 있는데요. 따라서 이 X점은 우리가 예측하는 트렌드를 보여주는 시작점이 되어야 합니다. X점에서

시작된 큰 추세는 A점까지 지속됩니다. 여기서 발생되는 첫 번째 다리인 XA Leg를 'Impulse Wave'라고 부릅니다. A점에서 일어난 추세의 반전은 B점까지 지속되며, 이때의 AB Leg는 Corrective Wave가 됩니다.

하모닉 패턴에서 핵심이 되는 점이라고 부를 수 있는 B점은 'EYE'라고 흔히 불립니다. 태풍의 '눈'을 떠올리시면 될 것 같습니다. B점은 하모닉 패턴의 종류를 결정짓는 중요한 요소로 작용하게 됩니다.

B점에서 C점까지를 잇는 BC Leg는 Trend Wave라고도 불리며, 다시 원래의 추세를 따라가게 됩니다. 이후 등장하는 C점에서 D점까지의 CD Leg는 Corrective Wave가 되며, 다시 원래의 추세에 반대되는 움직임이 나타나게 되죠.

그 이후 D 포인드 주위에서 PRZ가 형성되고, 확인(Confirm)이 된 경우 추세의 반전을 기대하고 진입할 수 있게 되는 것입니다.

▎PRZ(Potential Reversal Zone)의 개념과 형성 원리

앞서 여러 번 설명드렸듯, 하모닉 패턴은 피보나치 비율을 이용한 패턴입니다. 또한 하모닉 패턴에서 패턴의 완성과 거래 진입은 D Point에서 일어납니다.

하모닉 패턴은 D Point 근처에서 적어도 2개 이상의 Fibonacci Number 주위로 가격이 수렴하도록 만들어져 있으며, 이를 통해 손익비가 높은 거래를 진입하기에 좋은 시점을 만들어냅니다. 이러한 D Point 근처의 반전 구간을 PRZ(Potential Reversal Zone)라 칭합니다.

지금부터 임의의 강세 박쥐 패턴(Bullish Bat Pattern)을 예시로 들어, 하모닉 패턴 트레이딩을 시간 순서대로 살펴보며 PRZ가 형성되는 원리를 알아보도록 하겠습니다.

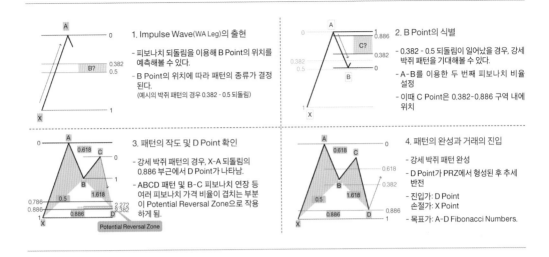

Impulse Wave(XA Leg)의 출현

XA Leg는 Impulse Wave라고도 불리는 가장 기본이 되는 큰 추세입니다. XA Leg가 형성이 된 이후에는 피보나치 되돌림을 이용해 B점의 위치를 예측해볼 수 있으며, 이때의 B점의 위치에 따라 패턴의 종류가 결정됩니다. 예시의 박쥐 패턴(Bat Pattern)의 경우 0.382~0.5의 되돌림 범위를 가지며, 가틀리 패턴(Gartley Pattern)의 경우 0.618, 나비 패턴(Butterfly Pattern)의 경우 0.786, 딥 크랩 패턴(Deep Crab Pattern)의 경우 0.886 등 B Point의 위치에 따라 패턴의 종류가 다양하게 결정되며, 이에 따라 D Point 및 PRZ도 당연히 변화하게 됩니다.

B Point의 식별(Identification)

예시와 같이 0.382~0.5 범위 안에서 되돌림이 일어났을 경우, 강세 박쥐 패턴의 형성을 기대해볼 수 있습니다. A-B를 이용한 두 번째 피보나치 비율을 설정합니다. 이때 C 점은 A-B를 이용해 설정한 두 번째 피보나치 비율의 0.382~0.886 구역 내에 위치해야 합니다.

패턴의 작도 및 D Point 확인(Confirmation)

강세 박쥐 패턴의 경우 첫 번째 피보나치 비율인 X-A 되돌림의 0.886 부근에서 D Point가 나타납니다. 이 D Point는 X-A의 되돌림, ABCD 포인트가 형성하는 ABCD Extension 패턴 및 B-C의 피보나치 연장 등 여러 피보나치 가격 비율(Fibonacci Price Ratio)이 겹치는 구역이며, 따라서 반전이 일어날 가능성이 '매우 높은' PRZ로 작용하게 됩니다.

패턴의 완성과 거래의 진입

예시의 네 번째 그림은 실제로 예측하였던 PRZ에서 반전이 일어나며 강세 박쥐 패턴이 완성되었을 때를 그린 그림입니다. 이때 거래의 진입은 D Point에서, 그리고 목표 손절가는 X Point를 이용할 수 있습니다. 목표가는 통상적으로 A-D 피보나치 되돌림을 이용하여 설정합니다.

╻┃╻ 하모닉 트레이딩의 장단점

하모닉 트레이딩은 객관적이고 수학적인 만큼 장점과 단점이 뚜렷한 트레이딩 방법에 해당합니다.

먼저 장점부터 알아보도록 하겠습니다. 하모닉 패턴은 보기 드문 선행지표로 미래의 반전을 미리 예측하고 진입할 수 있다는 장점이 있습니다. 또한 비교적 빈번하게 나타나며, 처음엔 어렵게 느껴질 수 있지만 한번 학습해두면 사용 방법이 객관적이기 때문에 계속해서 즐겨 사용할 수 있습니다. 그리고 신뢰할 수 있는, 즉 성공 확률이 높은 트레이딩에 해당합니다. 다른 후행적 보조지표들을 함께 사용할 수 있으며, 모든 타임프레임과 모든 종류의 시장에 적용 가능합니다. 마지막으로 피보나치 비율과 정형화된 패턴을 이용하기 때문에 비교적 표준화된 거래 규칙을 만들 수 있다는 장점이 있습니다.

반면 단점 역시 존재합니다. 복잡한 기술적 분석에 해당하며, 초보 트레이더들이 숙지하기 어려울 수 있습니다. 정확한 패턴의 식별은 여러 요소가 동반되어야 하며, 그 이유로 인해 자동화된 거래를 만들기에도 어렵습니다. 또한 여러 피보나치 되돌림/투사가 겹칠 경우 정확히 반전이 일어날 구역을 예측하기에 어려울 수 있습니다. 다양한 타임프레임에서 적용 가능하다는 점은 장점이기도 하지만, 서로 반대되는 방향의 패턴이 같은 종목의 다른 타임프레임 차트에서 나타나기도 한다는 단점이 있습니다. 이상적인 패턴이 성립되지 않은 경우 거래에 진입하지 못하는 경우도 많을 수 있으며, 진입하더라도 손익비가 떨어지는 거래가 될 수 있습니다.

2

하모닉 패턴 정리

Gartley, Bat, Crab, Butterfly, Shark & 5-0, Cypher

▌▎ 가틀리 패턴, 딥 가틀리 패턴

가틀리 패턴(Gartley Pattern)은 H. M. 가틀리에 의해 『*Profits in the Stock Market*』이라는 책에서 처음 소개되었습니다. 이 책의 222페이지에서 소개되었기 때문에 가틀리 패턴은 '가틀리(Gartley) 222'라고도 불립니다. 가틀리 패턴과 다른 대표적인 하모닉 패턴들은 그 되돌림 혹은 투사의 비율만 조금씩 다를 뿐, 기본적으로는 유사한 구조를 가지고 있습니다. 따라서 첫 번째 패턴인 가틀리 패턴을 잘 이해한다면 뒤의 패턴은 쉽게 받아들일 수 있습니다.

앞서 살펴보았듯, 하모닉 패턴은 X, A, B, C, D의 다섯 가지 포인트가 중요합니다. 가틀리 패턴에서 X-A Leg는 가장 큰 가격 움직임입니다. 이어 A에서 B까지의 움직임은 X-A와는 반대 방향의 움직임이 나타납니다. 이때의 되돌림의 비율은 0.618 레벨이 이상적이지만, 통상적으로 가틀리 패턴의 B Point는 +/-3% 정도의 오차를 허용합니다.

이어 B에서 C까지의 약간의 되돌림이 있은 후에 C-D Leg를 형성하며 AB=CD 패턴을 완성시킵니다. X → (AB=CD)로 이어지는 패턴에서 PRZ가 형성되며, 이상적인 가틀리 패턴에서 D점의 위치는 X-A Leg의 0.786 되돌림 영역입니다.

한눈에 알아볼 수 있도록 이상적인 가틀리 패턴의 구성요소를 정리하고 넘어가도록 하겠습니다.

모식도와 함께 강세/약세 가틀리 패턴(Bullish / Bearish Gartley Pattern)에 대해 알아보도록 하겠습니다.

강세 가틀리 패턴

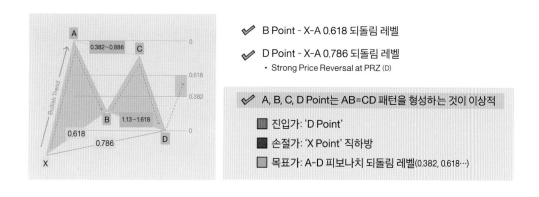

- B Point - X-A 0.618 되돌림 레벨
- D Point - X-A 0.786 되돌림 레벨
  - Strong Price Reversal at PRZ (D)

- A, B, C, D Point는 AB=CD 패턴을 형성하는 것이 이상적
  - 진입가: 'D Point'
  - 손절가: 'X Point' 직하방
  - 목표가: A-D 피보나치 되돌림 레벨(0.382, 0.618…)

강세 가틀리 패턴(Bullish Gartley Pattern)의 시작은 강한 X-A 상승 움직임(Bullish Movement)입니다. 강세 가틀리 패턴은 상승세의 중간 되돌림 과정에서 나타날 수도 있고, 큰 하락세의 끝에 나타난 후에 다시 상승 반전을 일으킬 수도 있습니다.

하모닉 패턴의 5가지 점 모두 중요하지만, 특히 중요한 두 점을 고르자면 B와 D Point라 볼 수 있습니다. B Point는 X-A의 0.618, D Point는 X-A의 0.786 되돌림 레벨에 가깝게 위치해야 합니다.

C Point는 0.382~0.886 레벨 안에만 위치하면 되기 때문에 상대적으로 중요성이 덜하나 A, B, C, D Point가 명확한 AB=CD Pattern을 형성할수록 신뢰도가 높습니다. 이 경우 트레이딩의 진입은 D Point를 이용할 수 있으며, 목표 손절가는 X Point까지의 테스트가 일어날 수 있으므로 X Point의 약간 아래로 설정할 수 있습니다. 이때 X Point의 바로 아래로 설정하는 이유는 X Point를 허무는 움직임이 명확할 경우에 패턴은 무효화되며, 큰 하락이 나타날 수 있기 때문입니다. 목표가는 A-D 되돌림 레벨을 이용하여 0.382 레벨을 TP1, 0.618 레벨을 TP2로 설정하는 경우가 일반적이며, 이외에도 중요 레벨에서 분할 익절할 수 있습니다.

약세 가틀리 패턴

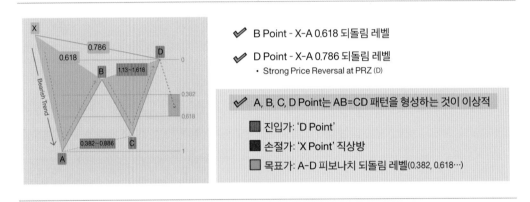

약세 가틀리 패턴(Bearish Gartley Pattern) 또한 마찬가지입니다. 약세 가틀리 패턴의 시작은 강한 X-A 하락 움직임입니다. 약세 가틀리 패턴은 하락세의 중간 되돌림 과정에서 나타날 수도 있고, 큰 상승세의 끝에서 나타난 후 다시 하락 반전을 일으킬 수도 있습니다.

약세 가틀리 패턴의 진입가는 D Point로 동일하지만, 숏 포지션을 취해야 합니다. 손절가는 X Point의 약간 상방으로 설정할 수 있으며, 목표가는 A-D 되돌림 레벨로 강세 가틀리 패턴과 동일하게 설정할 수 있습니다.

딥 가틀리 패턴(강세/약세)

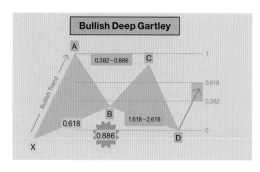
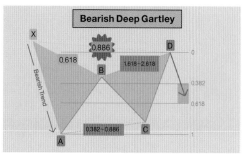

딥 가틀리 패턴은 Ideal Gartley 패턴의 변형으로, 주요한 차이점은 D점의 레벨입니다. Ideal Gartley의 D Point가 0.786 레벨이었다면, 딥 가틀리의 D Point는 0.886 레벨이 됩니다. 딥 가틀리 패턴에서의 목표 손절가는 XA 되돌림의 1.13 레벨로 설정할 수 있습니다.

박쥐 패턴, Alternate Bat 패턴

박쥐 패턴(Bat Pattern)은 앞서 살펴보았던 가틀리 패턴과 매우 유사한 구조를 가지고 있습니다.

박쥐 패턴에서도 역시 X-A Leg가 가장 큰 가격 움직임을 나타냅니다. 이어 A에서 B까지의 움직임은 X-A 와 반대 방향의 움직임이 나타나게 되며, 되돌림의 비율에서 가틀리와 박쥐 패턴의 첫 번째 차이가 나타나게 됩니다. 가틀리 패턴의 경우 0.618 레벨의 되돌림이 이상적이지만, 박쥐 패턴의 경우 0.382~0.5 레벨의 되돌림이 이상적입니다. 특히 0.5 레벨에서의 되돌림이 나타나는 경우를 Perfect Bat Pattern이라 부릅니다.

이어서 B에서 C까지의 약간의 되돌림이 있은 후에 C-D Leg를 형성하며 ABCD 패턴을 완성시킵니다. 이때의 ABCD 패턴은 AB=CD 연장이 나타나게 되며, 1.618 이상의 연장을 보여야 합니다. X에서 ABCD 연장으로 이어지는 패턴에서 PRZ가 형성되며, 이상적인 박쥐 패턴에서 D 점의 위치는 X-A Leg의 0.886 되돌림 영역입니다.

한눈에 알아볼 수 있도록 이상적인 박쥐 패턴의 구성요소를 정리하고 넘어가도록 하겠습니다.

Ideal Bat

1. B Point는 X-A Leg의 0.382 - 0.5 되돌림 레벨

2. B, C, D Point는 X-A 가격 범위를 벗어나지 않아야 함.

3. C Point는 A-B 피보나치 되돌림의 0.382~0.886 내에 위치

4. D Point는 X-A 피보나치 되돌림의 0.886 레벨(PRZ!)

5. A, B, C, D Point는 ABCD 연장 패턴을 형성해야 함.

   - BC Projection은 반드시 1.618 이상을 만족해야 함.

모식도와 함께 강세/약세 박쥐 패턴에 대해 알아보도록 하겠습니다.

강세 박쥐 패턴

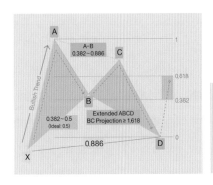

✔ B Point - X-A 0.382~0.5 되돌림 레벨
   • Perfect Bat Pattern: 0.5 Retracement!

✔ D Point - X-A 0.886 되돌림 레벨
   • Strong Price Reversal at PRZ (D)

✔ A, B, C, D Point는 ABCD Extension Pattern을 형성
   • BC Project must be at least 1.618.
   ■ 진입가: 'D Point'(0.886 XA)
   ■ 손절가: 1.13 XA
   □ 목표가: A-D 피보나치 되돌림 레벨(0.382, 0.618…)

모든 강세 하모닉 패턴의 시작은 강한 X-A 상승 움직임입니다. 강세 박쥐 패턴 역시 상승세의 중간 되돌림 과정에서 나타날 수도 있고, 큰 하락세의 끝에서 나타난 후 다시 상승 반전을 일으킬 수도 있습니다.

이상적인 강세 박쥐 패턴의 B Point는 X-A의 0.382~0.5, D Point는 0.886 되돌림 레벨에 가깝게 위치해야 합니다. 통상적으로 박쥐 패턴의 경우 B Point의 오차를 약 5% 정도 허용합니다.

C Point의 경우 0.382~0.886 레벨 내에 위치하면 되기 때문에 성립 조건이 까다롭지 않으나 A, B, C, D Point는 역시 명확한 ABCD 연장 패턴을 형성해야 합니다. 이때의 BC 투사는 반드시 1.618보다 커야 합니다. 이때 거래의 진입은 D Point에서, 손절가는 X Point의 약간 하방부터 최대 1.13 레벨까지로 설정할 수 있습니다. X Point보다 너무 하방에서 손절가를 설정하는 것은 권장되지 않습니다. 목표가는 A-D 되돌림 레벨로 잡는 것이 일반적이며, 역시 같은 방법으로 TP1, TP2를 설정할 수 있습니다.

약세 박쥐 패턴

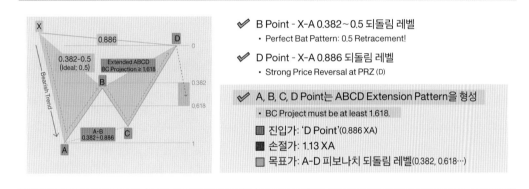

약세 박쥐 패턴(Bearish Bat Pattern)은 약세 가틀리 패턴과 유사합니다. 약세 박쥐 패턴의 시작 역시 강한 X-A 하락 움직임입니다. 약세 박쥐 패턴 또한 하락세의 중간 되돌림 과정에서 나타날 수도 있고, 큰 상승세의 끝에서 나타난 후 다시 하락 반전을 일으킬 수도 있습니다.

약세 박쥐 패턴의 진입가는 D Point로 동일하지만, 숏 포지션을 취해야 합니다. 손절가는 X Point의 약간 상방부터 최대 1.13 레벨까지로 설정할 수 있으며, 목표가는 A-D 되돌림 레벨로 다른 하모닉 패턴과 동일하게 설정할 수 있습니다.

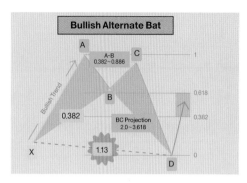
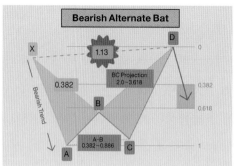

Alternate Bat 패턴은 박쥐 패턴의 변형으로 B, D Point에서 약간의 차이가 존재합니다. 또한 D Point가 X Point보다 하방에 위치하게 되며, 이는 아직까지 접하지 못했던 투사 패턴(Projection Pattern)에 해당합니다. 지금까지 살펴보았던 가틀리, 박쥐 패턴은 되돌림 패턴(Retracement Pattern)이라 부릅니다.

먼저 B Point부터 살펴본다면, 기본적인 박쥐 패턴의 B 되돌림이 0.382~0.5까지의 범위를 가졌던 것에 반해 Alternate Bat 패턴의 경우 B 되돌림이 0.382 레벨로 고정되어 있다는 차이가 존재합니다. 또한 B Point의 오차 범위는 통상적으로 –3%만 허용합니다. 즉 0.382 레벨 이상의 되돌림이 발생할 경우 Alternate Bat 패턴으로 볼 수 없게 됩니다.

D Point의 경우, 기본적인 박쥐 패턴의 D Point가 0.886 레벨이었다면, Alternate Bat 패턴의 D Point는 X Point를 넘어서는 1.13 레벨이 됩니다. 따라서 BC Projection 또한 2.0~3.618로 비교적 큰 값을 가지게 됩니다.

Alternate Bat 패턴에서의 진입가는 D Point, 즉 1.13 XA 되돌림 레벨이 되며, 목표 손절가는 XA 되돌림의 1.27 레벨로 설정할 수 있습니다.

Alternate Bat

1. B Point는 X-A Leg의 0.382 되돌림 레벨

2. C Point는 A-B 피보나치 되돌림의 0.382~0.886 내에 위치

---

3. D Point는 X-A 피보나치 되돌림의 1.13 레벨(PRZ!)

4. A, B, C, D Point는 ABCD 연장 패턴을 형성해야 함.

   - BC Projection은 2.0~3.618의 값을 가짐.

▐▌ 크랩 패턴, 딥 크랩 패턴

크랩 패턴(Crab Pattern)은 앞서 살펴보았던 가틀리, 박쥐 패턴과는 달리 투사 패턴에 해당합니다.

투사 패턴과 되돌림 패턴은 Alternate Bat 패턴을 다루며 잠시 언급드렸었는데요. D Point 와 X Point의 위치 관계에 따라 D Point가 X-A 범위 밖으로 나갈 경우 투사 패턴에 해당하며, X-A 범위 안에 있을 경우 되돌림 패턴에 해당합니다. 따라서 크랩 패턴과 Alternate Bat 패턴은 투사 패턴이며, 가틀리와 박쥐 패턴은 되돌림 패턴이 됩니다.

크랩 패턴은 투사 패턴으로 XA Leg의 1.618 Projection을 이용합니다. 항상 하모닉 패턴의 시작은 X→A로의 가격 움직임입니다. 이어 A에서 B까지의 움직임은 X-A와는 반대 방향의 움직임이 나타납니다. 이때 크랩 패턴의 경우 B 포인트 되돌림의 비율은 0.382~0.618까지의 비교적 넓은 범위를 사용합니다. 이어 B에서 C까지 0.382~0.886 사이의 약간의 되돌림이 있은 후에, C-D Leg를 형성하며 AB=CD 패턴을 완성시킵니다. 이때 Crab 패턴에서 D 점의 위치는 XA Leg의 1.618 투사 영역입니다.

크랩 패턴에서의 AB=CD 패턴은 기본적인 AB=CD보다 크게 확장된 AB=CD 패턴이 나타나게 되며, 2.618~3.618 정도의 연장을 보이게 됩니다. 이러한 크게 확장된 AB=CD 패턴을 카니는 Alternate AB=CD라고 칭하였습니다. 따라서 사실상 크랩 패턴에서의 PRZ는 AB=CD 패턴에 의해 형성된다기보다는 XA Leg의 1.618 Projection에서 나타난다고 생각하는 것이 좋습니다. 한눈에 알아볼 수 있도록 이상적인 크랩 패턴의 구성요소를 정리하고 넘어가도록 하겠습니다.

> **크랩 패턴**
>
> 1. B Point는 X-A Leg의 0.382~0.618 되돌림 레벨(less than 0.618!)
>
> 2. C Point는 A-B 피보나치 되돌림의 0.382~0.886 내에 위치
>
> 3. D Point는 X-A의 1.618 피보나치 투사 레벨(PRZ!)
>
> 4. Alternate AB=CD의 BC Projection은 2.618~3.618로 비교적 크다.

크랩 패턴에 대해 세부적으로 알아보기 전에 먼저 투사 패턴과 되돌림 패턴의 차이에 대해 한 가지 짚고 넘어가도록 하겠습니다. 통상적으로 되돌림 하모닉 패턴(되돌림 패턴)의 경우에는 거래에 임할 때 X Point를 손절가로 설정하는 경우가 많이 있습니다. 가틀리나 박쥐 패턴과 같은 되돌림 패턴의 경우 패턴의 무효화 및 손절선으로서 X Point가 명확한 기준을 제시할 수 있기 때문입니다.

하지만 투사 하모닉 패턴(투사 패턴)의 경우에는 D Point가 X-A Leg의 범위를 넘어서서 형성되기 때문에 상대적으로 X Point가 줄 수 있는 정보가 거의 없습니다. 따라서 크랩 패턴과 같은 투사 패턴의 경우 손절가의 설정이 훨씬 더 주관적일 수밖에 없으며, 실제 거래에 있어서도 리스크 관리가 조금 더 까다로울 수 있습니다. 추가적으로 PRZ를 테스트하는 움직임 또한 1.618 XA를 넘어설 가능성이 높으며, 다른 패턴에 비해 변동성 또한 커질 수 있음을 예상해야 합니다. 모식도와 함께 강세/약세 크랩 패턴에 대해 알아보도록 하겠습니다.

강세 크랩 패턴

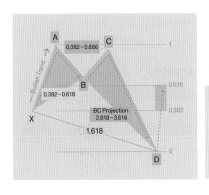

✔ B Point = X-A 0.382~0.618 되돌림 레벨
  • less than 0.618!

✔ D Point = X-A 1.618 투사 레벨
  • Strong Price Reversal at PRZ (D)

✔ A, B, C, D Point는 Alternate AB=CD를 형성
  • BC Projection: 2.618~3.618
  ■ 진입가: 'D Point'(1.618 XA)
  ■ 손절가: 2.0 XA
  □ 목표가: A-D 피보나치 되돌림 레벨(0.382, 0.618…)

    강세 크랩 패턴(Bullish Crab Pattern)의 시작은 X Point에서 A Point로의 상승 움직임입니다. 하지만 다른 되돌림 패턴과는 달리 강세 크랩 패턴의 C-D 하락 되돌림의 폭은 X-A보다 큽니다. 따라서 강세 크랩은 구조적으로는 X-A 상승 움직임을 훨씬 뛰어넘는 하락세, 그 후 강세 크랩 패턴을 형성하며 상승 재반전의 구조를 가지게 됩니다.

    강세 크랩 패턴에서 가장 중요한 요소는 D점의 X-A 1.618 투사인 것은 맞습니다. 하지만 다른 패턴의 요소들 또한 반드시 지켜져야만 패턴이 성립하게 됩니다. 이때 거래의 진입은 D Point에서, 손절가는 X-A의 2.0 레벨 혹은 약간 상방으로 설정할 수 있습니다. 앞서 살펴보았듯 투사 패턴의 경우 X점보다 하방에서 D점이 형성되기 때문에 손절가를 설정하는 것이 비교적 주관적이며, 변동성 또한 되돌림 패턴에 비해 클 수 있습니다. 따라서 1.618을 넘는 PRZ Test를 반드시 염두에 두고 트레이딩에 임하는 것이 좋습니다. 목표가는 A-D의 되돌림 레벨로 잡는 것이 일반적이며, 중요 피보나치 되돌림 레벨에서 분할 익절할 수 있습니다.

약세 크랩 패턴

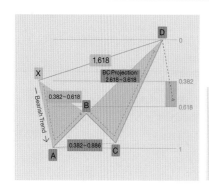

✔ B Point = X-A 0.382~0.618 되돌림 레벨
  · less than 0.618!

✔ D Point = X-A 1.618 투사 레벨
  · Strong Price Reversal at PRZ (D)

✔ A, B, C, D Point는 Alternate AB=CD를 형성
  · BC Projection: 2.618~3.618

  ■ 진입가: 'D Point'(1.618 XA)
  ■ 손절가: 2.0 XA
  ■ 목표가: A-D 피보나치 되돌림 레벨(0.382, 0.618…)

약세 크랩 패턴(Bearish Crab Pattern)은 강세 크랩 패턴과 반대되는 개념입니다. 약세 크랩 패턴의 시작은 X에서 A로의 하락 움직임이며, C-D 상승 되돌림의 폭은 X-A 보다 큽니다. 따라서 Bearish Crab은 구조적으로는 X-A 하락 움직임을 훨씬 뛰어넘는 상승세, 그 후 약세 크랩 패턴을 형성하며 하락 재반전의 구조를 가지게 됩니다.

이때 진입가는 D Point에서 숏 포지션 진입이 원칙이며, 목표 손절가는 X-A의 2.0 레벨까지로 설정할 수 있습니다. 목표가는 A-D의 되돌림 레벨로 잡는 것이 일반적이며, 중요 피보나치 되돌림 레벨에서 분할 익절할 수 있습니다.

다음으로는 크랩 패턴의 변형인 딥 크랩 패턴에 대해 알아보도록 하겠습니다.

딥 크랩 패턴(강세/약세)

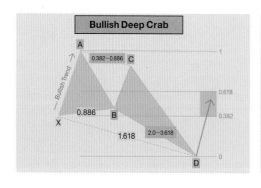

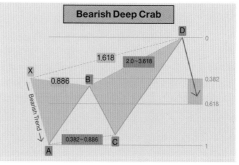

딥 크랩 패턴(Deep Crab Pattern)은 크랩 패턴의 변형으로 B 되돌림 레벨에서 약간의 차이가 존재합니다. 기본 크랩 패턴의 B 되돌림이 0.382~0.618까지의 범위를 가졌던 것에 반해, 딥 크랩 패턴의 경우 B 되돌림이 0.886 레벨로 고정되어 있다는 차이가 존재합니다. 『Harmonic Trading』을 참고했을 때, 특이한 점은 딥 크랩 패턴의 경우 B 되돌림 레벨에서 +5%까지의 오차를 허용한다는 것입니다. 즉 0.886보다 작은 되돌림은 딥 크랩 패턴으로 취급하지 않으며, 0.886~0.936까지의 되돌림을 허용한다고 볼 수 있습니다.

또한 기본 크랩 패턴에서 CD Leg의 지나친 연장으로 인해 Alternate AB=CD 패턴이 제대로 형성되지 않았던 것에 비해 딥 크랩 패턴의 경우 B점 되돌림이 깊게 내려오면서 보다 명확한 Alternate AB=CD 구조를 갖춘다는 특징이 있습니다. 따라서 BC Projection 또한 기존의 2.618~3.618보다 덜 극단적인 최소 2.0에서 최대 3.618까지의 범위를 가지게 됩니다. 딥 크랩 패턴에서의 거래는 크랩 패턴과 동일하게 시행할 수 있습니다.

딥 크랩

1. B Point는 X-A Leg의 0.886 되돌림 레벨(+5% Tolerance)

2. C Point는 A-B 피보나치 되돌림의 0.382~0.886 내에 위치

3. D Point는 X-A 피보나치 1.618 투사 레벨(PRZ!)

4. A, B, C, D Point는 Alternate AB=CD Pattern을 형성함.

   - BC Projection은 2.0~3.618의 값을 가짐.

‖ 나비 패턴

나비 패턴(Butterfly Pattern)은 앞서 살펴보았던 크랩 패턴과 같은 투사 패턴에 해당합니다. 이미 여러 번 하모닉 패턴에 대해 살펴보았으니, 이제는 쉽고 빠르게 이해하실 수 있을 것이라 생각합니다.

나비 패턴은 투사 패턴으로 XA Leg의 1.27 Projection을 이용합니다. 이제는 하모닉 패턴의 시작이 X → A로의 가격 움직임이라는 것 정도는 쉽게 아실 것이라 생각합니다. 항상 그렇듯 A에서 B까지의 움직임은 X-A와는 반대방향의 움직임이 나타납니다.

이때 나비 패턴의 경우는 0.786 되돌림을 사용합니다. 『Harmonic Trading』에서는 나비 패턴의 B 포인트에 대해 ± 3%까지의 오차를 허용하고 있습니다. 이어 B에서 C까지의 0.382~0.886 사이의 되돌림이 있은 후에, C-D Leg를 형성하며 AB=CD 패턴을 완성시킵니다.

이때 나비 패턴에서 D 점의 위치는 XA Leg의 1.27 투사 영역입니다. 나비 패턴에서의 AB=CD 패턴은 크랩 패턴보다는 작은 1.618~2.24 정도의 연장을 보이게 됩니다.

한눈에 알아볼 수 있도록 이상적인 나비 패턴의 구성요소를 정리하고 넘어가도록 하겠습니다.

나비 패턴

1. B Point는 X-A Leg의 0.786 되돌림 레벨(±3%)

2. C Point는 A-B 피보나치 되돌림의 0.382~0.886 내에 위치

3. D Point는 X-A의 1.27 피보나치 투사 레벨(PRZ!)

4. AB=CD의 BC 투사는 1.618~2.24

모식도와 함께 강세/약세 나비 패턴에 대해 알아보도록 하겠습니다.

강세 나비 패턴

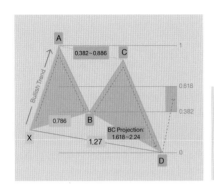

✓ B Point = X-A 0.786 되돌림 레벨
　• ±3% 오차 허용

✓ D Point = X-A 1.27 투사 레벨
　• Strong Price Reversal at PRZ(D)

✓ A, B, C, D Point는 Equivalent AB=CD 혹은 1.27
Alternate AB=CD를 형성
　• BC Projection: 1.618~2.24
■ 진입가: 'D Point'(1.27 XA)
■ 손절가: 1.414 XA
■ 목표가: A-D 피보나치 되돌림 레벨(0.382, 0.618…)

강세 나비 패턴(Bullish Butterfly Pattern)의 시작은 X-A 상승 움직임이며, C-D 하락 움직임은 X-A 움직임보다 작거나 거의 비슷한 크기입니다. 또한 강세 나비 패턴의 경우 ABCD 패턴이 중요한 역할을 합니다.

앞서 살펴보았던 크랩 패턴의 경우 D Point의 1.618 Projection이 PRZ에 중요한 역할을 하였다면, 나비 패턴의 경우는 'ABCD 패턴이 이상적으로 그려지는가'에 초점을 맞추어 PRZ를 예측하는 것이 좋습니다. 이때 거래의 진입은 D Point에서, 목표 손절가는 X-A의 1.414 레벨 정도로 설정할 수 있습니다.

앞서 살펴본 것처럼 투사 패턴의 경우 X점보다 하방에서 D점이 형성되기 때문에 손절가의 설정이 비교적 주관적이며, 변동성 또한 되돌림 패턴에 비해 클 수 있음을 염두에 두어야 합니다.

목표가는 A-D의 되돌림 레벨로 잡는 것이 일반적이며, 중요 피보나치 되돌림 레벨에서 분할 익절할 수 있습니다.

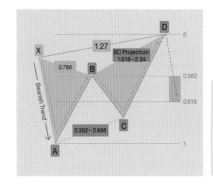

✔ B Point = X-A 0.786 되돌림 레벨
  • ±3% 오차 허용

✔ D Point = X-A 1.27 투사 레벨
  • Strong Price Reversal at PRZ (D)

✔ A, B, C, D Point는 Equivalent AB=CD 혹은 1.27
  Alternate AB=CD를 형성
  • BC Projection: 1.618~2.24
  ■ 진입가: 'D Point'(1.27 XA)
  ■ 손절가: 1.414 XA
  ■ 목표가: A-D 피보나치 되돌림 레벨(0.382, 0.618···)

약세 나비 패턴(Bearish Butterfly Pattern) 또한 마찬가지입니다. X-A 하락 움직임 이후 작거나 비슷한 크기의 C-D 상승 움직임이 나타납니다. 또한 약세 나비 패턴 역시 AB=CD 패턴이 중요한 역할을 합니다. 이때 D Point에서 숏 포지션을 진입할 수 있으며, 손절가는 X-A의 1.414 레벨 정도로 설정할 수 있습니다. 목표가는 A-D의 되돌림 레벨로 잡는 것이 일반적이며, 중요 피보나치 되돌림 레벨에서 분할 익절할 수 있습니다.

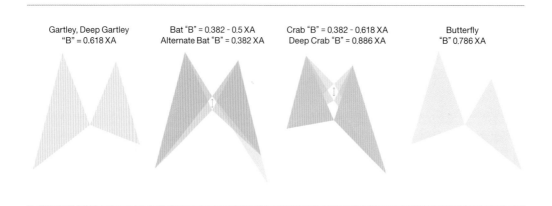

| Gartley, Deep Gartley "B" = 0.618 XA | Bat "B" = 0.382 - 0.5 XA Alternate Bat "B" = 0.382 XA | Crab "B" = 0.382 - 0.618 XA Deep Crab "B" = 0.886 XA | Butterfly "B" 0.786 XA |

샤크 패턴 & 5-0 패턴

샤크 패턴(Shark Pattern)은 앞서 살펴보았던 가틀리, 박쥐, 크랩, 나비 패턴과는 약간 다른 특징을 가집니다. 하지만 이미 여러 번 하모닉 패턴에 대해 살펴보았으니, 그 변형 또한 쉽고 빠르게 이해하실 수 있을거라 생각합니다.

샤크 패턴은 스콧 카니에 의해 2011년 발표된 비교적 새로 정립된 하모닉 패턴입니다. 샤크 패턴은 D Point가 0.886 되돌림 ~ 1.13 연장 영역에 수렴하며, X Point에서 형성되는 지지/저항 구조를 리테스트한다는 특징을 가지고 있습니다. 또한 기존의 패턴들이 보였던 M or W 형태에서 약간 벗어난 형태를 취하게 되며, 특이하게도 X, A, B, C, D의 5개의 점이 아닌 0, X, A, B, C의 5개의 점을 사용합니다.

이러한 특징을 가지게 된 이유를 지금부터 살펴보도록 하겠습니다.

샤크 패턴은 왜 0, X, A, B, C Point로 이루어져 있을까요? 이를 이해하기 위해서는 '5-0 패턴'에 대한 이해가 필수적입니다.

5-0 패턴에서는 기존의 AB=CD 패턴 심화편에서 다루었던 Reciprocal AB=CD의 개념이 등장합니다.

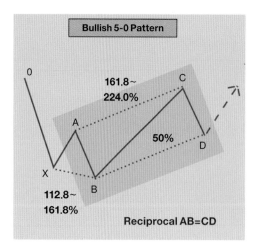
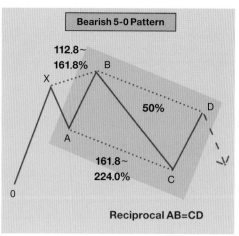

5-0 패턴의 모식도는 위와 같으며, Reciprocal AB=CD가 핵심 요소로 작용하는 하모닉 패턴입니다.

5-0 패턴의 이름은 X, A, B, C, D로 구성된 '5'개의 변곡점과 첫 Leg를 이루는 '0' 지점을 합하여 붙여진 것입니다. 일반적인 M형 또는 W형 패턴과는 다소 다른 형태를 가지고 있으나, 여느 하모닉 패턴과 마찬가지로, 패턴을 통해 PRZ을 확인할 수 있으며 가격 반전(Price Reversal)을 기대할 수 있게 됩니다. 또한 5-0 패턴은 여러 하모닉 패턴 중에서 가장 정교한 패턴 중 하나로 알려져 있으나, 그만큼 패턴 완성 조건을 달성하기가 상대적으로 어렵습니다.

다음으로는 5-0 패턴과 샤크 패턴의 관계에 대해 알아보도록 하겠습니다. 5-0 패턴은 0-X-A-B-C-D로 이루어집니다. 이 중 0-X-A-B-C 부분이 샤크 패턴이 됩니다. 즉 샤크 패턴은 5-0 패턴에 선행되는 패턴인 것이죠.

그럼 샤크 패턴의 형성 과정에 대해 알아보도록 하겠습니다.

지금까지 배운 하모닉 패턴은 작도 시에 Bullish Pattern의 경우 C점이 A점보다 낮은 Lower High를, Bearish Pattern의 경우 C점이 A점보다 높은 Higher Low를 기록할 시 적용이 가능했습니다. 즉 다음과 같은 상황에서는 적용할 수가 없었던 것이죠.

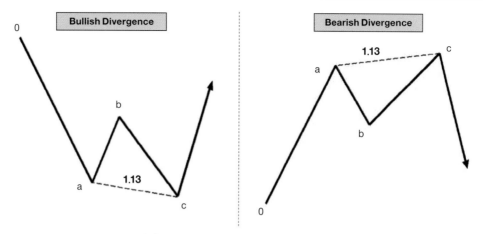

Bullish: a보다 낮은 c(Lower Low) / Bearish: a보다 높은 c(Higher High)

하지만 위 그림에서의 AB 연장 1.13 레벨은 0.886의 역수로, 전형적인 M or W 형태를 벗어난 경우라도 중요하게 작용할 수 있습니다. 이러한 다이버전스(Divergence)는 1.13 레벨뿐 아니라 1.27, 1.618 레벨까지도 연장될 수 있습니다. 샤크 패턴은 바로 이 다이버전스를 이용한다고 생각하면 됩니다.

다음 모식도는 Divergence Reversal이 일어난 후의 과정을 담고 있습니다. Divergence Reversal이 1.13~1.618 레벨에서 이루어진 경우, 그 뒤에 짧고 강한 가격의 움직임이 나타날 수 있습니다.

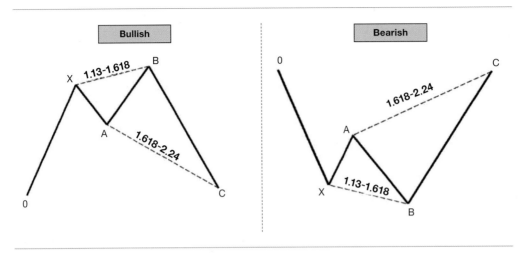

출처: Harmonic_V3

이러한 0, X, A, B, C로 이어지는 움직임이 아래와 같은 특정 비율을 만족시킬 때, 이를 샤크 패턴이라 부르게 되는 것입니다.

샤크 패턴

1. A Point는 0-X Leg의 0.382~0.618 레벨

2. B Point는 X-A Leg의 1.13~1.618 연장 레벨

3. C Point는 A-B의 1.618~2.24 연장 레벨 & 초기 '0'점에 대한 테스트(0.886~1.13 레벨)

구체적인 강세/약세 샤크 패턴의 모식도와 함께 샤크 패턴의 본격적인 활용 방법에 대해 알아보도록 하겠습니다.

강세 샤크 패턴

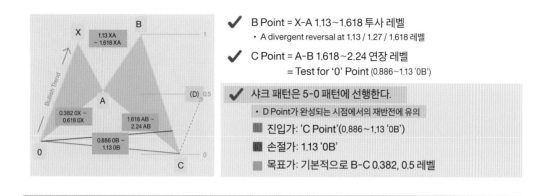

- ✔ B Point = X-A 1.13~1.618 투사 레벨
  - A divergent reversal at 1.13 / 1.27 / 1.618 레벨
- ✔ C Point = A-B 1.618~2.24 연장 레벨
  = Test for '0' Point (0.886~1.13 '0B')
- ✔ 샤크 패턴은 5-0 패턴에 선행한다.
  - D Point가 완성되는 시점에서의 재반전에 유의
  - ■ 진입가: 'C Point'(0.886~1.13 '0B')
  - ■ 손절가: 1.13 '0B'
  - ■ 목표가: 기본적으로 B-C 0.382, 0.5 레벨

샤크 패턴의 핵심은 계속된 리테스트와 AB=CD의 조합입니다. 이를 이해하는 핵심은 C Point를 이해하는 것이며, 이는 진입과 손절가 설정에 대한 고민과 직결됩니다. 샤크 패턴은 반응이 매우 빠르고 즉각적이라는 특징을 가집니다. 강세 샤크 패턴(Bullish Shark Pattern)은 0-X 상승 움직임으로 시작됩니다.

A Point의 위치는 비교적 중요하지 않으나 『Harmonic Trading』에서는 0.382~0.618 내의 Retracement를 소개하고 있습니다. B Point의 경우 X Point를 넘는 Higher High 형태를 보인다는 것이 특징적입니다. XA Projection을 이용하며, 주로 0.886의 역수인 1.13 레벨, 그리고 1.27 혹은 1.618 등의 전형적인 피보나치 레벨에서의 반전을 기대해볼 수 있습니다.

C Point는 샤크 패턴의 핵심이 되는 부분이며, C Point를 이해해야만, 샤크 패턴의 진입가와 손절가를 옳게 설정할 수 있습니다. C Point는 A-B의 1.618~2.24 연장 레벨임과 동시에 기준 원점인 '0'점에 대한 테스트입니다. 샤크 패턴의 경우 BC Leg를 형성하는 피보나치 비율 범위가 좁게 설정돼 있으며, 이를 기준으로 패턴의 유효 여부를 결정하므로 C 점에 대한 기준이 다소 엄격한 편입니다.

좀 더 쉽게 설명드리자면, 샤크 패턴에서의 C Point는 범위라기보단 '반전이 일어날 수 있는 특정 후보군' 정도로 알아두어도 좋습니다. 즉 다음과 같이 생각한 후 각 레벨에서 일어나는 일에 대해 기민하게 반응하는 것이 좋습니다.

샤크 패턴의 C Point 후보는 다음과 같습니다(0, X, A, B의 위치에 따라 대소 관계가 변할 수 있음).

1. A-B 1.618 연장 레벨

2. A-B 2.0 연장 레벨

3. A-B 2.24 연장 레벨

4. 0-B 0.886 레벨

5. '0' 레벨

6. 0-B 1.13 레벨

따라서 거래의 진입은 위 6가지 Point 중 반전이 일어나는 지점으로 설정할 수 있으며, 손절가는 『Harmonic Trading』 기준으로는 1.13 0B 레벨을 이용하지만, 2.24 A-B 연장 레벨 혹은 1.27, 1.618 0-B 레벨 등의 지점을 추가적으로 이용할 수 있습니다.

샤크 패턴은 비교적 반응이 빠르고 명확하다는 특징과 함께, 5-0 패턴에 선행하는 경우가 많다는 특징을 가집니다. 따라서 샤크 패턴의 목표가 설정은 다른 하모닉 패턴에 비해 조금 더 까다롭습니다. 샤크 패턴은 기본적으로 잦은 반전이 나올 수 있는 만큼 거래에 임할 시 훨씬 더 적극적으로 관리해주어야만 하며 보수적으로 포지션을 운용하기를 권장드립니다.

샤크 패턴의 목표가로 가장 쉽게 이용할 수 있는 점은 B-C 되돌림 레벨입니다. 이때 B-C 0.5 레벨에서 5-0 패턴이 완성될 수 있다는 사실을 잊어서는 안 됩니다.

두 번째로 유의해야 할 부분은 Reciprocal AB=CD 패턴의 완성 지점입니다. 이 두 레벨은 5-0 패턴의 PRZ를 결정하는 요소이기도 합니다.

샤크 패턴의 목표가를 정리하자면 다음과 같습니다.

샤크 패턴의 목표가

1. B-C 0.382 레벨

2. B-C 0.5 레벨(5-0 Pattern 확인)

3. Reciprocal AB=CD Pattern의 완성 지점

4. B-C 0.618~0.886 레벨(분할 익절 후 포지션 운용 시에만)

약세 샤크 패턴

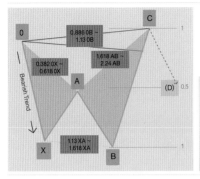

✓ B Point = X-A 1.13~1.618 투사 레벨
  • A divergent reversal at 1.13 / 1.27 / 1.618 레벨

✓ C Point = A-B 1.618~2.24 연장 레벨
  = Test for '0' Point(0.886~1.13 '0B')

✓ Shark Pattern은 5-0 Pattern에 선행한다.
  • D Point가 완성되는 시점에서의 재반전에 유의
  ■ 진입가: 'C Point'(0.886~1.13 '0B')
  ■ 손절가: 1.13 '0B'
  ■ 목표가: 기본적으로 B-C 0.382, 0.5 레벨

약세 샤크 패턴(Bearish Shark Pattern)은 0-X 하락 움직임으로 시작됩니다.

마찬가지로 A Point는 0.382~0.618 내의 되돌림을 보이며, B Point의 경우 X Point를 넘는 Lower Low 형태를 보인다는 것이 특징적입니다.

C Point는 강세 샤크 패턴의 반전 지점과 동일하며, 진입과 목표가 역시 숏 포지션인 점만 다를 뿐 동일한 방법으로 설정할 수 있습니다.

추가적으로 유의해야 할 부분은 트레이딩뷰에서의 작도입니다.
현재 트레이딩뷰에서 작도할 수 있는 패턴은 XABCD 패턴과 사이퍼(Cypher) 패턴 두 가지입니다.

1. XABCD 패턴 툴로 샤크 패턴을 작도했을 때의 문제점
  • 샤크 패턴의 정의는 0, X, A, B, C이나, 작도는 X, A, B, C, D로 나타나게 되어 혼동 유발
  • 샤크 패턴의 C Point는 0-B 되돌림을 사용하나, XABCD 패턴의 경우 X-A 되돌림을 사용

2. 사이퍼 패턴 툴로 샤크 패턴을 작도했을 때의 문제점
  • 사이퍼 패턴 역시 X, A, B, C, D Point로 표시되어 혼동 유발
  • 샤크 패턴의 B Point는 X-A(사이퍼 툴 기준 0-X) Projection을 사용하나, 사이퍼 패턴의 C Point는 X-A Projection을 사용

명쾌한 해결책은 현재로서는 존재하지 않으며, 사이퍼 패턴 툴로 작도했을 때 B Point의 오차보다, XABCD 패턴 툴로 작도했을 때 D Point의 오차가 적어 XABCD 패턴으로 작도한 후 D Point(샤크 패턴의 C Point) 위치를 한 번 더 체크하는 편이 낫습니다.

이제는 5-0 패턴에 대해 다시 자세히 알아보도록 하겠습니다. 예시는 강세(Bullish) 5-0 패턴을 기준으로 설명드리도록 하겠습니다.

5-0 하모닉 패턴

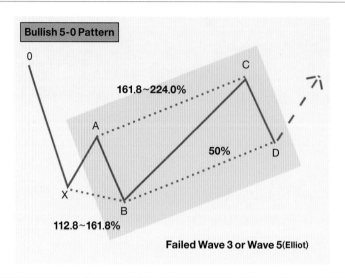

앞서 샤크 패턴의 형성 과정에서 살펴보았듯이 X → A → B로 이어지는 움직임은 Extreme Harmonic Impulse Move의 일종으로 볼 수 있습니다. 또한 이 움직임은 엘리어트 파동 이론에서 제3파(Wave 3) 또는 제5파(Wave 5)가 실패한 것으로 간주할 수 있습니다.

5-0 패턴

① BC Leg는 5-0 패턴의 5개의 Leg 중 가장 길어야 합니다.

② BC Leg의 범위는 AB 연장의 161.8% 이상이면서 224%를 초과하여서는 안 됩니다.

③ AB 연장(BC)이 161.8%보다 작은 경우, 패턴은 무효화됩니다.

④ D Point는 크게 두 가지 형태가 있을 수 있으며, 이 두 형태가 중첩될 경우 신뢰도가 상승합니다.

- BC→D의 0.5 되돌림 레벨

- Reciprocal AB=CD를 만족시키는 D 레벨

마지막으로 알아볼 5-0 패턴의 변형은 5-0 패턴의 C-D Leg에서 AB=CD 패턴이 나타나는 경우입니다.

5-0 패턴 내의 Reciprocal AB=CD, 그중에서도 CD Leg에서 작은 AB=CD 패턴이 나타나는 경우를 의미합니다.

5-0 패턴 CD Leg 내의 AB=CD

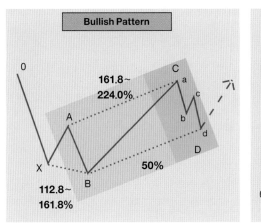
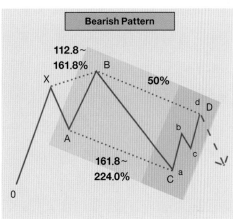

위 모식도와 같은 작은 AB=CD 구조가 마지막 CD Leg에서 나타나는 경우, 5-0 패턴을 효과적으로 지지해주는 것으로 알려져 있습니다. 만약 5-0의 요건을 충족하면서 AB=CD가 나타나는 경우, 그렇지 않은 경우에 비해 가격 반전이 더욱 성공적으로 일어날 것을 기대할 수 있습니다.

⨛ 사이퍼 패턴

사이퍼 패턴(Cypher Pattern)은 스콧 카니(Scott Carney)가 아닌, 대런 오그레스비(Darren Oglesbee) 라는 사람이 처음 도입한 패턴입니다. 하지만 다른 하모닉 패턴과 마찬가지로 XABCD로 라벨링하여 표기할 수 있습니다.

사이퍼 패턴 역시 다른 하모닉 패턴과 마찬가지로 반전형 패턴이며, 피보나치 비율과 가격의 움직임의 상관관계를 이용합니다. 자주 등장하는 패턴은 아니지만, 하모닉 패턴 중 A점보다 C점이 더 연장된 패턴은 샤크와 사이퍼 패턴뿐이므로 알아두면 도움이 될 수 있습니다.

사이퍼 패턴과 이전 하모닉 패턴과의 첫 번째 차이점은 X-A Leg보다 C-D Leg가 더 큰 가격 움직임을 나타낸다는 점입니다. 패턴의 시작은 먼저 시장에 나타나는 X-A 움직임입니다. 이어 A에서 B까지의 움직임은 X-A와는 반대방향의 움직임이 나타납니다. 이때 B점의 되돌림의 비율은 0.382~0.618의 범위를 가집니다.

두 번째 차이점은 C점이 A점보다 더 연장된 형태를 취한다는 것입니다. 이는 샤크 패턴과 유사한 형태이며, X-A에 대한 C의 비율은 1.272~1.414 투사 범위 내에 위치하게 됩니다.

PRZ가 형성되는 지점에서 D점이 결정되게 되며, 패턴에서 D점의 위치는 'X-C' Leg의 0.786 되돌림 영역입니다. 전반적으로는 샤크 패턴과 마지막 파동 전까지 상당히 유사한 형태를 지니게 됩니다.

한눈에 알아볼 수 있도록 이상적인 사이퍼 패턴의 구성요소를 정리하고 넘어가도록 하겠습니다.

사이퍼 패턴

① B Point는 X-A Leg의 0.382~0.618 되돌림 레벨

② C Point는 X-A 가격 범위를 벗어나게 됨.

③ C Point는 X-A 1.272~1.414 투사 레벨에 위치

④ D Point는 X-C 피보나치 되돌림의 0.786 레벨(PRZ!)

모식도와 함께 강세 사이퍼 패턴(Bullish Cypher Pattern)에 대해 알아보도록 하겠습니다.

강세 사이퍼 패턴

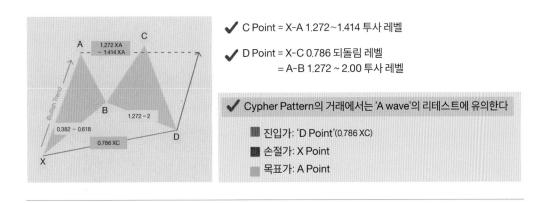

✔ C Point = X-A 1.272~1.414 투사 레벨

✔ D Point = X-C 0.786 되돌림 레벨
   = A-B 1.272 ~ 2.00 투사 레벨

✔ Cypher Pattern의 거래에서는 'A wave'의 리테스트에 유의한다

■ 진입가: 'D Point'(0.786 XC)
■ 손절가: X Point
■ 목표가: A Point

사이퍼 패턴의 경우 거래의 진입 및 목표가와 손절가의 설정이 비교적 단순한 패턴입니다.

먼저 강세 사이퍼 패턴의 구조에 대해 살펴보도록 하겠습니다. 강세 사이퍼 패턴 또한 다른 하모닉 패턴과 마찬가지로 X-A 상승 움직임에서 출발합니다. X-A 상승 움직임 이후 B Point까지의 되돌림(Retracement)이 일어나게 되며, 이때의 비율은 0.382~0.618 레벨 내에 위치합니다.

이후 A점을 넘어서는 B-C 상승 움직임이 나타나게 되며, 이때 C점의 레벨은 X-A의 1.272~1.414 투사 레벨 내에 위치합니다. 문헌에 따라 1.13~1.414 레벨까지를 허용하기도 하므로 1.13 Projection을 사용해도 무방할 것으로 생각됩니다.

이후 X-C Leg의 0.786 되돌림 레벨에 위치하는 D Point를 이용하여 거래에 임하게 됩니다.

> 이때 주의할 점은 D Point를 설정함에 있어
>
> X-A Leg를 이용하는 것이 아니라 X-C Leg를 이용한다는 점이며, 이러한 특징으로 인해
>
> 트레이딩뷰 툴을 이용하여 작도할 시에 'XABCD 패턴' Tool 대신
>
> '사이퍼 패턴' Tool을 이용해야 정확하게 작도할 수 있습니다.

사이퍼 패턴의 거래 진입은 D Point(0.786 XC) 레벨에서 시행할 수 있으며, 손절가는 X Point, 목표가는 A Point로 설정합니다.

따라서 사이퍼 패턴은 비교적 손익비가 우수한 하모닉 패턴 중 하나이며, 거래에 적용하기에도 간단하다는 장점이 있습니다. 여기서 목표가를 A Point로 설정하는 이유는 A Point 이상의 포지션 보유를 가급적 지양하는 데 그 의미가 있습니다.

A Point에서의 X-A-B 움직임을 'A Wave'라고 보았을 때, A Wave 레벨 근처에서 나타나는 리테스트를 경계하는 것인데요. 따라서 거래에 임할 때에는 A Point에 도달하기 전이라도 다양한 레벨에서의 수익 실현은 가능하며, A Point 이상으로 목표가를 설정할 때에는 반드시 포지션 규모를 축소하고, 리스크를 제거한 상태에서 거래에 임하는 것이 좋겠습니다.

이어서 모식도와 함께 약세 사이퍼 패턴(Bearish Cypher Pattern)에 대해 알아보도록 하겠습니다.

약세 사이퍼 패턴

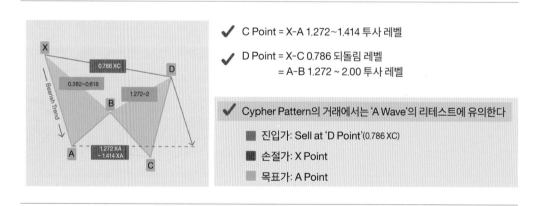

약세 사이퍼 패턴은 강세 사이퍼 패턴의 반대 개념을 가지고 있습니다.

X-A 하락 움직임 이후 B Point까지의 되돌림(Retracement)이 일어나게 되며, 이때의 비율은 0.382~0.618 레벨 내에 위치합니다.

이후 A점을 넘어서는 B-C 하락 움직임이 나타나게 되며, 이때 C점의 레벨은 X-A의 1.272~1.414 투사 레벨 내에 위치합니다. 문헌에 따라 1.13~1.414 레벨까지를 허용하기도 하므로 1.13 레벨 역시 사용하셔도 무방합니다.

이후 X-C Leg의 0.786 되돌림 레벨에 위치하는 D 점를 이용하여 거래에 임하게 됩니다.

3

하모닉 트레이딩의 과정과 리스크 관리

하모닉 트레이딩에 있어 가장 '어려운' 부분은 아마 하모닉 패턴 자체를 이해하고 발견하는 일일 것입니다. 하지만 패턴을 이해하고 발견하는 것만으로는 성공적으로 거래를 마칠 수 없습니다.

스콧 카니는 하모닉 트레이딩에 대해 단계적으로 이루어지는 큰 틀의 전략이라고 설명하였습니다. 즉 큰 틀에서 패턴을 식별하고, 거래를 실행하고, 거래를 관리하는 것까지 일련의 과정들을 이해하고, 단계별로 실행하는 것이 중요하다고 주장하였습니다.

좀 더 구체적으로 카니가 제시한 하모닉 거래의 3가지 단계에 대해 알아보도록 하겠습니다.

∥∤∣ 식별(Identification)

하모닉 패턴은 선행적 지표로서 아주 신뢰도 높은 예측을 제공한다는 장점 또한 가지고 있지만, 패턴의 측정치가 미리 규정돼 있으며, 항상 균일한 비율과 값이 요구된다는 특징이 있습니다. 이러한 특징들로 인해 1단계인 식별(Identification) 단계에서 가장 중요한 요소는 바로 하모닉 비율을 이용한 패턴 구조의 측정입니다. 이러한 패턴 구조의 측정과 식별은 통상적인 하모닉 패턴의 A Point에서부터 D Point 사이에서 언제든지 가능합니다.

스콧 카니는 하모닉 패턴 트레이딩에 서투른 초보 거래자의 경우 다음과 같은 두 가지의 항목에 대해 확실히 숙지하도록 조언을 남겼습니다.

> 각 패턴 구조의 개별 측정값 및 비율에 대한 완전한 이해
> 손익비 좋은 거래를 위한 패턴 검증의 다양한 방법 습득

실행(Execution)

실행(Execution) 단계는 3단계 중 가장 짧은 시간 동안 일어나는 과정이며, 좋은 거래 실행을 위해서는 여러 요소를 동시에 평가하는 능력을 반드시 가지고 있어야 합니다. 실행(Execution) 단계에서는 T-Bar라는 개념이 새롭게 등장하게 되며, 이에 대해서는 다음 파트에서 자세히 다룰 예정입니다. T-Bar는 Terminal Price Bar의 줄임말로 하모닉 패턴의 완성 지점을 뜻합니다. 즉 T-Bar는 'D Point'에서 나타나게 되며 T-Bar가 완성된 직후에는 예상하고 있던 반전이 빠르게 나타나게 됩니다.

관리(Management)

관리(Management) 단계에 대해 카니는 다소 두루뭉술하게 서술한 경향이 있으나, 관리의 핵심은 포지션에서 얻을 수 있는 이득은 극대화하며, 손실은 최소화하는 것입니다. 이 중 리스크 관리 및 제거에 대해서는 다시 한번 짚고 넘어가도록 하겠습니다.

리스크 관리 및 제거에는 크게 두 가지 방법이 있습니다.

첫 번째는 원하는 가격 움직임이 나온 후, 손절가를 진입가로 옮겨 남은 물량을 최소 Break Even(본전) 상태로 두는 것입니다. 원하는 가격 움직임이 나온 후에는 분할 수익 실현이 필수적이며, 남은 물량에 대해서는 손절가를 진입가에 설정한다면 손실 가능성을 0으로 만들 수 있습니다. 분할 수익 실현을 하지 않은 상태라도, 변동성이 큰 장세에서는 리스크를 제거하기 위해 이용할 수 있습니다.

두 번째 방법은 이미 분할 수익 실현을 한 경우 혹은 목표가에 어느 정도 도달한 경우, 손절가를 약간 더 타이트하게 조정하여 만약 손절가에 도달하여 거래가 종료되더라도 기존의 분할 수익 실현과 약손실을 합쳐 본전 혹은 약간의 이득으로 거래를 종료될 수 있도록 만드는 깃입니다.

하모닉 트레이딩의 3단계 과정을 모식도로 나타낸다면 다음과 같습니다.

스콧 M. 카니의 하모닉 트레이딩 3-Stage

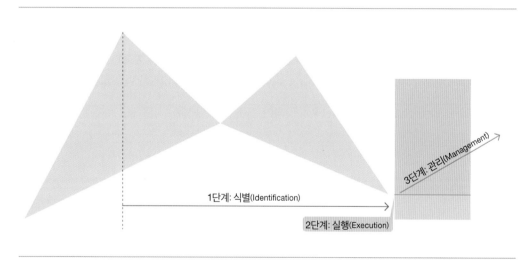

438

4

T-Bar에 대하여

T-Bar와 PRZ의 개념

T- Bar란 이미 완성되어가는 패턴의 PRZ(Potential Reversal Zone, 반전이 일어날 만한 가능성이 있는 구역) 안에서 일어나는 Price Action을 뜻합니다.

스콧 카니는 이상적인 반전이란 일반적으로 PRZ의 모든 영역을 테스트한다고 설명하였습니다. 여기에서의 PRZ의 모든 영역이란 패턴 전체 범위의 약 3~5%에 해당하는 D-Point의 범위를 뜻합니다. T-Bar란 이 PRZ의 영역을 테스트하는 가격 막대로도 정의할 수 있습니다.

PRZ의 형성 과정에 대해 조금 더 자세히 들여다보도록 하겠습니다. 일반적인 하모닉 패턴에서 PRZ는 총 세 가지 요소가 겹쳐지며 정해지게 됩니다. 즉 아래의 요소가 겹쳐지는 부분에서 PRZ가 발생한다고 볼 수 있습니다.

X-A Leg에 대한 D Point의 되돌림

ABCD 패턴의 완성

B-C Leg에 대한 D Point의 투사

이러한 PRZ를 한 개 혹은 소수의 캔들이 테스트하는 경우, 그러한 캔들을 T-Bar라고 부를 수 있습니다. 주로 반전의 캔들 형태를 띠게 되겠죠. 모식도로 나타낸다면 아래와 같은 형태로 그려볼 수 있겠습니다.

PRZ의 형성 원리와 T-Bar

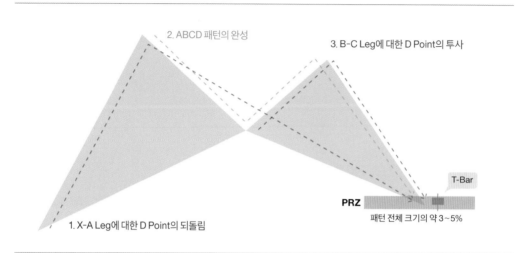

2. ABCD 패턴의 완성
3. B-C Leg에 대한 D Point의 투사
T-Bar
PRZ
패턴 전체 크기의 약 3~5%
1. X-A Leg에 대한 D Point의 되돌림

T-Bar의 실전 이용 Tip

이번 파트에서는 스콧 카니가 제시한 T-bar에 대한 실전 이용 Tip을 알아보도록 하겠습니다. 우선 카니가 정의한 'Official T-Bar'는 PRZ를 테스트하는 캔들 중 가장 마지막 캔들입니다.

앞서 살펴본 것과 같이 T-Bar는 하모닉 패턴이 완성되었다고 간주될 수 있는 가격 수준, 즉 D Point가 위치할 수 있는 PRZ에 위치하며, T-Bar 바로 다음 캔들(T-Bar +1)에서 거래를 실행(Execution)할 수 있습니다.

T-Bar는 하나의 캔들로 전체 PRZ를 단번에 테스트할 수도 있고, Consolidation 기간을 필요로 할 수도 있습니다. 하지만 일단 T-Bar가 PRZ의 전체 범위를 테스트한 이후에는 예상

되었던 반전이 가속화되어야 합니다.

T-bar를 효과적으로 이용하기 위해서는 PRZ에서 일어나는 Price Action에 주목해야 합니다. 특히 XA, BC의 계산과 AB=CD 패턴 구조에 대해 면밀히 평가해야 합니다.

하모닉 패턴의 신뢰도를 높이기 위해서는 PRZ에서의 반전 과정을 추가적으로 확인할 수 있는 다른 요소들을 찾아야 합니다.

T-Bar에서 나타나는 Price Action은 CHoCH(Change of Character)의 성격을 띠어야 합니다. 즉 추세의 반전이 일어나야 한다는 의미인데요. 강세 하모닉 패턴(Bullish Harmonic Pattern)의 경우 강세 전환 캔들이 출현해야 하며, 약세 하모닉 패턴(Bearish Harmonic Pattern)의 경우 약세 전환 캔들이 출현해야 합니다.

▮▮ T-Bar의 심리학

하모닉 트레이딩을 함에 있어 가장 맥이 빠지는 상황은 내가 예측한 패턴이 예측한 대로 흘러가지 않을 때일 것입니다. 즉 잘 흘러가던 패턴이 깨질 수 있는 아래와 같은 몇 가지의 상황을 대비하는 것이 필요합니다.

PRZ에 도달하지 않고 반전이 일어나는 경우

PRZ를 완전히 돌파하는 마루보주 캔들 혹은 Gap

T-Bar에 대한 개념을 확실히 이해한다면 이러한 상황에 보다 더 효과적으로 대비할 수 있습니다. 1단계인 식별(Identification)에서 2단계인 실행(Execution)으로 넘어가기 위해 필요한 검증 과정인 셈이죠.

스콧 카니는 본인의 저서에서 T-Bar를 'Execution Light Switch'라고 표현하였습니다. 즉 실행(Execution)이라는 Light를 켜기 위해서는 T-Bar가 나타나야 한다는 의미이죠.

정확하게는 T-Bar의 직후가 가장 좋은 트레이딩의 기회가 될 수 있으며, T-Bar는 패턴 완성의 증거이자, 투자자들에게는 마지막 안전핀이 될 수도 있습니다. 따라서 T-Bar가 나타난 이후 진입하는 것이 리스크 관리에도 큰 도움이 될 수 있습니다.

또한 하모닉 트레이딩에 있어 T-Bar 이외에 다른 컨펌 요소를 찾는 것도 중요합니다.

거래량, 이동평균선, RSI, MACD, 패턴, Convergence & Divergence, 엘리어트 파동(Elliott Wave) 등의 다양한 보조지표들을 추가적으로 사용할 수 있습니다.

이러한 보조지표들은 대부분 그 하나만으로는 신뢰도가 낮지만, 선행적 지표인 하모닉 패턴과 결합하여 사용할 경우 높은 신뢰도를 보일 수 있습니다.

T-Bar 활용 예시

Bullish Gartley Pattern & T-Bar

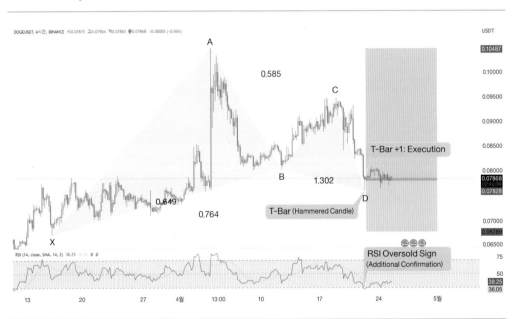

DOGEUSDT의 H4 차트입니다. 강세 가틀리 패턴이 형성된 것을 확인할 수 있습니다. 강세 가틀리 패턴의 D Point는 0.786 레벨로, 이상적인 PRZ 구역은 약 0.736~0.836 레벨이 될 것입니다. 예시에서는 긴 아랫꼬리를 가진 망치형 캔들이 PRZ에서 출현하였으며, 이 캔들의 경우 강한 상승 반전의 캔들입니다. 이 캔들을 T-Bar라고 볼 수 있습니다. 차트의 밑을 확인해본다면 추가적으로 RSI의 과매도 시그널이 함께 관찰되는 것을 확인할 수 있습니다. 근거의 중첩으로 신뢰도가 높아졌으므로 T-Bar의 다음 캔들(T-Bar+1)에서 실행할 수 있습니다.

T-Bar의 개념은 다소 모호하게 느껴질 수도 있지만, 사실 전혀 새로운 개념이 아닌 우리가 이미 알고 있던 여러 가지 반전의 증거들입니다. 다만, T-Bar라는 개념은 거래에 임하기에 앞서 한 번 더 체크할 수 있는 확인 장치라고 이해하시면 될 것 같습니다.

하모닉 패턴의
Type I, II Reversal

이번 파트에서는 하모닉 패턴의 실전 거래에서 자주 사용되는 개념인 Type I, Type II Reversal에 대해 알아보도록 하겠습니다. 비교적 간단한 개념이기 때문에 쉽게 이해할 수 있습니다.

Type I Reaction & Return

Type I Reaction은 PRZ 이후 나타나는 최초의 반전(Reversal)을 뜻하며, 스콧 카니는 Type I Reaction을 Type I Reversal로도 불렀습니다.

Type I Reaction의 개념은 D Point에서의 PRZ Test 이후 나타나는 반전을 의미하며, 통상적으로 TP1(0.382) 레벨까지 도달하는 경우가 많습니다.

Type I Reaction 이후 TP1이 달성된다면 TP1은 주요 지지/저항 레벨로 작용할 수 있습니다. 따라서 가격의 되돌림(Return)이 일어나는 경우가 많으며, PRZ까지의 되돌림(Return)이 일어나 리테스트가 일어나는 경우도 많습니다.

▌ Type II Reversal

Type II Revesal이란 Type I Reaction 이후 PRZ를 다시 시험하는 일련의 과정을 의미합니다. 스콧 카니는 Type II Reversal을 'The Secondary Retest'라고 표현하였습니다. 또한 PRZ 리테스트의 성공은 작도한 하모닉 패턴을 이루는 지지/저항 구조가 다시 한번 확인된 것을 의미하며, 이는 보다 더 높은 목표가를 기대해볼 수 있음을 의미합니다.

Type I Reaction 후 Return 과정에서 작은 패턴 구조(Small Pattern Structure) 혹은 중요한 비율에서의 되돌림을 발견한다면 첫 번째 패턴 이후 거래의 완성도를 더 높일 수 있습니다.

▌ Type I, II Reaction의 실전 예시

Type I, II Reaction

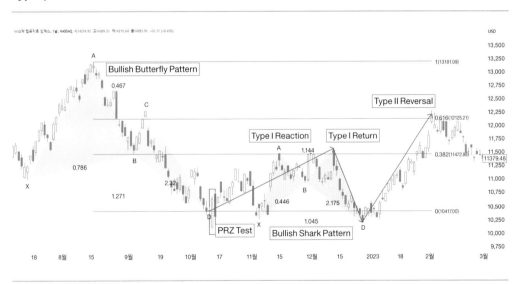

나스닥 컴포지트 인덱스의 예시입니다. 강세 나비 패턴이 관찰되며, D Point 근처에서 강한 PRZ Test가 확인됩니다. PRZ Test 이후 나타나는 상승 움직임을 'Type I Reaction'이라 부룹니다. Type I Reaction의 목표가는 TP1, 즉 0.382 레벨까지를 통상적으로 이용하며, TP1에 도달했다면 Type I Return이 일어날 가능성이 높습니다.

Type I Return이 일어난 것을 확인할 수 있으며, Type I Reaction과 Type I Return 과정에서 강세 샤크 패턴의 형태로 작은 구조의 하모닉 패턴이 형성된 것을 확인할 수 있습니다. 이는 Type I Return 이후 Type II Reversal에 대한 추가적인 근거로 작용할 수 있습니다.

Type II Reversal은 PRZ의 리테스트이며, 기존 하모닉 패턴의 재확인 과정이기도 합니다. PRZ 리테스트가 완료된 후 Type II Reversal이 성공적으로 일어났다면, 기존의 TP1보다 더 높은 목표가를 설정하는 것도 가능합니다.

6

하모닉 패턴의 작도 방법과
거래 예시

▮▮ 하모닉 패턴의 작도

이번 파트에서는 하모닉 패턴을 작도하는 방법에 대해 알아보도록 하겠습니다. 트레이딩뷰 사이트의 툴을 기준으로 설명드릴 예정이며, 패턴을 찾고 그려나가는 과정에 대해 상세히 다루도록 하겠습니다. 예시는 약세 가틀리 패턴을 사용하였으나, 다른 하모닉 패턴의 경우도 똑같은 원리로 작도가 가능합니다.

피보나치 되돌림을 예의주시합니다.

큰 하락 추세 후 되돌림이 관찰됩니다.

- 기존 Lower High의 0.618 레벨
- Lower High를 X, 전저점을 A, 0.618 레벨을 B Point로 설정
- 0.618 레벨을 B Point로 가지는 하모닉 패턴을 떠올려볼 수 있습니다.
- 아직 하모닉 패턴이 완성될 거라고는 전혀 단정할 수 없는 단계입니다.

강한 추세 움직임이 나타난 후, 어떤 특정 가격 레벨을 기준으로 중요 피보나치 수에서 되돌림이 일어나는 경우는 항상 주목해볼 만합니다. 예시의 경우, 강한 하락 움직임이 나타나고 있으며, 이 중 뚜렷한 변곡점의 경우 X Point로 삼을 수 있습니다. 되돌림은 세 번째 Lower High 기준으로 0.618 레벨까지 일어났습니다. 0.618 레벨에서 B Point가 형성되는 패턴에는 '가틀리(0.618), 크랩(0.382~0.618), 샤크(OXA 기준 A Point, 0.382~0.618) 패턴' 등이 있습니다.

C, D 포인트를 차례로 작도합니다.

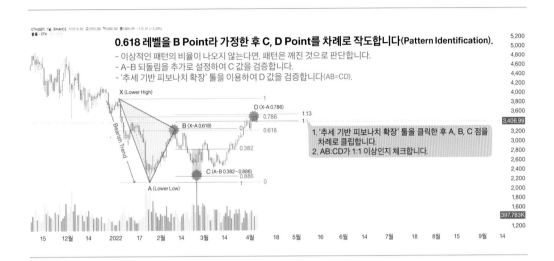

두 번째 단계에서 중요한 것은 '검증'입니다. 하모닉 패턴은 구조와 비율에 민감한 패턴인 만큼 비율이 이상적이지 않을 때에는 굳이 하모닉 패턴을 고집할 필요는 없습니다.

C 값의 검증은 A-B에 추가로 피보나치 되돌림을 적용하여 진행합니다. 샤크, 사이퍼 패턴을 제외한 나머지 패턴은 0.382~0.886 사이의 되돌림을 만족시키는지만 우선적으로 확인하면 됩니다.

D Point는 거래를 진입하기 위한 시기이기 때문에 미리 어느 정도 구간을 예측해두어야 하며, D 값의 검증은 두 가지를 모두 충족시켜야 합니다.

---

1. X-A 되돌림의 0.786 되돌림 레벨

2. ABCD 패턴의 완성(추세 기반 피보나치 확장 툴 이용)

   1.13~1.618이 이상적이며, 적어도 1 이상일 때 신뢰도가 높습니다.

C, D 포인트를 차례로 작도합니다.

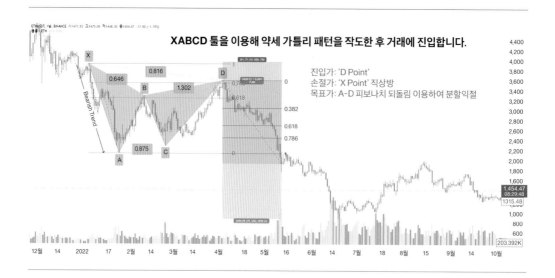

XABCD 툴을 이용해 약세 가틀리 패턴을 작도한 후 거래에 진입합니다.

진입가: 'D Point'
손절가: 'X Point' 직상방
목표가: A-D 피보나치 되돌림 이용하여 분할익절

핵심은 X-A Leg를 식별하는 것과 이후 0.618, 0.786 레벨에서 일어나는 되돌림입니다.

거래의 진입은 D Point에서 하는 것이 일반적이며, 목표 손절가는 X Point 직상방으로 둘 수 있습니다. X Point보다 약간 상방에 설정하는 이유는 패턴 완성, 진입 후에도 X Point까지의 테스트가 추가로 나올 수 있기 때문이며, 만약 X Point를 크게 넘어서는 추가적인 움직임이 관찰될 때는 과감한 손절이 필요합니다.

목표가의 설정은 A-D 되돌림 레벨을 이용할 수 있으며, 주요 레벨에 도달했을 시에는 되돌림(Return)이 일어날 수 있기 때문에 분할 수익 실현을 항상 시행하는 것이 좋습니다.

하모닉 패턴의 작도는 하모닉 패턴에서 가장 핵심이 되는 내용이라고도 볼 수 있으니, 반복해서 과정을 숙지해야 합니다. 처음엔 어려운 과정이지만, 하모닉 패턴은 본인이 스스로 가격 추세를 분석하고, 되돌림 레벨을 그려보고, 되돌림이 일어나는지 확인해보고, 패턴을 준비하고, 기대한 패턴의 완성을 확인하는 과정이 반드시 필요합니다. 나중에 익숙해지면 대략적인 차트의 모습만 보고도 알맞은 하모닉 패턴이 떠오르며 쉽게 작도할 수 있게 될 것입니다.

실전 예시로 알아보는 하모닉 패턴 트레이딩

이번 파트에서는 다양한 하모닉 패턴을 이용한 거래 예시 및 예측에 대해 살펴보도록 하겠습니다.

① 강세 딥 가틀리 + 약세 나비 패턴

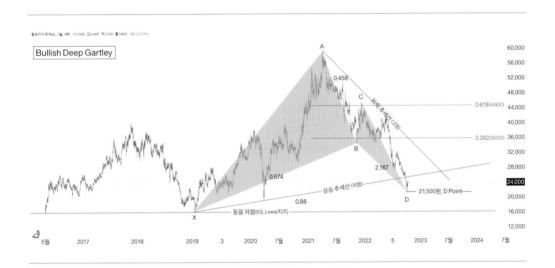

원익IPS의 일봉 차트입니다.

HTF 상에서 전저점에서의 지지가 나타나는 것이 확인되며, 전저점과 전고점을 Impulse Wave(X-A Leg)로 하여 형성되는 강세 딥 가틀리 패턴이 관찰됩니다. 또한 전저점과 Swing Low를 이용하여 작도한 상승 추세선을 확인해볼 때 가격의 강세 움직임이 나타날 가능성을 예측해볼 수 있습니다.

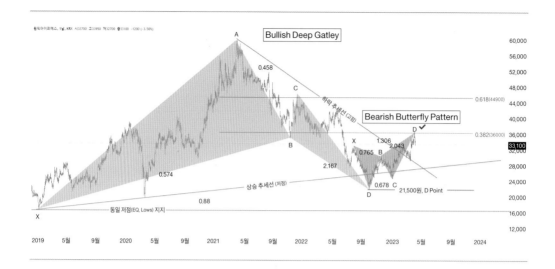

　　D Point Confirm 이후 Type I Reaction이 일어난 것을 확인할 수 있습니다. 우선적으로 TP1인 0.382 레벨에서는 분할 수익 실현을 하는 것이 좋으며, Type I Return이 관찰될 경우 반대 방향의 포지션을 오픈하는 것도 도움이 될 수 있습니다.

　　위 예시의 경우 Type I Reaction 과정에서 약세 나비 패턴이 형성된 것을 확인할 수 있습니다. 이러한 작은 구조의 나비 패턴이 확인될 경우 Type I Return에 대한 근거 중첩이 될 수 있기 때문에 작은 차트 구조 역시 항상 찾으려는 시도가 필요합니다.

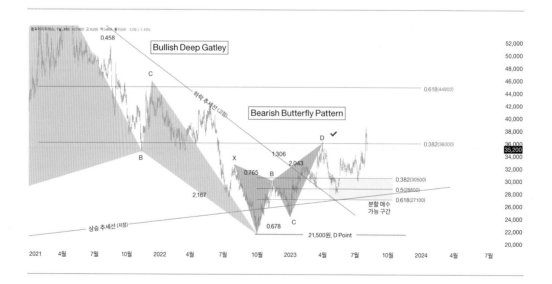

예상대로 Type I Return이 일어났으며, 약세 나비 패턴을 참고하여 주가를 예측해나갈 수 있습니다. Return은 약세 나비 패턴의 A-D 0.5~0.618 되돌림 레벨까지 일어났으며, 이후 다시 약세 나비 패턴의 Type I Return을 기대하며 분할 매수에 임할 수 있습니다.

② 약세 딥 크랩 패턴

이번 파트에서는 실제로 RSI와 하모닉 패턴을 이용한 거래 예시에 대해 살펴보도록 하겠습니다.

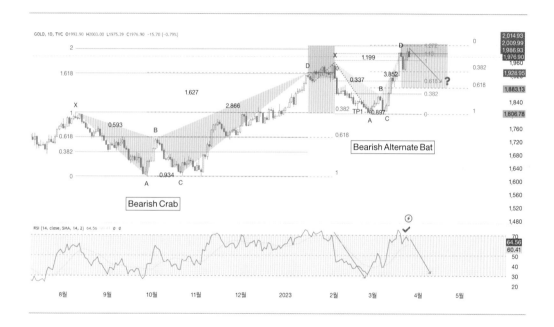

Gold, 1D 차트입니다.

약세 하모닉 패턴을 중복 적용한 트레이딩의 예시이며, 지금부터 그 과정을 차근차근 뜯어보도록 하겠습니다.

전체적인 추세 파악

모든 차트 분석의 가장 기본은 전체적인 추세를 파악하는 것입니다.

먼저 약세 크랩 패턴의 출현 이전으로 되돌아 가보도록 하겠습니다. 전반적인 하락 추세가 관찰되며 하락 추세 중 여러 번의 되돌림이 관찰됩니다. 이 중 하모닉 패턴의 비율을 만족시키는 되돌림을 예의주시합니다.

패턴의 작도 및 예상

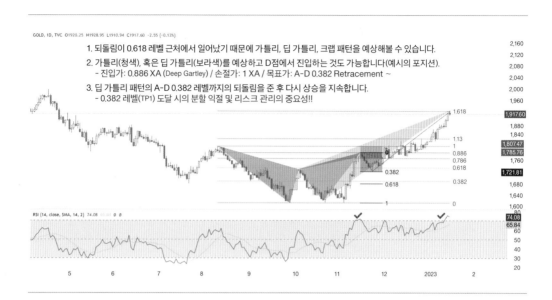

첫 번째 과정에서 찾았던 0.618 되돌림을 B점으로 보았을 때 적절한 C점이 형성된 후 상승 움직임이 관찰됩니다. 이때 예측할 수 있는 패턴은 B 레벨에 근거했을 때 가틀리, 딥 가틀리, 크랩 패턴을 예상해볼 수 있습니다. 실제로 딥 가틀리(0.886XA) 패턴(보라색) 영역에서 되돌림이 일어났으며, 이때 D점에서 진입하는 것도 가능합니다. (딥 가틀리를 이용한 트레이딩의 진입가: 0.886 XA / 손절가: 1 XA / 목표가: A-D 0.382 Retracement ~)

딥 가틀리 패턴의 TP1인 A-D 0.382 레벨까지의 되돌림을 준 후 다시 상승을 지속합니다. 전체적인 추세가 하락에서 상승으로 전환될 가능성이 높으므로 약세 하모닉 패턴을 사용할 때는 0.382 레벨(TP1) 도달 시에 분할 익절 및 손절가의 조정 등을 통해 리스크 관리를 시행하는 것이 좋습니다.

크랩 패턴에서의 진입

약세 크랩 패턴

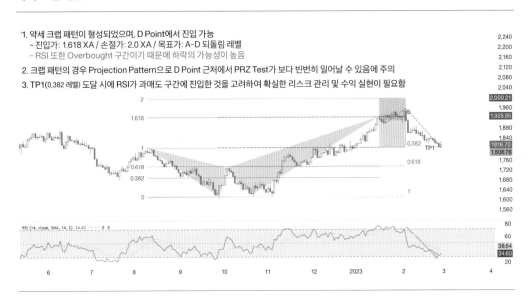

'1. 약세 크랩 패턴이 형성되었으며, D Point에서 진입 가능
   - 진입가: 1.618 XA / 손절가: 2.0 XA / 목표가: A-D 되돌림 레벨
   - RSI 또한 Overbought 구간이기 때문에 하락의 가능성이 높음
2. 크랩 패턴의 경우 Projection Pattern으로 D Point 근처에서 PRZ Test가 보다 빈번히 일어날 수 있음에 주의
3. TP1(0.382 레벨) 도달 시에 RSI가 과매도 구간에 진입한 것을 고려하여 확실한 리스크 관리 및 수익 실현이 필요함

첫 번째 약세 딥 가틀리(Bearish Deep Gartley)에서의 수익 실현 이후 가격은 재차 상승을 거듭하여 크랩 패턴의 1.618 XA 부근까지 상승이 지속됩니다. 약세 크랩 패턴(Bearish Crab Pattern)을 예상하고 D점에서 진입할 수 있습니다(크랩 패턴의 진입가: 1.618 XA / 손절가: 2.0 XA / 목표가: A-D 되돌림 레벨 이용).

근거를 중첩시키기 위해 RSI를 함께 이용할 수 있습니다. 먼저 숏 포지션에 진입하기 이전에 RSI의 과매수 시그널을 추가로 확인할 수 있습니다. 또한 TP1 도달 시에 RSI가 과매도 구간에 진입한 것을 고려하여 보다 확실하게 리스크 관리 및 수익 실현을 시행할 수 있습니다.

추가적 추세의 확인 & 하모닉 패턴의 재적용

약세 크랩 + 약세 RSI Divergence

처음 약세 크랩 패턴의 손절가를 뛰어넘는 가격의 상승이 관찰됩니다. 기존의 물량을 정리한 채로 새로운 하모닉 포지션을 재적용할 수도 있습니다. 상승 과정에서의 B Point(0.382 Retracement)와 D Point(1.618 레벨)를 토대로 약세 크랩 패턴을 재적용할 수 있습니다. (약세 크랩 패턴의 진입가: 1.618 XA / 손절가: 2.0 XA / 목표가: 0.382 되돌림 레벨~)

근거를 중첩시키기 위해 RSI를 참고할 수 있습니다. 가격이 Higher High를 형성하는 동안, RSI 지표는 Lower High를 형성합니다. 이는 약세 RSI Divergence에 해당하며, 약세 하모닉 패턴을 뒷받침하는 근거로 작용할 수 있습니다.

① 샤크 패턴 + 5-0

약세 샤크 패턴 + 5-0

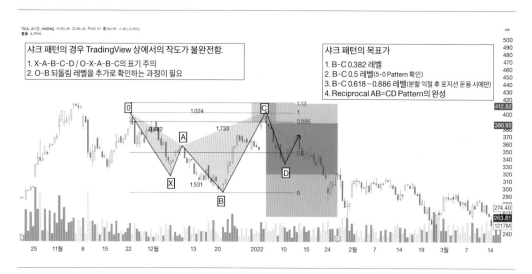

테슬라의 H4 차트입니다. '0' Point를 테스트하는 약세 샤크 패턴이 관찰됩니다. 샤크 패턴의 경우 반전이 일어나는 C Point의 범위가 비교적 넓습니다. 샤크 패턴의 경우 TradingView 상에서의 작도가 불완전하기 때문에 0-B 되돌림 레벨을 추가로 확인하는 과정이 필요하며 X-A-B-C-D, 0-X-A-B-C의 표기에 주의하는 것이 필요합니다. 샤크 패턴의 경우 다양한 목표가를 설정할 수 있습니다. 거래 시 유의할 점은 B-C 0.5 레벨에서 발생할 수 있는 5-0 패턴에 대비하는 것입니다. 실제로 0.5 레벨을 약간 지나치는 움직임 이후 되돌림이 일어나며, 5-0 패턴과 유사한 형태가 나타나는 것을 확인해볼 수 있습니다.

샤크 패턴의 C Point 후보

1. A-B 1.618 연장 레벨

2. A-B 2.0 연장 레벨

3. A-B 2.24 연장 레벨

4. 0-B 0.886 레벨

5. '0' 레벨

6. 0-B 1.13 레벨

0, X, A, B의 위치에 따라 대소관계가 변할 수 있음.

샤크 패턴의 목표가

1. B-C 0.382 레벨

2. B-C 0.5 레벨(5-0 Pattern 확인)

3. B-C 0.618~0.886 레벨(분할 익절 후 포지션 운용 시에만)

4. Reciprocal AB=CD Pattern의 완성

② 사이퍼 패턴

강세 사이퍼 패턴

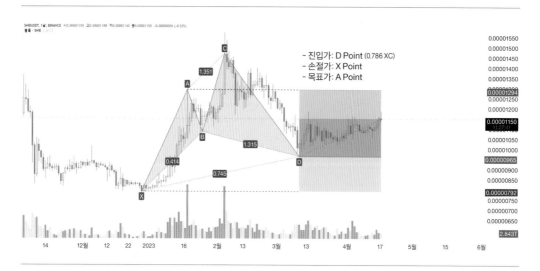

SHIBUSDT, 1D 차트입니다. 비교적 훌륭한 비율의 강세 사이퍼 패턴이 관찰됩니다. D Point Confirm 이후 거래에 진입할 수 있으며, A Point를 궁극적인 타깃으로 하고, X Point 를 손절가로 잡는 포지션을 오픈할 수 있습니다. 물론 A Point 이전에도 주요 피보나치 레벨 을 이용하여 분할 수익 실현을 해나가는 것이 권장됩니다.

[심화] PEZ(Permissible Execution Zone)

이번 파트에서 다룰 PEZ(Permissible Execution Zone)는 T-Bar의 연장선상에 있는 개념으로 하모닉 트레이딩의 세 단계 중 두 번째 단계인 '실행(Execution)' 단계에서 유용하게 사용할 수 있는 개념입니다.

▮▮ PEZ(Permissible Execution Zone)란?

Permissible Execution Zone의 사전적 해석은 '허용되는 거래 실행 구역' 정도의 의미를 가질 것입니다. 하모닉 트레이딩의 3단계 중 '실행(Execution)' 단계는 두 번째 단계로 가장 짧은 시간 동안 일어나는 과정이며, 올바른 거래 실행을 위해서는 여러 요소를 동시에 평가하는 능력이 필요한 단계입니다. 이전에 다루었던 T-Bar 역시 적절한 실행을 위해 꼭 필요한 개념이었다면, 이번 파트의 PEZ 또한 실전적인 실행을 위해 꼭 필요한 개념 중 하나입니다.

스콧 카니는 T-Bar와 그 이후 몇 개의 캔들 사이에서 일어나는 Price Action 이외에도 반드시 평가해야 할 고려사항을 추가적으로 언급하였습니다.

예시를 통해 PEZ에 대해 조금 더 자세히 들여다보도록 하겠습니다. 앞서 T-Bar란 PRZ를 테스트하는 한 개(혹은 소수)의 캔들이라고 정의하였습니다. 일반적인 하모닉 패턴이 형성될 때 T-Bar가 PRZ를 테스트한 직후에는 Consolidation 과정이 일어납니다. 즉 Bullish Pattern 을 예로 든다면 T-Bar의 경우 PRZ를 테스트하기 위한 음봉이 형성될 것이며, 그 이후 상승 반전을 위한 Consolidation이 일어나게 되는 것이죠.

이때 Consolidation 과정에서 나타나는 몇 개의 양봉은 상승 반전의 중요한 신호가 됩니다.

스콧 카니는 "T-Bar 이후 가격의 방향을 바꾸는 Price Action이 빠르게 일어날수록 패턴의 '반응 확률(Reaction Probability)'이 증가한다"고 설명하였습니다. 또한 이러한 반전의 Price Action은 PEZ(Permissible Execution Zone)를 정의하는 데 중요한 역할을 합니다. 즉 PEZ란 하모닉 구조에서 거래 실행을 위한 최적의 가격 영역이라고 정의 내릴 수 있습니다.

따라서 PEZ를 식별한 후 PEZ에서의 추가적인 근거를 중첩하여 확인한다면 투자자들은 보다 확신을 가지고 거래에 진입할 수 있게 됩니다.

▮ PEZ의 실전 이용 Tip

PEZ는 앞서 살펴보았던 PRZ에 T-Bar의 양쪽 극단을 더한 구역이라 정의할 수 있습니다. 즉 PEZ는 PRZ에 약간의 관용성이 더해진 실제 거래에 사용하기에 이상적인 영역이라고 정의할 수 있습니다.

PEZ(Permissible Execution Zone) = **PRZ**(Potential Reversal Zone) + **T-Bar의 양쪽 극단**

PRZ를 이용한 전략에서 PEZ를 이용하는 전략으로 발전함에 따라 보다 더 진보된 하모닉 거래 실행 전략을 수립할 수 있습니다. 또한 PEZ는 Price Action에 따른 최적화된 거래 결정을 통해 손익비를 향상시킬 수 있습니다.

앞서 T-Bar 강의에서 살펴보았듯 거래의 실행은 T-Bar+1, 즉 T-Bar 다음에 나타나는 캔들에서 실행합니다. 또한 PEZ는 표준 하모닉 패턴에서의 손절가를 보완하는 용도로 사용할 수 있습니다. 즉 표준 하모닉 패턴에서의 손절가보다 약간 더 넓은 영역으로 손절가를 설정할 수 있게 됩니다.

스콧 카니는 PEZ를 하모닉 트레이딩의 Next Level이라 부를 정도로 중요하게 생각하였습니다.

다음 파트에서는 PEZ 내에서의 실전 실행 전략에 대해 알아보도록 하겠습니다.

PEZ를 이용한 'Execution Trigger(거래 개시)'

앞서 살펴본 바와 같이 PEZ는 PRZ에 Terminal Bar의 양극단을 더한 범위로 정의되며, RSI 등과 같은 다양한 보조지표의 활용을 통해 확인할 수 있습니다.

'Execution Trigger', 즉 거래의 개시는 PEZ 내에서 많은 지표 중 어느 한 지표가 뚜렷한 반전을 보일 때 실행할 수 있습니다. Terminal Bar에서의 패턴 완료는 'Identification' 단계의 마지막 단계이며, 최적의 거래 진입을 위해서는 다양한 지표들을 이용한 테스트가 필수적입니다.

스콧 카니는 실제 거래 진입 이전의 신호, 즉 'Identification'의 마지막 단계는 LTF에서 확인 가능하다고 하였습니다. 예를 들어 하모닉 패턴이 1D(일봉) 차트에서 나타났다면, H4(4시간봉), 1H(1시간봉) 등의 LTF에서 일어나는 시그널을 통해 완료된다는 것입니다.

스콧 카니는 "No Trigger, No Trade"라는 말로 트레이딩 이전 근거의 확인의 중요성에 대해 강조하였습니다.

PEZ 활용 예시

약세 가틀리 패턴

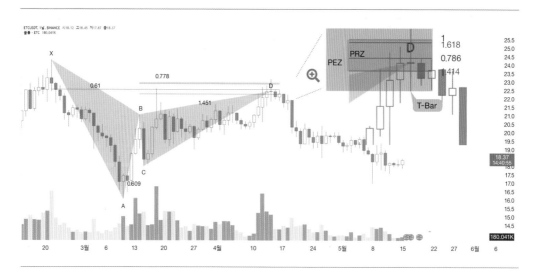

ETCUSDT의 1D 차트입니다. 약세 가틀리 패턴이 형성되었습니다. 약세 가틀리 패턴의 PRZ는 우측 확대 부위의 파란색으로 보이는 Box이며, 다음과 같은 근거들의 중첩으로 형성됩니다.

- #1(Blue): X-A Leg에 대한 D Point 0.786 Retracement
- #2(Purple): B-C Leg에 대한 D Point 1.414, 1.618 Projection
- #3(Red): AB=CD Pattern의 완성 (추세기반 피보나치 확장 1.0 레벨)

이번 파트에서 배운 약세 가틀리 패턴의 PEZ는 우측 확대 부위의 보라색으로 보이는 Box이며 PRZ에 T-Bar의 양쪽 극단을 더한 구역입니다. T-Bar는 도지 캔들의 형태로 나타났으며, 추세 반전을 의미하는 캔들 형태입니다.

464

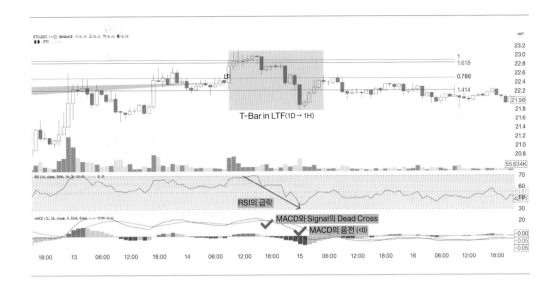

T-Bar in LTF(1D→1H)

RSI의 급락

MACD와 Signal의 Dead Cross
MACD의 음전 (<0)

'Execution Trigger'를 위해 T-Bar가 나타난 지점의 차트를 LTF에서 확인해볼 필요가 있습니다. 앞서 살펴보았던 ETCUSDT 차트의 LTF(1H) 차트입니다. T-Bar를 LTF에서 살펴보았을 때 다양한 지표에서 'Execution Trigger'를 위한 시그널이 관찰됩니다.

위 예시에서는 MACD와 RSI 지표를 이용하였습니다. 첫 번째로 RSI의 급락이 관찰됩니다. 두 번째로 MACD의 경우 MACD와 시그널의 Dead Cross, 뒤이어 MACD의 음전이 관찰됩니다.

T-Bar가 나타나는 경우, LTF에서 Execution Trigger를 위한 근거를 확보한 후 T-bar+1에서 실행하는 과정을 통해 하모닉 트레이딩을 시작할 수 있습니다.

BAMM & RSI BAMM 테크닉

BAMM 이론

BAMM이란 Bat Action Magnet Move의 약자로, 앞서 ABCD 패턴 심화편 〈C-D Leg Trend Trading〉에서 짚고 넘어갔던 자석 현상(Magnet Phenomena)을 이용한 이론입니다.

잠시 Magnet Movement에 대해 복습하고 넘어가도록 하겠습니다. '자석 현상'은 다수의 하모닉 패턴에서 나타나는 현상으로, CD Leg 상의 Price Action이 B Level을 돌파하는 경우 해당 추세가 지속되며 PRZ로 이어지는 것을 의미합니다.

BAMM: Bat Action Magnet Movement

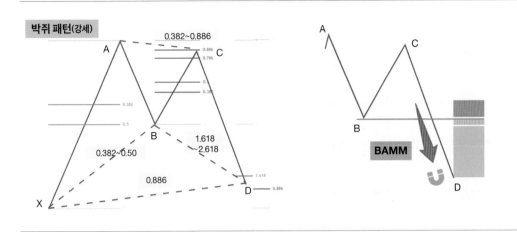

하모닉 패턴에서는 이 Magnet Movement를 박쥐 패턴(Bat Pattern)에서 주로 이용하며, 이를 BAMM(Bat Action Magnet Movement)이라 부릅니다. BAMM은 박쥐 패턴을 통한 가격 반전을 트레이딩 기회로 삼는 것과 더불어 C→D 구간에서 트레이딩을 추가로 시도할 수 있다는 점에서 매력적인 테크닉이 될 수 있습니다.

그렇다면 왜 다양한 하모닉 패턴 중 '박쥐' 패턴에서만 자석 현상을 특징적으로 이용하게 되었을까요? 답은 하모닉 패턴 간에 적용되는 피보나치 비율과 그에 따른 형태에 의해 손익비가 달라진다는 점에 있습니다.

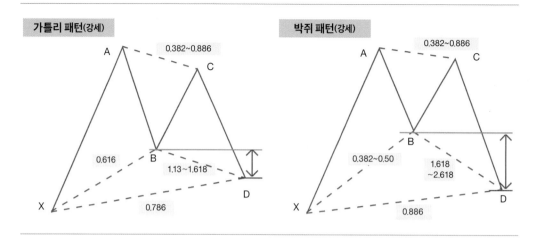

예로 가틀리 패턴과 박쥐 패턴을 비교해보도록 하겠습니다.

먼저 B Point의 되돌림 레벨을 살펴보도록 하겠습니다. AB는 XA의 되돌림으로 형성되며, 되돌림 비율이 클수록 B 지점은 X Point와 점점 가까워지게 될 것입니다. 즉 패턴이 완성될 시 나타날 D와 B 사이의 가격 차이가 상대적으로 줄어들게 되는 것입니다. 따라서 Magnet Movement를 이용하여 B Level의 돌파를 진입 구간으로 설정할 경우, X와 B의 가격 차가 작아질수록 손익비가 불리해진다는 단점이 있습니다.

참고로 가틀리 패턴의 경우 61.8% 되돌림을, 박쥐 패턴의 경우 38.2% 또는 50.0% 되돌림을 보입니다. 따라서 두 패턴을 비교해본다면 AB 되돌림이 작은 '박쥐(Bat)' 패턴에서 자석 효과를 이용하는 것이 손익비 측면에서 유리할 수 있습니다.

이어서 PRZ로 작용하는 D Point의 위치를 살펴보도록 하겠습니다. D Point는 XA Leg의 되돌림 수준 및 BC 연장, ABCD 패턴 등의 근거를 중첩하여 결정되며, 이 비율은 패턴마다 차이가 있습니다. 일반적으로 가틀리 패턴의 경우 78.6% 되돌림을, 박쥐 패턴의 경우 88.6% 되돌림을 보입니다. 이 경우에도 Magnet Movement를 이용하여 D Point를 목표가로 설정할 경우 X와 D 사이의 거리가 상대적으로 가까운 '박쥐' 패턴의 손익비가 보다 유리합니다.

마지막으로 크랩, 나비, 샤크, Alternate Bat 등의 투사 패턴의 경우 D Point가 X Point를 넘어 투사된다는 특징을 가지고 있습니다. 이러한 투사 패턴의 경우 C-D Leg Trend Trading

을 시도할 경우, X Point에서의 지지/저항을 돌파한다고 확신할 수 없기 때문에 신뢰도가 낮은 트레이딩이 될 수밖에 없습니다.

따라서 투사 패턴의 경우, 안전하게 X Point를 넘어 투사된 PRZ에서 D Point가 검증(Confirmation)되고 난 후 투자에 진입하는 것이 권장됩니다.

결론적으로 'Magnet Movement'를 효과적으로 이용할 수 있는 하모닉 패턴은 박쥐 패턴(Bat Pattern)이 유일하며, 따라서 다른 패턴들을 제쳐두고 오직 BAMM 이론만을 사용하게 된 것입니다.

실전 예시로 알아보는 BAMM 이론

C-D Leg Trend Trading / BAMM 트레이딩 Guide

ABCD에서의 Magnet Movement 혹은 BAMM 이론을 적용한 트레이딩에서도 항상 해당 ABCD 또는 하모닉 패턴이 이상적으로 형성되고 있는지에 대한 확인 및 검증이 계속되어야 합니다.

거래의 진입은 C-D Leg상 B Level 돌파 구간을 이용할 수 있습니다. 여기서 중요한 것은 B Point를 강하게 돌파하는 Momentum을 확인하는 것입니다. 혹은 B Point 돌파 이후 리테스트를 이용하는 것도 방법이 될 수 있습니다.

거래의 목표가는 D Point가 나타날 것으로 예상되는 PRZ를 이용할 수 있습니다. 거래의 손절가는 차트의 주요 레벨 혹은 R의 개념을 적용하여 임의 설정할 수 있습니다.

Magnet Movement를 이용한 트레이딩의 장점 중 하나는 패턴 형성 후 D Point에서 '반전'이 성공적으로 일어나는지의 여부에 관계없이 먼저 트레이딩 기회를 얻을 수 있다는 점입니다. 따라서 Magnet Movement가 성공적으로 이루어져 D Point에 도달한다면, 예측했던 ABCD 혹은 박쥐 패턴을 이용한 통상적인 트레이딩 역시 당연히 가능합니다. 이는 이전의 Magnet Movement를 이용한 트레이딩과는 반대 방향의 포지션이 됩니다.

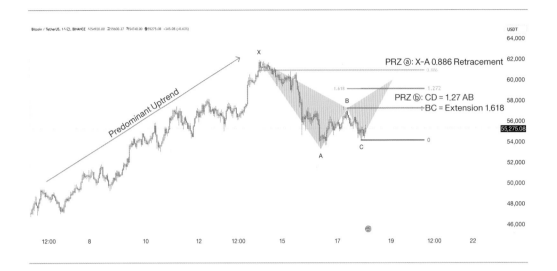

BAMM Practice 사례

약세 박쥐 패턴 및 해당 패턴에서 나타난 BAMM을 토대로 한 트레이딩 사례 분석입니다.

지속적인 상승 추세(Predominant Uptrend)가 나타난 후 XABC로 이어지는 되돌림이 연속적으로 나타나며, Bearish Bat 패턴의 형성을 예측해볼 수 있습니다. 만약 C→D로 이어지는 Price Action이 B Level을 강하게 돌파한다면 BAMM 이론을 적용해볼 수 있을 것입니다.

C Point까지 완성된 이후에는 D Point가 나타날 수 있는 PRZ를 그려볼 수 있습니다. 모식도의 PRZ ⓐ는 XA의 0.886 되돌림 구간이며, PRZ ⓑ는 1.27 AB Projection 구간이자 BC 연장 1.618 구간입니다. 위 두 경계가 형성하는 구간 내에서 D Point가 형성될 가능성이 높음을 예측해볼 수 있습니다.

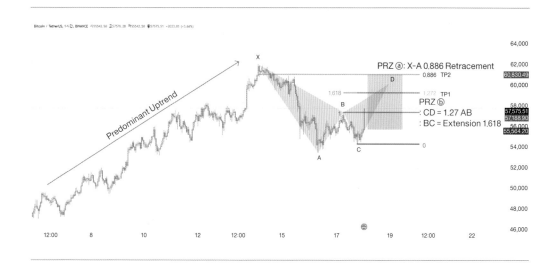

예측대로 B Level을 강한 상승의 모멘텀으로 돌파하면서 BAMM의 가능성을 높이고 있습니다. B Level에서 거래에 진입할 수 있으며, 목표가는 PRZ를 사용하여 분할하여 설정할 수 있습니다. 목표 손절가의 경우 R의 개념 혹은 손익비 등을 고려하여 적당한 레벨로 설정할 수 있습니다.

예측했던 PRZ 구간에서의 반전이 나타난 것을 확인할 수 있습니다. 이제 현물 매수 혹은

롱 포지션 진입 물량은 PRZ ⓐ를 노리는 아주 일부의 물량을 제외하고는 모두 정리해야 합니다.

약세 박쥐 패턴의 완성에 따라 통상적인 박쥐 패턴을 기반으로 한 숏 포지션 진입 전략을 세울 수 있습니다. 이 경우 기존 PRZ ⓐ를 위해 남겨놓은 물량과 반대 방향의 포지션이 되므로 헷지 효과를 추가로 얻을 수 있습니다.

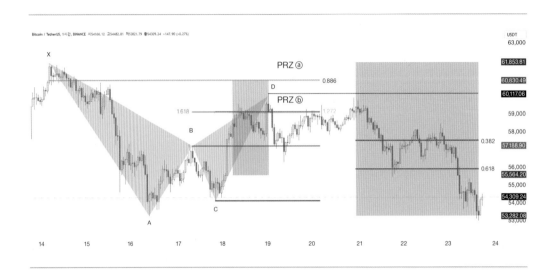

추세 반전이 성공적으로 이루어지며, 약세 박쥐 패턴(Bearish Bat Pattern)의 목표가에 모두 도달했음을 확인할 수 있습니다.

▎RSI BAMM

RSI BAMM이란 8장의 하모닉 부분에서 소개된 개념으로, RSI와 BAMM을 함께 이용하는 전략입니다.

스콧 카니는 다양한 보조지표들을 살펴보고 하모닉 패턴과 조합한 끝에 RSI가 BAMM 원리와 결합되었을 때 아주 신뢰성이 높다는 점을 발견하였습니다.

잠시 RSI에 대해 복습해보도록 하겠습니다.

RSI란 Relative Strength Index의 약자로, 시장이 얼마나 과매수, 과매도 상태에 놓여 있는지 보여주는 지표입니다. 통상적으로 RSI가 70 이상일 때를 과매수(Overbought), 30 이하일 때를 과매도(Oversold)라 판단합니다.

또한 가격과 RSI의 방향이 Mismatch가 일어날 때 이를 RSI Divergence라 부르며, 추세의 반전이 나타날 가능성이 높아집니다.

다른 하모닉 패턴들과 마찬가지로 RSI BAMM 또한 충족시켜야 하는 세부적인 조건들이 있습니다. RSI BAMM에서 주목해야 할 한 가지 차이점은 다른 하모닉 패턴은 오직 '가격의 움직임과 구조'에 초점을 맞추는 반면, RSI BAMM이 만족시켜야 하는 일차적인 조건은 RSI 지표의 과매수, 과매도 상태라는 점입니다.

RSI BAMM은 기술적으로 상당히 복잡한 이론에 속하지만, RSI라는 후행적 지표와 하모닉 패턴이라는 선행지표를 모두 사용하는 방법이기 때문에 비교적 정확한 기술적 구간 분석 및 미래 가격 예측이 가능하다는 장점이 있습니다.

Bullish RSI BAMM을 예로 들어 RSI BAMM을 실제로 적용하는 방법에 대해 알아보도록 하겠습니다.

Step 1. Initial RSI Test of Extreme Bullish Limit(과매도 구간에서의 첫 RSI Test)

Bullish RSI BAMM의 경우, 첫 번째 단계는 RSI가 30 이하의 과매도 구간에 들어가는 것입니다. RSI BAMM이 높은 신뢰도를 가지는 이유 중 하나가 여기에 있습니다. RSI가 과매도 구간에 들어갔다는 자체만으로도 Bullish한 가격 흐름이 나타날 수 있는 좋은 조건이기 때문입니다.

Step 2. Complete a Bullish W-Type Complex RSI Structure(Bullish W-Type Complex RSI 구조의 완성)

RSI BAMM의 필수 요건 중 하나는 W 형태의 포메이션의 모든 포인트가 30레벨 이하에서 이루어져야 한다는 것입니다.

물론 W 형태의 RSI 구조는 단지 초기 신호에 불과한 것이기 때문에 W 형태 RSI 구조가 무조건적인 추세의 반전을 의미하지는 않습니다!

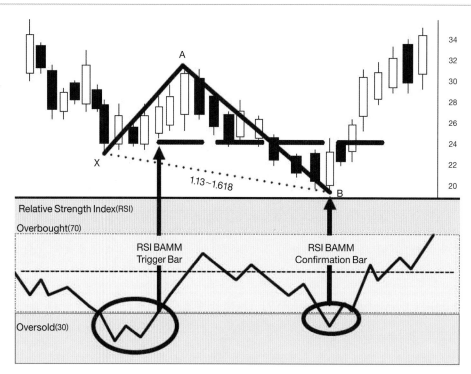

Figure 6.1

Harmonic Trading: Volume Two, Scott M. Carney, Bullish Impulsive Indicator Structure

이때 한 가지 구별해야 하는 것은 W-Type이 아닌 V-Shape의 Impulsive RSI 구조입니다.

V-Shape Impulsive RSI는 대개 1~2개의 Bar 안에 RSI가 잠깐 과매도 구간에 진입했다가 빠르게 반전하는 모습을 띠며, 이는 Consolidation이 없다는 점에서 RSI BAMM에 적합한 구조는 아닙니다.

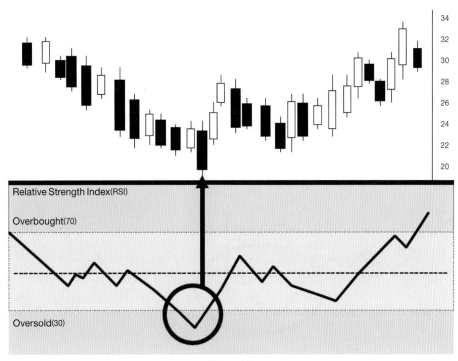

Figure 6.3

Harmonic Trading: Volume Two, Scott M. Carney, Bullish Impulsive Indicator Structure

Step 3. Define the RSI Trigger Bar(RSI Trigger Bar의 출현)

RSI BAMM의 세 번째 단계는 W 형태의 Complex RSI 구조가 완성된 후 나타나는 RSI BAMM Trigger Bar를 찾는 것입니다. RSI BAMM Trigger Bar란 RSI가 Complex RSI 구조를 형성한 후, 과매도(〈30) 구간에서 벗어나는 시점의 캔들을 의미하며, 이때 중요한 것은 이 캔들의 저가를 차트에 표시해두어야 한다는 점입니다.

RSI BAMM Trigger Bar의 저가는 다음과 같은 두 가지 의미를 가지게 됩니다.

- 향후 리테스트에 대한 지지선으로 작용할 수 있음.
- **RSI BAMM**의 최종 단계에서 진입 레벨을 결정할 때 참고할 수 있음.

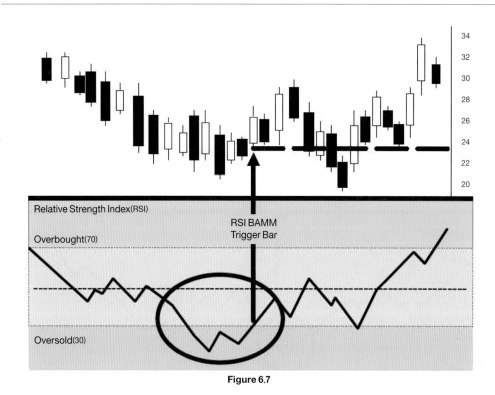

Figure 6.7

Harmonic Trading: Volume Two, Scott M. Carney, RSI BAMM Trigger Bar

Step 4. Reaction of RSI and Price(가격과 RSI 지표의 Reaction)

W-Type Complex RSI 구조가 완성된 후에는 일시적인 RSI와 가격의 'Pop'이 나타납니다. 하지만 곧바로 다시 가격과 RSI 지표가 나란히 하락하기 시작합니다.

종종 단순히 W-Type Complex RSI 구조만으로도 가격이 명확히 상승하는 경우도 있으나, 이러한 전략은 RSI BAMM과는 조금 거리가 있는 전략입니다.

이런 상승 후 하락이 RSI BAMM을 만족시키기 위해서는 약간의 추가적인 조건이 더 필요합니다.

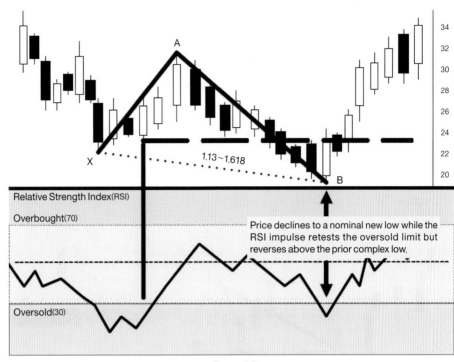

Figure 6.9

Harmonic Trading: Volume Two, Scott M. Carney, Reaction of Price and RSI

Step 1의 Initial RSI Test를 ʻXʼ, Step 2의 Initial Pop을 ʻAʼ라고 했을 때, Step 4의 ʻB Pointʼ 에서 RSI는 Higher Low를 기록합니다. 이때 가격은 새로운 Low를 기록하지만, 다양한 Harmonic Pattern의 형태에 따라 Higher Low인지, Lower Low인지 결정됩니다.

즉 투사 패턴(Alternate Bat, 크랩, 나비)들의 경우 Divergence를 명확히 형성하고, 되돌림 패턴(가틀리, 박쥐)인 경우 Divergence를 형성하지는 않습니다. 하지만 편의상 일련의 과정들을 Divergence라고 명명하도록 하겠습니다.

이 리테스트는 전체 RSI BAMM 방법론 중 가장 중요한 단계로 볼 수 있습니다.

RSI의 움직임을 다시 정리해보면 다음과 같습니다.

1. Initial RSI Test: 30 이하의 과매도 구간으로 진입

2. W-Type Complex RSI Structure: 30 이하의 과매도 구간에서 W 모양의 구조를 형성함.

3. RSI BAMM Trigger Bar: W 구조를 형성한 후 과매도 구간에서 탈출하는 캔들

4. RSI Pop: RSI는 이후 50 레벨 이상까지 되돌림이 일어나야 함.

5. RSI Decline 다시 가격과 RSI가 동반 하락. 이때의 RSI는 과매도 구간으로 진입하지만, 이전의 W-Type Complex RSI 구조보다는 높은 위치에서 반전이 일어나야 함.

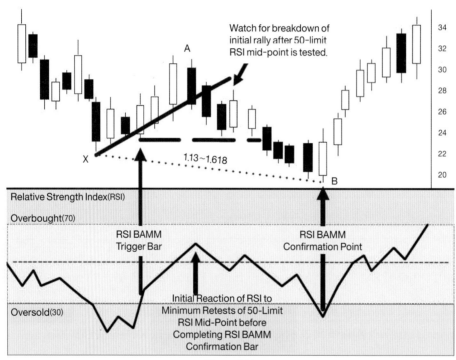

Figure 6.11

Harmonic Trading: Volume Two, Scott M. Carney, RSI Reaction & Retest

Step 5. The Final Phase - Divergence of RSI Versus Price(마지막 단계 - RSI와 가격의 Divergence)

최종 Divergence 단계는 RSI 값이 50 이상까지 Pullback되는 과정이 나타난 후에 시작됩니다. 가격과 RSI는 동시에 이전 저점을 다시 테스트하기 시작하며, 이때 RSI BAMM Trigger Bar의 저가 레벨이 유용하게 쓰일 수 있습니다. 최종적으로 가격과 RSI의 Divergence 패턴이 완성되면 거래에 진입할 조건이 완성됩니다.

가격은 XA의 1.13~1.618 레벨까지 Lower Low를 형성하며 하락하게 되며, 하락 폭은 패턴의 종류에 따라 상이할 수 있습니다. 반면 RSI는 A Point에서 50 이상 Pullback이 일어난 후, 다시 하락하지만 Higher Low를 형성하게 됩니다. 이로 인해 RSI Divergence가 일어나는 구조가 갖춰지게 됩니다. 이러한 Divergence는 RSI가 추세의 반전에 대한 신호를 미리 주고 있다고 볼 수 있습니다.

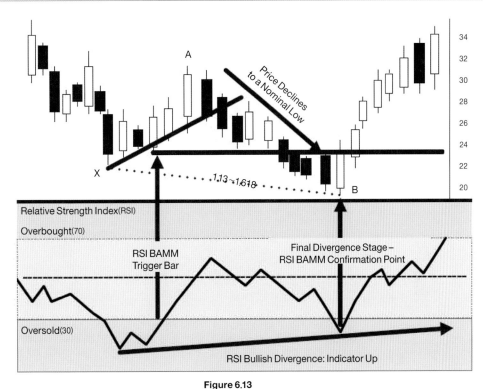

Figure 6.13

Harmonic Trading: Voume Two, Scott M. Carney, 가격과 RSI의 Divergence

Step 6. Bullish RSI BAMM Confirmation Point: 1.13 vs 1.618 (강세 RSI BAMM 검증 포인트)

스콧 카니의 경우 RSI BAMM의 Confirmation Point에 대한 많은 추가적인 연구를 진행하였습니다.

RSI BAMM Trigger Bar와 Confirmation Point를 연구하기도 했는데요. 중요한 점은 하모닉 패턴과 함께 RSI Divergence가 나타나는 것에 대한 내용이며, 이 정도 내용으로도 RSI BAMM을 이용한 트레이딩에는 충분하다고 볼 수 있겠습니다.

Bearish RSI BAMM 역시 마찬가지로 과매도 구간을 과매수 구간으로, W-Type RSI 구조를 M-type으로만 바꾸어 사용한다면 똑같은 원리로 사용할 수 있습니다.

9

하모닉 패턴을 마치며
하모닉 패턴에서 범하기 쉬운 오류와 해결책

이번 파트에서는 하모닉 패턴에 대한 내용을 마무리하며 하모닉 패턴에 대한 해외 트레이더의 칼럼 중 하나를 리뷰해보도록 하겠습니다.

하모닉 패턴은

① 시장의 반전 포인트를 비교적 정확히 예측할 수 있을 뿐 아니라,

② 비교적 규칙이 명료하여 실전에 적용하기 쉽고

③ 손익비가 좋은 편이며

④ 시각적으로 아름다운 패턴들을 작도할 수 있기 때문에

많은 트레이더에게 사랑받는 패턴입니다. 하지만 하모닉 트레이딩 역시 실수를 범하기 쉬운 다양한 요소들을 가지고 있습니다.

하모닉 트레이딩 역시 주관적임을 인지한다

투자는 단순한 취미 활동이나 놀이가 아니기 때문에 항상 계획 있는 투자가 필요하며, 접근 또한 비교적 객관적이어야 합니다. 통상적으로 하모닉 트레이딩의 경우 패턴의 비율이 숫자로 정량화되어 있으며, 진입가 및 손절가, 목표가 또한 비교적 명확하기 때문에 객관적이라고 생각하기 쉽습니다.

하지만 하모닉 패턴 또한 주관적인 면모를 가지고 있습니다.

첫 번째로 마주하는 주관적인 부분은 'Impulse Leg라고도 불리는 X-A Leg의 작도'입니다. 하모닉 패턴의 시작은 X-A Leg입니다. 앞서 살펴보았듯이 X점은 'Critical Origin'이라고도 불리며, 패턴의 원점에 해당합니다. 또한 X점은 우리가 예측하는 트렌드를 보여주는 시작점이 되어야 합니다.

하지만 실제로 차트상에 하모닉 패턴을 작도할 때, 우리가 그릴 수 있는 X Point의 후보는 생각보다 많습니다. 또한 그 후보 중 하나의 X Point를 정하는 것은 결국 투자자 개인의 '주관'이 개입될 수밖에 없습니다.

다양한 X Point의 후보군

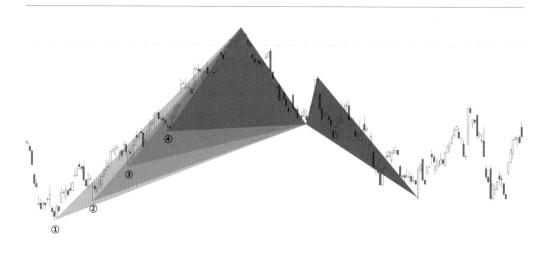

그렇다면 X Point를 어느 지점에서 정하는 것이 합리적인지 알아보도록 하겠습니다. 위 그 래프는 APPLE의 H4 차트이며, 이 차트를 계속 이용하여 X Point를 정하는 기준에 대해 알 아보도록 하겠습니다.

반전이 일어난 최초의 지점

고려할 수 있는 가장 첫 번째 방법은 반전이 일어난 바로 첫 번째 지점을 선택하는 것입니 다. 가장 기본적이고 정석적인 방법이며, 주관이 개입되지 않는 객관적인 지점입니다.

반전이 일어난 최초의 지점

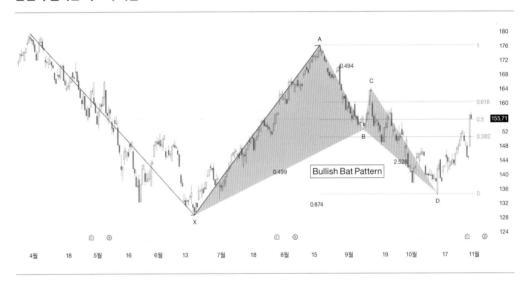

이전 예시에서의 ① 지점만을 작도한 APPLE, H4 차트입니다. 긴 하락 Trend 이후 반전이 일어난 최초의 지점을 X Point로 하여 강세 박쥐 패턴을 작도할 수 있습니다. 이 패턴의 경 우 0.5 지점에서 B Point가 형성된 Perfect Bat Pattern에 해당하며, 정석적인 TP1까지의 Type 1 Reaction을 보였습니다. 이후 약간의 되돌림(Return) 과정을 거친 후 0.5 레벨까지의 상승이 나타났습니다.

주요 지지/저항 레벨

두 번째로 알아볼 X Point로 설정해도 무방한 지점은 주요 지지/저항 레벨입니다. 하모닉 패턴의 모든 Point는 반전의 가능성이 가장 높은 지점들이 되어야 합니다. D Point에서 반전을 기대하는 이유 또한 반전의 근거들이 여러 개가 중첩되는 지점이기 때문입니다. 따라서 주요 지지/저항 레벨에서의 되돌림이 있었다면, 이 지점을 X Point로 설정한 후 하모닉 패턴을 작도해도 신뢰도가 높다고 볼 수 있겠습니다.

주요 지지/저항 레벨

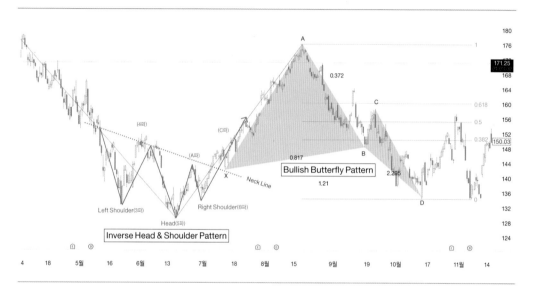

이전 예시에서의 ③ 지점만을 작도한 APPLE, H4 차트입니다. 역 헤드 앤 숄더 패턴에서 저항선으로 작용하였던 목선(Neck Line)은 돌파 후에 지지 레벨로 기능하고 있습니다. 따라서 목선에서의 지지가 일어난 지점을 X Point로 이용할 수 있으며, 이를 통해 강세 나비 패턴을 작도할 수 있습니다.

앞선 예시와 X Point와 B Point에 약간의 차이가 있지만, A-D Level은 동일합니다. 마찬가지로 Type I Reaction 및 Return, 그 이후 Type II Reversal이 잘 관찰되는 모습입니다.

S/R Flip이 일어난 지점

마지막으로 X Point로 잡을 수 있는 지점 중 하나는 S/R Flip이 일어난 지점입니다. 여러 번 언급했듯, 하모닉 패턴에서 중요한 점은 근거의 중첩입니다. 반전의 근거가 중첩될수록 패턴의 신뢰도도 높아지기 마련입니다. 따라서 S/R Flip이 일어난 지점 또한 비교적 객관적으로 X Point를 작도할 수 있는 지점 중 하나입니다.

S/R Flip이 일어난 지점

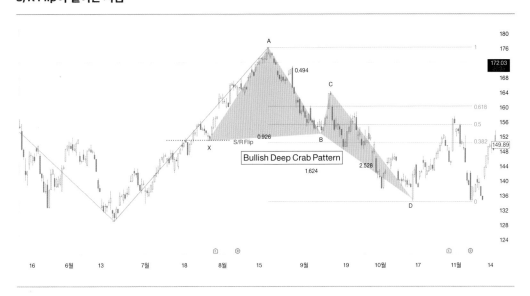

이전 예시에서의 ④ 지점만을 작도한 APPLE, H4 차트입니다. 상승 과정 중 S/R Flip이 일어난 지점을 X Point로 설정하여 강세 딥 크랩 패턴을 작도할 수 있습니다.

위 세 가지 예시가 모두 점들의 위치는 다르지만, D Point에서 PRZ가 형성되는 원리는 동일합니다. 마찬가지로 Type I Reaction 및 Return, 그 이후 Type II Reversal이 잘 관찰되는 모습입니다.

시장이 내 패턴을 알아봐 주기를 원한다

거래에서 이익을 내기 위해서는 자신의 트레이딩 전략에 확신을 가져야 합니다. 또한 트레이딩 전략이 합리적이고 이치에 맞는 것이어야 합니다. 그런 의미에서 하모닉 패턴은 '연구가 잘 이루어진' 비교적 신뢰도가 높은 패턴임에는 틀림없습니다. 하지만 하모닉 패턴 자체는 아주 논리적인 패턴은 아닙니다.

예를 들어 상승장에서의 강화 구간(Consolidation Period)과 더 높은 고점(Higher High)의 형성 과정을 살펴보도록 하겠습니다.

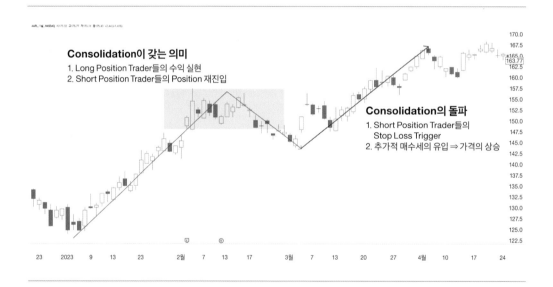

아주 단순한 가격 움직임이지만, 강화(Consolidation)와 강화 구간(Consolidation Period)의 돌파에는 각각의 의미와 논리가 담겨 있습니다.

강화(Consolidation)는 롱 포지션 트레이더 혹은 현물 트레이더들의 수익 실현과 숏 포지션 트레이더들의 포지션 재진입으로 인해 나타나는 구간입니다. 따라서 강화(Consolidation)의 돌파는 숏 포지션 트레이더들의 손절가 발동과 추가적 매수세의 유입을 불러일으키게 됩니다. 이는 가격의 상승을 위한 원동력이 되며, 가격은 더 높은 고점(Higher High)을 만들어낼 수 있게 됩니다.

하모닉 패턴의 경우 물론 다양한 연구와 논문 등을 통해 오랫동안 검증되어온 패턴이긴 합니다만, 피보나치 비율의 중첩 이외에는 아주 큰 논리를 가지고 있는 패턴은 아닙니다. 따라서 하모닉 패턴만을 믿고, 시장이 나의 하모닉 패턴대로 가주기를 원하는 자세는 지양해야 할 것입니다.

항상 Price Action 혹은 보조지표, Multiple Timeframe Analysis와 같은 다른 근거와의 중첩이 필수적이며, 작도한 하모닉 패턴이 원하는 흐름을 보여주지 못할 때 빠르게 무효화할 수 있는 결단력이 필요하겠습니다.

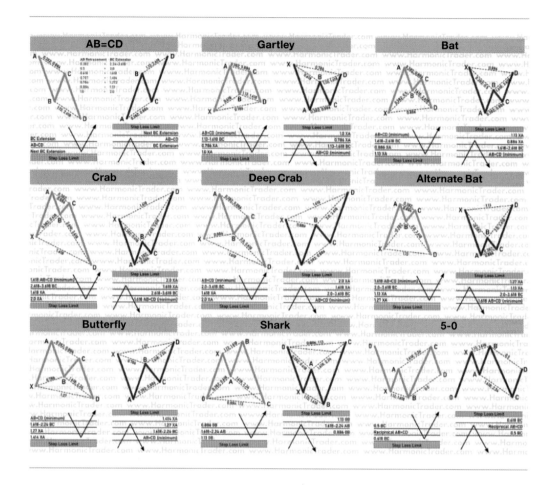

하모닉 패턴은 구조적으로 X-A Leg에 상응하는 깊은 되돌림이 발생해야 사용할 수 있는 패턴입니다. 즉 하모닉 패턴은 횡보장(Range Market) 혹은 추세의 반전을 포착할 때에는 유용하게 사용될 수 있지만, 추세장(Trending Market)에서는 상대적으로 사용할 기회가 잘 나타나지 않습니다. 추가적으로 추세장에서 나타나는 하모닉 패턴은 추세에 역행하게 되는 경우가 많습니다.

예시를 함께 살펴보도록 하겠습니다.

강한 상승 추세를 보이는 APPLE, H4 차트입니다. 이때 강세 하모닉 패턴의 경우 좋은 성과를 낼 수 있었습니다. 하지만 약세 하모닉 패턴의 경우 큰 추세를 거스르지 못하고 모두 실패하게 되었습니다.

정리하자면, 큰 추세를 보지 못하고 하모닉 패턴만을 그리는 것은 옳지 못하며, 하모닉 패턴을 추세장에서 단독 사용하는 것은 지양하는 편이 좋습니다.

박스권 장세에서의 하모닉 패턴

박스권 장세, 즉 횡보장의 경우 가격이 큰 지지-저항 레벨을 벗어나지 않기 때문에 하모닉 패턴을 사용하기에 유리한 것에는 틀림없습니다.

하지만 하모닉 패턴은 성립 조건이 비교적 까다롭다는 점입니다. 즉 하모닉 패턴만을 이용하여 트레이딩에 임하는 자세는 옳지 않습니다.

Rayner는 칼럼에서 다음과 같은 예시를 제시하며, 횡보장이지만 하모닉 패턴이 나타나지 않아 하모닉 패턴만을 이용해서는 롱(Long), 숏(Short) 포지션 모두 진입이 어려움을 설명하였습니다.

손절가의 Hunting이 일어날 수 있다

하모닉 패턴의 장점 중 하나는 진입가와 손절가, 그리고 목표가의 설정이 명료하다는 데 있었습니다. 하지만 이는 동시에 손절가를 사냥(Hunting) 당하기 쉽다는 단점이 될 수도 있습니다. 이후 Price Action 파트에서 알아볼 Stop Hunting은 시장에 큰 유동성을 부여하기 때문에 Market Maker들에게는 필수적인 과정입니다. 하모닉 패턴에서 언급하는 손절가는 주로 X Point 혹은 특정 피보나치 비율을 사용하기 때문에 하모닉 패턴을 이용하지 않는 많은 사람들 역시 손절가로 설정하기 좋은 지점입니다. 따라서 Rayner는 단순히 손절가를 'X Point'에 설정하는 것보다는 약간 더 여유를 두고 설정하는 것을 권장하고 있습니다.

실제로 필자는 비교적 위험한 거래의 경우 작은 비중으로 타이트한 손절가를 설정하는 것을 권장드리며, 중장기적인 계획을 수립할 경우에는 여유로운 손절가를 설정한 후 저배율 혹은 현물 진입을 권장합니다.

9장

Price Action
차트 가격 형성의 비밀

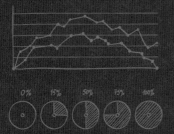

1

수요와 공급

⎪▮ 수요와 공급 구간(S&D Zone)의 개념

수요와 공급 구간(Supply & Demand Zone)은 폭발적인 가격 움직임이 나타나기 전에 진행되는 Price Action 구간을 의미합니다.

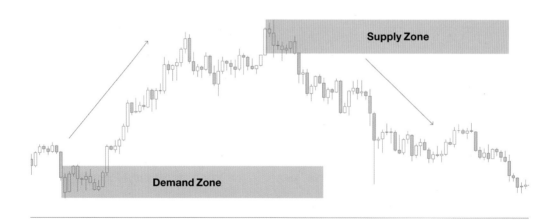

공급 구간(Supply Zone)은 하락세가 나타나기 전에 형성됩니다. 구체적으로는 강한 하락세의 시작을 나타내는 캔들스틱(Candlestick) 또는 바(Bar)를 의미하며, 이러한 캔들이 형성하는 구역

을 공급 구간 또는 분배(Distribution) 구간으로 표현합니다.

수요 구간(Demand Zone)은 반대로 상승세가 나타나기 전에 형성됩니다. 마찬가지로 강한 상승세의 시작을 나타내는 캔들스틱(Candlestick) 또는 바(Bar)를 의미하며, 이러한 캔들이 형성하는 구역을 수요 구간 또는 축적(Accumulation) 구간으로 표현합니다.

수요와 공급 구간을 이용한 거래 전략은 가격이 추세를 주었다가 다시 S&D 구간으로 돌아오는 되돌림, 그 후 일어나는 Price Action을 활용하는 전략으로, S&D 구간을 거래의 진입, 손절 등의 기준으로 활용할 수 있습니다.

▌▐ 와이코프와 시장 구조

5장에서 살펴보았던 와이코프의 세 가지 법칙 중 첫 번째 법칙은 수요와 공급의 법칙이었습니다. 수요와 공급에 대한 법칙은 트레이딩에 있어 매우 중요한 개념이며, 아래 세 가지의 경우로 나누어 생각해볼 수 있습니다.

---

① 수요가 공급보다 많으면(수요>공급) → 가격 상승

② 수요가 공급과 같을 때(수요=공급) → 가격 횡보

③ 공급이 수요보다 많으면(수요<공급) → 가격 하락

시장은 위의 세 가지 기본 개념에 따라 움직이며, 이러한 수요와 공급의 차이는 상승 추세, 하락 추세와 박스권 횡보의 세 가지 추세를 나타냅니다.

와이코프는 이러한 Price Action 및 각 단계의 상호 작용을 설명한 최초의 시장 분석가 중 한 명이며, Accumulation(축적), Markup(상승), Distribution(분배), Markdown(하락)의 4개의 단계로 시장을 표현하였습니다.

와이코프의 관점으로 지난 파트에서 살펴보았던 S&D 구간을 해석해본다면, 수요 구간은 축적 구간에 해당하며, 공급 구간은 분배 구간에 해당합니다.

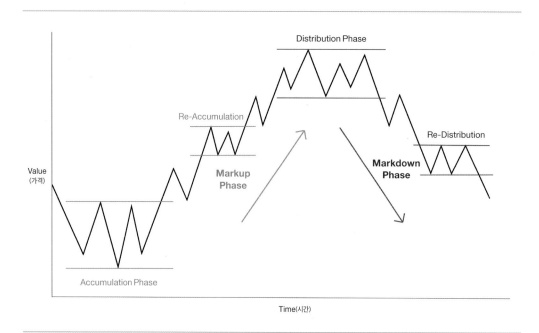

와이코프는 이러한 단계들이 시장을 만들어나가는 'Market Maker(세력)'의 행동에 의해 나타난다고 설명하였으며, 실제로 이러한 'Market Maker(세력)'들은 자산의 규모가 크기 때문에 자산을 한 번에 움직일 경우 지나친 가격 움직임이 나타나게 됩니다. 따라서 이들은 한 번에 모든 자본을 시장에 투입할 수 없으며, 지정된 가격 범위 내에서 나누어서 매수를 진행하게 됩니다. 이로 인해 '수요 구간'이 형성되게 되는 것입니다.

마찬가지로 자산을 매도하거나 포지션을 종료할 때, Market Maker(세력)의 경우 대량 주문 시의 매도 압력으로 인해 가격 급락이 나타날 수 있습니다. 이는 수익 실현의 극대화에도 방해가 될 뿐 아니라, 심한 경우 가지고 있는 물량을 다 정리하지 못한 채로 하락하게 될 수도 있습니다. 따라서 매수 과정과 마찬가지로 한 번에 매도할 수 없게 되며 시장 영향을 최소화하며 이익을 보존하기 위해 일정 기간에 걸쳐 매도를 진행하게 됩니다. 이로 인해 '공급 구간'이 형성되게 되는 것입니다. 결국 시장은 이러한 Market Maker(세력)들이 매수와 매도를 마쳤을 때, 즉 공급과 수요가 균형을 잃을 때 한 방향으로 큰 추세를 보이게 됩니다.

┃ S&D 패턴 유형

먼저, 상승기에는 축적(Accumulation) 기간이 여러 번 있을 수 있고, 하락기에는 분배 (Distribution) 기간이 여러 번 있을 수 있다는 점을 이해하는 것은 아주 중요합니다. 이는 고전적인 기술적 분석과 마찬가지로, S&D 패턴에 반전형 패턴(Reversal Pattern)과 지속형 패턴 (Continuation Pattern)이 존재하는 것을 의미합니다.

S&D 반전형 패턴

S&D 반전형

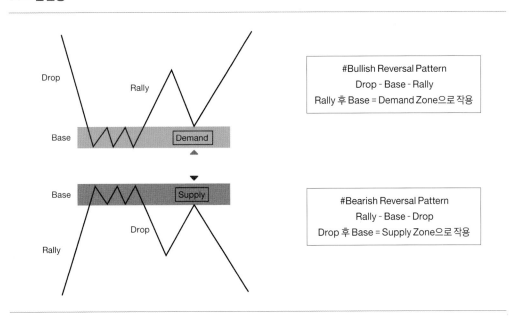

S&D 반전형 패턴(Reversal Pattern)의 경우 Drop-Base-Rally(하락-바닥-상승) 혹은 Rally-

Base-Drop(상승-천장-하락)의 구조를 띠게 됩니다. 이 중 Drop-Base-Rally 구조는 강세 반전형 패턴(Bullish Reversal Pattern)이며, 여기서 Base에 해당하는 부분이 수요 구간으로 작용하게 됩니다. 이후 가격이 다시 수요 구간에 근접하게 될 때 수요 구간은 지지 구간으로 작용하게 됩니다.

Rally-Base-Drop 구조는 앞서 살펴본 Drop-Base-Rally와 반대 개념으로 약세 반전형 패턴(Bearish Reversal Pattern)에 해당합니다. Base에 해당하는 부분은 공급 구간으로 작용하게 되며, 이후 가격이 다시 공급 구간에 근접할 때 저항 구역으로 작용하게 됩니다.

S&D 지속형 패턴

S&D 지속형

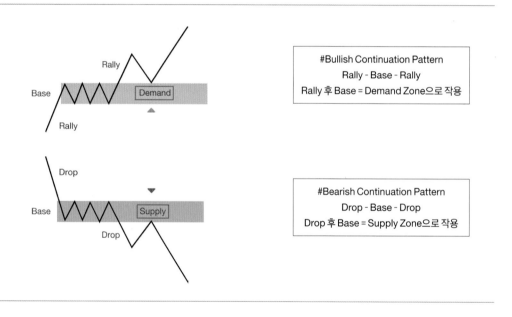

S&D 지속형 패턴(Continuation Pattern)의 경우 Rally-Base-Rally(상승-횡보-상승) 혹은 Drop-Base-Drop(하락-횡보-하락)의 구조를 띠게 됩니다. 이 중 Rally-Base-Rally는 강세 지속형 패턴(Bullish Continuation Pattern)이며, 여기서 Base에 해당하는 부분이 수요 구간으로 작용하게 됩니다. 이후 가격이 다시 수요 구간에 근접하게 될 때 수요 구간은 지지 구간으로 작용하게 됩

니다.

Drop-Base-Drop(하락-횡보-하락) 구조는 앞서 살펴본 Rally-Base-Rally와 반대 개념으로 약세 지속형 패턴(Bearish Continuation Pattern)에 해당합니다. Base에 해당하는 부분은 공급 구간으로 작용하게 되며, 이후 가격이 다시 공급 구간에 근접할 때 저항 구역으로 작용하게 됩니다. 이러한 패턴을 이해하는 것이 중요한 이유는, 시장의 Price Action이 얼마나 오랫동안 지속되었는지에 따라 해당 Price Action 구간에서 추세가 지속될지, 반전될지에 대해 판단할 수 있기 때문입니다. 통상적으로 오랫동안 지속된 추세에서는 반전이 나타날 가능성이 크며, 새롭게 나타난 추세에서는 지속될 가능성이 큽니다.

S&D 구간을 식별하고 작도하는 방법

S&D 구간을 표시하는 방법

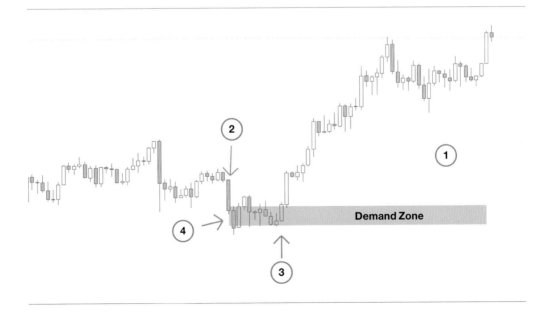

S&D 구간을 표시하는 단계는 크게 네 단계로 나누어 생각해볼 수 있습니다.

먼저 첫 번째 단계는 현재 시장의 가격을 식별하는 것입니다. 현재 시장의 가격이 고평가돼 있는지, 혹은 저평가돼 있는지 파악하는 것이 중요합니다. 두 번째로는 차트에서 직전의 가격 추세를 확인하는 것입니다. 세 번째로는 Price Action이 크게 나타난 구역을 찾는 것이며, 이는 큰 양봉 또는 음봉을 찾으면 쉽게 판단할 수 있습니다. 마지막 단계는 이러한 큰 가격 움직임의 시발점이 되는 구역을 찾아 마킹하는 것입니다. 시발점을 찾는 것이란 큰 장대양봉 혹은 장대 음봉이 시작된 지점을 의미하며, 보통 추세를 일으키기 직전 몇 개의 캔들에 나타나는 Market Maker들이 개입한 흔적을 찾는 것이라 볼 수 있습니다.

S&D 구간을 작도하는 방법

S&D 구간은 크게 두 가지 방법으로 그릴 수 있습니다.

첫 번째로는 횡보 혹은 강화 구간에서의 캔들 무리들을 이용하는 방법이 있습니다. S&D 구간에서 Base는 좁은 보합(통합, Consolidation) 구간에서 나타나는, 보통 10개 미만의, 캔들의 작은 시리즈를 의미합니다. 이때 캔들의 수가 적은(10개 미만) 것이 좋은 이유는 첫 번째로 큰 추세가 일어나기 직전에 단기간에 걸쳐 매집된 것이 실제로 해당 구간에서 Market Maker(세력)들의 매집 평균으로 작용할 가능성이 크며, 두 번째로 장기간에 걸쳐 매집되었을 경우 구간의 폭이 넓어짐에 따라 활용성이 적어진다는 단점이 있기 때문입니다.

공급 구간은 횡보 구간(Base)의 상단과 가장 낮은 캔들의 몸통을 이용할 수 있으며, 수요 구간은 횡보 구간(Base)의 하단과 가장 높은 캔들의 몸통을 이용하여 작도할 수 있습니다.

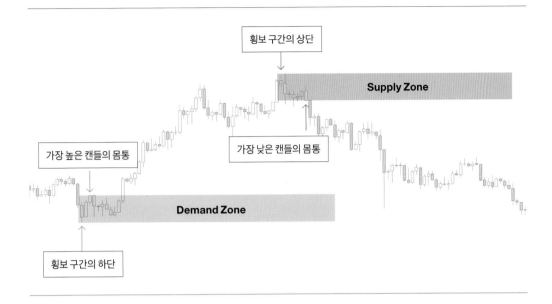

두 번째 방법으로 강한 반전 캔들이 나타날 경우 한 개의 캔들을 이용해 구간을 표시할 수 있습니다. 앞서 캔들 편에서 살펴보았던 망치형, 유성형, 장악형 캔들 등을 예로 들 수 있습니다.

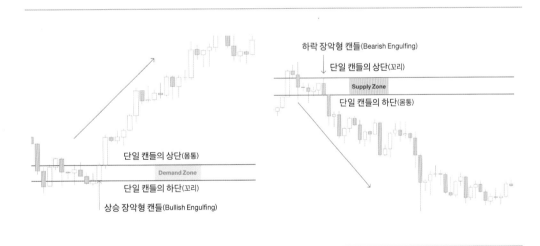

강한 S&D 구간을 식별하는 방법

기술적 분석이나 트레이딩 전략에서는 모두 강한 신호와 약한 신호가 존재합니다. 이 중 약한 신호는 무시하고, 강한 신호는 이용해야 좋은 결과를 얻을 수 있습니다. 이번 파트에서는 강한 S&D 구간의 5가지 특징을 알아보도록 하겠습니다.

좁은 가격대

강한 S&D 구간은 가격대의 폭이 좁은 경우가 많습니다. 넓은 범위의 가격대를 가지는 구간의 경우 불확실성이 높을 수 있으며, Market Maker들의 매집 혹은 축적 이외에도 개인 투자자들의 물량이 늘어날 수 있음을 의미합니다.

10개 미만의 캔들 구성

S&D 구간은 10개 미만의 캔들 구역에 있는 것이 강한 신호를 나타내며, 축적(Accumulation) 및 분배(Distribution)가 너무 오랜 시간이 걸릴 경우 구간은 여러 번의 테스트로 인해 큰 힘을 발휘하지 못할 수 있습니다.

강력한 가격 이동

추세를 시작하는 Breakout 캔들은 'ERC(Extended Range Candle, 초과 범위 캔들)'의 형태가 이상적입니다.

이전에 침범당하지 않은(Untested, Fresh) 구간

최고의 구간은 돌파(Breakout) 이후 아직 가격대가 다시 구간 근처로 오지 않은 상태의 구간이며, 구간을 테스트한 횟수가 많을수록 구간의 신호는 약해지게 됩니다.

거짓 돌파(False Breakout) 또는 Spring이 나타난 구간

일시적으로 가격이 반대 방향으로 향했다가 빠르게 역전될 경우를 의미하며, 이것은

Market Maker들이 축적(Accumulation) 또는 분배(Distribution)를 위한 추가적인 유동성(Extra Liquidity)을 찾기 위해 'Stop Hunting(유동성 확보를 위해 큰 변동성을 줌으로써 쌓여 있는 아직 수익 실현되지 않은 주문들을 청산시키는 손절가 사냥)'을 할 때 나타나는 특징적인 현상입니다. 유동성 (Liquidity)과 Stop Hunting에 대해서는 추후 자세히 다루도록 하겠습니다.

▮ S&D 트레이딩 전략(20일 이동평균선)

20일 이동평균선과 S&D 구간을 사용한 아주 간단한 트레이딩 예시를 확인해보도록 하겠습니다.

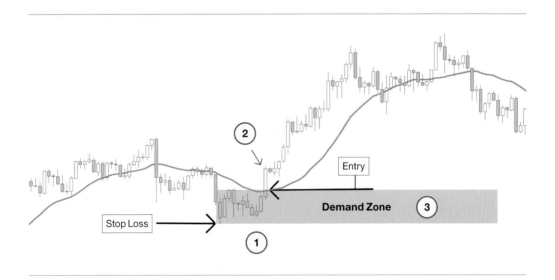

가격이 20일 이동평균선을 돌파하는 것을 기다립니다. 이후 긴 양봉 캔들이 20일 이동평균선을 상방 돌파하는 것을 확인할 수 있으며, 이는 새로운 추세의 전환을 나타낼 수 있습니다. 해당 캔들의 시작점을 이용해 S&D 구간을 작도할 수 있으며, 이 구간을 이용하여 거래에 진입할 수 있습니다. (예시의 경우 수요 구간으로 상단에서 매수 혹은 롱 포지션 진입이 유효하겠습니다.)

목표 손절가 역시 작도한 구간을 이용하여 설정할 수 있으며, 목표가의 경우 손익비와 지지/저항 레벨을 고려하여 적절히 설정할 수 있습니다.

지지와 저항

트레이더는 시장에서 매수, 매도, 관망의 세 가지 옵션을 가지고 있습니다. 파생상품 시장이라면 롱 포지션, 숏 포지션, 관망의 세 가지 옵션이 가능하겠죠.

이렇게 포지션을 설정할 때 반드시 참고해야 하는 것은 과거의 매수/매도세가 보여주는 지지/저항 레벨(Support & Resistance Level)입니다. 거래의 진입 및 종료뿐만 아니라 손절가의 설정, 부분적인 목표가의 설정, 가격 흐름의 예측 등 사실상 트레이딩에 필요한 모든 것을 판단하기에 용이한 지표가 바로 지지/저항입니다.

▌▌ 지지와 저항(S/R)의 형성 원리와 개념

'지지와 저항'이라는 단어는 트레이더라면 누구나 여러 번 들어보았을 것입니다. 기초적인 개념이지만, 지지/저항(S/R)의 개념 및 형성 원리에 대해 짚고 넘어가도록 하겠습니다.

지지(Support)는 과거에 '하방 돌파'하지 못했던 가격을, 저항(Resistance)은 과거에 '상방 돌파'하지 못했던 가격을 의미합니다. 지지와 저항은 시장의 수많은 트레이더의 심리 상태와 행동을 반영하는 것입니다. 다시 말해 매수와 매도의 대결, 그리고 그 결과가 지지와 저항으로 나타나게 되는 것입니다.

모식도와 함께 구체적으로 알아보도록 하겠습니다. 앞서 지지란 과거에 특정 가격을 하방 돌파하지 못한 경우라고 말씀드렸습니다.

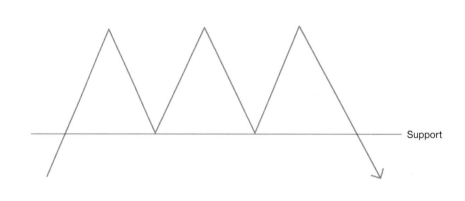

모식도를 살펴보면 자산이 과거에 특정 가격을 하방 돌파하지 못한 것을 확인할 수 있습니다. 이후 재상승이 이루어지는 것을 볼 수 있으며, 조정과 함께 가격은 다시 지지(Support) 근처까지 하락하게 됩니다.

지지에 가까워질수록 투자자들은 가격이 올라갈 것이라고 기대하게 됩니다. 따라서 매수 심리는 증가하게 되고, 매도 심리는 감소하게 됩니다. 지지 레벨에서 강한 매수심리가 뒷받침될 경우 지지 레벨은 계속 유지되며, 가격은 이후 재상승하게 되고 더 강한 지지 레벨이 형성되게 됩니다.

저항(Resistance)이란 과거에 특정 가격을 상방 돌파하지 못한 경우를 의미합니다.

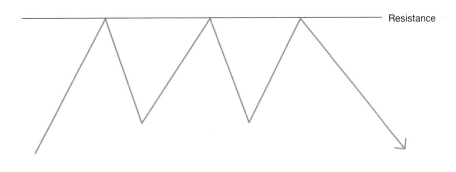

모식도를 살펴보면 자산이 과거에 특정 가격을 상방 돌파하지 못한 것을 확인할 수 있습니다. 이후 하락 조정이 일어나며 재상승과 함께 가격은 다시 저항 근처까지 상승하게 됩니다.

저항에 가까워질수록 투자자들은 가격이 저항에 부딪힐 것이라고 기대하게 됩니다. 따라서 매도 심리는 증가하게 되고, 매수 심리는 감소하게 됩니다. 저항 레벨에서 강한 매도 심리가 나타날 경우 저항 레벨은 계속 유지되며, 가격은 이후 재차 하락하게 되고 더 강한 저항 레벨이 형성되게 됩니다.

지지와 저항(S/R)의 Key Point

지지와 저항(S/R)에 대한 필수 개념을 정리해보도록 하겠습니다.

1. S/R은 과거에 돌파되지 못한 가격 또는 영역을 의미합니다.
2. S/R은 지켜질 수도 있지만, 언제든 돌파될 수도 있습니다.
3. S/R은 한 번 돌파될 경우 반대로 전환(Flip)됩니다. 즉 지지 레벨은 저항 레벨로, 저항 레벨은 지지 레벨로 작용할 수 있습니다.

4. 더 긴 기간 동안 유지되고, 더 자주 테스트된 지지/저항 레벨은 더 강력하게 작용합니다.

5. 강한 S/R 구역이 돌파될수록 강한 추세가 발생할 가능성이 높습니다.

6. 다양한 종류의 지표를 S/R의 관점에서 중첩(Confluence)하여 판단의 확률을 높일 수 있습니다.

7. 지지/저항 레벨은 트레이딩에서 거래의 진입, 종료 등의 계획 수립에 활용할 수 있습니다.

▮▮ 지지와 저항(S/R) Flip

그렇다면 가격은 S/R을 영원히 돌파하지 못하며 박스권 안에서만 움직일까요? 물론 그렇지 않습니다. S/R은 영원하지 않으며, 언제든 돌파될 수 있습니다.

S/R Flip & Double Flip

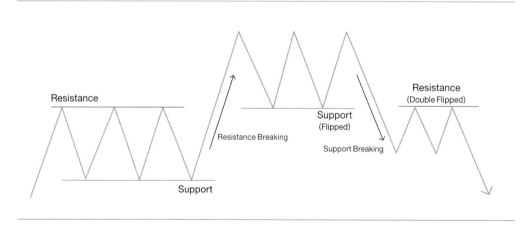

S/R이 돌파된 경우, 그 이후부터는 기존의 저항은 지지로, 지지는 저항으로 작용하게 되는데 이를 S/R Flip이라고 부릅니다.

S/R Flip의 형성 원리에 대해 알아보도록 하겠습니다.

많은 투자자가 지지가 일어날 것이라고 예상한 지지 레벨에서 예상한 매수세를 이겨낸 매도세가 출현한 상황을 가정해보겠습니다. 지지 레벨은 많은 투자자가 상승을 기대하고 매수 포지션을 취하였던 레벨입니다. 가격이 지지 레벨을 하방돌파한 경우 지지 레벨에서 매수하였던 투자자들은 손실을 보게 됩니다. 가격이 다시 지지 레벨 근처에 도달했을 때 손실을 보고 있던 많은 투자자는 본전을 지키고자 하는 마음에 매도 포지션을 취하게 됩니다. 이러한 움직임은 지지 레벨이 저항 레벨로 작용하게 되는 이유가 됩니다.

저항 레벨을 상방 돌파하기 위해서는 강한 매수 세력이 필요합니다. 만약 강한 매수 세력이 저항 레벨을 상방 돌파하는 데 성공하였다면, 돌파의 매수 주체는 가격이 다시 저항 레벨 근처에 도달했을 때 가격 방어 및 손실 방지를 위해 재차 매수 포지션을 취하게 될 것입니다. 이러한 움직임은 저항 레벨이 지지 레벨로 작용할 수 있는 이유가 됩니다.

▐ᵢ S/R과 지표의 중첩(응용편)

가격(Price)과 Horizontal S/R

그렇다면 가격은 S/R을 영원히 돌파하지 못하며 박스권 안에서만 움직일까요? 물론 그렇지 않습니다. S/R은 영원하지 않으며, 언제든 돌파될 수 있습니다.

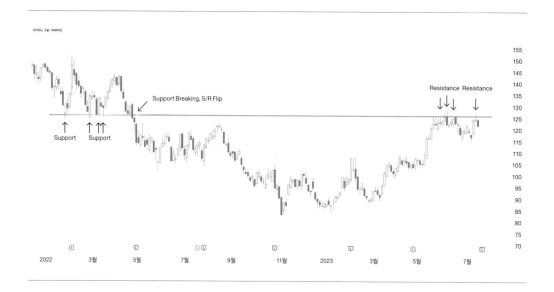

가장 단순한 형태로 이전에 돌파하지 못했던 가격에 수평선을 그어 지지/저항 레벨을 작도하는 것입니다. 가장 단순한 형태인 만큼 가장 많은 트레이더가 참고할 수 있기 때문에 꼭 알아두어야 합니다. 차트상 수차례 지지 또는 저항으로 작용했던 가격에 수평선을 그어 확인할수 있으며, 오랜 기간, 여러 차례 테스트되었을수록 신뢰도가 높습니다.

강한 S/R Flip이 일어난 경우 전환된 추세의 강도가 앞으로 강할 것으로 예상할 수 있습니다. 예를 들어 오랜 기간 작용한 강한 지지 레벨이 돌파당한 경우 하락 추세의 강도가 강력하며, 앞으로 한동안 하락 추세가 유지될 것임을 예상할 수 있습니다.

S/R Zone(Congestion Zone)

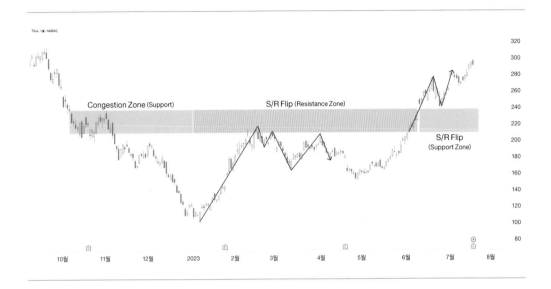

과거에 특정 가격을 정해 S/R로 규정하기 어려움이 있으나, 일정한 가격 범위 안에서 횡보했던 구간이 있었다면, 이후에 이 구간에 접근할 때 기존의 상승/하락 추세를 둔화시키는 구간으로 작용하며 이를 Congestion Zone이라고 합니다.

Horizontal S/R과 유사하나, 특정 가격에서 S/R이 추세의 반전을 일으키는 작용을 하는 것과 달리 S/R 구간은 보다 더 넓은 범위에서의 느린 추세의 예측 혹은 약간의 허용 범위를 둔 예측을 할 수 있게 해줍니다.

Long Tail(긴 꼬리를 가진 캔들 이용)

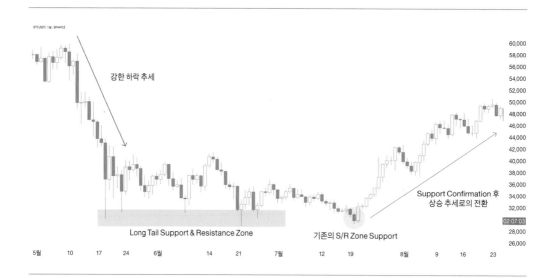

Horizontal S/R을 판단하기 위해 차트를 살펴볼 때 가장 고민스러운 부분은 꼬리가 있는 캔들에서 어떤 가격을 기준으로 선택할지에 대한 것입니다. 위의 예시와 같이 긴 꼬리가 관찰되는 캔들이 여러 개 인접해 있다면 이들을 포함하는 포괄적인 구간을 설정하고, 이를 S/R 구간(Congestion Zone)으로 활용할 수 있습니다.

이때 인지해야 할 것은 꼬리(Tail)가 있는 캔들의 수가 많이 포함된 구역일수록, 그리고 구역의 가격 범위가 좁을수록 강력한 Congestion Zone으로 작용한다는 것입니다.

채널과 추세선

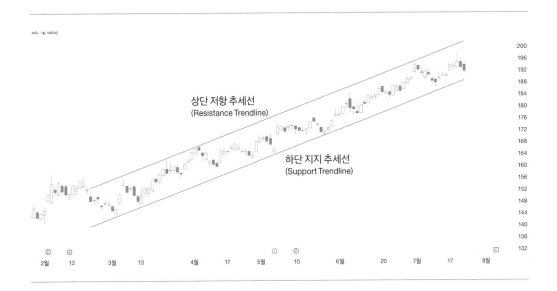

상단 저항 추세선
(Resistance Trendline)

하단 지지 추세선
(Support Trendline)

앞서 2장에서 다룬 바 있는 채널과 추세선 역시 지지와 저항의 역할을 할 수 있습니다.

상단의 추세선은 저항 추세선으로 상단 추세선에 가격이 근접할 경우 저항이 일어날 가능성이 높으며, 하단 추세선의 경우 지지 추세선으로 가격이 하단 추세선에 근접할 경우 지지가 일어날 가능성이 높습니다.

가격이 상승 추세에 있는 경우 지지 추세선(Support Trendline)이 더 강하게, 하락 추세에 있는 경우 저항 추세선(Resistance Trendline)이 더 강하게 작용하는 경향이 있습니다. 이렇게 시간이 지나면서 지지/저항 레벨이 변화하는 경우, '동적 지지/저항(Dynamic Support & Resistance)'이라 부릅니다.

피보나치 되돌림

0.382, 0.5 등 주요 피보나치 되돌림 레벨은 S/R 구간으로 작용할 수 있음.

피보나치 되돌림에 근거한 피보나치 주요 레벨들은 훌륭한 지지/저항 레벨의 역할을 할 수 있습니다. 예시의 경우 큰 하락 추세가 일어난 후 0.382 레벨과 0.5 레벨에서의 저항이 관찰됩니다.

이동평균선(Moving Averages, MA)

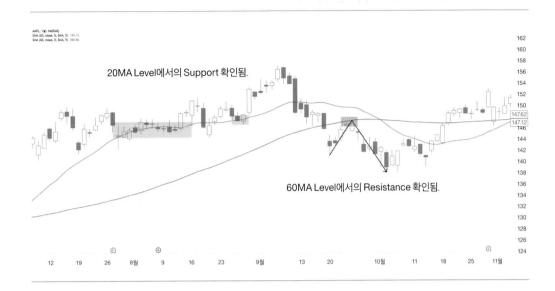

기준 일자 동안의 종가의 평균을 의미하는 이동평균선 역시 S/R의 관점에서 활용될 수 있습니다. 이동평균선 역시 시간이 지나며 변화하는 값이기 때문에 동적 지지/저항(Dynamic Support & Resistance)의 대표적인 예가 되겠죠. 짧은 기간의 이동평균선일수록 추세 변화에 민감하므로 S/R의 강도는 약할 수 있습니다. 반대로 긴 기간의 이동평균선일수록 추세 변화에 둔감하며, S/R의 강도는 상대적으로 강하게 나타날 수 있습니다.

Price Action은 결국 많은 투자자의 심리와 행동이 반영된 결과물이므로, 많은 트레이더가 참고하는 중요 이평선일수록 강한 Price Action이 나타날 수 있습니다.

3

Market Structure에 대한 이해

⫻ 시장 구조(Market Structure)란?

Market Structure는 기본적으로 '시장이 움직이는 전반적인 흐름'을 의미합니다. 이를 조금 더 쉽게 말하자면 Market Structure, 즉 시장의 구조는 현재 가격의 움직임이 '상승 추세'에 있는지, '하락 추세'에 있는지를 의미한다고도 볼 수 있습니다.

잘 알려진 Market Structure들을 분석하면 시장의 의도와 움직임을 예측할 수 있게 되며, 이는 종목의 합리적인 가격을 찾는 토대의 역할을 합니다. 특히 Market Maker들의 의도가 Market Structure로 나타나는 경우가 매우 많기 때문에 Price Action의 기초를 다지기 위해 반드시 공부해야 하는 주제입니다.

이번엔 Market Structure의 기본 구성요소에 대해 알아보도록 하겠습니다.

시장은 저점과 고점이 반복하여 나타나게 되며, 저점과 고점은 각각 이전의 저점과 고점보다 높아질 수도, 낮아질 수도 있습니다. 이를 스윙(Swing)이라 부를 수 있으며, 많은 스윙 중에 나타나는 저점을 스윙 저점이라고 표현할 수 있습니다. 이 특정한 스윙 저점 다음에 나타나는 저점은 더 높아질 경우 Higher Low, 더 낮아질 경우 Lower Low라고 부를 수 있습니다. 마찬가지로 특정한 스윙 고점에 대해 다음 고점이 더 높아질 경우 Higher High, 낮아질 경우 Lower High라고 부를 수 있습니다.

시장의 구조를 알기 위해서는 ① 저점의 변화, ② 고점의 변화, 이 두 가지 구성요소가 가장 중요하다고 할 수 있습니다.

Bullish & Bearish Market Structure

Bullish Market Structure

Bullish Market Structure

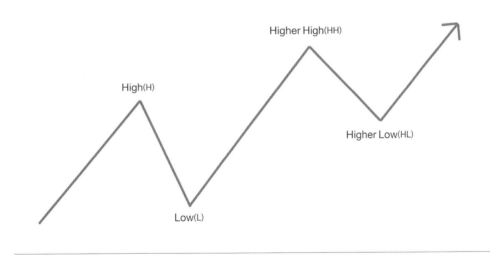

Bullish Market Structure는 '지속적으로 저점과 고점을 높게 갱신하는 가격 구조'로 정의내릴 수 있습니다. 즉 Bullish Market Structure에서 시장의 흐름에 맞추어 종목을 매수하거나, 롱 포지션에 진입하기 위해서는 이전보다 높아진 새로운 저점과 고점을 확인하는 과정이 필수적입니다. 투자자들은 Bullish Market Structure가 나타날 경우, 이전 고점을 상방 돌파(Higher High)한 뒤 하락하여 이전 저점보다 높은 저점(Higher Low)을 형성할 때 매수 혹은 롱 포지션 진입을 고려해볼 수 있습니다.

Bearish Market Structure

Bearish Market Structure

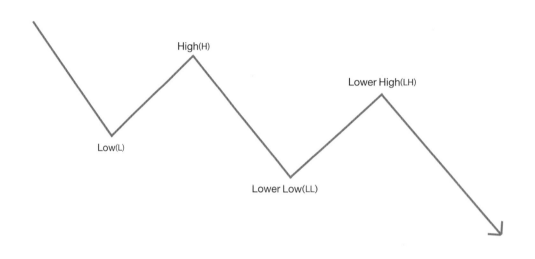

반대로 Bearish Market Structure는 '지속적으로 저점과 고점을 하향 갱신하는 가격 구조'로 정의 내릴 수 있습니다. 즉 Bearish Market Structure에서 시장의 흐름에 맞추어 가지고 있던 종목을 매도하거나, 숏 포지션에 진입하기 위해서는 이전보다 낮아진 새로운 저점과 고점을 확인하는 과정이 필수적입니다.

투자자들은 Bearish Market Structure가 나타날 경우, 이전 저점을 하방돌파(Lower Low)한 뒤 상승 되돌림이 일어났지만, 이전 고점을 상방 돌파하지 못하는 고점(Lower High)을 형성할 때 매도 혹은 숏 포지션 진입을 고려해볼 수 있습니다.

Market Structure가 항상 명확하게 나타날까?

위의 기본적인 Bullish & Bearish Market Structure의 모식도처럼만 시장 구조가 형성된다면, 시장 구조는 굉장히 쉽고 간단하게 느껴질 수도 있습니다.

그러나 많은 분이 Market Structure를 어려워하는 이유는, 시장이 계속해서 한 가지 추세만 보여주는 것이 아니라 다양한 양상이 혼재되어 나타나기 때문일 것입니다. 즉 Market Structure를 어려워하는 이유는 첫 번째로 고점의 추세와 저점의 추세가 다르게 나타나는 경우가 많으며, 두 번째로 HTF와 LTF에서 서로 다른 Market Structure가 혼재되는 경우가 많기 때문일 것입니다.

두 가지 경우를 모식도로 나타내면 다음과 같습니다.

고점의 추세와 저점의 추세가 다르게 나타나는 경우

강세장 or 약세장?

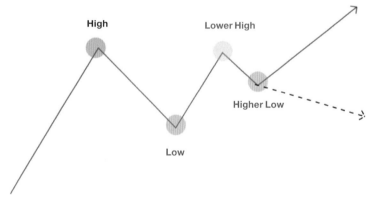

저점은 Low → Higher Low로 Bullish 추세를 이어나가지만, 고점은 Lower High를 나타내므로 Bullish Market Structure를 보일지, Bearish Market Structure를 보일지 판단하기 어렵습니다.

Bullish Market Structure?

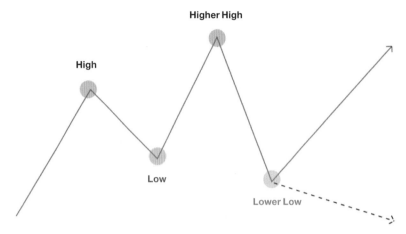

고점은 Higher High로 Bullish 추세를 이어나가지만, 저점은 Lower Low를 나타내면서 마찬가지로 어떤 포지션을 취해야 할지 정하기 어려운 상황입니다.

HTF, LTF에서 서로 다른 Market Structure를 보이는 경우

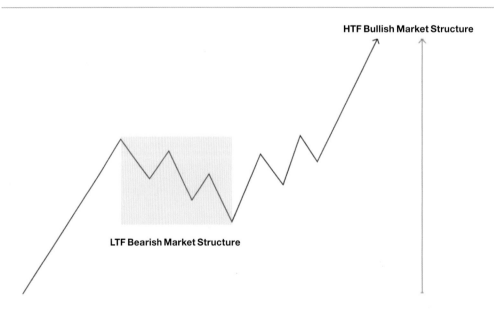

HTF는 Bullish Market Structure를, 표시한 LTF는 Bearish Market Structure를 보여주는 상황입니다.

위의 모식도에서 많은 투자자는 LTF 상의 하락 구조와 HTF 상의 상승 구조는 발견할 수 있을 것입니다. 하지만 이를 트레이딩에 활용하려고 한다면 다소 막막할 수 있습니다.

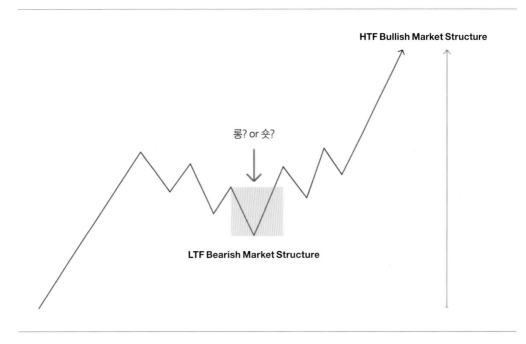

즉 실제 트레이딩에서 헷갈리는 부분은 위의 사진에 표시된 네모 구간에서 LTF Bearish Market Structure가 깨지며, HTF Bullish Market Structure로 전환되는 것을 어떻게 판단하는지에 대한 것입니다.

모식도상에 표시한 네모 구간에서 어떤 포지션을 취해야 할지에 대한 내용이며, 이를 위해 알아야 하는 개념이 지금부터 설명드릴 Market Structure Break입니다.

Market Structure Break(MSB)

MSB의 정의

앞서 살펴본 바와 같이 Market Structure는 강세(Bullish), 약세(Bearish) 등의 시장 구조를 의미합니다. 이때 Bullish MS(Market Structure)는 단순히 상승만을 의미하는 것이 아니라, 넓은 의미에서는 하단에서 '지지'를 받으며 상방의 '저항'을 돌파함으로써 고점과 저점을 높여가는 것을 의미하며, Bearish MS는 단순히 하락만을 의미하는 것이 아니라, 넓은 의미에서 상방의 '저항'을 받으며 하방의 '지지'를 이탈하여 고점과 저점을 낮추는 것을 의미합니다.

MSB(Market Structure Break)는 이러한 강세(Bullish), 약세(Bearish)의 구조를 Break, 즉 무너트리는 것을 의미합니다. 모식도와 함께 좀 더 자세히 살펴보도록 하겠습니다.

Market Structure Break(MSB)

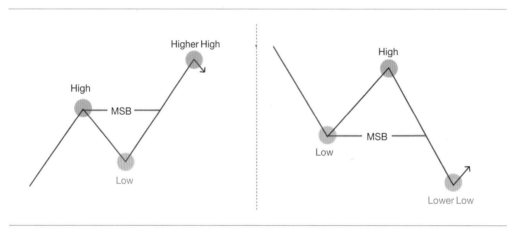

왼쪽의 모식도는 HTF 상승 과정에서 나타난 MSB를 의미합니다. High → Low로 나타나던 LTF의 하락 추세를, Low → Higher High로 Break 하며, HTF Bullish Market Structure를 완성해나가는 모습입니다.

오른쪽의 모식도는 HTF 하락 과정에서 나타난 MSB를 의미합니다. Low → High로 나타나던 LTF의 상승 추세를 High → Lower Low로 Break하며, HTF Bearish Market Structure

를 완성해나가는 모습입니다.

이번엔 MSB의 구간 설정 방법에 대해 자세히 알아보도록 하겠습니다.

Market Structure Break(MSB)

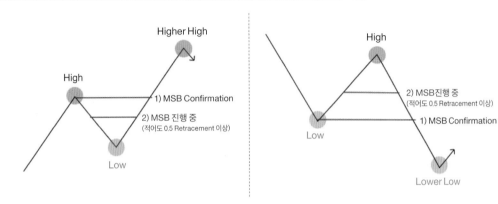

1) MSB Confirmation 활용: 고점(High)과 저점(Low)을 완전히 돌파하는 것을 기준으로 설정
2) MSB 진행 중: 고점(High)과 저점(Low)을 완전히 돌파하기 전, 돌파를 시도하는 과정 중일 때를 의미

사실 엄밀한 의미에서의 MSB는 명확하게 고점(High)과 저점(Low)을 돌파하는 것을 기준으로 하며, 모식도 상에서의 'MSB Confirmation'만을 의미합니다. 그러나 MSB Confirmation을 확인 후 진입하는 것이 정석적이지만, 실제 트레이딩에서 매번 이를 기준으로 트레이딩한다면 얻을 수 있는 수익 구간이 굉장히 제한적일 수 있습니다.

따라서 MSB가 나타날 것으로 예상되는 곳에서 MSB가 진행 중이며 MSB가 이후 확인되는 방향으로 추세가 진행될 것이라고 판단하며 표시하고 거래를 진행하는 근거로 세울 수도 있습니다. 즉 거래 중에 상승 또는 하락에 대한 추가 근거가 있는 상황이라면 위와 같이 적어도 0.5 되돌림 레벨 이상을 되돌리는 과정 중에는 MSB가 진행 중이라고 판단하며 표시 및 작도 후 트레이딩에 활용해볼 수 있습니다.

MSB와 BOS, CHoCH

MSB(Market Structure Break)와 BOS(Break of Structure), CHoCH(Change of Character)는 Price Action에서 자주 사용되는 개념이지만, 굉장히 비슷한 개념으로 혼동되는 경우가 많은 개념 중 하나입니다.

사실 많은 투자자가 혼용하여 사용하는 개념이며, 실제로 의미가 비슷하기 때문에 혼용하여 사용해도 트레이딩에 미치는 영향은 거의 없습니다. 하지만 엄밀하게 구분하자면 MSB는 BOS와 CHoCH를 포함하는 포괄적인 개념으로 사용되는 편이며, BOS는 큰 틀에서 추세의 지속 방향으로 나타나는 돌파(Break)를, CHoCH는 큰 틀에서 추세를 반전시키는 방향으로 나타나는 변화(Change)를 의미합니다. 즉 BOS는 추세의 지속(Trend Continuation)을, CHoCH는 추세의 반전(Trend Reversal)을 의미하며, 모식도로 나타내면 다음과 같습니다.

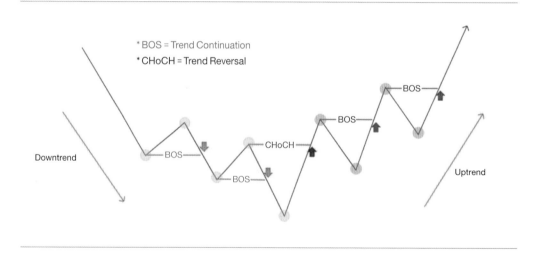

BOS(Break of Structure)

- 위의 모식도처럼 BOS는 추세가 지속되는 방향으로 Market Structure의 돌파(Break)가 나타나는 것을 의미합니다.

- 즉 하락 추세에서는 하락을 유지하는 방향으로, 상승 추세에서는 상승을 유지하는 방향으로 돌파(Break)가 나타날 때 BOS라 부릅니다.

CHoCH(Change of Character)

- 반면 CHoCH는 추세가 반전되는 방향으로 Market Structure의 변화(Change)가 나타날 때를 의미합니다.

- 즉 위 경우 하락 추세가 완전히 상승 추세로 반전되며 돌파(Break)가 나타날 때를 의미합니다.

그렇다면 MSB와 BOS, CHoCH를 꼭 구분해서 사용해야 할까요?

결론부터 말씀드리자면, 트레이딩을 복기하는 과정에서 꼼꼼하게 추세의 지속, 반전을 표시할 때는 구분해서 사용하는 것이 의미가 있습니다. 특히 현물 및 장기적인 관점에서 투자를 하시는 분들에 있어서는 추세의 지속, 전환 여부를 파악하는 것은 중요할 수 있습니다.

다만 이러한 추세의 유지, 전환 여부는 시간이 경과한 후 백테스팅을 통해 HTF 상에서 확인되는 부분이기 때문에 단기 또는 스윙 트레이딩의 관점에서는 구분하여 사용하는 것이 큰 의미가 없는 경우가 많습니다.

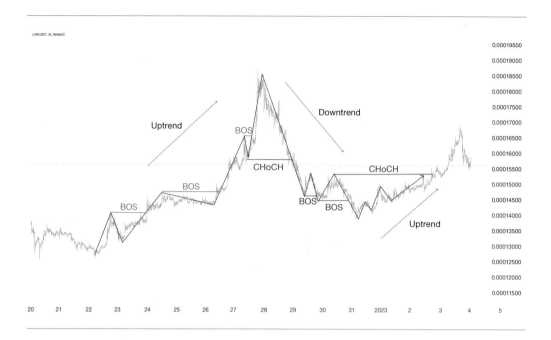

위 모식도는 실제 차트상에서 BOS와 CHoCH를 표시한 것입니다. 차트를 복기하는 과정에서 보자면 추세가 전환되는 시점에서 CHoCH를 구분하는 것은 의미 있을 수 있습니다. 그러나 각각의 LTF 구조에서 트레이딩을 진행한다면 시장 구조가 돌파당하며 이에 따라 포지션을 설정하는 것이 중요한 것이지, 큰 틀에서의 추세의 지속인지 반전인지를 완전히 구분 지으며 트레이딩할 필요는 없다는 것입니다. 즉 BOS, CHoCH 등의 명확한 차이를 이해하는 것은 중요하지만, MSB 자체를 트레이딩에 활용하는 것이 더 중요하며 BOS와 CHoCH의 구분 사용은 크게 중요한 부분은 아니라고 생각됩니다.

타임프레임에 대한 이해

이번 파트에서는 다양한 타임프레임(Timeframe)에 대해 알아보겠습니다.

▮│ HTF(High Timeframe) & LTF(Low Timeframe)

Market Structure를 판단할 때 중요한 것 중 하나는 타임프레임을 설정하는 것입니다.

타임프레임을 설정한다는 것은, 트레이더 각자의 거래의 길이를 결정하는 것이며, 같은 종목을 보더라도 타임프레임에 따라 차트 구조가 완전히 달라 보일 수 있기 때문에 타임프레임 설정은 매우 중요한 과정입니다.

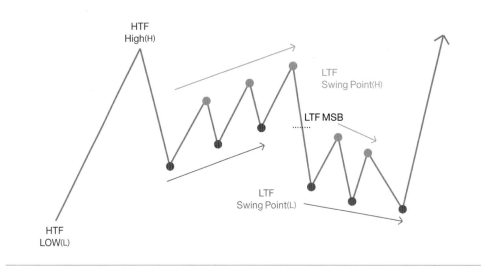

타임프레임에 따라 다른 차트 구조가 나타나는 것에 대한 모식도입니다.

첫 번째 예시에서 높은 타임프레임(HTF) 관점에서는 MSB가 일어나지 않았으나 낮은 타임프레임(LTF) 관점에서는 MSB가 일어난 것을 확인할 수 있습니다. 또한 HTF 관점에서는 스윙 지점(변곡점, Swing Point)이 두 곳(파랑, 빨강)이지만 LTF 관점에서는 지속적으로 스윙 지점(주황, 분홍)이 나타나고 있습니다.

HTF와 LTF는 지극히 상대적인 개념입니다. 즉 같은 타임프레임이더라도 비교 대상에 따라 HTF가 될 수도, LTF가 될 수도 있습니다.

특별히 관심이 가는 어떤 Market Structure 구간을 살펴볼 때 단일한 TF에서 살펴보는 것은 충분한 정보를 주지 못합니다. 즉 HTF에서 관심이 가는 구조를 발견했다면, LTF로 차례로 내려가며 어떻게 구성되어왔는지를 살펴보는 것이 매우 중요합니다.

이유를 알아보기 위해 HTF 상에서 관찰된 Market Structure가 LTF로 관찰했을 때 어떻게 보이는지 확인해보도록 하겠습니다.

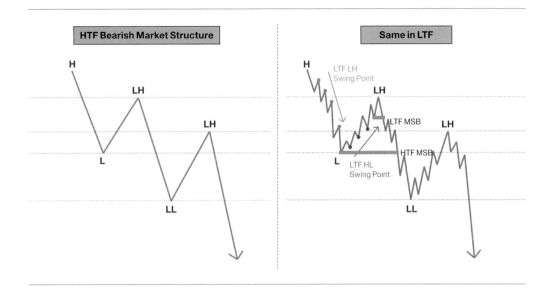

앞서 포지션을 취하는 데 스윙 지점(Swing Point)들을 이용할 수 있음에 대해 알아보았습니다. 그렇기 때문에 더 많은 스윙 지점을 발견한다면 더 많은 포지션 설정이 가능해집니다.

높은 타임프레임(HTF) 상 하나의 단위 구조, 즉 2개의 스윙 지점이 관찰되는 구간을 설정했을 때 낮은 타임프레임(LTF) 관점에서 이 단위 구조를 관찰하면 모식도와 같이 훨씬 더 많은 스윙 지점을 관찰할 수 있습니다. 이는 안정적인 목표가나 손절가의 설정에도 도움을 줄 뿐만 아니라 더 많은 거래 기회를 얻을 수 있습니다.

▎▍ Market Structure와 타임프레임, 그리고 Bias

HTF에서 Market Structure를 관찰한 후 낮은 타임프레임에서 이를 분석할 때 주의해야 할 점이 있습니다. 바로 HTF 상 가정한 포지션에 대한 편향(Bias)입니다. 즉 LTF에서의 단위 구조 판단 과정에 HTF 상에서 판단한 방향이 영향을 미칠 수 있다는 점입니다. 확증 편향의 한 예로 볼 수 있으며, 이는 거래에 치명적일 수 있습니다.

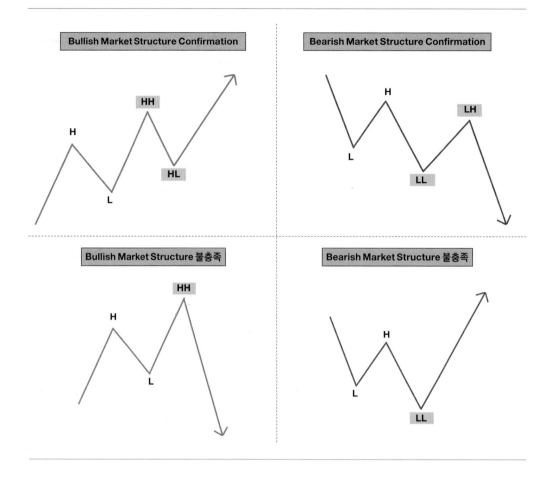

모식도를 통해 살펴보도록 하겠습니다. 앞서 Bullish Market Structure는 고점을 돌파 (Higher High) 후에 하락하여 이전 저점보다 높은 저점(Higher Low)을 형성할 때 완성된다고 말 씀드렸습니다. 높은 타임프레임에서 강세 구조를 예측한 투자자라면 그림과 같이 LTF 상 Higher High인 부분에서 매수 포지션을 취할 가능성이 있습니다. 이는 Swing Point를 놓칠 것 같은 두려움과 HTF 상에서 관찰한 과거 Bullish Market Structure의 확증 편향에서 기인 하게 되며, 리스크가 높은 투자가 될 수 있습니다.

Bearish Market Structure의 경우도 마찬가지입니다. 투자자들은 늘 이러한 편향(Bias)을 배 제하기 위해 노력해야 하고, 거래에 진입할 시에는 HTF와 LTF의 구조를 모두 확실히 파악 한 이후 진입하도록 노력해야 합니다.

실제 사례를 통해 알아보는 타임프레임

Bearish Market Structure를 예로 들어 어떻게 포지션을 취할 수 있는지, 그리고 타임프레임에 따라 차트가 어떻게 달라 보일 수 있는지에 대해 실제 사례를 통해 알아보도록 하겠습니다.

2021년 5월 주봉 타임프레임의 비트코인 차트를 살펴보겠습니다.

주봉 타임프레임의 약세 시장 구조

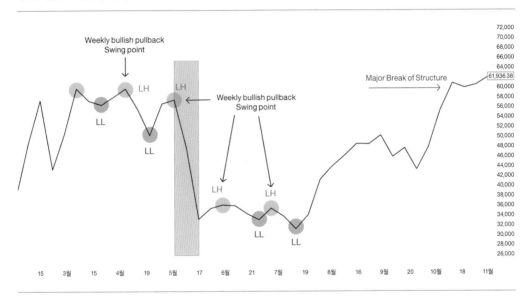

주봉 타임프레임은 HTF라 볼 수 있으며, Lower High와 Lower Low가 관찰되는 Bearish Market Structure를 보입니다.

다음으로는 한 단계 낮은 타임프레임인 일봉 타임프레임으로 옮겨가 동일한 기간을 살펴보겠습니다.

일봉 타임프레임의 약세 시장 구조

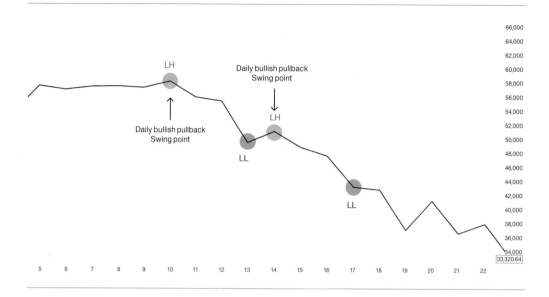

거시적 관점(주봉 타임프레임)에서 관찰했던 약세 시장 구조 중 한 구간을 더 낮은 타임프레임(일봉)에서 살펴본 것입니다. HTF 상에서는 스윙 지점이 한 차례 발견된 구간이지만, 일봉 타임프레임에서는 스윙 지점이 두 차례 발견되는 것을 확인해볼 수 있습니다.

마지막으로 더 낮은 타임프레임인 4시간봉 타임프레임으로 옮겨가 같은 기간을 살펴보겠습니다.

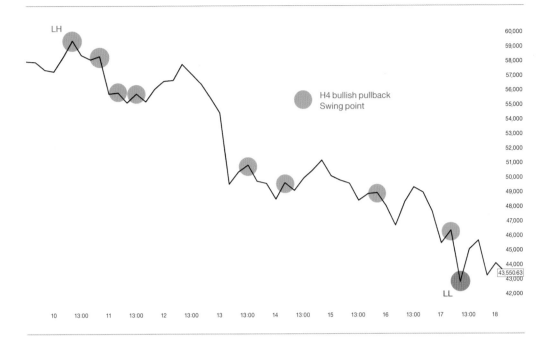

HTF 상에서 살펴보았던 Bearish Market Structure가 동일 구간에서 7회 발견되는 것을 확인해볼 수 있습니다. 추가로 4시간봉 타임프레임에서는 그전까지는 관찰되지 않았던 일시적인 Bullish Market Structure 역시 관찰됩니다.

즉 HTF에서 관찰된 Market Structure를 토대로 LTF로 옮겨가며 관찰한다면 더 많은 스윙 지점을 발견하고 유연한 포지션 설정을 할 수 있습니다.

Range Trading과 Premium 및 Discount

Range Trading의 정의

기술적 분석에서 Range란 '가격의 범위'를 말합니다. 그렇다면 Range Trading이란 가격의 범위를 이용한 거래 방법을 의미한다는 것까진 감을 잡을 수 있을 것입니다. 정확하게 Range Trading이란 자산이 과거에 특정 가격 범위(Range High & Low) 안에서 움직였음을 관찰한 뒤, 이후에 다시 해당 가격 범위 근처에 다가왔을 때 과거 움직임을 참고하여 포지션을 설정하는 매매를 말합니다.

Range Trading은 흔히 박스권 매매라고도 불리지만, 이 책에서는 Price Action 개념을 곁들여 조금 더 심화된 내용까지 알아보도록 하겠습니다.

Range 모식도(Bullish MS)

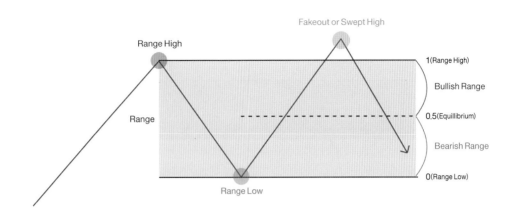

Range 모식도(Bearish MS)

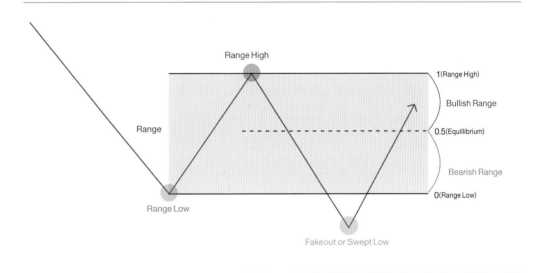

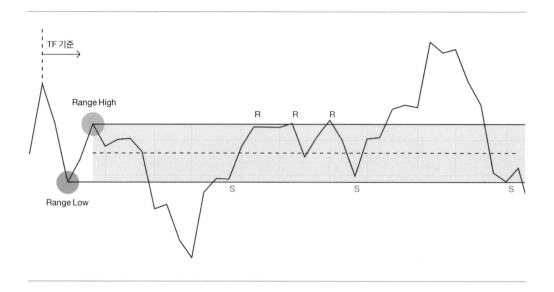

Range Trading의 고려사항

Range Trading에서 가장 중요한 것은 이름에서 알 수 있듯 'Range'를 설정하는 것입니다.

이번 파트에서는 신뢰도가 높은 Range의 상단(High)과 하단(Low)을 설정하는 방법에 대해 알아보도록 하겠습니다.

첫 번째로 변동성이 없는 구간보다 강한 파동이 나타난 변동성이 있는 구간에서 Range를 설정하는 것이 보다 쉬울 뿐만 아니라 신뢰도도 높습니다. 두 번째로는 시간상으로 먼저 나타난 Range의 상단, 하단을 기준으로 설정하는 것이 신뢰도가 높습니다. 마지막으로는 Range 상단 및 하단에서 리테스트가 여러 번 나타난 경우, 해당 구간의 신뢰도가 높아집니다.

또한 Range를 이용하여 향후 추세를 예측할 수 있습니다.

먼저 가장 기본적인 방법으로는 Range를 이용한 지지와 저항(Support & Resistance)의 설정이 있습니다. 즉 Range 상단은 저항으로, Range 하단은 지지 구간으로 작용할 수 있으며, 만약 자산의 가격이 Range 이탈 후 다시 Range로 진입하는 경우 S/R Flip이 일어나 기존의 지지 또는 저항을 받을 가능성이 높습니다.

두 번째로 Range의 중간값인 Equilibrium(평형 구간)을 통해 단기적인 추세를 예측할 수 있습니다. Equilibrium을 상방 돌파하는 경우, Range 상단까지 상승을 보인 후 하락 되돌림이 일어날 가능성이 높습니다. 마찬가지로 Equilibrium을 하방 돌파하는 경우, Range 하단까지 하락을 보인 후 상승 되돌림이 일어날 가능성이 높습니다.

하지만 Range Trading에서는 수시로 Range의 상단과 하단을 테스트하는 거짓 돌파(False Breakout)가 있을 수 있으므로 기계적인 거래보다는 유연한 대처가 필요하며, 거짓 돌파가 나타난 경우 대부분은 일시적인 경우가 많으며 가격이 Range 안으로 회귀할 가능성이 매우 높습니다.

▎▋ Range Trading의 전략

Range Trading의 전략은 크게 가격이 Range 내에서 움직이는 것을 이용하는 거래와 가격이 일시적으로 Range 밖으로 벗어난 것을 이용하는 두 가지 전략을 세울 수 있습니다.

먼저 가격이 Range 내에서 움직이는 경우의 트레이딩 전략에 대해 알아보도록 하겠습니다. Range 상단에서는 통상적으로 저항이 일어나며, Range 하단에서는 지지가 일어납니다. 이를 이용해 Equilibrium을 기준으로 포지션을 취할 수 있습니다. Bullish Range에서는 숏 포지션, Bearish Range에서는 롱 포지션을 취하는 것이 유리합니다.

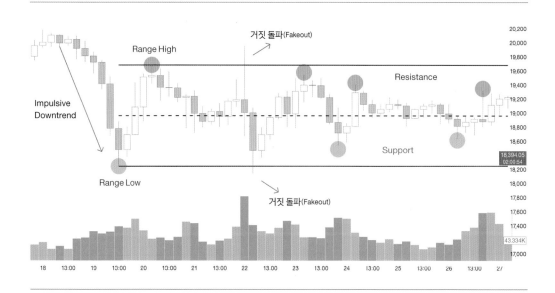

　두 번째는 가격이 Range를 이탈한 경우, 즉 거짓 돌파를 이용하는 전략입니다. 거짓 돌파
로 판단되는 경우 Range 안으로 가격이 회귀하는 것을 확인한 이후에 진입하는 것이 안전하
며, Range 안에서 포지션의 방향과 목표가, 손절가를 Range 상단과 하단을 이용하여 설정할
수 있습니다.

Range Trading in Bullish Market Structure

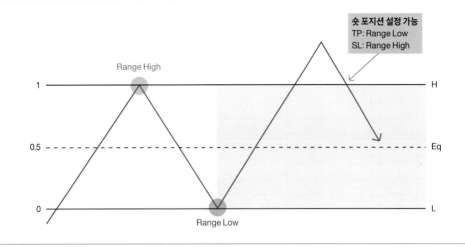

Range Trading in Bearish Market Structure

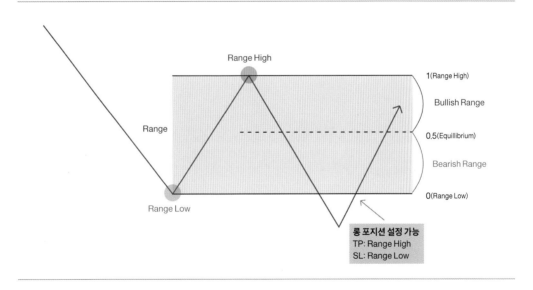

Equilibrium(평형 구간)의 개념

이번 파트에서는 ICT(Inner Circle Trader) Concept에서의 Equilibrium의 개념을 알아본 후, 이를 기반으로 다음 파트에서는 Premium & Discount에 대해 알아보도록 하겠습니다.

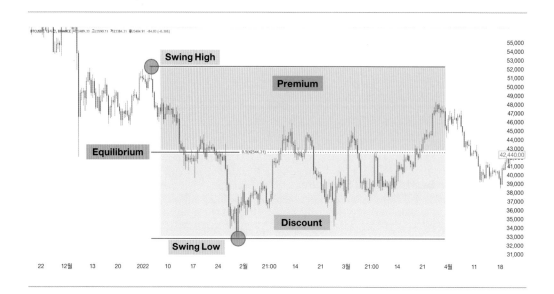

Equilibrium이란, 특정 가격 구간의 '50%'에 해당하는 중앙 지점 또는 스윙 고점과 저점으로 이루어지는 스윙 Range의 중앙 지점을 의미합니다. 해당 구간은 매수와 매도 세력의 힘이 균형을 이루는 구간이며, 자산이 고평가/저평가되지 않고 본래의 적절한 시장 가치(Fair Market Value)를 지니는 때라 할 수 있습니다.

사실 Equilibrium 자체는 트레이더들이 거래에 진입하기에 좋은 구간은 아닙니다. 하지만 Equilibrium은 자산 가치의 '평형'을 알 수 있게 해주는 레벨입니다. Equilibrium을 기준으로 저평가되어 더욱 저렴한 가격을 보일 때(Equilibrium 하방) 매수 혹은 롱 포지션을, 고평가되어 비싼 가격을 보일 때(Equilibrium 상방) 매도 혹은 숏 포지션을 고려하여 수익을 극대화할 수 있습니다.

Equilibrium이 해당 Range의 50.0% 구간에 해당하는 만큼 피보나치 되돌림(Fibonacci

Retracement) 도구를 적용하여 찾거나, 패러렐 채널의 미들 기능을 이용하여 손쉽게 찾을 수 있습니다.

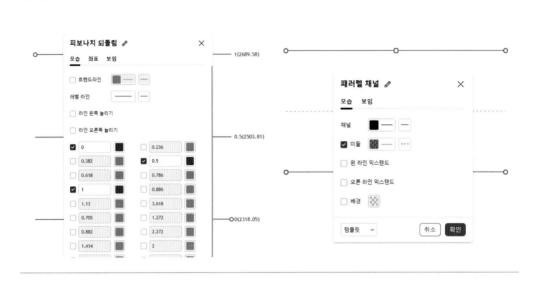

PD Array의 개념

PD: Premium & Discount Array

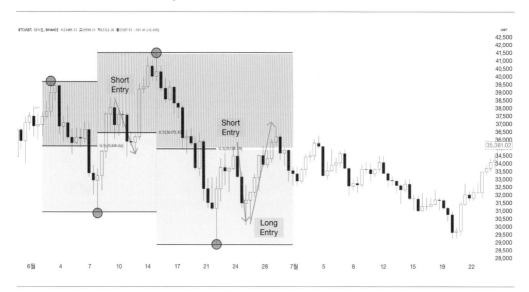

PD Array란 Premium & Discount를 합쳐 이르는 용어로, Equilibrium을 기준으로 하는 고평가/저평가 구간의 집합체를 의미합니다. Equilibrium에 해당하는 가격을 기준으로 가격이 상방에 위치하는 경우를 Premium이라 일컬으며, 반대로 하방에 위치하는 경우를 Discount라 정의합니다.

Premium과 Discount는 어려운 개념이 아닙니다. 일상생활에서 물건을 구입하는 상황을 예로 들어 Premium과 Discount, Equilibrium에 대해 알아보도록 하겠습니다. 어떤 물건의 가격이 대략 일정한 범위 안에서 움직인다고 가정해봅시다. 이때 Equilibrium은 물건의 적정 가격으로 볼 수 있습니다. 하지만 구매자들은 Equilibrium에 구입하기보다는 조금 더 할인(Discount)된 가격에 상품을 구매하길 원할 것입니다. 반대로 판매자는 보다 높게 평가된 (Premium) 가격에 상품을 판매하기를 원할 것입니다. 즉 Discount 구간은 수요가 공급보다 많은 상황이라 볼 수 있으며, Premium 구간은 공급이 수요보다 많은 상황이라 볼 수 있습니다. 당연하게도 Discount 구간에서는 가격이 올라가게 되며, Premium 구간에서는 가격이 내려가게 되겠죠.

이를 기술적 분석에 적용하면 Discount 영역에서는 현물 매수 또는 롱 포지션 진입을, Premium 영역에서는 현물 매도 또는 숏 포지션 진입을 고려할 수 있게 됩니다. 이러한 PD Array는 Price Action 상의 모든 가격 움직임에도 확장하여 적용이 가능한 개념입니다.

PD Array의 의의

PD Array는 Price Range에서 특정 포지션의 진입 시점을 결정하는 데 도움을 줄 수 있다는 점에 그 의의가 있습니다. PD Array의 개념은 상승장과 하락장 양측 모두에서 적용이 가능하나, 하락장에서는 Premium이, 상승장에서는 Discount가 보다 신뢰도가 높습니다.

PD Array를 일봉 단위에서 적용한다면 Daily Bias(시장의 일일 움직임의 방향성)을 확인할 수 있으며, Market Maker 또는 Smart Money(기관, 세력 등)의 움직임을 보다 잘 식별할 수 있습니다. 특히 유동성(Liquidity) 확보를 위해 만들어내는 움직임을 피할 가능성이 높아집니다.

또한 PD Array에 속하지 않는 신뢰도가 떨어지는 구간과 Equilibrium 구간에서 트레이딩을 시도하는 것을 방지할 수 있습니다.

PD Array 활용 시 주의점

이처럼 PD Array는 유리한 구간에서 트레이딩 진입을 할 수 있게 도와줌으로써 투자의 손익비를 개선할 수 있습니다. 하지만 PD Array에 너무 의존하는 경향을 보이거나, 이를 부적절하게 사용하는 경우 손실을 입거나, 더 많은 수익을 얻을 수 있는 트레이딩 설정(Setup) 기회를 놓치게 될 수 있습니다.

첫 번째로 낮은 타임프레임에서의 사용을 주의해야 합니다. 15분봉과 같은 낮은 타임프레임에서는 PD Array의 효율성이 떨어집니다. 가격 움직임이 특정 구간(Range) 내에 머무르는 움직임(Rangebound)을 보이는 경우가 아니라면 되도록 높은 타임프레임에서의 적용을 권장합니다.

두 번째 주의사항은 PD Array만으로 트레이딩 진입 여부를 결정해서는 안 된다는 것입니다. 트레이딩 시 특정 도구 또는 개념을 단독 적용하는 것이 얼마나 위험한 일인지 대부분 알고 계실 것입니다. PD Array는 수요/공급(S&D)과 유동성(Liquidity) 등의 구성요소를 파악하여 시장 구조(Market Structure)를 이해하는 방향으로 적용해야 합니다.

세 번째 주의사항은 Premium 영역은 가격의 하락을, Discount 영역은 가격의 상승을 보장하지 않는다는 것입니다. 상품의 가치는 특정 구간(Range) 내에서 횡보를 보일 경우 수요와 공급의 법칙에 의해 적정 가격(Equilibrium) 수준으로 회귀하려는 양상을 보입니다. 이 경우 PD Array는 아주 효율적으로 사용될 수 있을 것입니다. 하지만 변동성(Volatility)이 심하게 나타나면서 특정 방향으로의 추세가 강하게 나타나는 시장에서는 매수자와 매도자 간의 불균형으로 인해 설정한 PD Array를 이탈하는 양상을 보일 수 있어 적용에 주의를 요합니다.

▮▮ PD Array을 활용한 트레이딩

피보나치 분석 관점에서 중요하게 여기는 되돌림 비율은 23.6%, 38.2%, 50.0%, 61.8%, 78.6% Level입니다. Equilibrium(EQ)은 50.0% 되돌림에 해당하긴 하지만 EQ Level 자체를 트레이딩 진입 구간으로 설정하는 것이 유리할까요?

일부 트레이딩 콘셉트 및 Study Pool에서는 50.0%에서의 진입을 권장하고 있으나, ICT(Inner Circle Traders)의 개념에서는 EQ를 적절한 진입 구간으로 여기지 않습니다. ICT에서는 61.8~78.6% 구간을 Deep Discount Area (또는 Deep Premium Area)로 명명하며 시장의 과매도 또는 과매수가 진행되었다고 판단, 해당 영역에서의 진입을 권고하고 있습니다. ICT 상 최적의 진입 구간은 이들의 중간 지점인 70%(61.8+78.6)÷2로 정의하고 있습니다.

Discount를 이용한 트레이딩 예시

Discount를 활용한 일반적인 매매 진입 과정은 다음과 같습니다.

Discount Strategy: Entry Setup

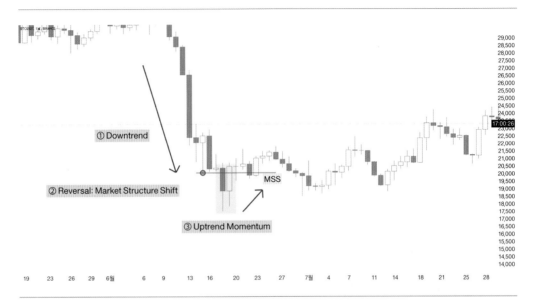

① 높은 타임프레임에서 기존의 추세를 확인합니다.

하락 추세 → 상승 추세로의 반전이 일어나는 경우, Discount를 활용한 전략이 보다 유리해질 수 있습니다.

② MSS(Market Structure Shift)에 해당하는 Price Level을 확인합니다.

MSS란 시장 구조(Market Structure)상 지속되던 추세가 바뀌는(Shift) 것을 Market Structure Shift(MSS)라 부르며, 상승 추세(Higher High & Higher Low)와 하락 추세(Lower High & Lower Low)의 구조를 깨뜨리는(Break) 가격 구간을 특징적으로 표시합니다.

③ 상승 모멘텀을 확인합니다.

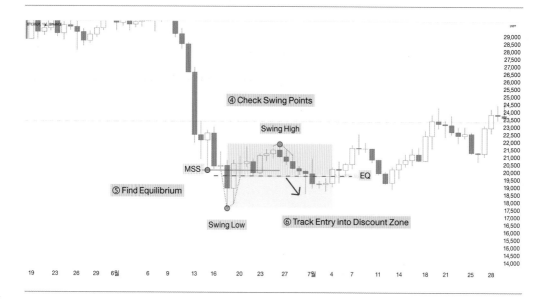

④ **스윙 고점을 확인한 후 PD Array 및 Equilibrium을 작도합니다.**

본 사례는 MSS가 PD Array에 포함되는 사례로 PD Array를 빠르게 작도할 수 있습니다.

⑤ **가격 움직임이 재차 Discount Zone으로 들어가는 것을 추적합니다.**

가급적이면 Deep Discount Zone에 진입하는 것까지 기다리는 것이 좋습니다.

⑥ **가격이 재차 Discount Zone으로 들어갔다면, 이후 다시 스윙 저점을 형성하는 것을 확인한 후 진입합니다.**

낮은 타임프레임 상에서 하락에 대한 다양한 근거를 중첩시킨다면 더 확률 높은 트레이딩을 할 수 있습니다.

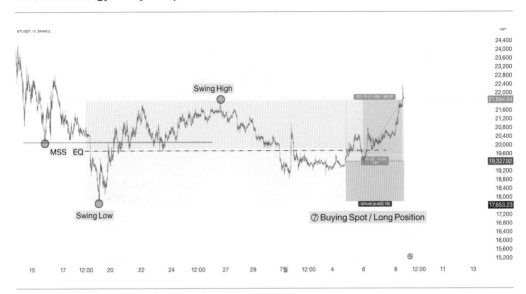

⑦ 현물 매수 혹은 롱 포지션 진입

Premium을 이용한 트레이딩 예시

Premium을 활용한 일반적인 매매 진입 과정은 다음과 같습니다.

Premium을 활용한 트레이딩은 숏 포지션을 취하는 것이 원칙이며, 따라서 Premium을 활용한 트레이딩은 파생상품 시장에서 사용하거나, 현물 시장의 경우 매도 타이밍을 잡을 때 사용할 수 있습니다.

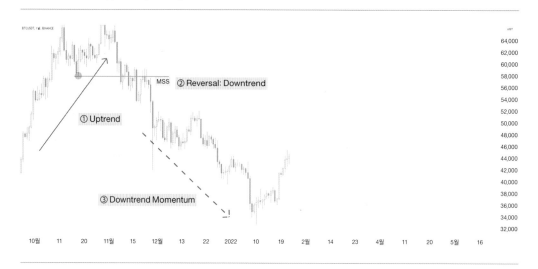

① 높은 타임프레임(일봉)에서 기존의 추세를 확인합니다.

상승 추세 → 하락 추세로의 반전이 일어나는 경우, Premium을 활용한 전략이 보다 유리
해질 수 있습니다.

② MSS(Market Structure Shift) 해당하는 가격대를 확인합니다.

본 사례의 경우 상승 추세 → 하락 추세로 전환되며 발생한 MSS가 스윙 Range 내에 속하
지 않는 사례입니다. 이 경우 스윙 고점과 저점이 나타나는 데 보다 오랜 시간이 필요할 수 있
습니다.

③ MSS 이후 나타나는 하락 모멘텀을 확인합니다.

Premium Strategy: Entry Setup

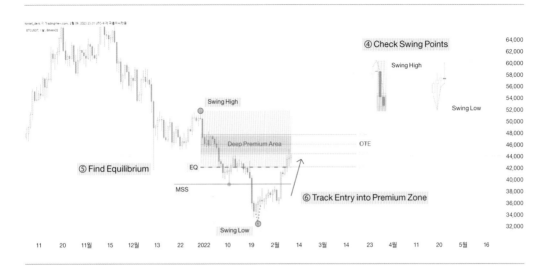

④ 스윙 저점을 확인한 후 스윙 구간을 정하기 위해 추적합니다.

⑤ 스윙 고점과 저점을 기반으로 한 EQ 구간을 확인합니다.

⑥ 가격 이 다시 상승 되돌림이 일어나 Premium Zone에 진입하기를 기다립니다.

가격이 재차 Premium Zone으로 들어갔다면, 이후 다시 스윙 고점을 형성하는 것을 확인한 후 진입합니다. 낮은 타임프레임 상에서 하락에 대한 다양한 근거를 중첩시킨다면 더 확률 높은 트레이딩을 할 수 있습니다.

Premium Strategy: Entry Setup

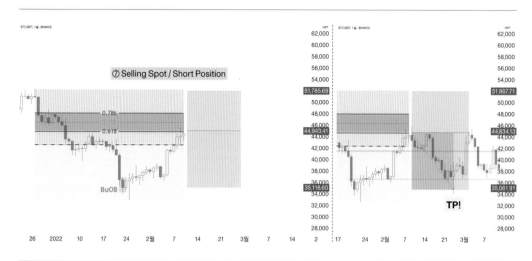

⑦ 숏 포지션 진입 또는 현물 매도

추세의 강세와 약세 분석

Thrust & Pullback, Spring & Upthrust

이번 파트에서는 Price Action을 이루는 기초 개념인 가격의 '스윙(Swing)'이 진행되는 상황에서 그 추세의 강세 또는 약세 여부를 분석하기 위해 활용되는 방법들에 대해 설명드리고자 합니다.

먼저 Thrust & Pullback에 대한 개념을 인지한 후, Spring & Upthrust에 대한 개념까지 알아보도록 하겠습니다.

Thrust Analysis

Thrust의 개념

가격 추세의 강세와 약세를 알아보기 위해 제일 먼저 살펴볼 개념은 'Thrust'입니다. Thrust란 상승 추세(Uptrend)에서는 현재의 스윙 고점에서 이전의 스윙 고점까지의 수직적 '거리', 즉 가격 차이를 나타내는 개념입니다. 반대로 하락 추세(Downtrend)에서는 현재의 스윙 저점에서 이전의 스윙 저점까지의 수직적 거리를 뜻하며, 이는 각 스윙 저점 사이의 가격 차이를 나타내게 되겠죠.

이러한 Thrust의 크기가 주는 의미를 통해 가장 기초적인 추세의 강세와 약세를 분석할 수 있습니다.

첫 번째로 Thrust의 크기가 점점 증가하는 경우를 살펴보겠습니다. 이러한 증가 추세는 아래 모식도와 같이 잠재적인 추세가 강해질 수 있음을 의미합니다. 모식도는 상승 시의 예시만을 나타냈으나, 하락 시에도 Thrust의 크기가 점점 증가한다면 하락세가 점점 가속화되고 있음을 나타냅니다.

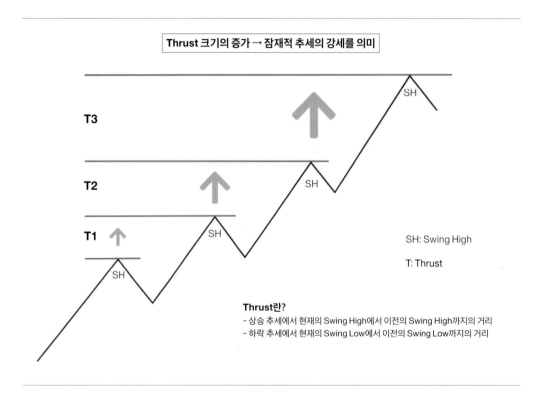

반대로 Thrust 크기가 점차 감소한다면 현재 유지 중인 추세가 약해질 수 있음을 의미합니다.

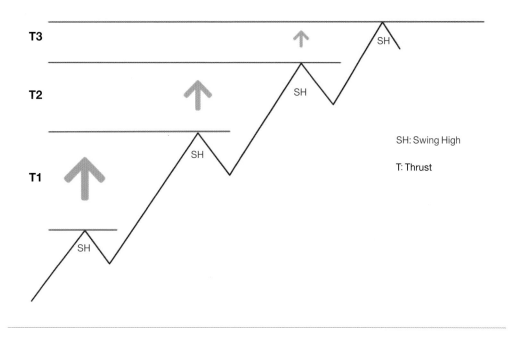

Thrust 크기의 감소 → 잠재적 추세의 약세를 의미

T3

T2

T1

SH

SH

SH

SH

SH: Swing High

T: Thrust

BTCUSDT 1시간봉 차트입니다. 상승 추세에 있는 가격 흐름에서 Thrust의 크기를 비교해보았습니다. T1과 T2의 크기는 비슷하나, T2에서 T3로 넘어가는 스윙 과정에서는 T2〉T3로 유의미한 크기 감소가 보입니다. 앞서 Thrust의 크기 감소는 잠재적인 추세의 약세를 의미함을 확인하였습니다. 실제 차트의 예시에서도 추세가 약해지며 하락으로 추세 전환한 것을 확인할 수 있습니다.

▮▮ Pullback Analysis

Pullback의 개념

다음으로 살펴볼 개념은 'Pullback'입니다. Pullback이란 상승 추세(Uptrend)에서는 이전의 스윙 고점에서 현재의 스윙 저점까지의 가격 차이를 나타내는 개념입니다. 즉 이전의 상승 또는 임펄스에 대한 가격의 되돌림의 깊이를 나타내는 개념인 것입니다. 반대로 하락 추세(Downtrend)에서는 이전의 스윙 저점에서 현재의 스윙 고점까지의 가격 차이를 뜻하며, 이는 상승 되돌림의 크기를 나타내게 됩니다.

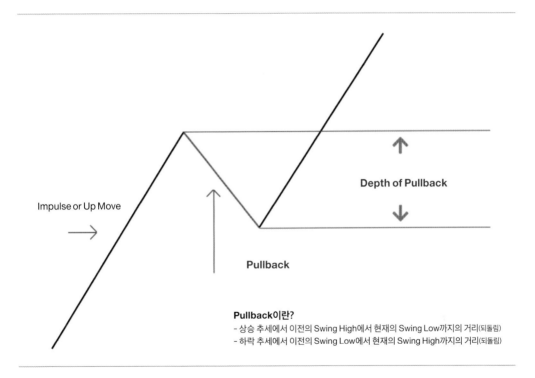

Impulse or Up Move

Depth of Pullback

Pullback

Pullback이란?
- 상승 추세에서 이전의 Swing High에서 현재의 Swing Low까지의 거리(되돌림)
- 하락 추세에서 이전의 Swing Low에서 현재의 Swing High까지의 거리(되돌림)

이번에는 Pullback의 깊이(Depth)가 주는 의미에 대해 살펴보도록 하겠습니다. Pullback의 깊이 감소는 잠재적인 추세가 강해질 수 있음을 의미합니다.

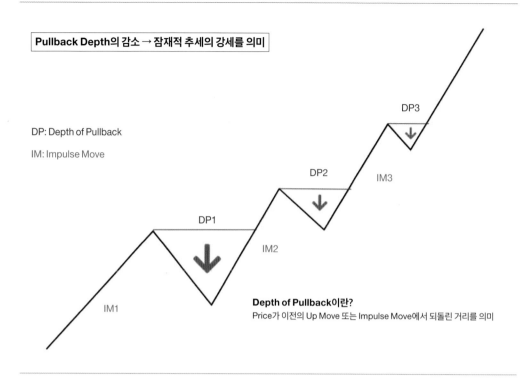

Pullback Depth의 감소 → 잠재적 추세의 강세를 의미

DP: Depth of Pullback

IM: Impulse Move

DP3

DP2

IM3

DP1

IM2

IM1

Depth of Pullback이란?
Price가 이전의 Up Move 또는 Impulse Move에서 되돌린 거리를 의미

반대로 Pullback의 깊이가 점차 증가한다면 잠재적인 추세가 약해질 수 있음을 의미하게 됩니다.

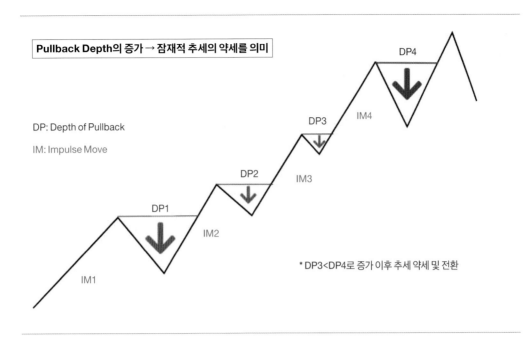

Pullback Depth의 증가 → 잠재적 추세의 약세를 의미

DP: Depth of Pullback

IM: Impulse Move

DP1

DP2

DP3

DP4

IM1

IM2

IM3

IM4

* DP3<DP4로 증가 이후 추세 약세 및 전환

실제 사례로 알아보는 Pullback Analysis

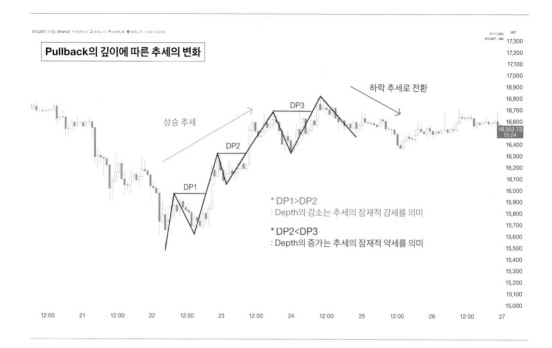

위의 Thrust의 예시와 같은 차트입니다. 같은 차트를 Pullback의 관점에서 해석해보도록 하겠습니다. 평소에도 트레이딩 시에 단일 개념만을 적용하는 것이 아닌 다양한 개념을 복합적으로 고려하는 것이 신뢰도를 높이기 위해 매우 중요합니다.

차트상의 DP(Depth of Pullback)는 되돌림의 수직적 거리를 의미합니다. DP1과 DP2는 Pullback의 깊이가 약간 감소하는 구간으로, 이전에 배운 바대로 추세의 잠재적 강세를 의미합니다. 실제로 상승세는 DP3에 이르기까지 계속 유지됨을 알 수 있습니다. 앞선 Thrust의 예시에서는 T1, T2는 비슷한 크기를 보였습니다.

그러나 DP2와 DP3을 비교해보면, 유의미한 Pullback의 깊이의 증가가 관찰됩니다. 이는 추세의 잠재적 약세를 전망할 수 있으며, 실제 차트에서도 추세의 약세 및 하락 전환이 관찰되었습니다. 앞선 Thrust의 예시에서도 해당 구간은 T2에서 T3로 유의미한 감소를 보였으므로 근거의 중첩이 이루어졌다고 추가로 판단할 수 있습니다.

거래량과 가격의 해석

이번 파트에서는 추세(Trend)의 강도를 결정하는 거래량(Volume)의 해석법에 대해 알아보도록 하겠습니다.

거래량을 해석하는 일반적인 원칙은 와이코프의 세 번째 법칙인 the Law of Effort Versus Result에 기인합니다.

먼저 가격과 거래량이 동반 상승하는 경우부터 알아보겠습니다. 너무 당연하게도 이러한 동반 상승은 강한 강세 추세장(Strong Bullish Market)을 나타냅니다. 그렇다면 가격이 상승하지만 거래량은 하락하는 경우는 어떻게 될까요? 가격이 상승하고 있으니 강세 추세장이지만 그 추세가 약한 강세 추세장(Weak Bullish Market)이 형성될 것입니다.

마찬가지로 가격이 하락하고, 거래량이 상승하는 경우는 그 추세가 강한 약세 추세장(Strong Bearish Market)을 나타내며, 가격과 거래량이 모두 하락하는 경우 약한 약세 추세장(Weak Bearish Market)이 됩니다. 그러나 위 원칙이 적용되기 위해서는 거래량에서의 차이가 유의미하게 나타나야 하며, 비슷한 수준에서의 거래량 움직임은 Price Action이 나타나지 않을 수 있으므로 주의가 필요합니다.

이어서 거래량의 강약을 분석하는 방법에 대해 알아보도록 하겠습니다. 이전 가격 움직임의 거래량과 현재 가격 움직임의 거래량을 비교하여 가격 방향을 분석하는 데 도움을 얻는 방법입니다.

이전 가격 움직임의 거래량보다 현재 가격 움직임의 거래량이 줄어들었을 때 추세가 약화될 가능성이 높으며, 이전 가격 움직임의 거래량과 현재 가격 움직임의 거래량이 같거나 증가했을 때 추세가 유지되거나 강화될 가능성이 높습니다.

Volume Strength and Weakness 분석법
: 같은 방향(이전/현재)의 Swing의 Volume을 비교

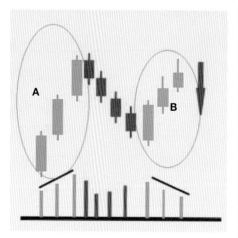

* 이전 스윙 = Volume 증가
* 현재 스윙 = Volume 감소

→ Trend Weakness

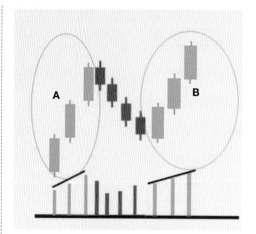

* 이전 스윙 = Volume 증가
* 현재 스윙 = Volume 증가

→ Trend Strength

위 모식도를 부연 설명하자면, 왼쪽 그림의 경우 이전의 Swing(A)에서의 거래량이 상승했던 것과 다르게, Swing(B)에서 거래량이 감소하는 것을 볼 수 있습니다. 이는 강세 추세의 약화, 즉 Bullish Side Weakness가 나타날 가능성이 높음을 의미합니다.

반면 오른쪽 그림의 경우, 이전 Swing(A)와 마찬가지로 Swing(B) 역시 거래량이 증가하는 것을 볼 수 있습니다. 이는 기존의 강세 추세가 그대로 유지되거나 강해짐을 의미합니다 (Bullish Side Strength).

Spring & Upthrust의 개념

Spring & Upthrust

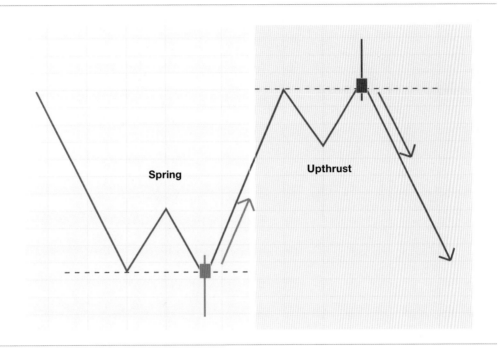

Springs and Upthrust는 와이코프 분석에서 언급된 기술적 패턴의 일종으로, 거짓 돌파(False Breakout)라고도 부를 수 있는 개념입니다. 이번 파트를 통해 Spring 및 Upthrust를 정확히 구분해 낼 능력을 갖춘다면, 위기를 기회로 만들 수 있을 것입니다.

Spring & Upthrust는 이전 파동(Wave)의 가격 범위 내에서 형성되며, 각각 지지 또는 저항 구간을 돌파하는 모습을 보이나 낮은(Low to Moderate) 거래량을 동반합니다. 지지 또는 저항을 돌파(Breakout) 후 그 추세가 지속(Follow-through)되려면 거래량이 동반되어야 한다는 점을 고려한다면, Spring과 같은 Price Action은 지지/저항 구간을 돌파하려는 시도가 실패했음을 의미하므로 시장이 반전될 가능성을 내포합니다.

Spring의 개념(= Bear Trap / Buying Signal)

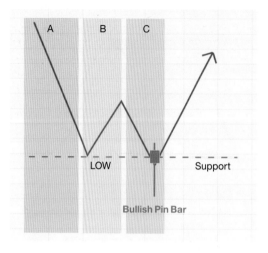

Spring with Bullish Pin Bar

Bear Trap / Buying Signal

A) Supply Decreases
 : Oversold Signal

B) Supply Exhaustion
 : Low Formation / CVD ▲

C) Spring Formation
 : Volume ▼ / CVD ▼

Spring은 지지 구간(Support Level) 하방으로 거짓 돌파(False Breakout)가 일어나는 것을 의미합니다. 해당 패턴이 나타난 후 가격이 다시 튀어 오르며 상승세를 이루는 것이 '스프링'과 같다 하여 붙여진 이름입니다. Upthrust와 정반대의 개념을 가지고 있어 Opposite-Upthrust라고도 불립니다.

Spring의 경우 Bullish Pin Bar가 나타나는 것이 원칙이며, 공급(Supply)이 점차 감소하며, 과매도(Oversold)의 신호가 나타납니다. 위 모식도의 경우, 공급이 소진(Exhaustion)되며 저점(Low)을 형성하게 됩니다. Spring 등장 시 거래량은 낮은 값을 보여야 합니다.

Upthrust의 개념(= Bull Trap / Selling Signal)

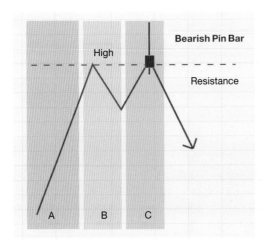

Upthrust with Bearish Pin Bar

Bull Trap / Selling Signal

High

Bearish Pin Bar

Resistance

A) Demand Decreases
: Overbought Signal

B) Demand Exhaustion
: High Formation / CVD ▲

C) Upthrust Formation
: Volume ▼ / CVD ▼

A   B   C

Upthrust의 경우, 저항 구간(Resistance Level)을 상승 돌파하며 가격을 밀어 올리는 듯하다 거짓 돌파(False Breakout)를 이루는 것을 의미합니다. 이후 Price Action은 후퇴, 하락을 보이며 확연한 하락세를 이루게 됩니다.

Upthrust의 경우 Bearish Pin Bar가 나타나는 것이 원칙이며, 수요(Demand)가 점차 감소하면서 과매수(Overbought)의 신호가 나타납니다. Upthrust도 Spring과 같이 거래량은 낮은 값을 보여야 합니다. 스윙 트레이더들은 가격의 움직임이 위 전제 조건들에 맞게 일어나는지 확인 후, 신중하게 트레이딩에 진입해야 하며, 만약 Spring / Upthrust가 형성되는 과정 중에 있는 경우 성급히 진입하는 대신 패턴이 완전한 근거를 갖출 때까지 기다리는 것이 권장됩니다.

Spring & Upthrust의 분류(Feat. Trend / Consolidation)

Spring & Upthrust는 지지/저항 구간을 얼마나 돌파(Penetration)하였는지, 거래량(Volume)은 어느 수준인지에 따라 접근 방식을 나눌 수 있습니다.

돌파 수준 및 거래량에 따른 분류

Upthrust는 Spring과 반대의 양상으로 진행되므로 분량상 Spring에 대한 설명만 진행하겠습니다.

	Spring & Upthrust
	Penetration & Volume

Spring

	돌파 수준	거래량	
1		Light	매도세 소진 거래 진입 가능 시기
2		Medium	매도세 잔존 가격의 리테스트를 확인 이후에 거래 진입 권장
3		Heavy	S/R Flip이 일어날 가능성이 높은 상황으로, Rally를 기대하기 어려움. 롱 포지션 진입에 신중을 기해야 함.

① 돌파 수준: 얕음 / 거래량: 적음

약한 돌파 수준과 낮은 거래량을 보이는 경우입니다. 이는 매도세가 소진(Exhaustion)됨을 의미합니다. 이 경우 매수 혹은 롱 포지션 진입이 권장됩니다.

② 돌파 수준: 보통 / 거래량: 보통

지지를 돌파하는 수준이 보다 깊고, 거래량이 보다 더 동반된 경우입니다. 매도세의 여력이 아직 남아 있음을 의미하며, 기존의 Range 내로 다시 진입하였더라도 지지를 리테스트하는지 확인 후 보수적으로 진입해야 합니다. 또한 매수를 시도할 때는 다른 분야의 추가적인 근거를 확인한 후 진입해야 합니다.

Spring의 리테스트가 일어날 경우 몇 가지 조건이 필요합니다. 먼저 리테스트에서의 거래량이, Spring 자체의 거래량보다 낮아야 합니다. 또한 리테스트에서의 가격 구간이 Spring보다 높아야 합니다. 특히 리테스트가 지지와 같거나 높은 레벨에서 진행되는 경우가 더욱 좋습니다. 위 기준에 부합하는 경우, Spring의 리테스트 시의 매수가 추천됩니다. 테스트 구간이 지나면 가격이 다시 상승(Rally)할 수 있습니다.

③ 돌파 수준: 깊음 / 거래량: 많음

지지 하방 돌파가 심하게 일어나면서 거래량까지 동반되는 경우, 상승 반전을 통한 랠리를 기대하기 어렵습니다. 이 경우 지지 → 저항으로의 S/R Flip이 일어나면서 가격 반전(Price Reversal)이 상승세를 이어나가기 어려워지기 때문입니다. 만약 반전 후 나타나는 거래량이 돌파 당시의 1/2 수준 이하라면 랠리를 기대하기 더욱 어려워집니다. 롱 포지션보다 오히려 숏 포지션이 권장될 수 있습니다.

Trend에 따른 분류

Spring은 기본적으로는 상승 추세(Uptrend)에서 적용하는 것이 권장됩니다.

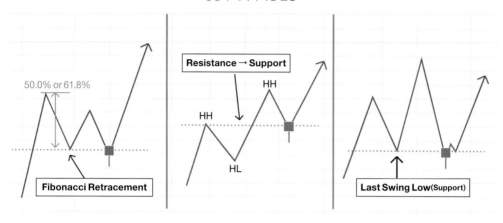

먼저 상승 추세에서 나타나는 Spring의 세 가지 형태를 알아보도록 하겠습니다. 상승 추세가 지속되는 와중에 Spring 패턴이 나타나는 경우가 가장 이상적입니다. Pullback을 동반하며, 이를 기준으로 한 지지 구간에 Spring 패턴이 등장합니다.

① 피보나치 되돌림으로 저점이 형성되는 경우, 이를 지지로 삼는 Spring 패턴 역시 진입 기회가 될 수 있습니다. 0.5 또는 0.618 수준의 되돌림이 일반적입니다.

② 저항으로 작용하던 전고점은 상방 돌파 후 지지로 S/R Flip이 이루어집니다. 이 경우 해당 지지 구간에서 Spring 패턴이 나타난다면 좋은 진입 기회가 될 수 있습니다.

③ 스윙 저점을 형성 후 상승 추세가 이어지는 경우 스윙 저점을 지지로 삼는 Spring 패턴을 통해 진입할 수 있습니다.

하락 추세(Downtrend)에서 Spring 패턴이 등장하는 경우 상승 추세일 때와 비교하여 리테스트를 통한 다소 신중한 접근이 필요합니다.

먼저 이전 하락 추세가 마무리되어야 합니다(Downtrend over). 또한 하락 추세의 경우 시장 전반의 흐름 상의 강세 신호를 포착하는 것이 매우 중요합니다. 급격한 거래량의 증가나 매도세가 절정에 달하는 시기 또는 하락장의 끝 등이 이에 해당합니다. 이후 Spring 패턴이 등장하면 이를 테스트하게 됩니다.

반대로 Upthrust는 하락 추세(Downtrend)에서 적용하는 것이 권장됩니다.

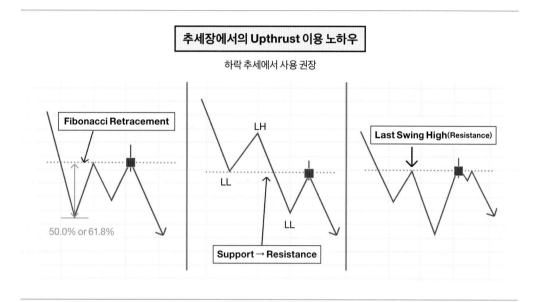

Upthrust는 Spring의 경우와 반대로 적용할 수 있습니다.

먼저 하락 추세에서 나타나는 Upthrust의 세 가지 형태를 알아보도록 하겠습니다.

---

① 피보나치 되돌림 주요 레벨에서 고점이 형성되는 경우, 이를 저항으로 삼는 Upthrust 역시 진입 기회가 될 수 있습니다.

② 지지로 작용하던 전저점은 하방 돌파 후 저항으로 S/R Flip이 이루어집니다. 해당 구간에서 Upthrust가 나타난다면 좋은 진입 기회가 될 수 있습니다.

③ 스윙 고점을 형성하는 하락 추세가 이어지는 경우 스윙 고점을 저항으로 삼는 Upthrust 패턴을 통해 진입할 수 있습니다.

상승 추세에서 Upthrust를 이용할 경우 하락 추세에서의 Spring과 같이 리테스트를 통한 신중한 접근이 필요합니다. 먼저 이전 상승 추세가 마무리되어야 합니다(Uptrend over). 두 번째로 보조지표 등을 통해 상승 추세의 종료 여부를 관찰하는 것이 필요합니다. 마지막으로 Upthrust 등장 시에는 반드시 테스트 과정을 확인한 후 진입할 수 있도록 합니다.

보합 구간(Consolidation)에서의 Spring & Upthrust

Spring & Upthrust: Consolidation

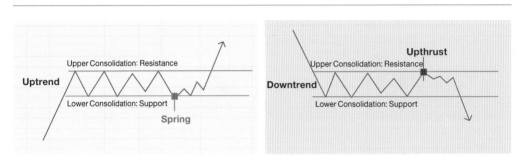

Spring & Upthrust는 보합 구간에서도 발견할 수 있습니다. 보합은 일봉 차트를 기준으로 최소 10일 이상 이어지는 것이 일반적이며, 최장 기간 제한은 없습니다. 해당 기간이 길어질 수록 나타나는 Spring & Upthrust가 힘을 받을 수 있습니다. Spring & Upthrust의 형성 기간은 일봉 기준 대개 1일 이내로, 하나의 Candle 상에서 마무리되는 것이 일반적입니다.

상승 추세 이후의 보합세는 Spring 패턴이 보합 구간의 하단 부근에서 주로 나타날 수 있습니다. 반대로 하락 추세 이후의 보합세는 Upthrust가 보합 구간의 상단 부근에서 나타날 수 있습니다.

Spring & Upthrust가 나타난 후 가격이 다시 반전을 보이며 보합 구간 내로 돌아오는 경우, 패턴 구성이 완성(Setup)되었다고 간주합니다.

Spring & Upthrust를 적용한 트레이딩

Trading with Spring & Upthrust

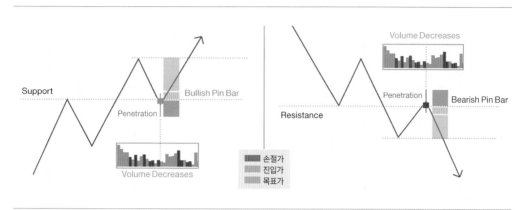

먼저 Spring을 이용한 트레이딩에 대해 알아보도록 하겠습니다. Spring 패턴의 등장을 확인하는 Bullish Pin Bar가 나타나야 하며, Bullish Pin Bar의 꼬리는 지지 하방으로 일시 돌파를 이루어야 합니다. 또한 지지 구간(Support Level)이 구별 가능해야 하며, 지지 구간에 근접할수록 거래량은 감소해야 합니다.

이때 거래의 진입은 Pullback의 끝에서 Spring이 등장한 후 Higher Low가 이어질 때(Spring 등장 다음 Candle) 주된 진입 시점으로 삼습니다. 패턴의 종가 또는 바로 상방을 진입가로 설정합니다. 목표가는 분할하여 설정할 수 있으며, 다음 저항 구간(Next Resistance)과 Price Action이 하락 반전을 보일 수 있는 가격 레벨들을 선택할 수 있습니다. 손절가의 경우 Bullish Pin Bar의 직하방을 이용할 수 있습니다.

Upthrust를 이용한 트레이딩은 Spring을 이용한 트레이딩에 반대되는 개념입니다. Upthrust 패턴의 등장을 확인하는 Bearish Pin Bar가 나타나야 하며, Bearish Pin Bar의 꼬리는 저항 상방으로 Penetration을 이루어야 합니다. 또한 저항 구간이 구별 가능해야 하며, 저항 구간에 근접할수록 거래량은 감소해야 합니다.

이때 거래의 진입은 상승 되돌림의 끝에서 Upthrust가 등장한 후 Lower High가 이어질 때(Upthrust 등장 다음 캔들) 주된 진입 시점으로 삼습니다. Upthrust의 경우 숏 포지션 진입이 원칙이며, 패턴의 종가 또는 바로 하방을 진입가로 설정할 수 있습니다. 목표가는 분할하여 설정할 수 있으며, 다음 지지 구간(Next Support)과 Price Action이 상승 반전을 보일 수 있는 가격 레벨들을 선택할 수 있습니다. 손절가의 경우 Bearish Pin Bar의 직상방을 이용할 수 있습니다.

Spring 적용 트레이딩 예시
UNI TetherUS: 1시간봉 (2022-10-09)

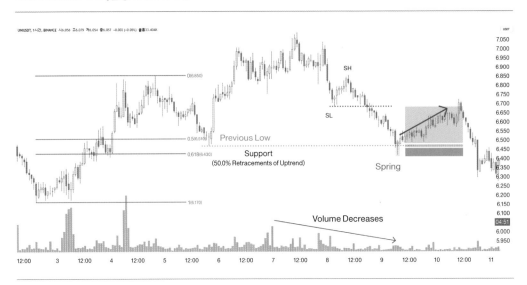

UNIUSDT 1시간봉 차트에서 나타난 Spring 패턴을 토대로 트레이딩 적용 예시를 들어보겠습니다.

우선 기존의 상승 추세가 확인되며, 하락 되돌림이 피보나치 50.0% 레벨까지 이루어진 것을 확인할 수 있습니다.

되돌림으로 이루어진 저점(Previous Low)를 지지로 삼고, 이후 랠리→하락을 거치며 Spring 패턴이 나타난 것을 확인할 수 있습니다. 거래량은 차차 감소하며 매도세가 소진되는 것으로 판단할 수 있습니다.

이때의 거래 진입가는 Spring 캔들의 몸통 또는 직상방을 이용할 수 있으며, 목표가는 Spring 직전 하락세에서의 스윙 저점을 이용할 수 있습니다. 마지막으로 손절가는 Bullish

Pin Bar의 저가 등을 이용할 수 있습니다.

이후 가격 움직임은 랠리를 이어나가며 스윙 저점 높이로 설정한 목표가를 돌파한 것을
확인할 수 있습니다.

Spring, 이때를 조심하라

시장의 흐름이 변화하는 경우

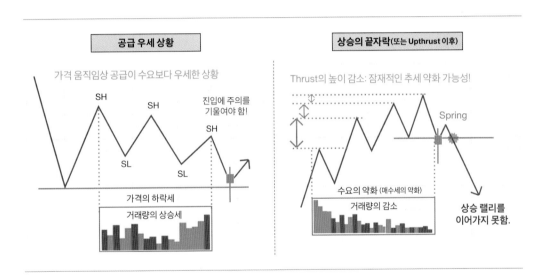

① 공급 우세(Supply Dominated)

하락 추세 중 공급이 우세한 경우, Spring 패턴을 통한 트레이딩의 성공률은 떨어집니다.

공급이 우세한 경우는 매도 세력이 매수 세력을 압도하는 상황으로, 만약 지지 구간을 향
하는 가격 움직임의 하락 모멘텀이 점차 증가한다면, 이때 등장하는 Spring 패턴은 다소 주
의가 필요합니다.

② **상승의 끝자락(Last Demand Swing)**

상승 추세에서 최근 스윙 고점과 이전 스윙 고점 간의 높이 차를 Thrust라고 합니다. Thrust가 길어지는 경우, 강한 추세의 등장을 암시할 수 있으나 반대로 Thrust가 짧아지는 경우 추세 약화를 의미할 수 있습니다. 만약 최근 스윙 고점 지점에서 수요가 약화되는(가격은 상승하면서 거래량은 줄어드는 경우) 모습을 보였다면 Spring 패턴의 성공률은 희박해집니다.

Penetration 이후 재반전이 일어나지 않는 경우

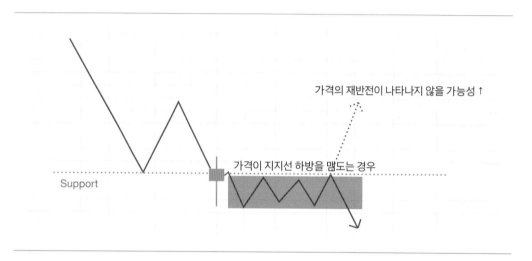

Spring & Upthrust의 경우, 패턴 등장 이후 다시 재반전(Reversal)되며 반대 방향으로 재반전을 보인다는 점을 기억해야 합니다. 만약 Spring & Upthrust 패턴이 나타났음에도 불구하고, 가격의 움직임(Price Action)이 패턴 부근에서 맴도는 듯한 양상을 보이는 경우 진입에 유의해야 합니다.

예를 들어 Spring 패턴 등장 이후 지지를 넘어서는 상승이 나타나지 않으면서 Spring 패턴 저점 부근에서 가격대가 머무르는 경우 상승세로의 전환이 실패할 가능성이 높습니다. 이러한 경우 트레이딩 전략을 재수립할 필요가 있습니다.

7

추세의 반전

이번 파트에서 다룰 Price Action의 주제는 바로 추세의 반전에 대한 내용입니다. 투자자들이라면 이미 익숙하게 느껴질 추세선(Trendline)을 이용한 매매법으로 비교적 쉽게 와닿는 내용일 것이라 생각됩니다. 앞서 4장에서 다루었던 MACD 보조지표를 이용한 추가적인 검증 방법도 함께 소개해보려 합니다. 모든 기술적 분석은 여러 분석이 같은 곳을 가리킬 때 더 높은 적중률을 보여준다는 점을 항상 기억해야 합니다.

▎ Trendline Reversal Pattern이란?

추세선은 어쩌면 기술적 분석 도구 중 가장 오래된, 그리고 기본적인 개념일지도 모릅니다. 하지만 현재의 다양한 투자자산의 시장 흐름은 하나의 Trendline을 이용한 전통적 분석법으로는 따라가기에 한계가 분명히 존재합니다.

이번 파트에서 알아볼 Trendline Reversal Pattern은 이전에 다루었던 MSB(Market Structure Break)를 추세선을 이용하여 파악하는 방법입니다. 지금부터 Trendline Reversal Pattern의 성립 과정을 시장의 시간 순서대로 살펴보도록 하겠습니다. 가장 먼저 일어나는 일은 추세선의 기울기 변화와 더불어 나타나는 돌파(Breakout)입니다.

Broken Trendline

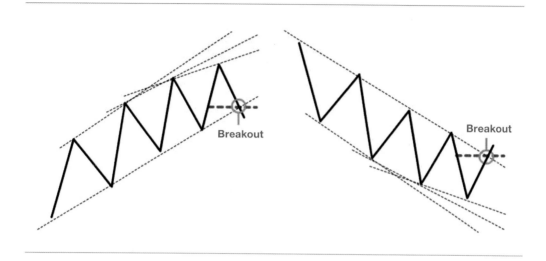

기존에 작도한 추세선이 돌파당하는 순간은 추세가 머지않아 바뀔 수 있다는 점을 암시하는 시그널입니다. 앞서 추세의 강세와 약세 분석 파트에서 살펴보았듯, 추세선 돌파의 거래량이 높을수록 신뢰도 높은 시그널입니다. 단, 앞선 Spring & Upthrust를 떠올려본다면 1회의 추세선 돌파로 섣부르게 진입하는 것은 권장되지 않습니다.

리테스트

추세선이 한 번 돌파당한 후에는 반드시 리테스트 과정을 확인해야 합니다. 이는 Spring(Upthrust)과의 구분 과정이기도 하며, 또한 리테스트는 S/R Flip을 의미하기도 합니다. 공격적인 투자자는 돌파 지점을 진입가로, 리테스트 예상 지점을 손절가로 설정할 수도 있고, 보수적인 투자에서는 이 리테스트 지점을 진입가로 사용할 수도 있습니다.

이번 파트에서는 리테스트를 확인하는 두 가지 방법을 제시해보도록 하겠습니다.

① Pullback & Throwback

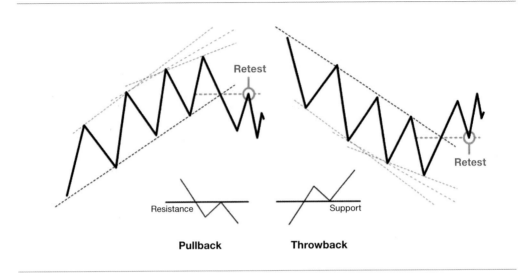

가장 기본적인 지지와 저항 구간에서 일어나는 리테스트입니다. 리테스트의 기준점은 기존의 추세선 혹은 스윙 고점, 저점이 될 수 있습니다. 이전 '추세의 강세와 약세 분석'에서 다루었던 Pullback이 '되돌림' 자체를 의미하는 포괄적인 용어였다면, 여기서의 Pullback은 Throwback과 대비되는 구체적인 개념으로 하락 이후 상승하였지만 저항 구간에서 리테스트가 일어나는 것을 의미합니다. 반대로 Throwback의 경우 하락 추세에서 상승하여 추세선을 돌파한 후 재하락하였지만 지지 구간에서 리테스트가 일어난 후 다시 상승하는 형태를 의미합니다.

② Opposite Two Trendlines

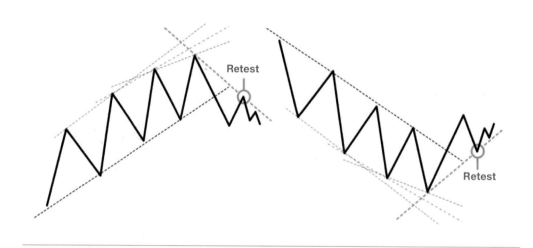

전고점과 리테스트가 일어나는 지점을 이은 새로운 추세선(반대 방향)을 작도합니다. 흡사 삼각수렴 패턴과 유사하다고 볼 수도 있으나 삼각수렴의 경우 기존 추세선이 반대 방향으로 수렴하지만, 이 패턴은 평행한 채널에서 새로운 반대 추세선을 작도하는 것에서 차이가 있습니다.

실제 사례로 알아보는 Trendline Reversal Pattern

Trendline Reversal Pattern with Throwback(현대자동차보통주, 1D)

Trendline Reversal Pattern with Throwback(현대자동차보통주, 1D)

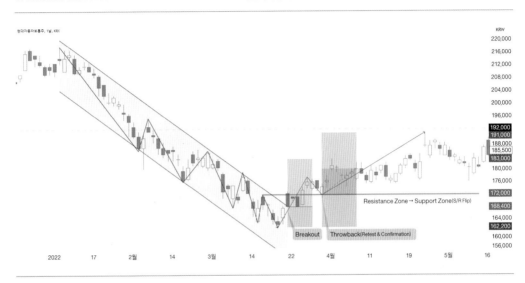

기존의 지속적인 하락 채널이 관찰됩니다. 이후 저점에서 하락 채널을 돌파하는 캔들이 출현합니다. 공격적인 트레이더들에게는 첫 번째 진입 시점으로 사용될 수 있는 지점입니다. 이경우 손절가는 기존의 전저점 혹은 하락 채널의 하단까지로 설정할 수 있습니다.

리테스트 확인 전까지 고비중의 투자 혹은 파생상품의 경우 고레버리지 투자는 삼가는 것이 좋습니다. 약간의 상승 이후 리테스트가 나타납니다. 일시적인 Upthrust와 구분하기 위해 이러한 리테스트를 반드시 확인하는 것이 좋습니다. 상승 중에 나타났으니 Throwback으로 볼 수 있으며, 이는 두 번째 진입 시점으로 사용될 수 있는 지점입니다.

Trendline Reversal Pattern with Opposite Two Trendlines(APPLE, 1D)

Trendline Reversal Pattern with Opposite Two Trendlines(APPLE, 1D)

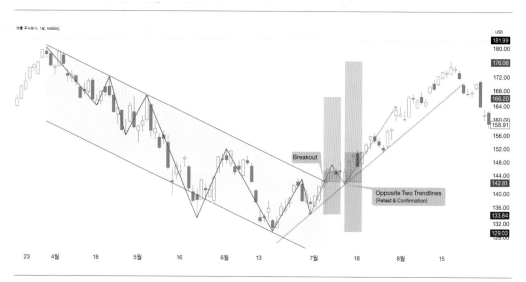

기존의 하락 채널이 관찰됩니다. 하락 채널 형성 이후 저점을 높여가는 모습이 관찰되며, 결국 하락 채널의 상단 추세선을 돌파하는 캔들이 관찰됩니다. 마찬가지로 공격적인 트레이더들에게는 첫 번째 진입 구간으로 사용될 수 있는 지점입니다. 이 경우 손절가는 전저점 혹은 하락 채널의 하단 추세선으로 설정할 수 있겠습니다.

다만 역시 리테스트 확인 전까지는 조심스러운 진입이 필수적입니다. 상승 추세 중에 확인되는 리테스트를 반대되는 추세선을 그어 확인할 수 있습니다(Opposite 2 Trendlines 전략). 이 지점은 두 번째 진입 구간으로 사용될 수 있는 지점입니다. 반대 방향으로 작도한 추세선은 단순히 리테스트의 확인에만 사용하는 것이 아니라 향후 상승 추세의 확인 및 추가적인 거래에도 지속적으로 사용할 수 있습니다.

▐▌▌ Trendline Reversal Pattern + MACD

MACD란?

앞의 4장에서 살펴본 MACD를 복습해보겠습니다. MACD는 Moving Average Convergence and Divergence의 약자로, 장/단기 이동평균선의 수렴과 확산을 나타내는 지표입니다.

추세가 변화한다는 것은 장기 이동평균선과 단기 이동평균선이 다른 흐름을 나타낸다는 말과 같습니다. MACD는 이러한 원리에 기반을 두고 두 이평선의 차이를 통해 추세의 방향을 분석하는 지표입니다.

MACD 지표는 크게 'MACD Line', 'Signal Line'으로 구성됩니다.

MACD Line은 '단기 이동평균선 ÷ 장기 이동평균선' 값을 이용하여 작도되는 선이며, 양/음에 따라 다음과 같은 의미를 지닙니다.

- 'MACD Line (+)' → '단기 이평선 > 장기 이평선' → 강세(Bullish)

- 'MACD Line (-)' → '장기 이평선 > 단기 이평선' → 약세(Bearish)

Signal Line은 MACD의 '9주기(TimeFrame)' 이평선이며, MACD보다 완만한(Smoothening) 값을 제공합니다. MACD Line과 Signal Line의 대소관계는 다음과 같은 의미를 지닙니다.

- 'MACD Line > Signal Line' → 매수 또는 롱 포지션 진입(최근 MACD보다 현재 MACD가 높다)

- 'MACD Line < Signal Line' → 매도 또는 숏 포지션 진입(최근 MACD보다 현재 MACD가 낮다)

Trendline Reversal Pattern with Pullback + MACD (MKRUSDT, 6h)

Trendline Reversal Pattern with Pullback + MACD (MKRUSDT, 6h)

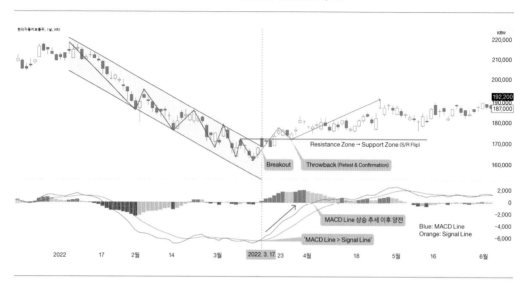

앞서 살펴보았던 예시에 MACD를 적용하였습니다. MACD 지표를 이용하여 Breakout을 검증할 수 있습니다.

돌파(Breakout) 시점에서 MACD Line과 Signal Line의 역전이 일어납니다. 이는 강세 신호가 될 수 있습니다. 또한 돌파 이후 MACD Line은 지속적으로 상승하다 양전하는 것을 확인할 수 있습니다. 이 역시 강세 신호로 작용할 수 있으며, 돌파의 신뢰도를 높여줍니다.

Trendline Reversal Pattern with Opposite Two Trendlines + MACD (APPLE, 1D)

Trendline Reversal Pattern with Opposite Two Trendlines + MACD (APPLE, 1D)

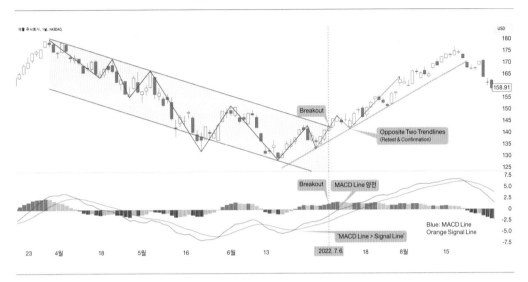

앞서 살펴보았던 예시에 MACD를 추가로 적용하였습니다. MACD 지표를 이용하여 돌파의 신뢰도를 추가적으로 검증할 수 있습니다.

먼저 돌파 이전 MACD Line과 Signal Line의 역전을 관찰할 수 있습니다. 이는 자체만으로 매수 시그널이 될 수 있으며, 실제로 이 지점에서 매수를 하였더라도 좋은 결과를 낼 수 있었을 것입니다. 돌파 이후 MACD Line ⑴ 양전이 관찰됩니다. 이는 추가적인 추세의 강세 신호를 나타내며, 돌파 이후 일어나는 리테스트 과정에 신뢰도를 더해주는 근거로 작용할 수 있습니다.

Swing 이론

Swing Failure Pattern, Broken Swing Points

이번 파트에서 다뤄볼 Price Action은 스윙(Swing) 이론에 관한 내용이며 Swing Failure Pattern과 Broken Swing Points에 대해 알아볼 예정입니다. 두 개념은 비교적 단순한 개념이지만, 보조지표와 함께 결합했을 때 생각보다 높은 적중률을 보여주기 때문에 꼭 알아두면 좋은 패턴입니다.

Swing Failure Pattern이란?

현재 나타나는 복잡한 시장의 움직임은 추세선 혹은 채널 등을 이용한 전통적인 매매 방식을 역이용하는 방식들이 많이 등장하고 있습니다. 따라서 현대의 복잡한 마켓들에서 좋은 성과를 내기 위해서는 반드시 Market Maker들의 심리를 파악하려 노력해야 하며, 이러한 심리들이 Price Action이라는 조금은 더 복잡한 방향으로 나타나고 있는 것이라 볼 수 있습니다.

이번 강의의 주제인 Swing Failure Pattern의 정확한 정의를 확인해보도록 하겠습니다.

Swing Failure Pattern (or SFP) is a type of reversal pattern

in which (swing) Traders target Stop-losses

above a key swing low or below a key swing high

to push the price in the other direction by generating enough liquidity.

Swing Failure Pattern이란 반전형 패턴의 한 종류로,

트레이더들은 충분한 유동성을 만들어내어

가격을 다른 방향으로 움직이기 위해

주요 스윙 저점 하방 또는 고점 상방의 손절 구간들을 목표로 한다.

SFP(Swing Failure Pattern)란 추세 반전형 패턴의 한 종류입니다. 보다 정확하게는 Market Maker들이 가격을 원하는 방향으로 움직이기 위한 충분한 유동성을 만들어내기 위해 중요한 스윙 고점 및 저점 지점의 손절 주문들을 이용하는 패턴입니다.

우선적으로 알아두어야 할 전제 조건은 Market Maker들이 슬리피지* 없이 성공적으로 매매를 체결하기 위해서는 충분한 유동성이 필요하다는 것입니다. 따라서 유동성 구간(Liquidity Area)이 형성돼 있는 핵심 지점을 공략하여 규모가 큰 주문을 넣게 되고, 이러한 작용을 통해 확보한 유동성을 이용하여 가격을 다른 방향으로 이끌게 되는 것입니다.

★ 슬리피지(Slippage)란 매매 주문 시 발생하는 체결 오차 현상으로 주문가격과 체결가격이 다른 경우를 뜻합니다.

Bullish Swing Failure Pattern

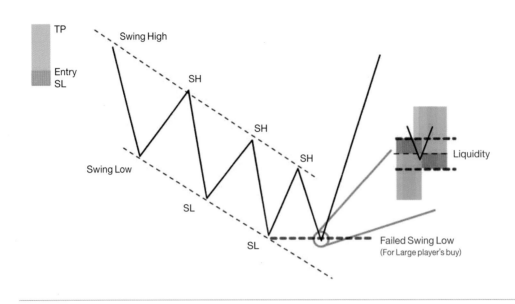

Market Maker들의 매수 시점은 단기적 바닥, 즉 하락 추세의 끝자락입니다. 이러한 매수를 위해 실패한 스윙 저점(Failed Swing Low)을 만들어낼 수 있습니다. 실패한 스윙 저점은 주요 스윙 저점 근처에서 만들어집니다.

Market Maker들은 Bullish SFP(Swing Failure Pattern) Candle을 만들어냅니다. SFP Candle이란 스윙 저점을 뚫고 하락하지만, 종가는 스윙 저점 위에서 형성되는 캔들을 의미합니다. 이러한 SFP 캔들은 롱 포지션의 손절을 다량 발생시키며, 돌파매매 트레이더들의 숏 포지션 진입을 유도합니다. 이러한 변화로 인해 생기는 유동성을 이용하여 Slippage 없이 물량을 확보하게 됩니다. 물량이 확보된 이후엔 가격은 반대 방향으로 상승하게 됩니다.

Bearish Swing Failure pattern

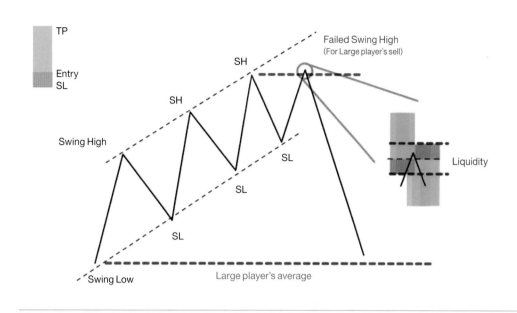

앞서 살펴보았듯 Market Maker들의 평단가는 보통 아주 유리한 위치입니다. 이어서 Market Maker들은 원하는 위치까지 가격을 이동하기 위해 스윙 고점과 저점을 차례로 만들어내며, 상승 혹은 하락 추세를 유지시킵니다. 어느 정도 적절한 수익 구간이 되었을 때, 즉 매도를 원할 때 Bearish SFP가 나타납니다. Bearish SFP Candle은 Bullish SFP Candle과 반대로 스윙 고점을 뚫고, 종가는 스윙 고점 아래에서 형성되는 캔들을 의미합니다. 마찬가지로 주요 스윙 구간에서 일어나기 때문에 숏 포지션의 손절이 다량 발생하게 되며, 돌파매매 트레이더들의 매수 주문이 발생하게 됩니다. 이러한 과정에서 형성되는 풍부한 유동성을 이용하여 슬리피지 없이 물량을 모두 정리하게 됩니다. 물량이 정리된 이후엔 가격은 반대 방향으로 하락하게 됩니다.

실제 사례로 알아보는 Swing Failure Pattern

Bullish Swing Failure Pattern + RSI

Bullish Swing Failure Pattern

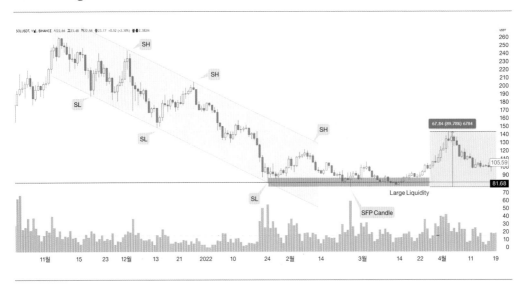

SOLUSDT의 일봉 차트입니다. 하락 채널이 형성되었습니다. 이후 단기적 바닥 구간에서 주요 스윙 저점 구간을 터치하고 올라오는 SFP 캔들의 출현이 관찰됩니다. 이러한 과정을 통해 주요 스윙 저점 구간에서 대량 매수가 가능한 충분한 유동성이 형성됩니다. 매집 (Accumulation)이 충분히 일어난 이후 가격의 상승을 확인할 수 있습니다.

Bearish Swing Failure Pattern (MKRUSDT, 1D)

Bearish Swing Failure Pattern

주요 수요 구간(Major Demand Zone)과 보합(Consolidation) 구간이 관찰됩니다. 이러한 구간은 Market Maker들의 매집이 일어난 구간으로 예상해볼 수 있으며, 이러한 구간들이 Market Maker들의 평단가가 위치하는 구역입니다.

이후 가격은 상승 추세를 보이며 주요 스윙 고점이 관찰됩니다. 주요 스윙 고점을 넘어서는 것처럼 보이지만, 종가는 주요 스윙 고점 하방에서 형성되는 Bearish SFP 캔들이 2회 관찰됩니다. 이러한 Bearish SFP 캔들은 돌파매매 트레이더들의 롱 포지션 진입을 유도하며, 숏 포지션 트레이더들의 손절을 다량 발생시킵니다. Market Maker들은 이러한 과정에서 형성된 강한 유동성을 이용해 물량을 정리하게 되며 이후 가격은 하락하는 추세를 보입니다.

▎근거의 중첩: Swing Failure Pattern + RSI

RSI 지표를 함께 이용한다면 Swing Failure Pattern에 추가적인 근거를 중첩시킬 수 있습니다. 위의 사례들에서 RSI를 추가적으로 확인해보도록 하겠습니다.

Bullish Swing Failure Pattern(SOLUSDT, 1D)

Bullish Swing Failure Pattern + RSI

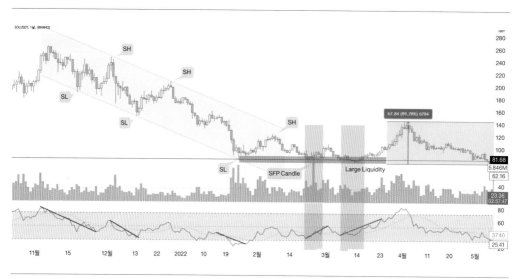

자료: https://www.TradingView.com/x/qYCiLGJh/

① 하락 채널이 시작되며 전체적으로 RSI 지표는 과매수 상태에서 과매도 상태로 전환됩니다.

② 주요 스윙 저점에서는 연속적으로 하락하는 RSI를 관찰할 수 있습니다.

③ 실패한 스윙 저점에서는 RSI의 상승 추세가 관찰됩니다.

④ 약세 시장 → 강세 시장으로의 추세 전환을 예상할 수 있습니다.

Bearish Swing Failure Pattern + RSI

Bearish Swing Failure Pattern + RSI

주요 수요 구간에서 상승 추세를 보이기까지 RSI는 상승 추세를 보입니다. RSI는 주요 스윙 고점에서는 과매수 상태까지 진입하게 됩니다. Market Maker들은 이미 충분히 수익을 거두고 있는 구간일 것이며, 과매수 구간에 진입하였다는 것은 개인 트레이더들의 매수세가 따라붙었음을 의미합니다.

이러한 구간에서 Market Maker들은 수익 실현을 준비하게 됩니다. 2차례의 SFP 캔들이 관찰되며, 실패한 스윙 고점에서는 하락 추세의 RSI가 관찰됩니다. RSI 지표를 이용하여서도 강세장 → 약세장으로의 추세 전환을 예상할 수 있습니다.

Broken Swing Points

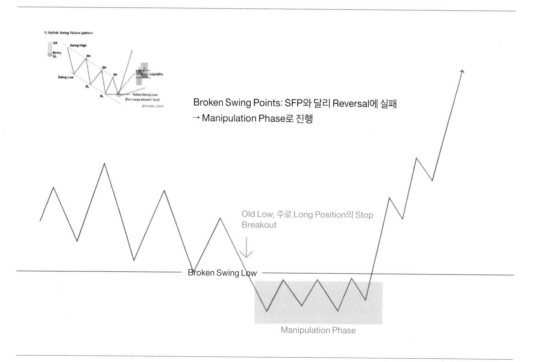

Broken Swing Points: SFP와 달리 Reversal에 실패
→ Manipulation Phase로 진행

Old Low, 주로 Long Position의 Stop
Breakout

Broken Swing Low

Manipulation Phase

Broken Swing Points는 스윙이 일어날 것으로 예측되며 많은 투자자들의 손절 주문이 설정돼 있는 구간에서 돌파가 발생하는 것을 의미합니다. 앞서 살펴보았던 Swing Failure Pattern은 거짓 돌파 이후 종가가 다시 주요 가격 레벨 내로 복귀하지만, Broken Swing Points는 가격 반전에 실패하게 되며 이 경우 조정 국면(Manipulation Phase)으로 진입하여 일시적 조정이 시작되게 됩니다.

즉 SFP가 주요 가격대에서 반대 방향으로 반전이 나타나는 패턴이라면, Broken Swing Points는 Sweep(Key Price Level을 잠깐 쓸기만 하고 반전하는 것)에 실패하여 Manipulation 국면으로 진입한 후 일시적 조정 상태에 갇히게 되는 것을 의미합니다.

▐ 실제 사례로 알아보는
Broken Swing Points vs Swing Failure Pattern

Broken Swing Points

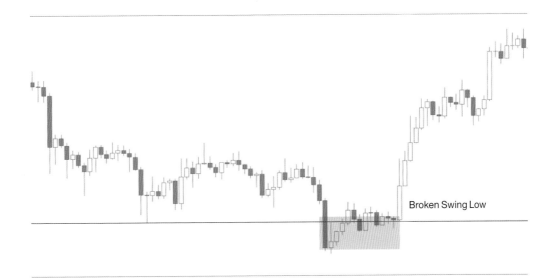

Broken Swing Low

SFP 캔들과 달리 Broken Swing Point에서는 Key Swing Low Level을 돌파한 후 종가가 그대로 마감되는 캔들이 나타나게 됩니다. 이후 가격은 한동안 Swing Low 하단에 위치하며, 이에 따라 하락 돌파에 따른 더 낮은 가격이 나타날 수 있음을 기대하게 합니다. 따라서 SFP에 비해 보다 더 확실한 유인책으로 작용할 수 있으며, 이러한 돌파 & Manipulation 역시 Market Maker들은 매집 및 유동성의 증가를 위해 활용할 수 있습니다. 조정이 성공적으로 일어날 경우, 보다 큰 가격 움직임을 만들어낼 수 있습니다.

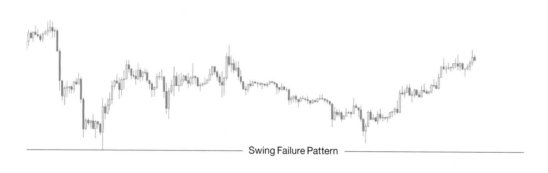

Swing Failure Pattern

SFP(Swing Failure Pattern)

SFP는 SFP 캔들을 형성하게 되며, 이 경우 가격은 단순히 주요 가격 레벨을 Sweep한 후 다시 주요 가격 레벨 내로 복귀하게 됩니다.

▐▌ Broken Swing Point를 이용한 트레이딩 전략

앞서 살펴본 Broken Swing Low 모식도 이후의 가격 흐름입니다. 이러한 조정은 Market Maker들의 의도에 의해 나타나는 경우가 많으며, 이후 다시 상승이 나타날 가능성이 높습니다.

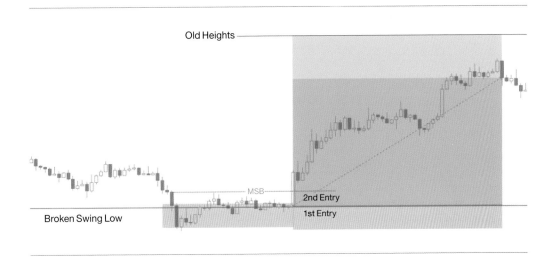

다만 Manipulation의 기간을 예측하기는 다소 어려운 일입니다. 따라서 (Bullish Broken Swing Points의 경우) Break Point 아래에서 위로 돌파가 일어나 MSB(Market Structure Break)가 나타날 경우를 이용하여 거래에 진입할 수 있습니다. 이 경우 손절가의 설정은 Manipulation 국면의 저점으로 설정할 수 있으며, 목표가는 기존 차트의 주요 레벨들을 이용할 수 있습니다.

[심화] 유동성

트레이딩에 있어 '유동성(Liquidity)'은 아주 중요한 개념입니다. 하지만 이에 대한 명확한 정의나 활용에 대해 충분히 이해하고 계신 투자자분들은 그리 많지 않을 것이라 생각합니다. 이번 파트에서는 '유동성'에 대해 전문적인 용어를 통한 설명을 넘어, 경험적 해석을 곁들여 보다 쉽게 이해할 수 있도록 풀어나가려 합니다. 나아가 실제 트레이딩에 대한 적용 사례까지 알아보도록 하겠습니다.

↓↑ 유동성이란 무엇인가?

아주 넓은 의미에서의 유동성은 특정 자산이, 시장가(Market Price)에 영향을 미치지 않으면서 현금화되기 쉬운 정도를 의미합니다. 즉 특정 자산의 내재가치(Intrinsic Value)를 반영한 가격으로 빠르게 사거나 팔 수 있는 정도를 의미하기도 합

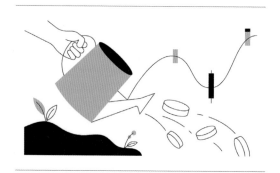

니다. 일례로 현금은 그 자체의 가치가 고정되어 있으면서 자유롭게 다른 자산, 상품을 사고 팔 수 있으므로, 가장 유동성이 높은 자산인 셈입니다.

주식의 예를 추가로 살펴보겠습니다. 특정 주식 1주를 보유하고 있는 투자자 A가 해당 주식 1주를 10달러에 매도하려 하는 경우, 시장에 10달러에 구매하려는 투자자(매수자)가 존재한다면 쉽게 거래가 성사될 수 있을 것입니다. 하지만 $10에 매수하려는 사람이 없고, $9에만 매수 주문이 존재한다면 A는 이 주식을 $10의 가치에 매도하기가 어려워집니다. 즉 $10에 매수하려는 사람이 등장할 때까지 무한정 기다리거나 손실을 감수하고 $9에 매도하는 수밖에 없을 것입니다. 이는 유동성이 낮은 상황을 의미하며, 결국 $9에 해당 주문이 체결되며 시장가에 영향을 끼치게 됩니다.

정의와 예시를 보았지만 여전히 아리송하고 모호한 부분들이 존재할 것입니다. 그 이유는 전체 자본주의 시장에서의 유동성의 개념과 트레이딩에서 의미하는 유동성의 개념이 살짝 차이가 있기 때문입니다. 유동성에는 크게 회계 유동성과 시장 유동성, 두 가지 종류의 유동성이 있으며, 트레이딩에서 주로 논하는 유동성은 회계 유동성이 아닌 시장 유동성을 의미합니다.

회계 유동성(Accounting Liquidity)은 쉽게 말해 어떤 회사가 지니고 있는 부채 및 기타 재정적 의무(1년 만기 채권 등)을 상환할 수 있는 능력의 수준을 의미합니다. 반면 시장 유동성(Market Liquidity)은 주식, 부동산 시장과 같은 자산 시장에서 자산을 안정적이고 투명한 가격으로 사고팔 수 있는 정도를 말합니다. 주식 및 크립토 시장은 유동성이 높은 자산시장에 해당합니다. 반대로 부동산 시장은 주식, 크립토 마켓 등에 비해 유동성이 낮은 시장에 해당하겠죠.

주식시장을 생각해본다면 매수, 매도 압력이 과하지 않은 일반적인 상황에서 거래량이 충분한 거래소(Exchange)의 경우, 매수와 매도 호가는 거의 같은 수준을 보이게 됩니다. 이 경우 투자자는 빠르게 자산을 매수, 매도하기 위해 손실을 감내할 위험이 줄어들게 됩니다. 즉 매수 호가와 매도 호가 사이의 격차(스프레드: Spread)가 좁혀질수록 시장은 유동적이라고 볼 수 있으며, 이러한 유동성은 자산의 규모와 거래소의 수, 거래량 등에 따라 달라질 수 있습니다.

해외의 Smart Money Concept를 담고 있는 해외의 Price Action 교육기관인 PA Academy의 자료에서는 다음과 같이 유동성(Liquidity)을 정의하고 있습니다.

즉 시장의 유동성이 늘어나는 순간은 '지지/저항 레벨에 걸려있는 지정가 주문'이 늘어나는 순간을 의미합니다. 이는 일반 개인 투자자들이 각자가 원하는 방향으로 가격이 움직일 것이라고 예상하는 순간이기도 하며, 개인 투자자들의 관심과 수요가 늘어나는 순간, 즉 돈이 모이는 순간입니다.

따라서 Range High/Low에 가격이 근접할 때, Spring, Upthrust, 추세선 돌파 등 기존의 지지/저항 레벨을 테스트하는 Price Action이 나타날 때, Stop Hunting, Inducement 등 거짓 돌파(False Breakout)가 나타날 때 시장의 유동성은 증가하게 됩니다.

PA Academy의 자료에서는 이러한 유동성의 증가를 가격을 움직이는 연료(Fuel to move price)라고도 표현하였으며, Market Maker들의 입장에서는 충분한 물량을 확보한 상태에서 공급을 제한하고, 수요를 불러일으킨다면 충분한 유동성과 함께 가격을 원하는 방향으로 쉽게 움직일 수 있게 됩니다.

다소 모호하고 어려운 개념일 수 있습니다. 유동성 자체가 워낙 다양한 의미를 담고 있으며, 각자의 입장에서 유동성을 바라보는 관점이 다 다를 수 있기 때문입니다. 추가적인 사례를 통해 시장 유동성, 즉 트레이딩에서의 유동성의 개념을 먼저 간단히 짚고 넘어가도록 하겠습니다.

산에서 물을 판매하는 상인 A, B 2명의 예시를 들어보도록 하겠습니다. A씨는 산의 중턱(A)에서, B씨는 등산로 입구(B)에서 물을 판매를 하고 있습니다. A의 경우 산을 더 올라가서 팔아야 하기 때문에 당연히 더 비싸게 받고 싶어 할 것입니다.

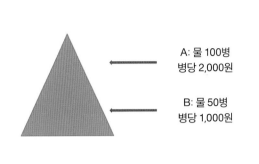

A: 물 100병
병당 2,000원

B: 물 50병
병당 1,000원

이때 물을 필요로 하는 등산객이 A, B가 보유하는 물의 갯수를 넘어설 경우, 즉 수요〉공급인 상황을 가정해보도록 하겠습니다. 이는 A, B에게 아주 좋은 상황입니다. 물을 원하는 사람이 충분히 많으므로 A, B 모두 위치와 관계없이 원하는 가격에 물을 팔 가능성이 높아집니다. 이는 초록산 물 매매 시장의 측면에서 충분한 유동성이 있는 상태를 의미합니다.

만일 물을 필요로 하는 등산객이 위의 물의 개수보다 적을 경우, 즉 수요〈공급인 상황을 가정해보겠습니다. 등산로 입구에서 판매하는 B는 본인이 판매하고자 하는 가격인 1,000원에 쉽게 물을 팔 수 있을 것입니다. 하지만 등산로 중턱에서 판매하는 A의 2,000원짜리 물은 상대적으로 적게 팔릴 가능성이 높습니다.

B의 가격을 보고 온 등산객들이 A의 가격을 보고 비싸다고 느끼거나, B에서 이미 충분히 물을 구매하였기에 A에게서 군이 물을 살 필요가 없는 상황이 생기게 됩니다. 이 경우 물을 원하는 가격에 판매하기 위해 A는 다음과 같은 선택을 할 수 있습니다.

① B에게 가서 B의 물을 직접 사오는 방법 - 1,000원에 구매

② A가 가진 물을 등산객들에게 더 싼 가격으로 팔기 시작하여 아무도 B한테 사지 못하게 하는 방법
  - 추후 B가 장사를 포기할 경우 A에게 물을 싼 가격에 넘길 수 있음

위와 같은 방법을 통해 B가 지닌 대부분의 물을 구매한 A는 시장 물량의 대부분을 가지고 있기에 물을 독점하는 모양새가 됩니다. 결국 가격을 편하게 형성하여 등산객들에게 판매

할 수 있게 됩니다.

A는 실제 트레이딩에서의 Market Maker, 즉 세력을 의미하며, B는 중간 정도의 물량을 보유한 집단 또는 소액 집단을 의미합니다. B 및 등산객 간의 단순 거래는 가격형성에 큰 영향을 미치지 않는다는 전제하에 설명드린 단순한 예시입니다.

즉 트레이딩에서의 유동성의 핵심은 다음과 같습니다.

1. Market Maker들은 원하는 방향으로 가격 형성을 하기 위해 많은 물량을 확보하고 싶어 합니다.

2. 현재 가격에서 쉽게 물량 확보가 안 될 경우, 공포를 유발함(False Breakout or Manipulation)으로써 개인이 가진 물량을 확보하는 경우가 많습니다. 이 과정에서도 역시 유동성이 증가할 수 있습니다.

3. 물량 확보 과정에서 Market Maker들이 충분한 물량을 확보하였다면, 이후 추세는 급격하게 전환될 수 있습니다. (물량 확보 과정에서 꼬리를 단 캔들의 형태가 자주 출몰할 수 있습니다.)

4. 시장 유동성이 높고, Market Maker들이 물량을 쥐고 있다면 가격은 Market Maker들이 원하는 범위까지 쉽게 움직일 수 있습니다.

5. Market Maker들의 물량은 유한하며, 언젠간 수익 실현이 일어나야 하기 때문에 가격이 끝없이 상승할 수는 없습니다. 또한 상승 과정에서 개인 투자자들이 '달라붙게' 되어 상승세는 무뎌지게 되며, 증가하였던 유동성은 다시 감소하게 됩니다.

Market Maker들의 입장에서 유동성 확보의 의미와 중요성

이번 파트에서는 Market Maker들의 입장에서 유동성 확보의 의미와 중요성에 대해 알아보도록 하겠습니다. 이는 가격을 움직이기 유리한 Market Maker들의 유동성 확보 측면에서의 서술이며, 세력이 충분한 물량을 확보하여 수요가 충분한 상황에서 공급을 조절함으로써 원하는 방향으로 가격을 움직이는 것을 의미합니다.

유동성은 왜 중요한가?

앞서 설명하였듯, 투자자 입장에서 유동성은 희망하는 가격에 자산을 사고팔 수 있도록 도와주는 중요한 존재라 할 수 있습니다. 자산 시장이 어느 정도의 유동성을 갖추고 있어야 트레이더는 다양한 전략을 사용할 수 있으며, 예측하지 못한 가격 편차(갭: Gap)이나 하락을 마주할 가능성이 줄어듭니다. 따라서 투자자가 유동성이 충분한 자산 시장 및 거래소를 선호하는 것은 당연한 일입니다.

반대로 거래소(시장) 운영 관점에서는 최대한 많은 투자자가 거래소를 이용하며 거래 수수료(Fee)를 지불하는 것이 거래소 운영 수익과 직결되므로 보다 많은 이용자(투자자)를 유치하려 할 것입니다. 따라서 거래소는 충분한 규모의 자산을 보유한 유동성 공급자(Liquidity Provider)를 통해 시장 유동성을 충분히 공급하려 합니다.

이러한 유동성 공급자는 시장을 조절하는 역할을 수행하는데, 이를 Market Maker라 부릅니다. 이들은 기관, 기업 및 투자 회사, 정부, 고래 혹은 세력 투자자들과 같이 보유 자산의 규모가 매우 큰 집단으로 'Smart Money'로도 불립니다. 와이코프의 관점에서는 Composite Man과도 유사한 개념이라 할 수 있겠습니다. 이들의 움직임을 고려한 접근법이 SMC(Smart Money Concept)라 할 수 있으며, SMC를 기반으로 하는 ICT(Inner Circle Trader) 콘셉트*의 트레이딩 전략에 있어 유동성은 시장 분석과 전략 수립에서 가장 중요한 요소라 할 수 있습니다.

---

* Michael J. Huddleston라는 Forex Trader(외환시장 트레이더)의 필명으로 기관 혹은 세력의 움직임을 기반으로 한 SMC(Smart Money Concept)와 Price Action에 대해 심도 있는 분석 및 교육 자료를 제공하고 있습니다.

롱 포지션에서의 유동성 확보(가격 상승이 쉽게 나타나지 않는 상황)

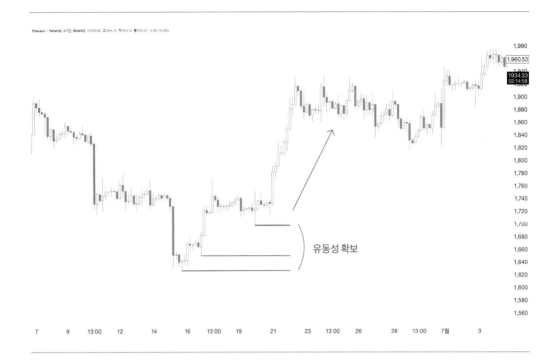

롱 포지션으로 방향을 보고 있는 Market Maker들은 가격을 상승시키길 원합니다. 즉 현재 가격보다 더 높은 가격에서 수익 실현을 희망하지만, 그사이 가격에서 계속해서 매도 물량이 나옴에 따라 세력이 그 물량을 다 흡수하기에는 지나치게 소모적이며, 효율적이지 못합니다.

따라서 세력은 포지션 물량을 보다 많이 확보하여 본인들이 가격을 쉽게 상승시키길 희망하게 됩니다. 세력은 일부러 가격 하락을 일으키며, 롱 포지션의 청산 및 공포에서의 투매를 유도하고 이 과정에서 더 낮은 가격에 쉽게 물량 확보를 진행합니다. 다만 너무 오랫동안 가격 하락이 지속될 경우 다시 가격 상승을 유도하기가 쉽지 않기 때문에 빠른 속도로 반등을 주도하는 경우가 많습니다.

숏 포지션에서의 유동성 확보(가격 하락이 쉽게 나타나지 않는 상황)

숏 포지션으로 방향을 보고 있는 세력은 가격을 하락시키길 원합니다. 현재 가격보다 더 낮은 가격에서 수익 실현을 희망하지만, 그사이 가격에서 계속해서 매수 물량이 나옴에 따라 세력이 그 물량을 다 흡수하기에는 '가성비'가 떨어지게 됩니다. 마찬가지로 세력은 포지션 물량을 보다 많이 확보하여 본인들이 가격을 쉽게 하락시키길 희망하게 됩니다. 세력은 일부러 가격 상승을 일으키며, 숏 포지션의 청산 및 롱 포지션의 수익 실현을 유도하고 이 과정에서 더 좋은 진입 가격에서 쉽게 숏 포지션 물량 확보를 진행하게 됩니다. 그러나 너무 오랫동안 가격 상승이 지속될 경우 다시 가격 하락을 유도하기가 쉽지 않기 때문에 빠른 속도로 하락을 주도하는 경우가 많습니다.

유동성 확보가 주로 나타나는 구간

Range High & Low

가격 범위의 상단과 하단은 저항과 지지가 계속해서 나타나는 구간이며, 해당 Range는 보합세가 나타나는 구역에 해당합니다. Market Maker들의 물량 확보 정도에 따라 상승, 하락의 방향으로 가격을 형성할 수 있는 힘이 다르기 때문에 보합세 진행 중에 물량 확보가 충분하지 않다면 계속해서 Swing Failure Pattern을 만들며 박스권 내에서 움직일 확률이 높습니다. 또한 이러한 움직임은 자연스럽게 개인 투자자들의 관심을 집중시켜 풍부한 유동성을 만들어내게 됩니다. 보합세를 마무리하는 과정에서 돌파 또는 이탈 방향이 정해지기 전 Market Maker들에 의한 강한 유동성 확보가 나타나는 경우가 많으므로 주의가 필요합니다.

Spring(Accumulation) & Upthrust(Distribution)

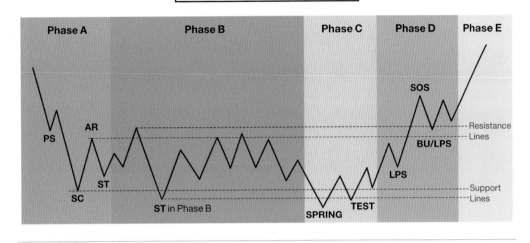

와이코프의 Accumulation(축적) 과정에서 나타나는 Spring은 Accumulation에서 발산이 나타나기 전 유동성을 확보하는 과정에 해당하며, 강한 거래량이 동반되는 경우가 많습니다. 즉 이러한 Spring 과정은 일시적으로 하락을 유도하며 추후 상승을 유도할 수 있는 유동성을 확보하는 과정에 해당합니다. 마찬가지로 Phase D에서의 SOS, LPS 과정도 기존의 저항 구간을 테스트하며, S/R Flip을 만들어내는 과정이므로 유동성을 추가로 확보하는 움직임으로 볼 수 있습니다.

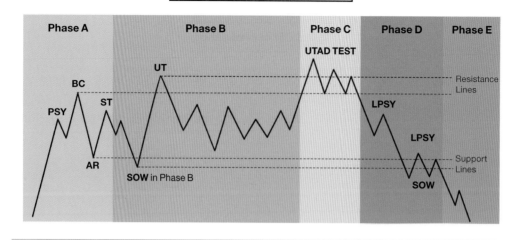

와이코프의 **Distribution**

Phase A / Phase B / Phase C / Phase D / Phase E

PSY, BC, ST, AR, UT, SOW in Phase B, UTAD TEST, LPSY, LPSY, SOW, Resistance Lines, Support Lines

마찬가지로 UT, UTAD 등이 Distribution(분배) 단계에서 분배 및 하락이 나타나기 전 유동성을 확보하는 과정에 해당하며, 이 역시 강한 거래량이 동반되는 경우가 많습니다. 즉 Accumulation 과정에서와 반대로 일시적으로 상승을 유도하며 추후 하락을 유도할 수 있는 유동성을 확보하는 과정에 해당합니다.

▐ 유동성(Liquidity) vs 변동성(Volatility)

트레이딩에서 유동성과 변동성의 개념을 구분하는 것은 중요합니다. 유동성이란 수요가 충분하여 원하는 가격에 자산을 처리할 수 있는 용이성 정도로 받아들일 수 있습니다. 따라서 유동성이 충분하고 공급이 원활한 시장에서는 가격이 안정적일 수 있습니다. 반면 유동성이 충분한 시장에서 공급이 제한된다면 가격은 물량을 쥐고 있는 Market Maker들이 원하는 방향으로 움직일 수 있습니다.

반면 변동성(Volatility)이란 가격이 원하는 것과 상관없이 양방향으로 변동되기 쉬운 정도를 의미합니다. 따라서 변동성이 큰 시장에서는 가격이 Market Maker들이 원하는 방향으로 움직이기 쉽지 않습니다. 즉 변동성은 가격의 불확실성과도 어느 정도 유사한 개념이라 볼 수 있겠습니다.

유동성 풀(Liquidity Pool)

유동성 풀의 의미

아마 투자자분들이라면 트레이딩을 위해 진입했을 때, 가격 움직임이 간발의 차이로 손절가를 지나치며 종료된 경험이 다들 있으실 것입니다. 하지만 이후 시장은 보란 듯이 이전 레벨로 되돌아가며, 내가 목표했던 목표가에 도달하며 마음을 더욱 아프게 하곤 합니다.

어째서 이런 일이 자꾸 벌어지는 것일까요? 이는 유동성 풀(Liquidity Pool)을 확보하려는 Market Maker들에 의해 나타날 가능성이 큽니다.

기술적 분석에서의 유동성 풀의 개념은 마치 물이 가득 담겨있는 수영장(풀: Pool)과 같이 충분한 유동성이 확보된 영역, 구간을 의미합니다. 이러한 유동성은 추후 원하는 방향으로의 가격 움직임을 이끌어낼 원동력이 되며, Market Maker들은 이러한 유동성 풀을 확보하기 위해 노력합니다.

사실 Market Maker들이 소액 투자자 및 개인을 골탕 먹이기 위해 이러한 움직임을 만들어내는 것은 아닙니다. 일반적인 시장에서 대부분의 소액 투자자들은 본인의 원활한 트레이딩을 위한 '유동성'을 걱정할 필요가 없습니다. 주문량 및 규모가 시장에 영향을 주기에는 극히 미미하기 때문입니다.

하지만 Market Maker들의 경우에는 상황이 달라집니다. 이들이 운용하는 자금의 규모는 상당하기 때문에 여러 차례 나누어 시장에 진입할 수밖에 없습니다. 이들이 엄청난 규모의 주문을 특정 가격대에 국한하여 시장에 내놓는다면 시장이 당장 제공할 수 있는 유동성의 범주를 넘어설 가능성이 높습니다.

결국 시장은 이러한 큰 주문을 소화할 수 없는 상황이 되며, 해당 기관은 '손해를 입더라도 거래를 성사시킬 것이냐?' 혹은 '해당 거래에 응할 투자자를 기다릴 것이냐?'의 기로에 놓이게 됩니다. 이는 Market Maker들의 입장에서 불리한 상황이므로 이들은 이러한 상황을 최대한 피하고자 합니다.

따라서 Market Maker들은 유동성이 풍부한, 즉 많은 투자자들이 매수, 매도하는 구간에서 진입을 시도하려 하며, 유동성 풀은 자연스럽게 주요 지지/저항 구간 및 거래가 활발하게 일어나는(충분한 거래량을 지닌) 구간에서 나타나게 됩니다.

다수의 투자자들은 주요 가격 레벨을 기준으로 포지션 손절가를 설정하므로 Market Maker들은 이를 역으로 이용하여 유동성을 확보합니다. Market Maker 입장에서는 보다 '배불리' 먹기 위해 취한 행동일 뿐, 우리를 골탕 먹이기 위한 의도는 아니었던 것입니다.

유동성 풀 식별하기

Liquidity Pool이란?

사실 유동성 풀은 다양한 시장 형태에서 빈번하게 나타나며, 차트상에서도 쉽게 찾을 수

있습니다. 가장 찾기 쉬운 형태는 주요 지지/저항 구간을 살짝 돌파(Breakout)한 후 다시 반대 방향으로 되돌아가는 거짓 돌파(False Breakout) 또는 휩쏘(Whipsaw) 형태입니다.

이러한 움직임은 시장 유동성을 확보하기 위해 Market Maker들이 가장 쉽게 이용할 수 있는 방법이며, 거짓 돌파 혹은 휩쏘가 나타난 후에는 재차 가격이 반전되며 원래의 가격 범위로 돌아오게 됩니다. Market Maker들이 충분한 물량을 확보한 후에는 원하는 가격대로 시장을 움직입니다. 이를 잘 활용하여 Market Maker들의 움직임을 따라 트레이딩에 임한다면 수익을 낼 수 있을 것입니다. 이는 Composite Man과 같이 행동하라는 와이코프의 조언과도 일치하는 부분입니다.

유동성 풀 활용하기

유동성 풀(Liquidity Pool)을 활용하는 예시를 롱 포지션 트레이딩 관점에서 확인해보도록 하겠습니다. 차트상 명확한 주요 저점은 지지 구간으로 작용할 가능성이 높습니다. 따라서 이러한 저점은 이미 진입한 롱 포지션 트레이더들의 손실 제한 주문이 많이 위치한 구간이 됩

Liquidity Pool

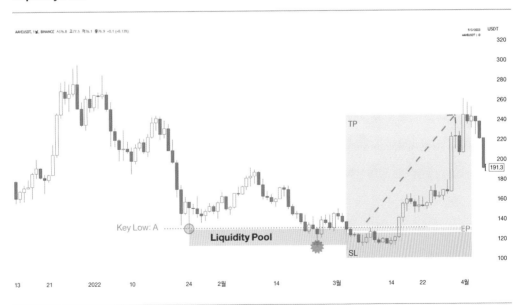

니다.

따라서 해당 저점(Low)을 하방 돌파하는 움직임이 나타나는 경우, 이미 진입한 롱 포지션 트레이더의 손절 주문이 발동하며 이는 시장에 매도 주문을 내놓는 것과 같은 결과로 이어집니다. 이는 Market Maker들이 매수를 하기 위해 이용하는 매도측 유동성(Sellside Liquidity)으로 작용하게 됩니다.

이를 이용한 거래의 진입은 차트의 'A' 또는 'A 직하방'에서 진입할 수 있습니다. 손절가와 목표가의 경우 손익비와 차트상의 주요 레벨을 고려하여 설정할 수 있습니다.

다만 유동성을 만들어내는 휩쏘 움직임은 한 번만 나타나라는 법은 없으며, 더 큰 휩쏘가 나타날 가능성도 배제할 수 없기에 항상 거래 진입에는 유의해야 합니다.

▎▊ 유동성의 분류와 실전에서 사용할 수 있는 '유동성의 원칙'

앞서 살펴본 유동성의 개념은 모두 이해하셨나요? 이번 파트에서는 보다 실전적인 개념의 유동성 구간에 대해 알아볼 예정입니다.

실전적인 개념의 유동성 구간은 '돈이 모이는 곳'이라고 보아도 무방합니다. 즉 많은 투자자가 노리고 있는 구역이라고 볼 수 있으며, 이러한 유동성 구간의 존재는 '가격을 움직일 수 있는 연료(Fuel to move price)'로 작용할 수 있습니다.

먼저 유동성의 종류에 대해 알아보도록 하겠습니다. 이번 파트에서의 유동성은 모두 유동성이 존재하는 구역을 의미한다고 보시면 될 것 같습니다.

Sellside Liquidity vs Buyside Liquidity

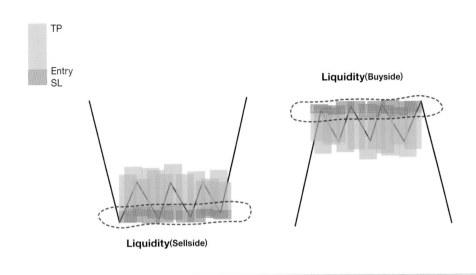

Sellside Liquidity(SSL)란 매도 주문들이 놓여 있는 유동성 구간을 말합니다. 즉 롱 포지션에서의 손실 제한 주문들이 되는 것이죠. SSL은 크게 두 가지로 이용할 수 있습니다. 첫 번째로 이미 숏 포지션에 진입하였던 트레이더라면 목표가로 이용할 수 있습니다. 두 번째로는 유동성을 확보하기 위한 Market Maker들의 휩쏘(Whipsaw)를 예상하여 롱 포지션 진입 구역으로 이용할 수 있습니다.

반대로 Buyside Liquidity(BSL)란 매수 주문들이 형성하는 유동성 구간을 말합니다. 이는 이미 진입한 롱 포지션들의 목표가들이 위치한 구역일 수도 있고, 숏 포지션의 손절가가 위치한 구역이 될 수도 있습니다. BSL은 마찬가지로 크게 두 가지로 이용할 수 있습니다. 첫 번째로 이미 롱 포지션에 진입한 트레이더라면 목표가로 이용할 수 있습니다. 두 번째로는 유동성을 확보하기 위한 Market Maker들의 업스러스트(Upthrust) 움직임을 예상하여 숏 포지션 진입 구역으로 이용할 수도 있습니다.

External Liquidity vs Internal Liquidity

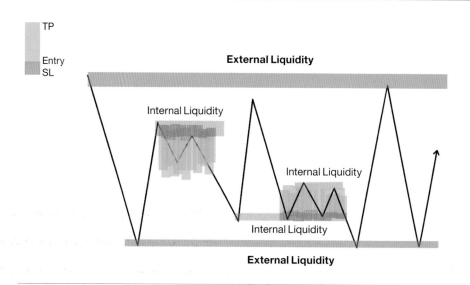

External Liquidity와 Internal Liquidity는 상대적인 개념으로 높고 낮은 타임프레임에서 나타나는 유동성 영역이라 이해할 수 있습니다.

먼저 External Liquidity란 큰(외부) 구조에서 나타나는 유동성 영역을 뜻합니다. 즉 상대적으로 높은 타임프레임에서 나타나는 유동성 영역을 나타내게 됩니다. 반대로 Internal Liquidity란 보다 낮은 타임프레임에서 나타나는 움직임인 작은(내부) 구조에서 나타나는 유동성 영역을 뜻합니다.

Trendline Liquidity

삼성바이오로직스 일봉의 예시입니다.

추세선 역시 주요 지지/저항 레벨이기 때문에 추세선을 따라 많은 지정가 주문들이 놓일 수밖에 없습니다. 따라서 추세선 역시 단순한 선의 개념을 넘어서 유동성 영역이라는 개념으로 접근해볼 수도 있습니다. 즉 추세선을 테스트하는 움직임 역시 Market Maker들의 의도가 담겨 있는 흔적입니다. 어떻게 보면 당연할 수도 있는 것이 Market Maker들의 물량 확보 혹은 수익 실현 역시 수평적으로만 일어나는 것이 아닌, 다양한 가격 레벨에서 일어날 것이기 때문입니다. 따라서 추세선이 단순히 선이 아니라 유동성의 구역임을 이해한다면, 그전까지는 보이지 않던 Market Maker들의 움직임을 관찰할 수 있습니다.

실전에서 사용할 수 있는 '유동성의 원칙'

마지막으로 실전에서 바로 사용할 수 있는 '유동성의 원칙' 5가지에 대해 정리하고 넘어가도록 하겠습니다.

① '가격'은 통상적으로 'Liquidity(Area)'에 이끌린다.

Liquidity Area가 주요 지지와 저항 구간에서 나타나며, Liquidity Area에 놓여 있는 많은 주문을 Market Maker들이 '건드려야' 원하는 물량을 확보하고 수익을 실현하는 과정들이 일어날 수 있다는 점을 생각해본다면 왜 '가격'이 Liquidity Area에 이끌릴 수밖에 없는지 쉽게 이해할 수 있습니다.

② 시장은 새로운 레벨로 이동하기 위해 충분한 유동성이 필요하며, 이를 위해 'Liquidity Area'를 Sweep하길 원한다.

가격의 새로운 레벨로의 이동은 Market Maker들이 충분한 물량을 확보한 후에 이루어집니다. 앞서 살펴본 것과 같이 Market Maker들의 물량 확보 방법 중 가장 빈번하게 나타나는 것은 거짓 돌파 혹은 휩쏘와 같은 유동성 확보 움직임입니다.

③ '가격'은 주로 Market Maker들에 의해 움직이며, Market Maker들은 원하는 방향으로 시장을 이끌기 위해 '유동성'을 이용한다.

풍부한 유동성과 공급 물량의 제한이 맞물리게 되면 시장은 Market Maker들이 원하는 방향으로 흘러가기에 아주 좋은 상황에 놓이게 됩니다.

④ 눈덩이를 굴리다 보면 점점 커지는 것과 같이 'Liquidity(Area)'도 규모가 점점 커지며, 커질수록 'Liquidity Sweep'에 따른 변동성(Volatility) 또한 더욱 커진다.

어느 한 지점이 오랫동안 돌파당하지 않고 주요 레벨로 남아 있는 경우, 그 지점에 쌓이는 주문은 당연히 늘어나게 될 것입니다. 따라서 유동성 구간이 해소되지 않고 오래 남아 있는 경우 눈덩이가 커지듯 규모가 점점 커지게 되며, 이러한 큰 유동성 구간의 확보 움직임이 나타나는 경우 시장의 '변동성(Volatility)'이 커지게 됩니다.

⑤ 'Liquidity(Area)'는 다양한 레벨에서 존재하며, 이를 예측하고 찾으려는 시도가 반드시 필요하다.

PA Academy의 자료에는 다음과 같은 말이 등장합니다. "If you cannot spot the LIQUIDITY, then you are the LIQUIDITY."

"유동성을 찾아내지 못한다면 당신이 유동성이 될 것이다"라고 해석할 수 있으며 여기서 유동성이 된다는 의미는 유동성 확보의 대상이 된다는 의미로 받아들일 수 있을 것 같습니다.

즉 Liquidity Area는 어려운 개념이 아닌 어느 레벨에서나 등장할 수 있는 흔한 개념이며, 계속해서 Liquidity Area를 찾는 시도는 차트의 주요 레벨을 발견하려는 시도와 일맥상통합니다.

실제 사례로 정리하는 유동성

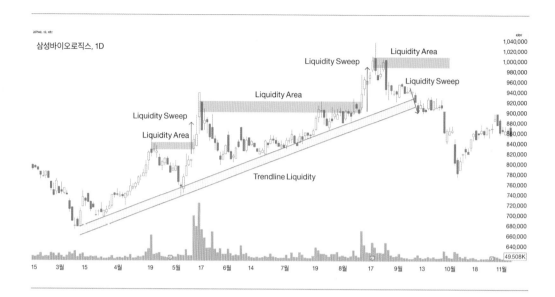

삼성바이오로직스, 1D

앞서 살펴보았던 삼성바이오로직스 일봉 차트의 예시를 자세히 분석해보겠습니다.

긴 상승 추세는 하단의 상승 추세선을 만들며 이는 지지 구간으로 작용하게 됩니다. 이러한 추세선은 사실 유동성(다양한 주문들)이 많이 놓여 있는 유동성 영역에 해당하며, 따라서 추세선이 유동성을 충분히 제공해주는 구간이 될 수 있음을 생각해볼 수 있습니다.

주가는 상승하며 스윙 고점과 저점을 만들어내며, 이때 스윙 고점은 차트의 주요 레벨이자 주문이 많이 쌓이는 구역이기 때문에 유동성 영역으로 생각할 수 있습니다. 이러한 유동성 영역은 새로운 가격 레벨로 넘어가기 위해 '스윕(Sweep)'이 필요하며 이러한 움직임은 하단 추세선 근처의 유동성 영역에서는 휩쏘로, 상단 매수측 유동성(BSL)에서는 MSB로 나타나는 것을 확인해볼 수 있습니다.

차트의 고점은 삼성바이오로직스의 전고점에 해당하는 높이로, Market Maker들의 수익 실현과 함께 추세선 유동성 영역의 스윕이 일어나며 가격은 큰 폭으로 하락하게 됩니다.

높은 타임프레임에서 관찰할 경우 다음과 같은 형태가 나타나게 됩니다.

많은 유동성 영역이 관찰되며, External Liquidity Area에서 나타나는 움직임 역시 잘 관찰됩니다.

10

가격 불균형 및 Gap

Imbalance, Inefficiency, FVG, BPR

▐▌ 가격의 불균형(Imbalance)에 대한 담론

자산의 '가격'은 우리가 시장에서 자산을 거래할 때 고려하는 가장 중요한 요소 중 하나입니다. 그렇기에 '가격'을 기반으로 한 다양한 지표와 패턴들이 발전되어 왔습니다.

이번 파트에서는 '가격'을 기반으로 한 지표 중 하나인 Inefficiency(가격 불균형)와 Gap(갭), 그리고 특히 FVG(Fair Value Gap)에 대해 알아볼 예정입니다.

트레이더는 거래에 성공하기 위해 먼저 시장이 자산의 내재가치로 인정하는 가격을 찾을 수 있어야 합니다. 즉 어떠한 자산의 실제 가치가 어느 정도인지 평가할 수 있어야 하죠. 두 번째로는 매수자와 매도자가 의사결정을 하는 단계에서 발생하는 특정 자산의 내재가치와 현재 가격의 괴리를 찾을 수 있어야 합니다. 이러한 괴리는 행동경제학적 관점에서 '합리적이지 않은' 매수자와 매도자의 의사결정으로 인해 발생하게 됩니다.

트레이더들은 결국 합리적인 거래를 통해 투자 수익을 지속적으로 올려나가야 하며, 이를 위해 파도에 몸을 맡기듯이 시장이 인정하는 가격과 현재 가격의 괴리에 대해 인지하고, 합리적인 가격을 끊임없이 찾고 또 의심해야 합니다.

Inefficiency란?

Inefficiency는 아래 두 가지 조건을 충족하는 구간을 의미합니다.

---

1. 급격한 가격의 변동이 일어남

2. 가격 변동폭에 비해 거래량이 적음

모식도로 살펴보면 다음과 같이 그려볼 수 있습니다.

위 모식도는 상승 시 발생한 Inefficiency(초록색 Bar)에 대한 모식도이며, Inefficiency가 관찰된 이후에 시장은 Inefficiency를 해소하기 위해 Gap Filling(붉은색)을 이루는 모습을 보여줍니다. 이때 Gap Filling은 즉각적으로 나타나기도 하지만, 상당한 시간차를 두고 나타나기도 합니다.

이렇게 상당한 시간차를 두고 나타나는 경우에는 Inefficiency를 활용하기 어려울 수 있습니다. 따라서 Gap Filling이 이루어질 수 있는 구간을 미리 인지하고 있어야 하며, 확실히 Gap Filling이 시작된 후 방향성을 설정하는 것이 보다 유리할 수 있습니다.

앞서 서두에서 말씀드렸듯이 Inefficiency는 '합리적 가격'을 기초로 합니다.

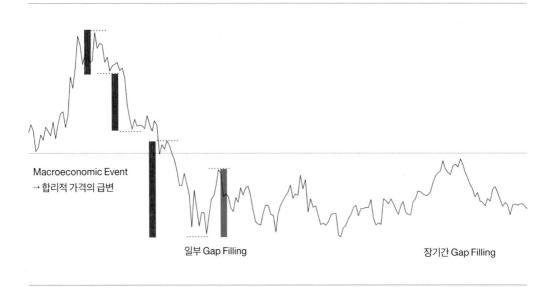

따라서 위와 같이 '합리적 가격'의 변화가 급격하게 일어나는 경우에는 Inefficiency와 Gap Filling이 명확히 나타나지 않을 수 있습니다. 예를 들어 펀더멘탈 또는 거시경제학적 이벤트에 의한 가격의 급격한 변동이나 장기적인 추세가 뚜렷하게 설정된 경우에는 '합리적 가격' 자체가 큰 폭으로 변화하기 때문에 자산 가격의 급격한 변화를 Inefficiency로 볼 수 없습니다.

반면 다음 모식도와 같이 추세가 안정화돼 있는 박스권 장세에서는 Inefficiency와 Gap Filling이 명확하게 나타남을 알 수 있습니다.

'합리적 가격'이 안정화돼 있는 추세에서 가격의 급변동이 일어난 것은 매수세와 매도세의 급변으로 인한 실질적인 Inefficiency일 가능성이 크기 때문입니다.

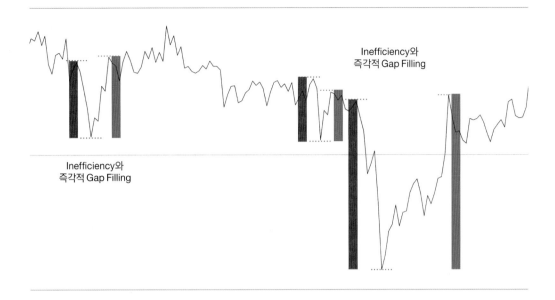

Inefficiency와
즉각적 Gap Filling

Inefficiency와
즉각적 Gap Filling

Gap의 4가지 형태

앞 장에서는 'Inefficiency'의 개념을 살펴보았습니다. 잘 이해가 되셨나요? 트레이딩에서 Inefficiency를 가장 잘 나타내는 시그널(Signal)은 바로 Gap입니다. 따라서 Gap의 형태들을 파악하는 것은 다양한 상황에서 Inefficiency를 활용하는 데 큰 도움을 줍니다.

이번 파트에서는 Gap의 4가지 형태와 각각이 가지는 의미에 대해 알아보도록 하겠습니다.

Breakaway Gap

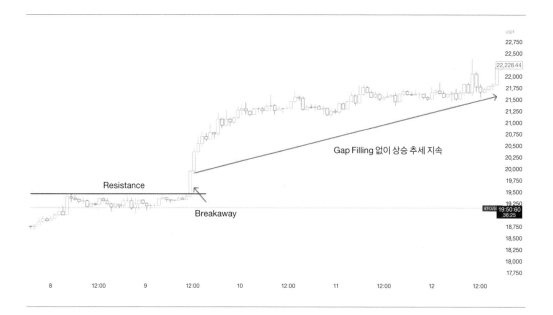

Breakaway Gap은 종목의 가격이 특정한 저항이나 지지를 강한 모멘텀으로 돌파할 때 나타나는 형태입니다. 특정 지지/저항 레벨의 강한 돌파는 가격 변동의 합리적인 원인이 존재하는 경우가 대부분입니다. 이 경우 가격 움직임이 합리적인 만큼 Inefficiency와 Gap Filling이 잘 나타나지 않는 경향이 존재합니다. 따라서 Breakaway Gap 이후에는 가격이 한동안 형성된 추세를 따라서 움직일 가능성이 큽니다.

Exhaustion Gap

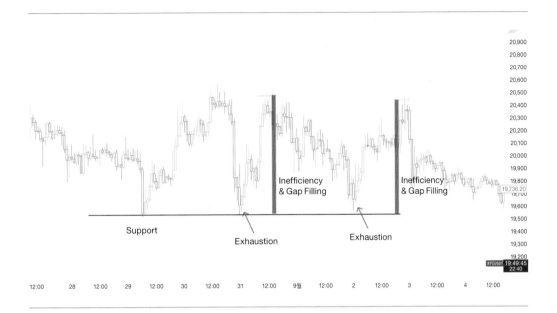

Exhaustion Gap은 가격이 저항과 지지 레벨 안에서 움직이는 경우에 많이 나타나는 Gap의 형태입니다. 저항이 있는 고점이나 지지가 있는 저점까지 빠른 속도로 근접하다가 급격한 추세 반전을 이룰 때 Inefficiency가 빠르게 나타나는 형태입니다. '합리적인 가격'이 변할 이유가 없으며, 현재 가격과 '합리적인 가격'이 모두 저항과 지지로 이루어진 박스권 안에서 형성돼 있으므로 Gap Filling이 빠르게 나타납니다.

Continuation Gap

Continuation Gap은 상승 혹은 하락의 강력한 추세가 형성되는 경우에 나타납니다. 상승과 하락의 추세가 꺾이지 않으며 오래 유지되는 경우에 나타나는 Gap입니다. Continuation Gap은 나머지 갭의 형태와 다르게 여러 개의 캔들이 묶인 '영역'을 지칭합니다. 이 경우 Breakaway Gap과 마찬가지로 가격이 합리적으로 변동하였을 가능성이 높습니다. 고로 가격 추세가 유지되는 경향이 높은 만큼 Inefficiency와 Gap Filling은 한동안 나타나지 않을 수 있습니다.

Common Gap

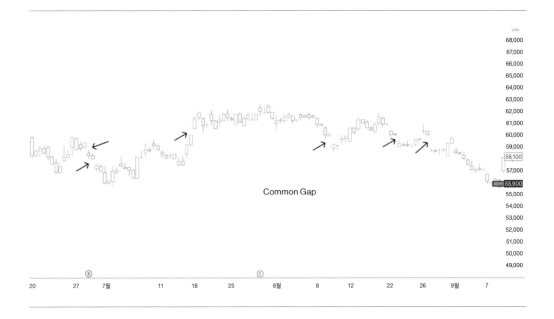

Common Gap

Common Gap은 대체로 추세가 안정화돼 있을 때 자주 발생하는 다양한 형태의 종가와 시가의 단차를 의미합니다. 대부분의 Common Gap은 '합리적인 가격'의 변화 요인이 없는 상황에서 발생하기 때문에 Inefficiency가 생기게 되며 이후 Gap Filling이 이루어집니다. Common Gap은 굉장히 많은 상황에서 다양한 이유로 발생하기 때문에 특별한 의미를 부여하기는 어렵습니다.

▐▌ Fair Value Gap(FVG)

앞 파트에서는 네 가지 형태의 Gap을 살펴보았습니다.

이번 파트에서는 'Fair Value Gap'이라는 개념에 대해 살펴보도록 할 텐데요. Gap Filling 이 나타날 확률이 상당히 높은 만큼 트레이딩에서 요긴하게 쓰이곤 합니다.

FVG란?

FVG는 Price Action을 이용하는 트레이더들에게는 아주 빈번하게 사용되는 개념으로, 단 기적으로 매수 혹은 매도세의 한 쪽이 다른 쪽을 압도(Inefficiency)하여 연달아서 가격 상승 혹은 하락이 일어닐 때 관찰할 수 있습니다.

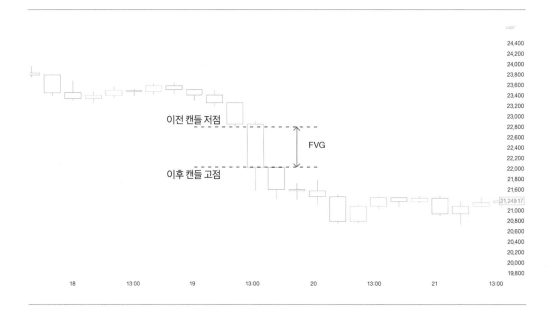

FVG의 가장 전형적인 형태는 3개의 연속해서 상승 혹은 하락하는 추세의 캔들 중 가운 데 캔들이 가장 큰 형태일 때 만들어지게 됩니다. 즉 FVG는 가장 큰 중앙의 캔들과 이웃하 는 캔들의 최저점~최고점 사이를 의미합니다. 단, 이웃하는 캔들의 꼬리가 중앙의 캔들을 전 부 다 감싸지 않아야 합니다.

622

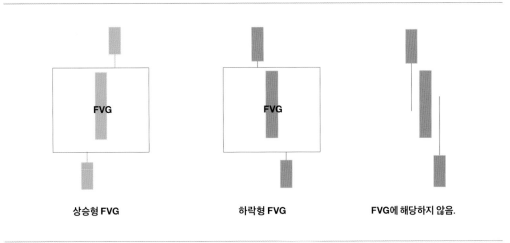

상승형 FVG   하락형 FVG   FVG에 해당하지 않음.

위 모식도는 가장 전형적인 FVG의 형태를 나타내며 이와 같이 FVG는 상승형 FVG와 하락형 FVG로 구분할 수 있습니다. 상승형 FVG는 강력한 매수세의 출현으로 인해, 하락형 FVG는 강력한 매도세의 출현으로 인한 Inefficiency가 형성됨을 의미합니다.

마지막 예시는 앞에서 알아본 바와 같이 꼬리가 가운데 캔들을 감싸므로 FVG에 해당하지 않는 예시입니다.

FVG에 대한 오해와 오개념 바로잡기

FVG의 가장 이상적인 형태는 3개의 연속한 추세의 캔들 중 가운데 캔들이 가장 클 때 만들어집니다. 하지만 꼭 캔들이 3개여야만 FVG가 형성되는 것일까요?

정답은 'No'입니다. FVG의 핵심 원리는 '불균형적인 가격 형성'에 있습니다. 즉 내가 보고 있는 타임프레임에서는 1개의 캔들로 관찰되더라도 강한 불균형적인 가격 형성이 나타났다면, 좀 더 낮은 타임프레임에서는 3개의 캔들이 나타나고 있을 가능성이 매우 높습니다.

일반적으로 Imbalance와 Inefficiency는 가격의 불균형을 나타내는 포괄적인 개념이며, 불균형 구간을 전반적으로 아우르는 큰 구간으로 설정되는 반면, FVG는 그 Imbalance 내에서 가장 불균형을 심하게 나타낸 특정 구간을 의미하는 경우가 많습니다. 따라서 꼭 캔들이 3개가 아니라고 해서 FVG가 아니라고 단정 짓기보다는 강한 가격의 불균형이 의심된다면 여러 타임프레임에서 관찰하며 해당 Imbalance 구간에서의 거래 양상을 확인하는 것이 중요합니다.

두 번째로 많은 분이 오해하시는 FVG의 개념 중 하나는 캔들의 꼬리에 대한 것입니다. FVG의 개념에서 3개의 캔들이 등장하며, 이 중 첫 번째와 세 번째 캔들의 꼬리가 두 번째 캔들을 감싸지 않아야 한다는 내용이 있습니다. 왜 꼬리가 몸통을 감싸는 경우 FVG로 보기 어려운 것일까요?

정답은 캔들의 형성 원리에 있습니다. 캔들의 '꼬리'가 발생한다는 것은 해당 캔들 내에서 가격이 한 방향으로 지속적으로 움직인 것이 아닌, 상승과 하락이 반복되며 나타났음을 의미합니다. 즉 꼬리가 생긴 곳은 어느 정도 매수와 매도가 충분히 이루어지면서 이미 Fair Value(가격 균형)를 이루었을 가능성이 높습니다. 따라서 FVG의 경우 꼬리가 나타난 부분은 배제하고 한 방향을 중심으로 거래가 거의 일방적으로 나타난 구역을 찾는 것이 좋습니다.

FVG의 트레이딩 적용

그렇다면 이러한 강력한 Inefficiency를 트레이딩에 어떻게 적용할 수 있을까요?

마치 빠른 속도로 물체가 떨어지다가 땅을 만나면 급격히 튀어 오르듯 단기적으로 발생한 강력한 FVG, 즉 inefficiency는 급격한 추세 전환을 일으킬 가능성이 높습니다.

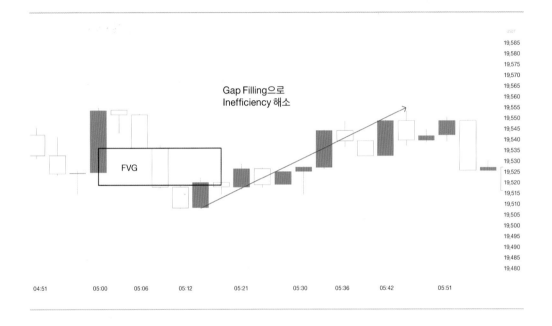

즉 하락형 FVG가 발생할 경우 단기적으로 상승 추세가 만들어질 가능성이 높고, 상승형 FVG가 발생할 경우 단기적으로 하락 추세가 만들어질 가능성이 높은 것입니다. 그리고 이 추세 전환의 강도와 출현 가능성은 추세가 안정화돼 있을수록, 그리고 FVG가 클수록 강하고 높습니다.

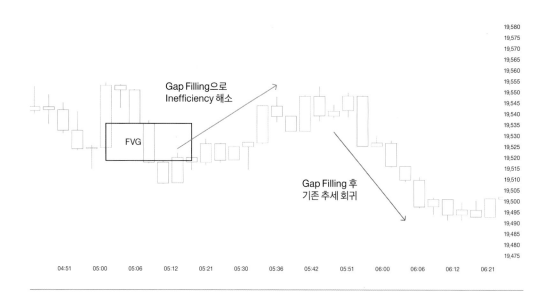

하지만 떨어지다가 땅을 만나 튀어 올랐던 물체가 떨어진 높이만큼 올라가지 못하고 어느 지점 이후에는 다시 떨어지듯, 추세가 처음 전환된 이후 Gap Filling이 일어나면 가격은 FVG 를 형성하였던 방향으로 다시 회귀하는 경향을 가집니다.

위의 두 전략을 활용하면 FVG 형성 이후 다음과 같은 포지션 설정이 가능합니다.

> **1. FVG 발생 이후 초단기적인 추세 전환 포지션 설정**
>
> **2. Gap Filling 이후 추세 재전환 포지션 설정**

실전 트레이딩으로 알아보는 FVG

사례 1 FVG의 단독 활용

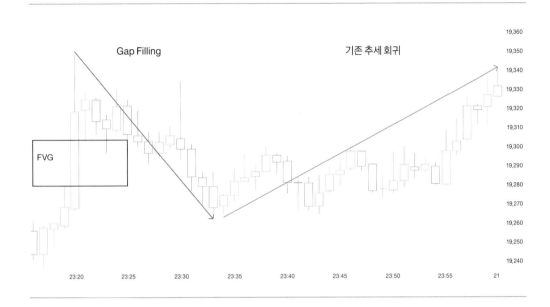

위의 예시는 2022년 10월 20일 23시 20분경 비트코인 1분봉으로, 강력한 매수세에 의해 FVG, 즉 상승 추세가 하락 추세를 압도하는 Inefficiency가 나타났으며, 곧바로 하락 추세로 전환되며 Gap Filling이 일어난 것을 확인할 수 있습니다. 하지만 FVG 근처에서 Inefficiency를 회복한 뒤 추세가 회귀하며 이전보다 강한 상승을 보여주고 있음을 알 수 있습니다.

따라서 위와 같이 23시 20분경의 상승형 FVG를 발견한다면 다음과 같은 두 가지 전략을 설정할 수 있습니다.

1. 상승형 FVG 발견 직후, Gap Filling을 염두에 둔 숏 포지션
2. 23시 30분경 Gap Filling 이후의 매수 혹은 롱 포지션

사례 2 이동평균선과 함께 활용

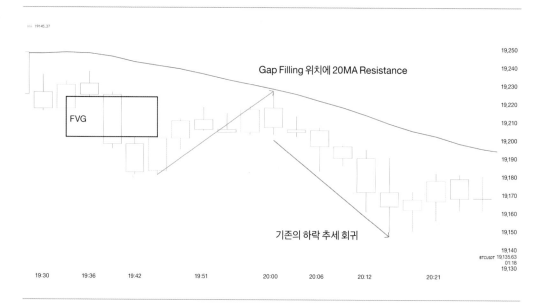

위의 예시는 2022년 10월 19일 19시 30분경 BTC 3분봉으로, FVG와 동일하게 '가격'을 기초로 하는 이동평균선(MA) 지표를 함께 활용하는 예시입니다. 19시 36분 FVG 발생 이후 20시 즈음 Gap Filling이 이루어졌고, Gap Filling이 완료되는 지점에 20MA의 저항 레벨이 존재합니다. 따라서 FVG의 관점과 20MA의 저항 모두가 가격의 하락을 암시하므로 숏 포지션을 진입할 수 있는 근거의 중첩이 이루어질 수 있습니다. 실제로 가격은 이후 기존의 하락 추세로 회귀하는 모습을 확인할 수 있습니다.

Gap 정리

1. Breakaway Gap: 지지/저항선을 돌파. Gap Filling 가능성 낮음

2. Exhaustion Gap: 지지/저항선에서 추세 전환. Gap Filling 가능성 높음

3. Continuation Gap: 여러가지 캔들이 추세 영역을 이루며 강한 추세를 형성. Gap Filling 가능성 낮음

4. Common Gap: 안정적인 추세 안에서 나타나는 다양한 형태의 Gap. Gap Filling 가능성 높음

심화 Balanced Price Range(BPR)

BPR(Balanced Price Range)이란?

BPR은 ICT(Inner Circle Trader) 콘셉트에서 고안된 개념으로 전술한 Inefficiency, FVG의 심화 개념이라 할 수 있습니다.

앞서 살펴보았던 FVG를 먼저 떠올려보도록 하겠습니다. FVG는 단기적으로 매수 혹은 매도세의 한쪽이 다른 쪽을 압도할 때 생기는 불균형으로 인해 가격이 큰 폭의 움직임을 보이는 형태를 의미합니다. 구체적으로는 3개의 연속해서 상승 혹은 하락하는 추세의 캔들 중 가운데 캔들이 가장 큰 형태일 때 FVG라 부릅니다.

이렇게 시장이 불균형(Imbalance)을 이루게 되면, 이를 다시 해소하는 방향으로의 Price Action이 나타나게 되며, 이처럼 재차 균형을 잡는 과정(Rebalancing)에서 또 다른 FVG가 나타날 수 있습니다.

이처럼 Imbalance→Rebalance 과정에서 서로 반대되는 방향의 FVG가 나타나는 경우, 이들이 서로 중첩되는 특징적인 가격 구간이 형성될 수 있습니다. 이를 BPR(Balanced Price Range)라 부릅니다.

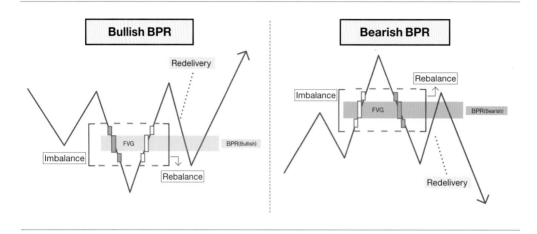

BPR의 의의

BPR은 Imbalance가 Rebalancing을 거쳐 해소된 FVG 간의 중첩 영역입니다. 그렇다면 왜 Imbalance가 해소된 구간을 중요하게 보는 것일까요? Imbalance→Rebalance를 거쳐 BPR이 형성된 경우, 이 BPR은 추세의 반전(Trend Reversal)이 일어날 수 있는 구간으로 작용할 수 있기 때문입니다.

FVG는 순간적인 시장 불균형으로 인해 가격이 '비정상적'으로 움직인 구간을 의미하므로 시장은 이를 해소(Rebalance)하려 합니다. 이후 가격이 해당 영역으로 재차 진입(Redelivery)하는 경우, 지지 혹은 저항 구역으로 작용하며 FVG에서 멀어지려는 방향으로 움직이게 됩니다.

이러한 BPR은 BPR을 형성하는 FVG의 방향과 순서에 따라 Bullish, Bearish BPR로 구분할 수 있습니다. Bullish BPR은 Bearish FVG 이후 Bullish FVG가 형성될 때 나타나며, Bearish BPR은 Bullish FVG 이후 Bearish FVG가 형성될 때 나타납니다.

TradingView에서 BPR Tool 적용하기

TradingView에서 지표를 클릭하여 'Balanced Price Range'를 검색하면 BPR을 쉽게 적용할 수 있습니다. 이후 추가적인 설정을 통해 보다 효과적으로 트레이딩에 이용할 수 있습니다.

먼저 Clean BPR에 대해 알아보도록 하겠습니다.

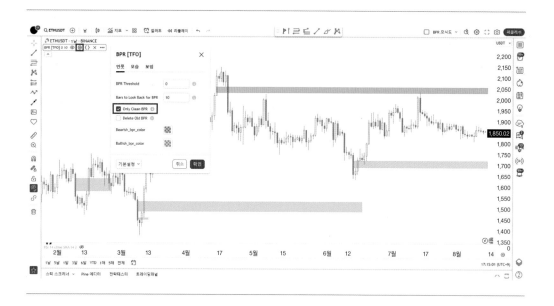

Clean BPR은 BPR이 만들어지는 과정에서 가격이 BPR 내로 침범당하지 않은 BPR을 의미합니다. 즉 보다 더 깔끔한 Imbalance와 Rebalancing이 이루어진 BPR이라 볼 수 있겠죠. 지표 적용 시에 Clean BPR은 체크해주는 것이 왜곡된 신호를 없애주어 보다 깔끔합니다.

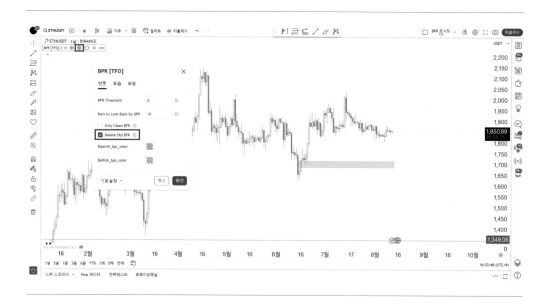

추가적으로 TradingView의 BPR 지표에는 Old BPR을 지워주는 기능도 제공합니다. 하지만 한 BPR을 여러 차례 테스트하는 경우도 있기 때문에 투자자들의 선호도와 차트의 상황에 맞게 적용하여 사용하면 될 것으로 생각됩니다.

실제 예시로 알아보는 BPR

마지막으로 BPR의 간단한 예시를 확인해보며 이번 파트를 마치도록 하겠습니다.

TradingView의 BPR 지표를 이용하였으며 Clean BPR만을 이용하였습니다. 가장 첫 번째 나타난 Bullish BPR은 정석적인 Imbalance와 Rebalancing, 그리고 Redelivery 과정에서의 지지 이후 추세 전환이 나타납니다. 이후 두 차례 형성된 Bullish BPR은 아직 테스트되지 않았으며, 후에 지지 구역으로 작용할 수 있습니다. Bearish BPR은 비교적 큰 추세 이후 형성되었으며, 2차례 테스트가 일어남에도 저항 구역으로 작용하는 것을 확인할 수 있습니다.

11

오더블록

오더블록(Orderblock, OB)은 기술적 분석에 자주 등장하는 개념입니다만, 제대로 사용하는 트레이더들은 드뭅니다. 오더블록은 실제로 중요한 개념이기는 합니다만, 큰 그림으로 본다면 숲을 구성하는 나무에 해당할 뿐입니다. 이번 파트에서는 우리에게 '실제로 도움이 되는 오더블록'에 대해 알아볼 예정입니다.

▮▌ 오더블록의 개념 잡기

오더블록의 정의에는 여러 가지 표현이 있습니다만, 가장 핵심이 되는 말은 'Smart Money' 혹은 'Market Maker'라는 표현이라 생각합니다. 이는 'Price Action을 이용한 트레이딩'의 핵심과도 일치합니다.

Price Action의 핵심은 바로 Smart Money의 흐름을 파악하는 것, Market Maker들의 의중을 읽는 것, 다수 군중의 심리와 움직임을 파악하는 것 등이기 때문입니다.

오더블록의 정의에 대해 알아보도록 하겠습니다.

An orderblock is a defined Area

where buyers or sellers of smart money entered market

& moved price away from its price Level to a new Area of interest.

오더블록은 시장에 들어온, 그리고 현재 가격을 움직일 수 있는 'Smart Money'들이 위치한 구역이라 할 수 있겠습니다. 이전에는 매물대, 그중에서도 '수평 매물대'라는 표현으로 이해하는 경우도 많이 있었습니다.

하지만 통상적으로 오더블록은 단일 캔들 혹은 소수의 캔들만을 지칭하는 경우가 일반적이며, 따라서 매물대와 같은 구역의 개념으로 접근해도 좋지만, 보다 실전적인 시그널의 개념으로 접근해보는 것도 좋을 것으로 생각됩니다.

Orderblock

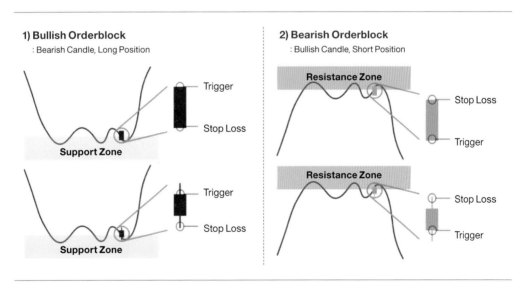

오더블록의 정의만으로는 오더블록의 개념이 아리송할 수 있습니다. 지금부터 차근차근 오더블록의 개념을 잡아나가보도록 하겠습니다.

먼저 오더블록은 'Smart Money'라고도 불리는 'Market Maker'들의 흔적이라는 것을 이해해야 합니다. 그렇다면 이러한 'Smart Money'들이 오갔던 곳은 주요 지지 또는 저항 구간, 혹은 그 근처가 될 것입니다. 따라서 오더블록은 주요 지지 또는 저항 구간, 혹은 그 근처에서 나타납니다.

또한 오더블록은 주로 상승 전 음봉, 하락 전 양봉의 형태로 나타나게 됩니다. 따라서 강세 오더블록(Bullish Orderblock, BuOB)이란 지지 구간 혹은 그 근처에서 상승 흐름 전에 나타나는 음봉을 의미합니다. 약세 오더블록(Bearish Orderblock, BeOB)이란 저항 구간 혹은 그 근처에서 하락 흐름 전에 나타나는 양봉을 의미합니다.

또한 오더블록 캔들은 다양한 타임프레임에서 관찰될 수 있습니다. 이는 오더블록을 시그널(Signal)로 보는 개념의 근거가 될 수 있습니다. 즉 오더블록은 MSB보다 먼저 추세의 방향을 나타내고 있는 세력들의 흔적이며, MSB가 나타남과 함께 매수/매도의 시그널로 사용될 수 있습니다.

오더블록 캔들의 형태는 형태의 제한은 없습니다만, 기본적으로 반전형 패턴에 해당한다고 볼 수 있습니다. 따라서 오더블록 캔들은 꼬리가 있을 수도(wicky), 없을 수도(Not wicky) 있습니다.

마지막으로 오더블록을 이용한 간단한 거래 진입전략을 소개드리며 이번 파트를 마치도록 하겠습니다.

먼저 상승 전 나타나는 음봉인 강세 오더블록의 경우 매수 혹은 롱 포지션 진입이 원칙입니다. 오더블록의 시가 혹은 고가에서 거래에 진입하며, 손절가는 오더블록의 저가로 설정할 수 있습니다. 반면 하락 전 나타나는 양봉인 약세 오더블록의 경우 현물의 매도 혹은 숏 포지션 진입이 원칙입니다. 숏 포지션 진입의 경우 오더블록의 시가 혹은 저가를 이용할 수 있으며, 오더블록의 고가를 손절가로 설정할 수 있습니다.

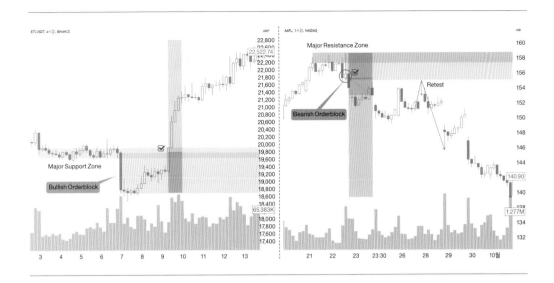

오더블록 찾기(Feat. Volume & Volume Profile)

오더블록에 대한 개념을 확인했다면, 이번 파트에서는 오더블록을 찾는 방법에 대해 간단히 알아보도록 하겠습니다.

설명에 앞서 조언을 드리자면, 오더블록 혹은 오더블록으로 보이는 것들은 다양한 타임프레임에서 수없이 많이 등장할 수 있습니다.

따라서 단순히 오더블록을 찾아내는 것에 집착하기보다는 III, IV 장에서 다루게 될 '실제로 도움이 되는' 오더블록 가려내기 & 오더블록 검증 과정을 더 집중해서 읽어주시면 도움이 될 것 같습니다.

오더블록 캔들스틱의 형태

오더블록은 기본적으로 반전형 패턴에 해당한다고 볼 수 있습니다. 사실상 형태의 제한은 거의 없습니다만, 캔들의 상승 전환 패턴 혹은 하락 전환 패턴과 같이 이해하시길 바랍니다. 지난 캔들 강의에서 다뤘던 내용을 떠올려 보신다면 좋을 것 같습니다.

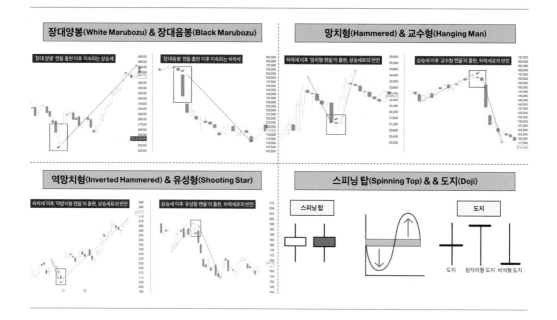

오더블록의 특징

오더블록은 기관, 세력과 같은 Market Maker 등에 의해 다량의 거래가 이루어진 흔적이기 때문에 대부분 강한 거래량을 동반합니다. 기술적 분석에는 크게 2가지 종류의 거래량이 존재합니다. 아마 첫 번째 거래량, Net Volume의 경우는 많은 투자자분들께서 알고 계시겠지만, 두 번째 거래량인 Volume Profile은 비교적 생소한 개념일 것입니다.

차트의 x축은 시간, y축은 가격임을 모두 알고 계실 것입니다. 시장의 거래량을 표시할 때 가장 전통적으로 사용하였던 개념은 시간에 따른 거래량(Net volume)입니다. 차트 분석에 가장 기본이 되는 지표이기도 하며, 또 너무나 잘 알려진 지표입니다.

두 번째로 이번 파트에서 알아볼 개념은 가격에 따른 거래량(Volume Profile)입니다. 매물대로도 불리는 Volume Profile은 '특정 기간' 동안에 속한 각 가격 구간(Price Level)의 '거래량의 분포'를 나타낸 것입니다. 이후 Price Action 14장에서 자세히 알아볼 예정이며, 이번 파트에서는 가볍게 예시만 다루고 넘어가도록 하겠습니다.

(TradingView에는 여러 인디케이터들이 존재하나, 이번 파트의 예시에서 이용한 인디케이터는 '비주얼 레인지 볼륨 프로파일'입니다.)

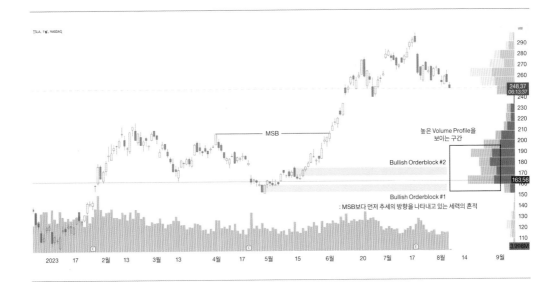

테슬라의 일봉 차트입니다.

오더블록이라 볼 수 있는 캔들이 MSB와 상승 이전에 여러 차례 나타납니다. Volume Profile 지표를 적용한 결과 강세 오더블록이 나타난 구역은 높은 Volume Profile을 보이는 구간이라는 것을 알 수 있습니다. 오더블록은 Net volume, Volume profile이 유의미하게 높게 나타날 수밖에 없습니다. 반대로 생각해보면 Net Volume, Volume Profile이 지나치게 낮게 나타나는 곳에서는 오더블록을 배제할 수 있겠죠.

또 유의미하게 확인할 수 있는 포인트는 주위 프레임과의 비교입니다. 이전 타임프레임에 비해 몇 배 강한 Net Volume, 위아래 가격대에 비해 몇 배 강력한 Volume Profile에 주목한다면 쉽게 오더블록을 찾을 수 있습니다.

오더블록 찾기

① 단일 캔들 패턴의 경우 망치형, 역망치형, 교수형, 유성형, 스피닝탑, 도지 등의 추세 전환 암시 캔들

② 추세 전환 패턴의 첫 번째 추세 지속 캔들(상승세 전환의 경우 음봉 / 하락세 전환의 경우 양봉)

③ 이전의 추세에 비해 강한 Net Volume을 동반한 캔들

④ 상/하 가격대에 비해 강한 Volume Profile 영역에 위치한 캔들

▌▐ Tradable Orderblock(실제로 도움이 되는 오더블록에 관한 법칙)

단순히 오더블록을 찾는 것과 이를 거래에 이용하는 것은 상당한 차이가 있습니다. 모든 오더블록(그리고 오더블록처럼 보이는 것)을 맹신하고 거래에 임하는 것은 아주 어리석은 일입니다.

이번 파트에서는 Tradable Orderblock, 즉 실제로 거래에 도움이 되는 오더블록에 대한 7가지 법칙을 확인해보도록 하겠습니다.

(이번 파트 소제목의 오더블록은 모두 Tradable Orderblock을 의미하며, Tradable 오더블록이란 실제 거래에 이용할 만한 가치가 있는 오더블록이라 볼 수 있습니다.)

#1. Tradable Orderblock은 지지 또는 저항 구간, 혹은 그 근처에서 나타나야 한다.

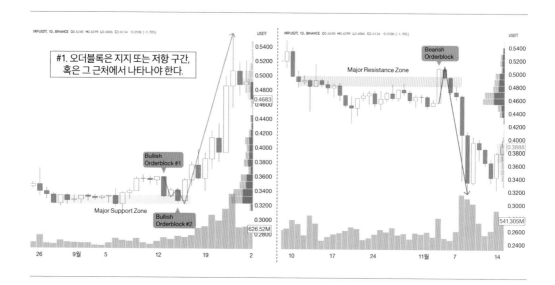

리플의 일봉 차트입니다.

오더블록은 필연적으로 지지/저항 구간, 혹은 그 근처에 형성될 수밖에 없습니다.

지지 구간의 근처는 매수 및 Long 심리가 강한 영역입니다. 따라서 Market Maker들은 음봉을 형성하여 매수 및 롱 포지션 물량을 Sweep한 후 상승 추세로 넘어가게 됩니다. 반대로 저항 구간의 근처는 매도 및 숏 심리가 강한 영역이며, Market Maker들은 양봉을 통해 매도 및 숏 포지션 물량을 노려 유동성 확보 후 하락 추세로 넘어가게 됩니다.

#2. Flip Zone 혹은 그 근처에서 나타나는 오더블록은 Tradable Orderblock으로 사용할 수 있다.

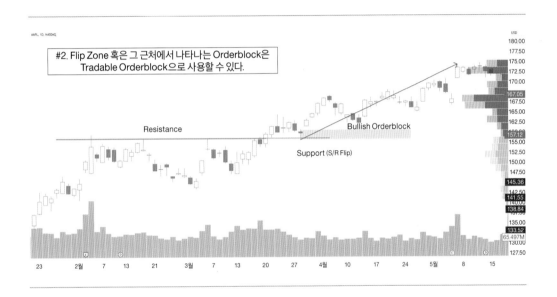

APPLE의 일봉 차트입니다.

S/R Flip이란 S/R 구간이 돌파당한 후, 기존 S/R 구간이 반대로 Resistance / Support 구간으로 작용하는 것을 말합니다. S/R Flip은 Market Maker들이 이용하기에 매우 좋은 지점입니다. 따라서 S/R Flip이 나타난 지점에서 오더블록이 출현할 가능성이 높으며, 이 위치에서 출현한 오더블록은 Tradable 오더블록으로 거래에 사용해도 좋은 오더블록입니다.

#3. Tradable Orderblock은 반드시 Market Structure Break를 동반해야 한다.

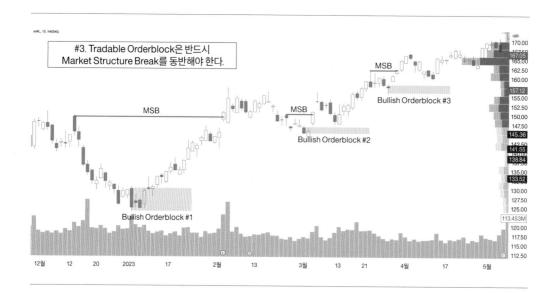

계속해서 APPLE 일봉 차트입니다.

Tradable Orderblock이라면 Orderblock 이후에 MSB가 관찰되어야만 합니다. 앞서 살펴보았던 것과 같이 오더블록은 MSB보다 먼저 추세의 방향을 나타내고 있는 세력들의 흔적이며, MSB가 나타남과 함께 매수/매도의 시그널로 사용될 수 있습니다.

#4. Tradable Orderblock 이후 Imbalance가 등장하게 되며, Imbalance는 Orderblock 크기의 2배 이상이어야 한다.

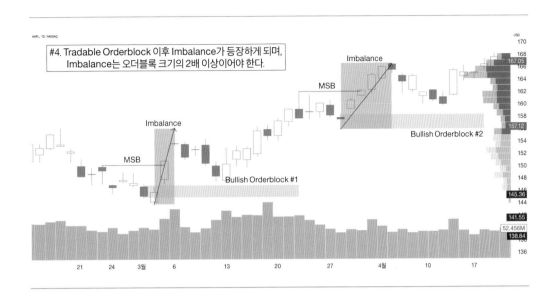

#2, #3의 예시를 계속해서 사용하고 있습니다.

Imbalance란 매수와 매도의 균형이 맞지 않는, 즉 2~3개의 양봉 혹은 음봉이 연속적으로 나타나는 현상을 말합니다. Liquidity Void라고도 부르며, Imbalance 상황에서 균형을 잃은 가격은 보통 어느 정도 다시 회복하는 경향을 보입니다. Tradable Orderblock이 출현한 이후에는 Imbalance가 매우 흔하게 등장하게 되며, 이 크기는 오더블록의 2배 이상이 되는 것이 일반적입니다.

#5. Tradable Orderblock의 Risk Rewards는 보통 오더블록 크기의 3배 이상이어야 한다.

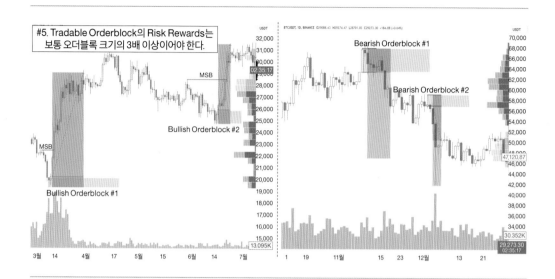

비트코인의 일봉 차트입니다.

Tradable Orderblock이 출현한 이후에는 MSB와 Imbalance가 발생하게 되며, 최종적으로 손익비(Risk Rewards)는 오더블록 크기의 3배 이상이 되는 것이 이상적입니다.

#6. 선행된 오더블록은 이후 반대의 오더블록이 나타날 경우 무효화된다.

이더리움의 일봉 차트입니다.

비록 Tradable Orderblock을 잘 찾았다고 하더라도, 이전의 Tradable orderblock이 Non-tradable Orderblock으로 변화할 수 있습니다. 이전 Tradable 오더블록과 반대 방향의 오더블록이 나타날 때를 주의해야 하는데요. 반대 방향의 오더블록이 나타날 경우, 이전에 찾았던 Tradable 오더블록은 무효화 하는 것이 원칙입니다. 따라서 한 번 Tradable orderblock을 찾았더라도 시장을 계속 예의주시하는 것이 중요합니다.

#6의 예시와 같은 이더리움의 일봉 차트입니다.

오더블록은 기본적으로 Market Maker들의 흔적이며, 반전형 패턴을 내포하고 있습니다. Market Maker의 입장에서 상승 반전을 일으켜 충분한 이득을 취하기 위해서는 주요 지지/저항 레벨 아래에서 진입한 후, 가격이 해당 구간을 상승 돌파하는 것이 유리합니다. 마찬가지로 하락 반전을 이용할 경우에는 주요 지지/저항 구간 위에서 거래에 진입하여 이익을 극대화하게 됩니다.

▌▌ 오더블록 검증

이번 파트에서는 타임프레임을 변화시켜가며 오더블록을 확인하고, 진입하는 과정에 대해 알아보도록 하겠습니다. 앞서 살펴보았듯이 오더블록은 다양한 타임프레임에서 발견됩니다. 따라서 본인이 선호하는 타임프레임을 가지고, 자주 오더블록을 찾고 확인하는 과정이 매우 중요합니다.

아래는 많이 사용하는 타임프레임의 예시입니다.

- 월봉 → 주봉 → 일봉
- 주봉 → 일봉 → 4시간봉
- 일봉 → 4시간봉 → 1시간봉
- 4시간봉 → 1시간봉 → 15분봉
- 1시간봉 → 15분봉 → 5분봉/3분봉/1분봉

사례를 통해 오더블록의 검증 과정을 살펴보겠습니다.

강세 오더블록을 예로 들었습니다만, 약세 오더블록의 경우도 같은 방식으로 확인하면 되겠습니다.

APPLE의 일봉 차트이며, 일봉에서 1시간봉으로 타임프레임을 변화시켜가며 오더블록의 근거를 확인하였습니다.

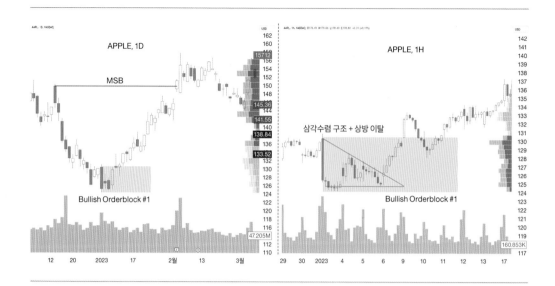

HTF에서 먼저 유의미한 오더블록을 확인합니다. 하지만 높은 타임프레임(HTF) 오더블록을 확인했다고 해도 검증 과정 없이 바로 진입하는 것은 다소 위험한 진입이 될 수 있습니다. 따라서 낮은 타임프레임(LTF) 상에서 지속적으로 추세를 관찰하는 것이 필요합니다.

위 사례의 경우 삼각수렴 패턴을 완성시키며, 거래량이 감소하는 형태를 보입니다. 또한 계속해서 매수 주문이 들어가며 보합세(Consolidation)가 나타나는지 확인해야 합니다. 이때 낮은 타임프레임에서의 패턴을 통해 진입 시점을 구체화할 수 있습니다. 위의 경우 낮은 타임프레임상에서 삼각수렴의 이탈을 이용할 수도 있고, 보수적으로 강세 오더블록의 고가를 이용하여 진입할 수도 있습니다.

12

[심화] Breaker Block, 오더블록이 뒤집히는 순간

A Breaker block is the momentum that breaks your orderblock and changes the trend.

Breaker Block은 기존의 오더블록을 깨며 추세를 반전시키는 모멘텀이다.

Breaker Block

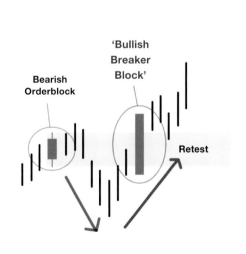

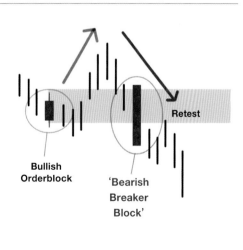

약세 오더블록이 저항 구간 혹은 그 근처에서 하락 흐름 전에 나타나는 양봉을 의미한다는 것은 이제 다 알고 계실 것입니다. 이 약세 오더블록이 나타난 후에는 통상적으로 약세 추세가 나타나기 마련이죠. 하지만 추세는 언젠간 다시 반전되기 마련이며, 이 반전의 모멘텀이 기존의 약세 오더블록을 '강하게' 돌파할 때 이를 'Bullish Breaker Block'이라 부릅니다.

반대로 Bearish Breaker Block이란 강세 오더블록이 형성하였던 지지 구간과 강세 움직임을 '강하게' 허무는 모멘텀을 의미하게 되는 것이죠. 모식도를 보시면 쉽게 이해하실 수 있으실 것입니다.

Breaker Block 속의 Price Action I: 유동성

오더블록은 Smart Money의 흔적, 즉 Smart Money들이 위치한 구역을 말합니다. 따라서 오더블록 근처의 구역은 자연스럽게 유동성이 풍부한 Liquidity Area가 됩니다.

유동성의 원칙에 따라 시장은 새로운 레벨로 이동하기 위해 Liquidity Sweep이 필요하며, 이 과정에서 오더블록이 위치한 구역을 강하게 추세 전환하는 캔들이 나타난다면 그 캔들이 Breaker Block이 되는 것입니다.

실제 사례를 통해 살펴보도록 하겠습니다.

Breaker Block & Liquidity

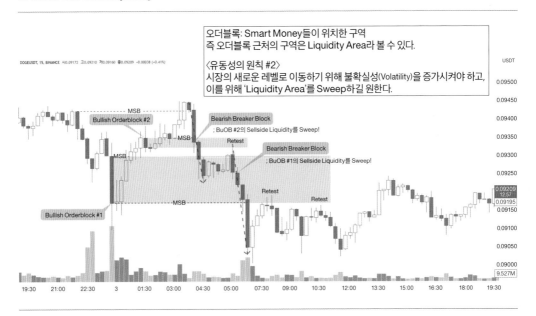

DOGEUSDT의 15분봉 차트입니다.

두 차례의 강세 오더블록이 나타나며 시장은 강세 추세를 보였습니다. 하지만 뒤이어 추세의 반전이 나타나며, Bearish Breaker Block으로 볼 수 있는 긴 장대 음봉들이 기존의 오더블록이 위치한 지지 구간을 강하게 돌파하게 됩니다. 이러한 과정에서 Liquidity Sweep이 일어나게 되는 것이며, 시장은 새로운 추세의 국면으로 접어들게 되는 것입니다.

Breaker Block 속의 Price Action II: Imbalance

오더블록의 9가지 특징 중 다음과 같은 내용이 있었는데, 기억하시나요?

#3. 오더블록은 반드시 MSB를 동반해야 한다.

#4. 오더블록 이후 Imbalance가 등장하게 된다.

즉 오더블록이 출현한 이후 다음과 같은 일련의 과정이 나타나게 됩니다.

오더블록 → MSB → Imbalance(Liquidity Void)

그러나 Imbalance에 대해 공부하신 독자분들이라면 오더블록 이후 발생한 Imbalance에 대해 의심할 수 있어야 합니다. Imbalance란 가격의 변동이 급격하며, 가격 변동에 비해 거래량이 적은 구역을 뜻하는데요. 이러한 Imbalance는 합리적이지 않은 가격 변동을 뜻하기에 이를 해소하기 위해 시장에는 Gap Filling이 주로 일어나게 됩니다.

즉 오더블록 이후 발생한 Imbalance가 '합리적이지 않을 때' 시장은 빠르게 제 자리로 돌아가게 될 것이고, 이 과정에서 Breaker Block이 발생할 수 있습니다.

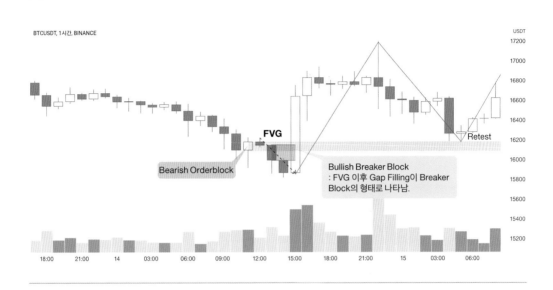

실제 사례를 통해 알아보도록 하겠습니다. 비트코인의 1시간봉 차트이며, 약세 오더블록의 출현 이후 약세 추세에서 FVG가 관찰됩니다. 앞서 살펴보았듯, FVG 이후에는 급격한 추세 전환이 일어날 가능성이 높고, 이러한 추세 전환이 나타나는 형태 중 하나가 Breaker Block 일 수 있습니다.

오더블록이 만들어낸 저항 구간은 Breaker Block에 의해 깨지면서 S/R Flip, 즉 지지 구간 으로 전환되게 되며, 따라서 위의 사례처럼 리테스트가 일어난 후 다시 흐름을 이어가는 경 우도 빈번하게 나타납니다.

Breaker Block 이후 리테스트, 콰지모도 패턴과의 비교

오더블록, 그리고 오더블록을 허무는 Breaker Block, 그 이후 나타나는 리테스트까지를 한 사이클로 묶어서 약간의 패턴화가 가능합니다. 패턴화 이후의 모습은 우리가 기존에 배웠던 쾌지모도 패턴과 상당히 유사한 모습인데요. 먼저 강세 패턴부터 모식도를 살펴보도록 하겠습니다.

Breaker Block vs Quasimodo(Bullish)

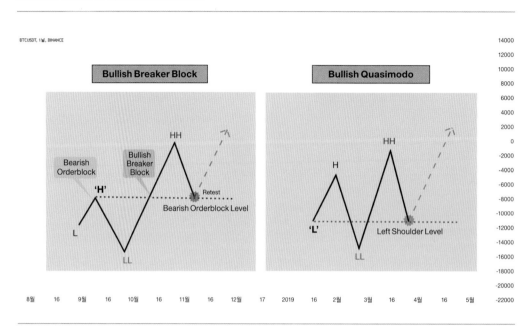

약세 오더블록 이후 하락세를 나타내며 전저점을 기록하게 됩니다. 그 이후 상승 반전이 나타나며, Bullish Breaker Block으로 약세 오더블록의 저항 레벨을 돌파하게 되는 것입니다. Higher High를 만든 후 리테스트가 일어나는 지점은 약세 오더블록이 위치한 영역일 가능성이 높습니다.

L → H → LL → HH를 기록한다는 점에서 쾌지모도 패턴과도 유사한 형태를 보이는데요.

차이점은 Breaker Block의 경우 High, 즉 오더블록 주변의 유동성이 풍부한 영역에서 S/R Flip이 일어나지만, 쾌지모도 패턴의 경우 왼쪽 어깨 레벨에서 추세의 반전이 일어난다는 점입니다.

Breaker Block vs Quasimodo(Bearish)

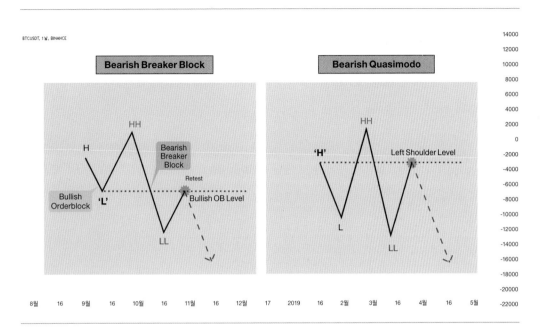

약세 패턴의 경우도 유사한 원리로 이해할 수 있습니다.

Breaker Block을 이용한 트레이딩

Breaker Block을 이용한 트레이딩의 진입 시점 및 손절가에 대해 알아보며 마치도록 하겠습니다.

가장 최적의 진입 시점은 Breaker Block 이후 나타나는 리테스트입니다. 이러한 리테스트의 경우 Bullish Breaker Block은 약세 오더블록이 만드는 저항 구간이 지지 구간으로 S/R Flip되며 나타나는 경우가 많으며, Bearish Breaker Block은 반대로 강세 오더블록이 만드는 지지 구간이 저항 구간으로 Flip되며 나타나게 됩니다.

조금 더 빠른 진입을 원한다면 Breaker Block이 만들어낸 Imbalance가 해소되는 과정에서 진입할 수도 있습니다. 다만 리테스트를 확인하고 진입하는 것보다 조금 더 이른 진입이기 때문에 처음부터 계획했던 모든 물량을 진입하기보다는 분할로 계속 좋은 자리를 노리며 진입하는 전략이 권장됩니다.

손절가의 경우 주요 Swing Low(롱 포지션, 현물 매수의 경우) 와 Swing High(숏 포지션의 경우)를 이용할 수 있으며, 적어도 오더블록과 Breaker Block 사이 보여준 추세의 극점을 넘어가지 않는 것이 좋겠습니다.

마지막으로 DOGEUSDT 차트에서 나타난 Bullish Breaker Block과 그 트레이딩 예를 살펴보도록 하겠습니다.

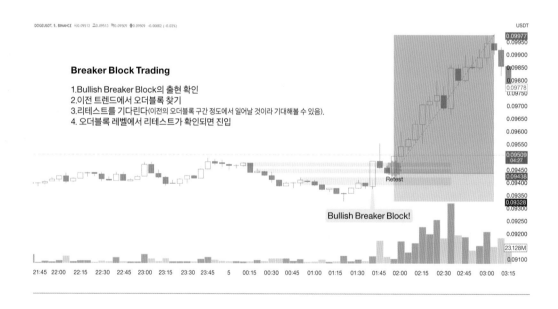

Breaker Block은 이처럼 5분봉과 같은 낮은 타임프레임에서도 유용하게 사용될 수 있습니다. 실제로 많은 해외 트레이딩 자료들에서는 1분봉까지의 LTF에서도 유효하게 사용될 수 있다고 언급하고 있습니다.

또한 Breaker Block의 경우 식별이 용이하기 때문에 Breaker Block이 발견된 이후 오더블록을 찾아나가는 전략도 유효합니다. 안전한 진입 시점은 모식도처럼 리테스트를 확인하고 진입하는 것입니다. 리테스트가 일어날 수 있는 레벨은 다양합니다. 기존의 오더블록에서 일어날 수도 있고, 기존의 지지/저항 레벨, 그리고 Swing High/Low 지점에서 일어날 수도 있습니다. 또한 주요 피보나치 되돌림 레벨 역시 주의 깊게 살펴보아야 하는 레벨에 해당합니다.

13

세력의 함정 및 손절 유도
Inducement & Stop Hunting

Price Action의 핵심은 Market Maker들의 심리를 파악하는 것입니다. 이번에는 Market Maker들이 파놓은 함정, 즉 Inducement와 Stop Hunting에 대해 알아볼 예정입니다.

Inducement의 개념

Inducement의 사전적 의미는 '유인책'입니다. 고래, 즉 Market Maker들이 개미 투자자를 유인하고 뒤통수를 때리는 것. 이 내용이 Inducement의 전부입니다.

그렇다면 왜 Market Maker들은 개미들을 '유인'하는 걸까요?

먼저 유동성에 대한 내용을 복습해보도록 하겠습니다. 앞선 자료에서 실전적 개념의 유동성은 '돈이 모이는 곳'이라고 정의하였습니다. 또한 유동성은 '가격을 움직일 수 있는 연료(Fuel to move price)'로 작용합니다. 이제는 시장의 가격을 움직이기 위해 변동성(Volatility)이 증가해야 하고, 이를 위해 '유동성'을 확보(Sweep)해야 한다는 사실을 익숙하게 받아들이실 것입니다(유동성의 원칙 #2).

이제 Inducement의 개념을 다시 정리하도록 하겠습니다.

> Inducement is a trap left on purpose
> by whales to mitigate the orderblock or sweep liquidity later.
> Inducement는 고래들이 Orderblock을 무력화시키거나
> 유동성을 쓸어버리기 위해 의도적으로 설치하는 함정이다.

Inducement

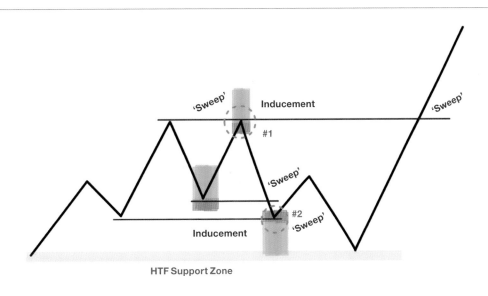

Inducement에 대한 개략적인 모식도입니다. 모식도에서는 Inducement Buy Model만을 나타내었으며, 하락 움직임에서도 Inducement는 역시 나타날 수 있습니다. 위 모식도에서 Market Maker들은 결국 가격을 상방으로 움직일 계획입니다. 가격을 상방으로 움직이기 위해 필요한 것은 Liquidity, 즉 유동성입니다. 이를 위해 먼저 상승 채널을 허무는 선택을 합니다(Inducement #1). 현물 시장이었다면 개미들의 투매로 인해 더 많은 물량을 확보하게 될 것이며, 파생상품 시장의 경우 롱 포지션의 Sweep이 일어나게 됩니다. 이후 다시 상방으로의 Inducement가 일어나게 되며(Inducement #2), 재차 유동성을 확보한 후에 최종적으로 상방으

로 움직입니다.

Inducement의 가장 큰 희생양은 감정적으로 움직이는 FOMO(Fear Of Missing Out) 상태의 트레이더들과 패턴만을 보고 움직이는 트레이더들, 그리고 단타로 진입하는 고레버리지 트레이더들입니다.

실제 사례로 알아보는 Inducement(in Crypto Market)

최근 가장 많은 변동성이 존재하는 시장은 아마 크립토 마켓(Crypto Market)일 것입니다. 암호화폐에 대한 실제 가치론적 측면 혹은 투자의 위험성 등을 차치한다면, 365일 24시간 내내 운영되고, 큰 변동성이 존재하며, 엄청난 물량을 가진 Market Maker들이 실존하는 크립토 마켓은 Price Action에 대한 좋은 배움터로 사용될 수 있습니다.

이번 파트에서는 크립토 마켓에서 벌어지는 Inducement의 향연에 대해 살펴보도록 하겠습니다.

Inducement의 향연

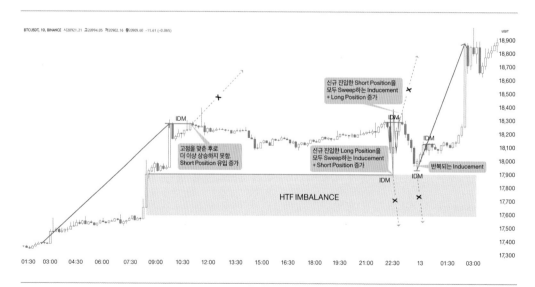

비트코인의 2023년 1월 12일~13일 새벽까지의 10분봉 차트입니다. 그야말로 Inducement 의 향연입니다.

개미들의 예측을 뒤흔드는 너무나도 다양한 움직임이 관찰됩니다.

이어서 HTF 차트를 확인해보겠습니다.

HTF 차트에서는 찾아볼 수 없는 Inducement

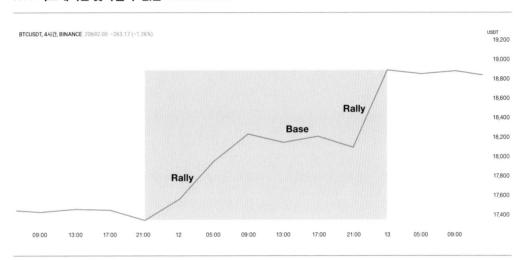

같은 비트코인의 차트이지만 다른 타임프레임(4시간봉)의 차트입니다.

30분봉 차트에서 보였던 복잡한 Inducement의 모습은 관찰되지 않습니다. Rally-Base-Rally의 강세 지속형 패턴의 모습입니다.

이어서 하락 시의 Inducement도 함께 살펴보도록 하겠습니다.

Inducement

하락장에서의 비트코인 30분봉 차트입니다. 매도 물량을 받아줄 매수자들이 필요한 상황으로, Market Maker들은 계속해서 Inducement를 만들어낼 수밖에 없습니다.

다시 HTF 차트를 확인해보겠습니다.

HTF 차트에서는 찾아볼 수 없는 Inducement

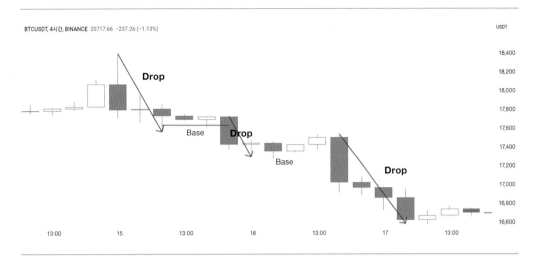

위는 동일한 차트를 높은 타임프레임(4시간봉)으로 본 것입니다.

Drop-Base-Drop-Base-Drop이 연속적으로 나타나는 약세 지속형 패턴으로 보입니다. 조금 더 느낌이 오시나요?

Inducement는 LTF 상에서 무리하게 진입하는 '개미들의 무덤'입니다.

Inducement에 당하지 않으려면?

Inducement에 대해 꼭 알아두어야 하는 내용을 간략히 정리해보도록 하겠습니다.

Inducement란?

고래(Market Maker)들이 파는 함정입니다.

고래들이 원하는 방향과 다른 방향의 포지션을 진입하도록 유도합니다.

고래들이 원하는 방향으로 가격을 움직일 수 있는 원동력입니다.

다양한 형태로 나타날 수 있으며, LTF로 갈수록 빈번하게 나타납니다.

그렇다면 이러한 Inducement에 당하지 않으려면 어떻게 투자해야 할까요?

당연한 이야기일 수 있지만 첫째로 투자는 장기적 관점에서 이루어져야 합니다. 기본적으로 단타성 진입은 개인 트레이더들에게 그다지 권장되지 않습니다. 또한 거래에 진입할 시에는 반드시 HTF의 추세를 함께 확인해야 합니다. 마지막으로 단타성 진입의 경우 현재 흐름이 Inducement일 수 있음을 반드시 인지해야 합니다.

두 번째로 매크로 이슈를 반드시 확인해야 합니다. 매크로 이슈의 전후에는 시장에는 강한 변동성(Volatility)이 나타납니다. 미리 포지션을 정하고 거래에 진입한 경우가 아니라면 매크로 이슈 발표 이후 늦은 진입은 안전하지 않습니다. 투자에서 가장 중요한 것은 '잃지 않는 것'입니다.

세 번째로 변동성이 큰 장에서 FOMO는 절대 금지입니다. FOMO란 Fear Of Missing Out의 약자로 나만 소외되는 것에 대한 두려움을 뜻합니다. 투자를 함에 있어 FOMO는 언제든 찾아올 수 있습니다. '내가 고른 섹터는 지지부진한데 지켜만 봤던 섹터가 끝없이 오르는 현상', '국내 주식에 올인했는데 미국장만 오르는 현상', '주식은 떨어지는데 암호화폐는 끝없이 오르는 장세' 등등 다양한 상황이 연출될 수 있습니다. 하지만 기회는 항상 옵니다. FOMO 상태에서 뒤늦은 진입은 Inducement에 말려드는 개미가 될 뿐입니다.

마지막으로 크립토 마켓의 경우 온체인 데이터를 함께 참고하면 도움이 됩니다. 온체인 데이터는 모든 입출금이 기록되는 크립토 마켓만의 고유한 데이터입니다. 온체인 데이터뿐만 아니라 CVD, Open Interest와 같은 거래 지표와 TOTAL, Dominance 등의 크립토 지표까지 활용한다면 분명 크립토 투자에 도움이 될 것입니다.

Stop Hunting이란?

Stop Hunting

Stop hunting is a Trading Strategy

that involves large Traders pushing the market

to trigger the Stop-loss orders of other Traders.

'Stop hunting'의 정의는

'고래'들이 '개미'들의 손절이 많이 모여 있는 영역까지

가격을 움직여서 다량의 손절을 발동시키는 전략이라 내릴 수 있습니다.

손절가라 할 수 있는 손실 제한 주문(Stop Loss)이 모여서 존재하는 이유는 크게 두 가지입니다. 첫 번째로 시장의 패턴과 움직임, 지지/저항 레벨은 모든 투자자에게 비슷하게 보일 수밖에 없기 때문입니다. 두 번째 이유는 Round Number에 있습니다. Round Number란 1000, 2000, 5000, 10000 등의 중요한 가격 수준을 일컫는 말입니다. 따라서 이러한 Round Number들은 '심리적' 지지/저항 레벨로 작용하는 경우가 많으며, 트레이더들도 보통 손절가를 기억하기 쉬운 Round Number로 설정하는 경우가 많습니다. Stop Hunting이 Market Maker들의 거래 전략이라면, 반드시 목적과 의도가 숨어 있기 마련입니다.

그렇다면 왜 Stop Hunting을 일으키는 것일까요? 그 이유는 '가격의 유동성'에 있습니다. 손절가가 많이 몰려 있는 영역을 통과하면서 많은 손절 주문을 발동시키면 가격이 매우 급격하게 움직일 수 있습니다. 이러한 움직임을 Market Maker들은 판을 유리하게 만들어 갈 수 있는 새로운 거래 기회로 이용하게 되는 것입니다. 여기에 파생상품 시장의 경우 레버리지가 추가로 동반되는 경우가 많으며, 이 경우 시장의 거래 규모가 실제보다 훨씬 확대되기 때문에 Stop Hunting의 효과는 극대화됩니다.

이해를 돕기 위해 예를 들어 생각해보겠습니다. A라는 종목의 가격이 $100.5를 가리키고, 현재 하락 추세라고 가정해보겠습니다. 보통 대부분의 개인 투자자들은 $100라는 심리적 지지선 근처에 손절가를 둘 것입니다. 그래야만 하락이 계속되었을 때 손실을 최소화할 수 있기 때문이죠.

하지만 아쉽게도 가격이 $100 이하로 내려가는 경우를 많이 경험해보았을 것입니다. 이때의 하락은 손절가와 더불어 숏 포지션 진입, 매도 주문이 밀려들기 때문에 아주 급격한 양상일 것입니다. Market Maker들은 이 급격한 하락을 이용하여 보다 낮은 가격으로 매수를 완료하고, 물량을 확보한 뒤 손쉽게 다시 기존의 영역으로 가격을 올려놓는 것입니다.

이러한 비슷한 움직임에 대해 여러 번 다룬 바가 있습니다. 먼저 와이코프 이론과 Price Action에서 다루었던 Spring & Upthrust의 개념이 이에 해당합니다. 또한 유동성 파트에서 다루었던 유동성의 원칙 중 'Liquidity Sweep', 그리고 Swing 이론에서 다루었던 Swing Failure Pattern 등이 유사한 개념이 될 수 있겠습니다.

🔳심화 손절 주문과 Stop Hunting의 상관관계

파생상품 시장에서 손절 주문은 포지션 진입 시에 손실을 최소화하기 위한 투자자들의 장치입니다. Stop Hunting과 관련된 손절 주문의 중요한 특징은 손절가에 도달하면 포지션이 반대로 전환된다는 점입니다. 즉 롱 포지션 보유자가 손절가에 도달하면 자동으로 매도 포지션을 취하게 된다는 의미인데요. 이러한 특징은 Stop Hunting이 더욱 쉽게 일어날 수 있도록 만듭니다.

롱 포지션 기준, 손절가가 다량 발동될 경우에 매수 포지션이었던 개인 투자자들이 자동으로 매도 포지션으로 전환되며, 급격히 많아진 매도를 받아줄 매수자가 없어지는 상황이 나타납니다. 이러한 상황에서 가격은 급격하게 허물어지게 되고, Stop Hunting은 성공하게 됩니다. Stop Hunting이 이루어진 후에는 가격은 다시 균형을 찾게 되지만, 시장은 불안정성이 증가한 상태가 됩니다.

Stop Hunting의 차트 예시를 살펴보도록 하겠습니다.

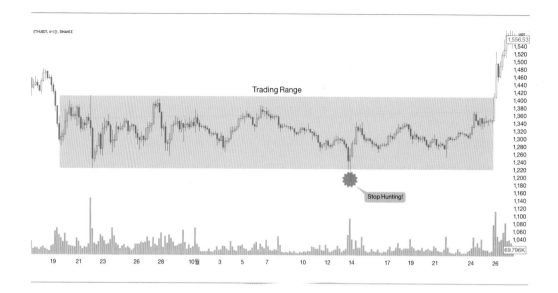

ETHUSDT의 4시간봉 차트입니다.

이제 Stop Hunting의 순간을 30분봉 차트에서 살펴보도록 하겠습니다.

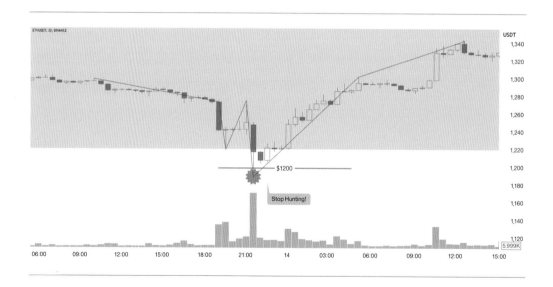

30분봉 차트에서 확인할 수 있듯이, Stop Hunting은 매우 급격하게 일어납니다. 또 살펴보아야 할 포인트는 '1200'이라는 Round Number 하방까지 하락하였다가 빠르게 복귀하는 양

상이 관찰된다는 것입니다.

이전에 알아보았던 Round Number를 이용한 Hunting이란 것을 알 수 있습니다.

시장에서 이루어지는 일이 항상 그렇듯, Stop Hunting 또한 당하고 나서야 알게 되는 경우가 대부분입니다. 기존에 설정해두었던 지지-저항선이 돌파당했지만, 금방 다시 가격이 정상 범위로 돌아올 때, 그때야 알게 되는 것이죠.

다음 파트에서는 Stop Hunting 실전 전략에 대해 공부해보도록 하겠습니다.

Stop Hunting 실전 전략

Strategy #1: Stop Loss Cluster를 찾아라.

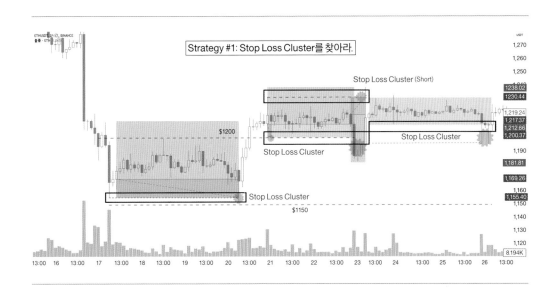

'Stop Loss Cluster'는 조금만 주의를 기울인다면 금방 찾을 수 있습니다. Stop Loss Cluster는 다양한 방법으로 찾아낼 수 있으며, 예를 들어 차트 패턴, 수평 지지/저항선, 가까운 Round Number, 박스권의 상/하단 등의 방법을 이용할 수 있습니다.

예시는 ETHUSDT의 2시간봉으로 강한 하락 후 매집 과정에서 수차례의 Stop Hunting
이 관찰됩니다. Stop Hunting은 양방향 모두 일어날 수 있습니다.

Strategy #2: Round Number로 손절가를 설정하는 것을 피하라.

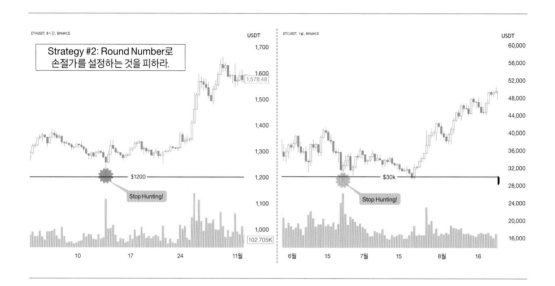

앞서 언급하였듯, 많은 트레이더는 Round Number로 손절가를 설정하는 경향이 있습니다.
따라서 Round Number는 Stop Hunting 전략에 있어 좋은 먹잇감인 셈입니다. 개인 투자자
들의 경우 거래에 진입함에 있어서는 Round Number보다 조금 더 여유 있게 손절가를 설정
하는 것이 유리합니다.

좌측의 차트는 ETHUSDT 4시간봉 차트로 $1200이라는 Round Number에 몰린 손절가
를 타깃팅한 Stop Hunting이 관찰됩니다. 우측의 차트는 BTCUSDT의 일봉 차트로 $30k라
는 Round Number에 몰린 Stop Loss를 타깃으로 한 Stop Hunting이 관찰됩니다.

Strategy #3: 여유 공간을 두면서 트레이딩에 임하라. (+ATR Indicator)

Strategy #3을 들어가기에 앞서, ATR(Average True Range) 지표를 먼저 소개하도록 하겠습니다. ATR은 Average True Range의 약자로, 한글로 번역하면 '가격의 평균 범위' 정도로 해석할 수 있습니다.

ATR은 시장의 변동성에 기반을 둔 지표이며, 계산 방법은 다음과 같습니다

- True High = 금일 고가와 전일 종가 중 더 높은 값

- True Low = 금일 저가와 전일 종가 중 더 낮은 값

- True Range = 'True High' - 'True Low'

- ATR = TR의 일정 기간(주로 n=14) 이동 평균값

ATR 상승은 True Range의 증가를 나타내며 이는 변동성의 증가를 나타냅니다. 반대로 ATR의 하락은 변동성 감소를 나타내며, 따라서 횡보 구간에서는 ATR이 감소된 양상이 나타나게 됩니다.

ATR 지표가 주는 의의는 현재 시장의 변동성을 수치화할 수 있다는 점입니다. 이번 전략 #3에서는 ATR을 이용하여 손절가를 설정하는 방법에 대해 알아보도록 하겠습니다.

1980년대에 활동한 미국의 전설적인 투자자인 리처드 데니스(Richard Dennis)는 Turtle Trading Strategy라는 투자법을 사용하였으며, 이때의 진입가는 20일 이평선의 골든크로스, 손절가를 '진입가 - 2 × ATR'로 설정한 바 있습니다.

이는 참고 자료일 뿐이며, 투자하는 자산의 특성, 본인의 투자 성향, 현재 종목의 투자 비중 등에 따라 배율은 조정할 수 있습니다.

앞서 살펴보았던 전략 #1과 같은 차트입니다.

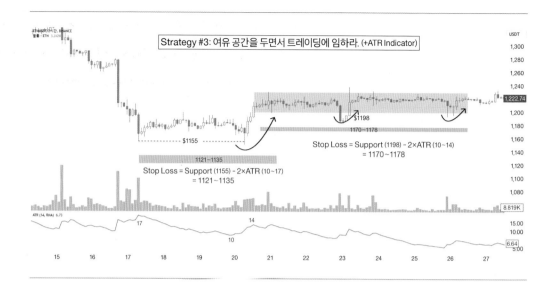

Strategy #3: 여유 공간을 두면서 트레이딩에 임하라. (+ATR Indicator)

이전 #1의 예시에 ATR 지표를 적용하였으며, 손절가를 기존의 지지 구간(Entry로 가정) −
2ATR로 설정한 예시입니다. ATR 지표를 이용한다고 하여 100% 손절가에 도달하지 않는
것은 아닙니다만, 2×ATR을 기준으로 SL 설정 시 여유 있게 Stop Hunting을 피할 수 있었
습니다.

Strategy #3의 요점은 트레이딩 시에 Stop Hunting을 염두에 두고 충분히 여유 공간을 두
며 트레이딩에 임하는 것입니다. 반드시 ATR을 이용하여 손절가를 설정할 필요는 없습니다.
다만 객관화된 수치를 이용하여 손절가를 설정할 수 있는 하나의 전략으로 이해하시면 되겠
습니다.

Price Action의 핵심은 Market Maker들의 심리를 파악하는 것입니다. Stop Hunting 또한
파생상품 시장뿐 아니라 현물시장 세력의 물량 확보 과정에서도 매우 흔히 일어나는 전형적
인 패턴 중 하나입니다.

이번 파트를 통해 Stop Hunting의 개념을 정리하고, 더 나아가 대응할 수 있게 된다면 보
다 성공적인 투자를 하는 데 도움이 될 것이라 믿습니다.

14

Multiple Timeframe Analysis

여러분은 어떤 타임프레임을 이용하고 계셨나요? 아마 지금까지 투자에 있어 막연히 남들이 많이 보는 타임프레임을 참고하거나, 유명한 트레이더들의 타임프레임을 따라 적용한 적이 아마 많으실 것 같습니다. 실제로 우리가 보는 차트는 설정하는 타임프레임에 따라 때로는 완전히 다른 차트의 모양을 나타내곤 합니다.

이번 파트에서는 Multiple Timeframe에 대한 개괄적인 내용과 더불어 이를 거래에 이용하는 방법까지 알아보도록 하겠습니다.

Multiple Timeframe Analysis란?

Multiple Timeframe Analysis의 개념 자체는 사실 전혀 어렵지 않습니다.

"그저 다양한 타임프레임에서 종목을 관찰하는 것."

그게 전부입니다. 이해하기 쉽게 차트로 예시를 들며 확인해보도록 하겠습니다.

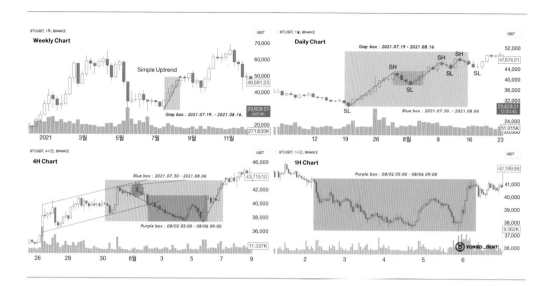

　상단 차트는 비트코인의 2021년 차트이며, 좌측 상단부터 주봉, 일봉, 4시간봉, 1시간봉 순서로 동시에 비교해본 차트입니다. 각각의 차트를 좀 더 크게 확인하며 분석해보도록 하겠습니다.

Weekly

주봉 차트

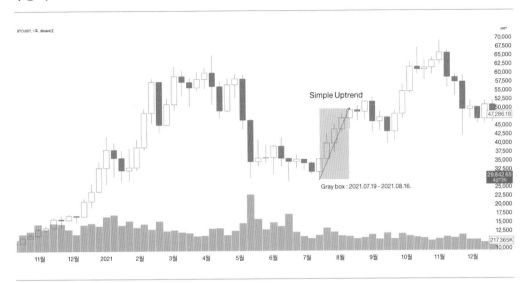

주봉 차트에서 약 1달여간 형성된 회색 박스를 분석해보도록 하겠습니다. 현재 주봉 차트 상에서 회색 박스는 2021년 7월 19일부터 8월 16일까지 약 1달간의 가격 흐름을 보여주고 있 습니다. 주봉 차트에서는 5개의 연속한 양봉으로 단순한 상승 흐름만이 관찰됩니다.

Daily

일봉 차트

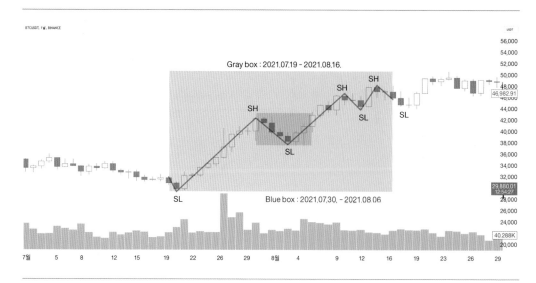

일봉 차트에서 같은 회색 박스를 분석해보도록 하겠습니다. 주봉 차트에서는 단순히 양봉의 나열이었다면, 일봉 차트에서는 전형적인 Swing High/Low Pattern을 보이고 있습니다. 추가적으로 회색 박스 내의 첫 번째 Pullback이 나타난 지점에서 2021년 7월 30일부터 8월 6일까지의 약 1주 간의 가격 흐름을 보이는 파란색 박스를 설정하였습니다. 파란색 박스 초반부에서 추세의 하락 반전, 중반부에서 추세의 재역전이 일어나 다시 상승하는 양상을 보입니다.

H4

4시간봉 차트

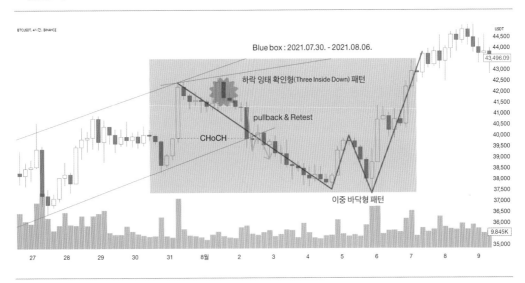

Blue box : 2021.07.30. - 2021.08.06.

하락 잉태 확인형(Three Inside Down) 패턴

pullback & Retest

CHoCH

이중 바닥형 패턴

4시간봉 차트에서 앞서 설정한 파란색 박스 구간을 분석해보도록 하겠습니다.

일봉 차트에서 파란색 박스는 단순한 Swing High → Swing Low → Swing High로 이어지는 과정이었습니다. 하지만 4시간봉 차트에서 확인해보면 보다 더 다양한 양상이 관찰됩니다.

우선적으로 일봉 차트에서 단순한 상승세로 보였던 캔들은 4시간봉 차트에서는 상승 채널의 형태를 보입니다. 4시간봉 차트에서 첫 하락 반전은 약세 하라미 캔들 이후 Three Inside Down이 나타나는 하락세 전환 캔들의 양상을 보입니다. 이후 CHoCH가 나타나며, 하단 지지 추세선의 하방돌파가 나타나게 됩니다. 잠깐의 리테스트 과정이 나타나며, 이러한 과정을 거쳐 가격은 하락합니다.

파란색 박스 중반부의 상승세 전환은 일봉 차트에서는 단순히 Swing Low의 형태만 관찰되지만 4시간봉 차트에서는 이중 바닥형 패턴으로 나타납니다.

Multiple Timeframe Analysis의 법칙

Multiple Timeframe Analysis를 이해하는 것은 곧 추세를 읽는 것입니다. 여기에는 반드시 알고 있어야 할 두 가지 법칙이 있습니다.

① 추세를 만들고 지배하는 것은 긴 타임프레임(HTF)이다.

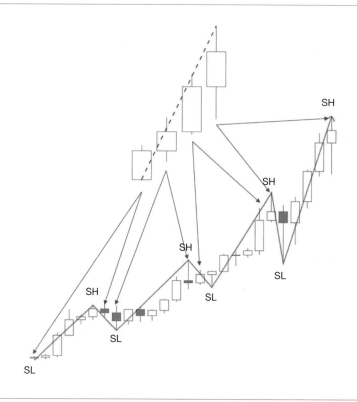

예시와 같이 낮은 타임프레임(Low Time Frame, LTF)의 추세는 높은 타임프레임(High Time Frame, HTF)의 추세를 이길 수 없습니다. HTF에서 지배적으로 나타나는 추세를 LTF는 따라 갈 수밖에 없습니다.

② 추세의 반전은 짧은 타임프레임(LTF)에서 먼저 시작되고, 위로 전달된다.

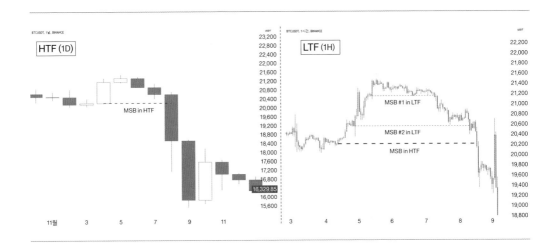

예시의 좌측은 HTF 차트로, MSB는 한 차례만 관찰됩니다. 하지만 우측처럼 LTF를 함께 살펴본다면, LTF 상에서 이미 MSB가 2차례 일어난 후에 HTF에서의 MSB가 관찰되는 것을 확인할 수 있습니다. 즉 추세는 HTF가 지배하지만, 추세의 반전은 LTF에서 먼저 나타납니다.

왜 Multiple Timeframe Analysis가 필요한가?

Multiple Timeframe Analysis는 트레이딩에 있어 진입 시점을 결정하고, 손절가와 목표가를 정하는 과정에 큰 도움을 줄 수 있습니다.

이번 파트에서는 Multiple Timeframe Analysis, 즉 HTF와 LTF를 동시에 분석했을 때 얻을 수 있는 이점에 대해 간략히 정리하고 넘어가도록 하겠습니다.

Multiple Timeframe Analysis는 투자자들에게 HTF에서의 분석에 대한 확인 과정이 될 수 있습니다. 즉 HTF→LTF로의 분석을 통해 보다 세밀한 관점으로 들여다볼 수 있으며, 근거를 중첩하여 HTF 분석에 대한 신뢰도를 높일 수 있습니다. 또한 HTF와 LTF를 동시에 분석하는 습관을 들인다면 최적의 진입가, 손절가, 목표가를 설정할 수 있습니다. 마지막으로 HTF+LTF 분석은 리스크 관리에도 효과적입니다. 즉 LTF에서의 패턴 분석을 통해 HTF를 예측할 수 있으며, HTF와 반대되는 LTF의 패턴 출현 시 추세의 반전에 미리 대비할 수 있습니다.

▮ᐟ 어떻게 Multiple Timeframe을 이용하는가?

Pullback과 MSB의 구분(LTF → HTF)

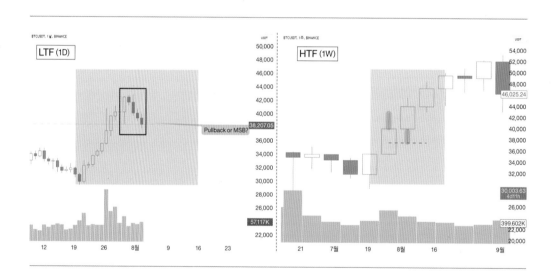

앞서 살펴보았던 Weekly와 Daily의 예시와 같은 차트입니다.

LTF(1D) 상에서 나타난 큰 하락 움직임이 HTF 상에서는 캔들의 위아래 꼬리로 나타납니다. LTF 상에서 크게 보일 수 있는 움직임이지만, LTF → HTF 분석을 통해 HTF 상에서 추세를 확인한다면 아직 관망할 수 있는 수준임을 알 수 있습니다.

Pullback의 종료 시점(HTF → LTF)

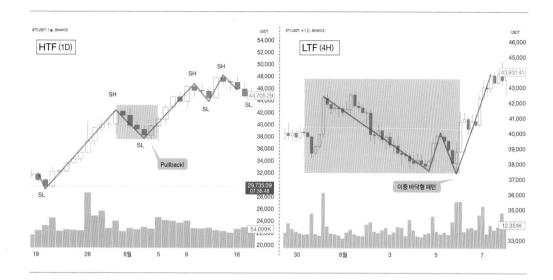

마찬가지로 Weekly와 Daily의 예시와 같은 차트입니다.

HTF(1D) 상에서 나타나고 있는 Pullback(파란색 박스)은 단순한 하락 후 양봉으로만 관찰됩니다. HTF → LTF 분석을 통해 HTF 상에서는 캔들 3~4개로 관찰되는 단순한 움직임이 LTF 상에서는 이중 바닥형 패턴을 이루고 있었음을 알 수 있습니다.

Market Structure Break의 예측(HTF → LTF)

이전 예시에서 계속 사용한 상승 흐름 바로 이전의 차트입니다.

HTF(1D) 상에서는 MSB를 예측할 만한 패턴이 잘 확인되지 않습니다. 그러나 같은 기간, 다른 타임프레임을 분석해볼 때 LTF(4H) 상에서는 강세 박쥐 패턴이 완성되었음을 쉽게 찾을 수 있습니다.

⊪ 어떤 타임프레임을 이용할 것인가?

여러분은 어떤 타임프레임이 제일 좋다고 생각하시나요? 아마 각자 선호하는 타임프레임, 또 유명한 사람들 혹은 주변 지인들이 쓰는 타임프레임 등등 다양한 타임프레임이 나올 수 있을 것 같습니다. 결론부터 말씀드리자면, 어떤 타임프레임을 써야 하는지에 대한 정답은 없습니다. 하지만 반드시 알아두어야 하는 점은 타임프레임의 특성과 장단점입니다.

투자의 기간과 스타일에 따라 사용하는 타임프레임과 장단점을 표로 정리한 것입니다.

	설명	장점	단점
Long-term	주로 일봉, 주봉 사용 투자 호흡은 주, 달 단위	자주 확인할 필요가 없음. 거래 수수료 부담이 적음. 보다 신중한 진입이 가능	'인내심'을 필요로 함. 큰 시드가 필요 긴 시간 소요될 수 있음.
Short-term (Swing)	주로 시간봉 혹은 일봉 사용 투자 호흡은 수 시간~주	많은 투자 기회 시간을 허비할 가능성 낮음.	거래 수수료 부담 증가 Overnight Risk가 생김.
Intraday	주로 분봉 혹은 시간봉 사용 투자 호흡은 하루 이내	보다 더 많은 투자 기회 시간을 허비하지 않음. Overnight Risk가 없음.	거래 수수료 부담 더욱 증가 심리적인 어려움. 큰 이득은 제한됨.

두 번째로 고려해야 할 점은 현재 운용하는 자산의 양과 타임프레임의 관계입니다. 운용 자산이 비교적 적다면 필연적으로 타이트한 목표 손절가를 설정하게 됩니다. 이러한 경우 투자의 호흡은 짧아야 할 것입니다. 이러한 경우는 짧은 타임프레임에서의 움직임에 민감할 필요가 있습니다. 운용 자산이 큰 경우 손절가를 여유 있게 설정할 수 있고, 더 긴 호흡으로 투자하더라도 시장의 변화에 영향을 덜 받을 수 있습니다. 이러한 경우 보다 더 긴 타임프레임을 이용해도 무방합니다.

세 번째로 고려해야 할 점은 자신이 가장 편한, 승률이 높은 타임프레임을 사용해야 한다는 것입니다. 모두에게 승률이 높은 타임프레임이란 없습니다. 본인이 이용하기 가장 편한, 그리고 본인에게 가장 익숙한 타임프레임을 사용하는 것이 정답입니다. 만약 현재 투자가 초보 단계이거나 투자 스타일이 정립되지 않았다면, 위 표의 3가지 방식을 모두 모의투자로 시험해보는 것을 추천드립니다.

주식 거래에 있어서는 'Factor of Five'라는 이론으로 타임프레임을 정하는 방법이 있습니다. 간단히 소개하자면, 1달을 평균적으로 5주 정도로 잡았을 때(1month/5) 1달을 5로 나눈 1주 타임프레임을 같이 확인하는 방법입니다. 이후 1주의 거래일은 주식시장의 경우는 5일입니다. 따라서 1주를 5로 나눈 1일 타임프레임을 같이 확인할 수 있습니다. 마찬가지로 1일의 거래시간은 대략 6시간 30분(390분)이며, 이를 5로 나누면 78분이 되어 대략 1시간 봉과 일치합니다. 1시간봉의 경우 5로 나누게 되면 12분이 되어 10분 혹은 15분봉 타임프레임을 사용할 수 있습니다. 그러나 주식시장과 개장 시간 및 개장일이 다른 시장에서 적용하기엔 잘 맞지 않는 이론일 수도 있습니다. 꼭 정답이라 할 수는 없으나, 많이 사용되는 조합은 하단과 같습니다.

- 1주 + 1일 + 4시간
- 1일 + 4시간 + 1시간
- 4시간 + 1시간 + 15분
- 4시간 + 30분 + 5분
- 30분 + 5분 + 1분

Multiple Timeframe을 이용한 '거래의 진입' 전략

Strategy #1. 본인만의 'Signal' Timeframe을 정합니다.

본인의 투자 스타일과 선호도에 따라 Signal Timeframe을 정합니다. Swing Trader들에게는 일봉 차트, Day Trader들에게는 분-시간 단위의 차트가 될 수 있습니다. 개개인의 투자 성향 및 보유 기간에 따라 설정할 수 있으며, 정답은 없습니다.

이번 예시는 4시간봉 타임프레임을 Signal Timeframe으로 정했다는 가정하의 예시입니다. 빨간 체크박스로 표시한 곳에서 기존 박스권을 돌파하는 거래량이 실린 장대양봉 시그널이 출현하였습니다.

Strategy #2. 시그널(Signal)을 확인한 후에는 HTF 차트를 통해 전반적 추세를 확인합니다.

두 번째 과정은 HTF에서의 확인 과정입니다. 본인의 Signal Timeframe이 Daily인 경우 주봉 차트, Day Trader들의 경우 4시간봉~일봉 차트 등을 이용할 수 있습니다.

'Signal' TF에서의 추세와 HTF에서의 추세는 같을 수도, 다를 수도 있습니다. 만약 Signal TF와 HTF에서 같은 방향의 추세가 관찰된다면, 진입 시점만 신중하게 판단하면 투자 진입에 문제가 없습니다. 반면 Signal TF와 HTF에서 다른 방향의 추세가 관찰된다면 거래 진입을 유보하고 'Signal' Timeframe의 추세가 변하기를 기다리는 것이 좋습니다.

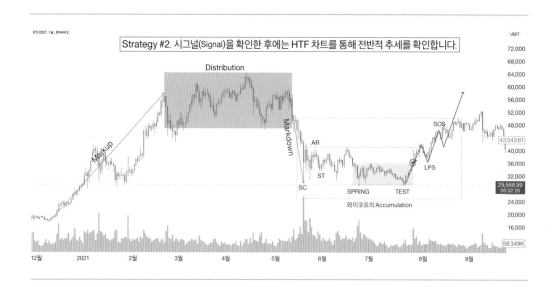

앞서 Signal Timeframe을 4시간봉으로 설정하였으므로 보다 더 높은 타임프레임(HTF)인 일일 타임프레임으로 이동하여 추세를 파악합니다. 이렇게 HTF로 이동하여 추세를 관찰할 경우, 낮은 타임프레임(LTF)에서 보이지 않던 움직임이 보일 수 있습니다.

예시의 경우 4시간봉 타임프레임에서는 명확히 확인할 수 없었던 와이코프의 Accumulation 과정을 관찰할 수 있습니다. 이번 예시의 경우는 LTF와 HTF의 추세의 방향이 상승으로 같으므로 진입 시점만 신중하게 판단하면 되는 예시입니다.

Strategy #3. (필요시) LTF로 이동해 검증 과정과 진입가 설정을 시행합니다.

같은 S/R 지점도 LTF에서 보면 HTF보다 여러 번 테스트하는 경우가 많습니다. 앞서 살펴보았던 Multiple TF의 법칙 중 '#2. 추세의 반전은 LTF에서 시작된다'를 떠올리셔도 좋습니다.

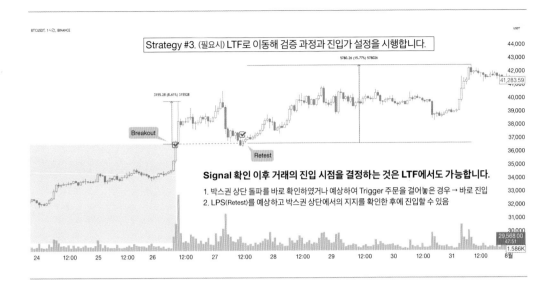

위 예시는 1시간봉 타임프레임, 즉 LTF 상에서 진입 시점을 결정하는 방법에 대한 예시입니다. 위 예시는 방향성이 비교적 명확하여 LTF를 이용하지 않아도 손쉽게 진입가를 잡을 수 있을 것입니다. 하지만 방향성이 명확하지 않거나 진입 시점을 정확히 잡기 어려운 경우 LTF가 도움이 되는 경우가 많이 있습니다.

Strategy #4. 적어도 2개 이상의 TF를 사용하되, 3개를 넘기지는 않는 것이 좋습니다.

Multiple Timeframe Analysis는 좋은 방법이나, 지나치게 많은 TF를 이용하면 투자 방향에 혼선이 생길 수 있습니다. 정석적인 Multiple Timeframe Analysis의 순서는 먼저 Signal Timeframe을 확인한 후, HTF에서의 추세를 확인하고, 필요시 거래의 진입을 위해 LTF를 확인하는 순서입니다. 이렇게 3개의 타임프레임을 이용하는 투자법을 'Rule of Three'라고 표현하는 경우도 종종 있습니다.

Multiple Timeframe을 이용한 Exit 전략

Exit, 즉 진입한 포지션 혹은 매수 물량을 정리하는 것은 거래의 꽃이라고 할 수 있습니다. "매수는 기술이고 매도는 예술이다"라는 말은 아마 다들 들어보셨을 것입니다. Multiple Timeframe을 보지 않는 경우 가장 흔히 하는 실수는 '너무 빨리 거래를 종료하는 것'입니다. 진입가 일 때의 사례를 이어서 살펴보겠습니다.

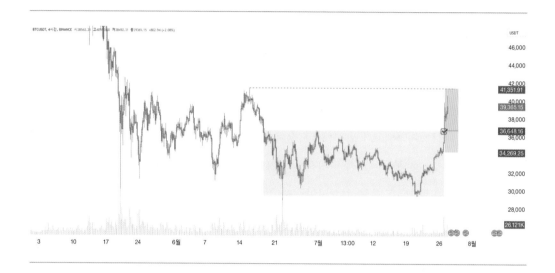

Signal Timeframe으로 설정하였던 4시간봉 타임프레임에서의 적절한 목표 구간은 약 12.83% 상승한 이전의 Swing High 정도로 잡을 수 있을 것입니다.

결과론적이지만, 4시간봉 타임프레임에서의 종료 시점은 섣불렀다고 볼 수 있겠습니다. 일일 타임프레임에서 다시 종료 시점을 설정해보도록 하겠습니다.

HTF에서 재확인할 경우, 와이코프의 Accumulation에 기반을 둔 예측이 맞았음을 검증할 수 있습니다. HTF에서의 추세 확인은 여러 번 강조해도 지나치지 않습니다. 이는 진입 시점뿐만 아니라 종료 시점에서도 마찬가지입니다. 또한 종료 시점을 정함에 있어서도 LTF에서의 단순한 지지/저항 레벨이 아닌 본인이 선호하는 다양한 방법으로 설정할 수 있습니다.

15

Volume Profile & POC

이번 파트에서는 거래량을 기반으로 한 차트 분석 도구인 Volume Profile Indicator와 그에서 착안된 POC라는 개념에 대해 알아볼 예정입니다.

Volume Profile의 기본 개념

Volume Profile은 거래량을 기반으로 한 차트 분석 도구로 '매물대' 또는 '수평 매물대'로 부르기도 합니다. 일반적으로 흔히 알고 있는 '거래량(Volume)'이 거래가 '언제', '얼마나' 진행되었는지 수직적으로 표시하여 알려주는 것과 달리, Volume Profile은 '특정 기간' 동안에 속한 각 가격 구간(Price Level)의 '거래량의 분포'를 수평 히스토그램으로 표시합니다.

설정한 기간에서의 가격과 거래량의 관계를 확인할 수 있다는 장점과 지지/저항 구간을 파악할 수 있다는 장점이 있습니다.

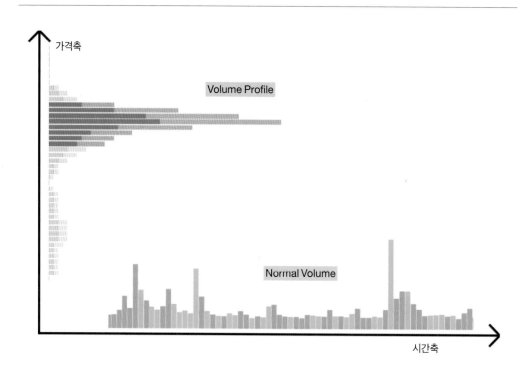

일반적으로 Volume Profile의 형태는 정규분포(Normal Distribution) 곡선과 일부 유사한 형태를 보입니다.

다음으로는 Value Area의 개념에 대해 알아보도록 하겠습니다.

Volume Profile

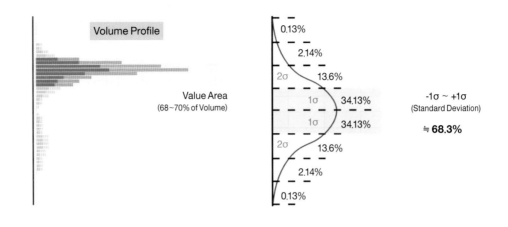

통계상 정규분포 곡선은 평균값을 중심으로 대부분의 표본 또는 개체가 집중돼 있다고 가정합니다. 이때 표준편차(Standard Deviation)가 사용되는데, 평균을 중심으로 표준편차 ±1의 범위에 68.26%(약 70%)가 분포하는 양상을 확인할 수 있습니다.

이 개념을 Volume Profile에 적용한 것이 Value Area입니다. 이는 Volume Profile상 전체의 70%에 해당하는 거래량이 포진된 구간을 의미하며 표준편차 ±1의 범위로 볼 수 있습니다. (일부 트레이더의 경우 표준편차를 보다 정확히 반영하기 위해 Value Area 구간을 70%가 아닌 68%로 설정하기도 합니다.)

┃┃ Volume Profile의 구성요소와 종류

Volume Profile의 구성요소

Volume Profile: Components

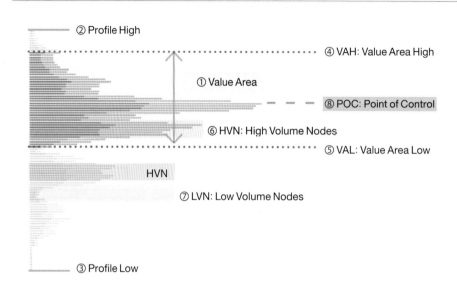

① Value Area

Value Area란 앞서 알아본 바와 같이 Volume Profile상 전체의 70%에 해당하는 거래량이 포진된 구간을 의미합니다. 설정한 기간 동안의 주된 가격 범위(Price Range)라 할 수 있으며, 적정 가치(Fair Value)가 형성된 구간으로 볼 수 있습니다.

② Profile High

Volume Profile의 위 끝단에 해당하는 가격 수준을 의미합니다. 해당 기간의 최고가(Price High)와 같습니다.

③ Profile Low

Volume Profile의 아래 끝단에 해당하는 가격 수준을 의미합니다. 해당 기간의 최저가(Price Low)와 같습니다.

④ VAH: Value Area High

Value Area의 상단 가격 수준을 의미합니다.

⑤ VAL: Value Area Low

Value Area의 하단 가격 수준을 의미합니다.

⑥ HVN: High Volume Nodes

Volume Profile 상에서 높은 거래량을 보이는 가격 수준을 의미합니다. HVN은 후술할 POC와 마찬가지로 지지/저항 구간으로 작용할 수 있습니다. 또한 일반적으로 HVN가 포진한 구간에서 가격 반전(Reversal)이 일어날 가능성이 높습니다.

⑦ LVN: Low Volume Nodes

Volume Profile상 낮은 거래량을 보이는 가격 수준을 의미합니다. 해당 구간에서는 거래가 약하게 일어나거나 아예 일어나지 않기도 합니다. 시장 기조가 변하지 않는 경우, Price Action의 방향성을 유지하며 LVN에 해당하는 가격 수준을 빠르게 지나갈 수 있습니다. 또한 LVN 구역에서는 지지/저항을 기대할 수 없어 추세가 지속될 가능성이 큽니다.

⑧ POC: Point of Control

Point of Control란, Volume Profile상 거래량이 가장 치중된 가격 수준을 의미합니다. Volume Profile Indicator가 보여주는 가장 중요한 정보라 할 수 있습니다.

Volume Profile의 종류

Volume Profile은 설정한 기간 내의 매물대를 나타내는 도구이므로 기간 설정 방식에 따라 분류할 수 있습니다. 형성 원리는 모두 동일하며, 각자의 성향과 필요성에 맞게 선택할 수 있습니다.

Volume Profile: Components

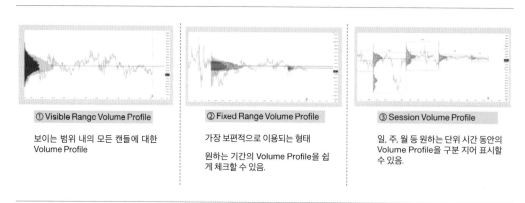

① Visible Range Volume Profile

보이는 범위 내의 모든 캔들에 대한 Volume Profile

② Fixed Range Volume Profile

가장 보편적으로 이용되는 형태

원하는 기간의 Volume Profile을 쉽게 체크할 수 있음.

③ Session Volume Profile

일, 주, 월 등 원하는 단위 시간 동안의 Volume Profile을 구분 지어 표시할 수 있음.

① Visible Range Volume Profile

선택한 타임프레임상 차트에 표시된 기간, 즉 시야에 담긴 범위 만을 바탕으로 Volume Profile을 표시하는 방식입니다. 기간의 확대/축소에 따라 Volume Profile이 계속 변화하므로 기간 배율을 고정하여 사용하지 않을 경우 지표 해석에 혼동이 있을 수 있습니다.

② Fixed Range Volume Profile

마지막 캔들을 기준으로 설정한 기간만큼 Volume Profile을 나타내는 방식입니다. 일반적으로 널리 쓰이는 도구이며, 원하는 기간만큼의 Volume Profile을 쉽게 확인할 수 있다는 장점이 있습니다. 서로 다른 도구를 중첩하여 복수의 시간 단위(ex. Weekly Volume Profile + Daily Volume Profile) 상의 Volume Profile을 확인할 수 있습니다.

③ Session Volume Profile

Session Volume Profile은 원하는 기간 단위(일, 주, 월 등)만큼 Volume Profile을 각각 끊어서 표시해주는 도구입니다. POC 및 Value Area의 변화가 시간 흐름에 따라 어떻게 변화하였는지 쉽게 확인할 수 있다는 장점이 있습니다.

POC의 개념

POC란?

POC: Point of Control

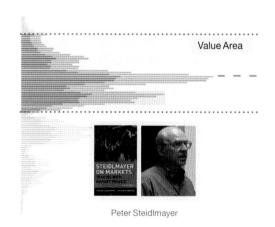

POC: Point of Control

☑ 강한 지지/저항 구간

Volume Profile 상 가장 많은 거래가 일어난 가격 수준

헤지펀드, 큰 금융사, 그 외 market maker들의 흔적일 수 있음

Peter Steidlmayer

POC(Point of Control)는 시카고 상품 거래소(Chicago Board of Trade) 이사를 역임했던 피터 스타이들마이어(Peter Steidlmayer)가 고안한 개념으로, Volume Profile상 가장 많은 거래량이 나타난 가격 수준을 칭합니다. POC는 '가장 거래가 활발히 이루어지는 구간'임과 동시에 '다수의 포지션이 설정된 구간'이기도 합니다. POC에 해당하는 가격 수준은 대개 강한 지지/저항 구간으로 작용하게 됩니다.

POC: Market Maker들의 흔적

시장을 움직이고 조작하는 세력들을 Market Maker라고 부릅니다. 개인 투자자들은 이 Market Maker들이 언제, 어디서 거래에 진입하고 나오는지 파악하는 것이 중요하며, 이를 통해 트레이딩에서 보다 유리한 위치를 점할 수 있습니다. 그 흔적을 쉽게 파악할 수 있는 방법이 바로 POC를 확인하는 것입니다.

헤지펀드, 은행 혹은 고래와 같은 Market Maker들의 경우, 투입되는 자금의 양이 방대하여 트레이딩 시 포지션 진입이 개인에 비해 그리 간단하지 않습니다. 한 번에 거래를 체결하는 것이 거의 불가능하기 때문에 여러 차례에 걸쳐 진입을 시도하게 됩니다.

해당 진입 구간에서 거래량이 축적된다고 볼 수 있으며, 이를 거래량 축적 구간(Volume Accumulation Area)이라 부릅니다. 이러한 거래량 축적 구간은 세력이 포지션을 쌓아가는 곳이라 할 수 있습니다. 따라서 이러한 가격대가 침범당할 경우 세력들은 해당 포지션을 방어하기 위해 개입할 가능성이 높아집니다.

이는 Volume Profile 지표를 통해 POC와 이를 포함하는 Value Area로 나타나게 됩니다.

POC: Market Maker들의 흔적 찾기

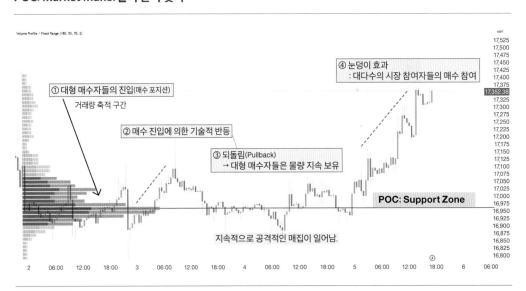

698

Market Maker들이 상승을 위해 매집을 하는 경우를 예로 들어보겠습니다.

Market Maker들의 매집의 흔적은 Value Area와 POC에 나타나게 되며, 이를 통해 Market Maker들의 평단가를 추정할 수 있습니다. 이때 가격이 재차 하락 되돌림(Pullback)을 보이며 POC에 근접하는 경우, Market Maker들은 공격적인 신규 매수 행위를 펼치며 해당 구간을 방어하려 할 것입니다.

이러한 신규 매수 행위는 눈덩이 효과(Snowball Effect)로 이어져 시장 참여자들을 매수세에 동참하게 유도하고 결국 가격의 상승을 이끌어내게 됩니다. 다시 말해 POC는 세력의 진입 흔적으로 볼 수 있으며 POC Level을 기점으로 가격이 움직일 것을 알 수 있습니다.

TradingView상에서 Volume Profile 적용

Fixed Range Volume Profile

TradingView: Fixed Range Volume Profile

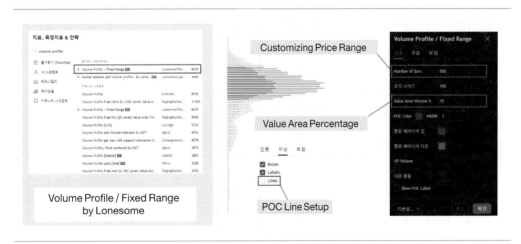

Indicator 탭에서 'Volume Profile / Fixed Range'를 검색하여 적용합니다. 설정에서

POC 라인 유무 및 색 등을 변경할 수 있습니다. 원하는 기간 만큼을 Bar 개수로 환산하여 'Number Bars' 탭에 적용합니다. 또한 Value Area가 포함할 거래량의 비율을 조절할 수 있습니다. 동일한 지표를 2개 적용 후, 서로 다른 기간으로 설정할 시 POC를 조합하는 것이 가능합니다.

Session Volume Profile

TradingView: Session Volume Profile

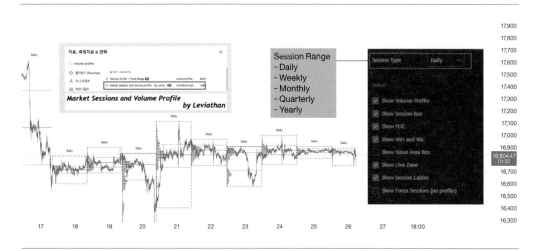

'Market Session and Volume Profile'을 검색하여 적용 가능합니다. Fixed Range Volume Profile과 유사하게 각종 표시 범위 등을 임의로 설정할 수 있습니다. Session Type 탭에서 일일~연 단위로 Session 범위를 설정할 수 있습니다.

실전 거래에 POC 적용하기

POC 트레이딩의 기본 원리

① 타임프레임 설정

POC를 확인하기 위한 Volume Profile은 다양한 타임프레임에 적용이 가능하나, 트레이딩 방식에 따라 권장되는 설정 기간이 상이합니다.

Intraday 트레이딩의 경우 일 혹은 주 단위의 POC를 설정하는 것이 권장됩니다.

Intraday Trading: Daily & Weekly POC

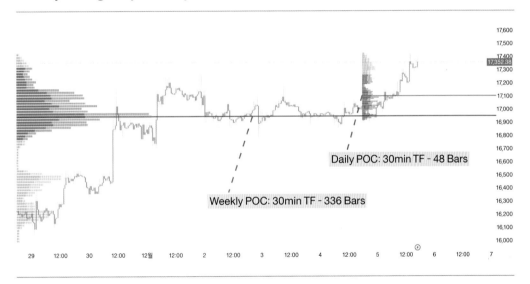

Swing 트레이딩의 경우에는 월 혹은 연 단위로 POC를 설정하는 것을 권장합니다.

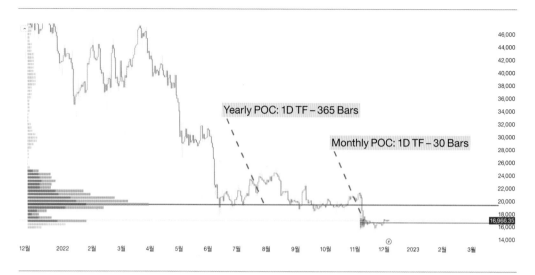

Fixed Range Volume Profile 도구의 경우, 차트상 캔들의 개수를 기반으로 기간을 설정하므로 Daily POC를 확인하고자 하는 경우 30분봉 차트상 48개의 캔들 범위를 설정(30min × 48 = 24hr)하거나, 5분봉 차트상 288개의(5min × 288 = 24hr) 범위를 설정하는 것이 가능합니다.

② POC 조합

위 ①의 모식도와 같이 서로 다른 타임프레임상의 POC를 조합하여 중첩되는 구간을 찾는 경우, 해당 POC 혹은 Value Area는 보다 강한 지지/저항으로 작용할 가능성이 높아집니다. 식별된 POC는 트레이딩의 목표 구간이나 진입 구간으로 참고할 수 있습니다.

예시 Intraday 트레이딩 시 1주일간의 POC & Value Area를 확인한 이후 일일 POC & Value Area를 확인 → 중첩 구간 식별

③ 트레이딩 전략: POC & Value Area

POC를 이용한 트레이딩의 기본 원리는 POC 및 HVN이 강한 지지/저항 구간으로 작용한다는 사실에서 시작합니다. 이를 토대로 다양한 타임프레임에서 POC의 위치를 파악한 후

POC를 다시 테스트하는 시점에 트레이딩을 진입할 수 있습니다.

Trading: POC & Value Area

예시를 통해 확인해보도록 하겠습니다.

> 1. POC의 위치를 확인합니다. 이는 강한 지지/저항 구간으로 작용할 수 있습니다.
>
> 2. Price Action은 하락 추세를 보이며 POC로부터 멀어집니다.
>
> 3. 이후 반전하여 상승세를 그리며 POC에 가까워지게 됩니다.
>
> 4. POC는 저항 구간으로 작용하여 Price Action은 저항을 돌파하지 못하고 다시 하락 반전을 이룹니다.
>
> 5. 해당 시점을 트레이딩 진입(숏 포지션) 기회로 삼을 수 있습니다.
>
>   목표가는 보다 아래에 형성된 POC 또는 HVN으로 설정할 수 있습니다.

HVN & POC 사이에 LVN의 존재 여부를 확인해야 합니다. LVN이 존재하는 경우, LVN 에서는 큰 저항 없이 추세가 유지될 수 있습니다.

만약, HVN & POC 사이에 LVN이 두드러지지 않는다면, 목표 구간까지 추세가 지속될 가능성이 줄어들어 트레이딩 성공률이 떨어질 수 있습니다.

POC 트레이딩 시의 고려사항

POC를 이용한 트레이딩에서 추가적으로 고려해야 할 사항에 대해 알아보도록 하겠습니다.

Value Area상 POC의 위치

POC Position in Value Area

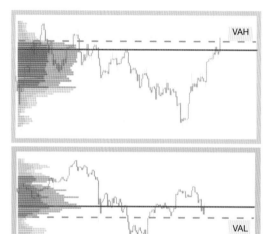

VAH에 POC가 근접한 경우
상방 압력 > 하방 압력

- 강세 추세의 가능성 ↑
- 롱 포지션 신입 고려

VAL에 POC가 근접한 경우
상방 압력 < 하방 압력

- 약세 추세의 가능성 ↑
- 숏 포지션 진입 고려

POC가 VAH(Value Area High)에 근접한 경우는 가격을 상방으로 올리려는 압력이 우세한 상황입니다. 가격이 POC 위에서 움직이는 경우, 이후 상승 추세가 나타날 가능성이 높습니다. 반대로 POC가 VAL(Value Area Low)에 근접한 경우는 가격을 하방으로 내리려는 압력이 우세한 상황입니다. 가격이 POC 아래에서 움직이는 경우, 이후 하락 추세가 나타날 가능성이 높습니다.

마지막으로 POC가 Value Area 중간에 위치한 경우에는 횡보 혹은 그 전의 추세를 그대로 유지할 가능성이 높습니다.

Breakaway from Value Area

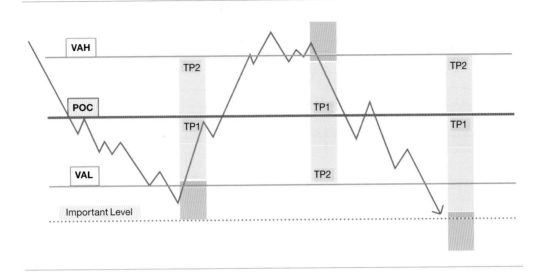

Price Action이 Value Area 범위를 이탈하는 경우

이번에는 가격이 Value Area를 이탈하는 경우에 대해 알아보도록 하겠습니다. Value Area 는 설정한 기간 동안의 주된 가격 범위(Price range)이며, 적정 가치(Fair Value)가 형성된 구간입 니다. 따라서 가격이 Value Area를 이탈하며 새로운 추세가 형성되는 것은 적정 가치를 벗어 나는 Price Action을 보이는 것이기 때문에 투자에 주의를 기울여야 합니다.

만약 Value Area 이탈 후 다시 재진입이 확인된다면 이를 이용한 트레이딩을 시도할 수 있 습니다.

어떤 종목의 가격이 VAL 하방으로 이탈하였다면 적정 가치 이하로 거래되고 있음을 의미 합니다. 이는 과매도 상황을 의미하기 때문에 매수 혹은 롱 포지션 진입이 권장됩니다.

거래 진입: VAL

목표가: POC / Value Area 내의 HVN / VAH

손절가: 높은 타임프레임에서 중요 가격 레벨 참고하여 임의 설정

어떤 종목의 가격이 VAH 상방으로 이탈하였다면 적정 가치 이상으로 거래되고 있음을 의미합니다. 이는 과매수 상황을 의미하기 때문에 매도 혹은 숏 포지션 진입이 권장됩니다.

거래 진입: VAH

목표가: POC / Value Area 내의 HVN / VAL

손절가: 높은 타임프레임에서 중요 가격 레벨 참고하여 임의 설정

실전 사례

실제 사례 분석을 끝으로 POC에 대한 글은 마무리하도록 하겠습니다.

POC Combination을 통한, Value Area 내에서의 트레이딩

ETH USDT: 30분봉

POC: Weekly & Daily (POC combination), 적용 도구: Fixed Range Volume Profile

Weekly POC + Daily POC

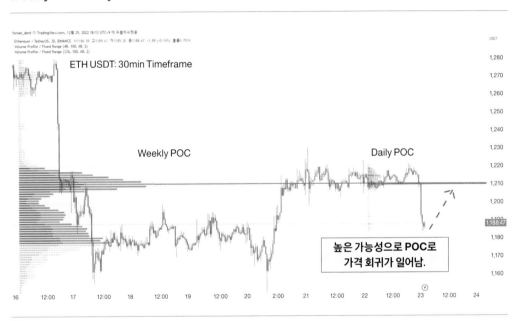

Weekly POC와 Daily POC 및 Value Area의 위치를 확인합니다. 두 POC가 거의 동일한 높이에 위치한 것을 알 수 있습니다. 현재 이더리움의 가격은 일정 기간 횡보를 보이다, 최근 POC 하방으로 하락한 것을 알 수 있습니다. Weekly Value Area를 아직 벗어나지 않았으며 다시 가격이 반전하는 경우, POC로 회귀할 가능성이 높아 보입니다.

Weekly POC + Daily POC

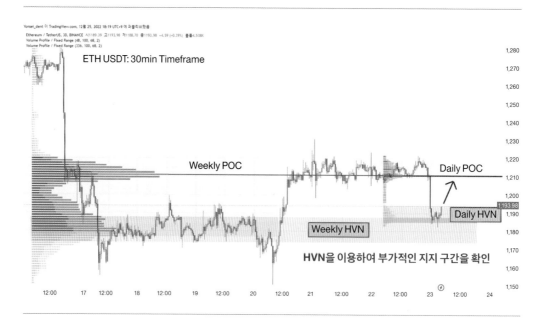

Weekly Value Area를 이탈할지, 아니면 적절한 지지의 도움으로 가격 반전을 이룰지 평가를 실시합니다. 만약 추가 하락을 방지할 근거가 충분하다면, 해당 지지 구간을 진입 구간으로 설정할 수 있습니다.

Weekly HVN과 Daily HVN이 중첩되는 구간이 지지 구간으로 작용할 가능성이 높습니다. 가격이 HVN을 상방 이탈하는 조짐을 보이므로 롱 포지션 진입합니다.

목표가는 POC / Stop Loss는 한 주의 최저 가격(Weekly Low) 또는 1R을 감안하여 설정합니다.

Weekly POC + Daily POC

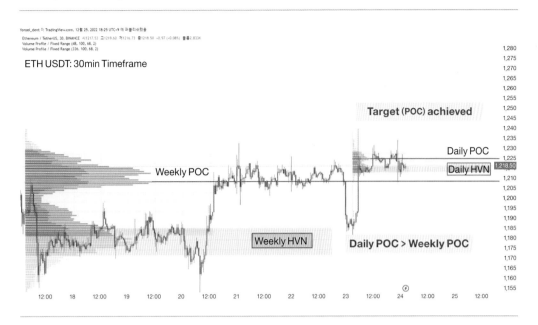

ETH USDT: 30min Timeframe

이후 가격 반전이 예상대로 일어나며, POC로 회귀한 것을 알 수 있습니다. 하락과 상승이 가파른 이유는, POC ↔ HVN 사이에 LVN 구간이 존재하기 때문일 것입니다. 가격은 Weekly POC를 상방 돌파하며 Daily Volume Profile상 새로운 POC가 Weekly POC 위에 새로 나타납니다.

Weekly POC + Daily POC

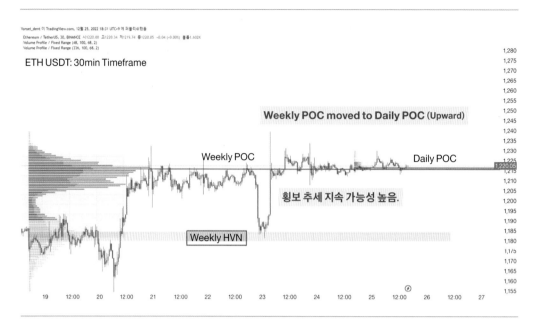

Yonsei_dent 이 TradingView.com, 12월 25, 2022 18:31 UTC+9 에 퍼블리쉬한응
Ethereum / TetherUS, 30, BINANCE 시1220.00 고1220.34 저1219.74 종1220.05 +0.04 (+0.00%) 물음1.602K
Volume Profile / Fixed Range (48, 100, 68, 2)
Volume Profile / Fixed Range (336, 100, 68, 2)

ETH USDT: 30min Timeframe

Weekly POC moved to Daily POC (Upward)

Weekly POC

Daily POC

1,220.05

횡보 추세 지속 가능성 높음.

Weekly HVN

Weekly POC는 Daily POC로 점차 수렴하며, 두 POC 간의 편차가 다시금 좁혀집니다. 확연한 이탈이 나타나지 않는 이상, POC를 중심으로 횡보 추세가 지속될 가능성이 높습니다.

VAL, VAH를 활용한 트레이딩

이번에는 동일한 ETHUSDT 차트에서 Value Area를 벗어나려는 움직임을 보일 때의 트레이딩 사례를 다루어 보도록 하겠습니다.

Weekly POC & Daily POC는 비슷한 레벨에서 형성되었습니다. POC가 VAL과 근접하여 하방 압력이 다소 우세한 상황이나, 가격이 VAL 도달 후 다시 상승하는 경우 POC, HVN을 목표로 한 롱 포지션을 고려할 수 있습니다.

Weekly POC + Daily POC

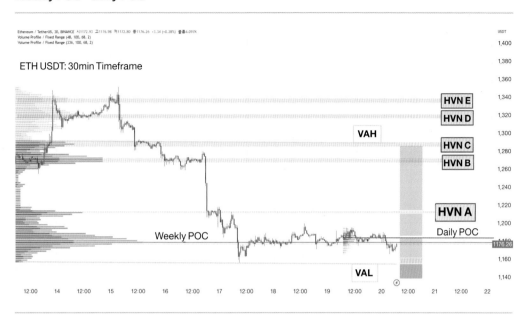

ETH USDT: 30min Timeframe

가격이 일시적으로 VAL에 도달하는 듯한 양상을 보인 뒤 다시 상승 반전을 이루는 모습이 보입니다. 이때 VAL 또는 VAL 상단을 진입가로 설정하여 롱 포지션 진입합니다. 목표가는 예상 저항 구간인 Weekly POC, HVN로 설정합니다. 가격 움직임이 POC와 근접한 HVN인 'HVN A'까지 도달한 것을 알 수 있습니다. HVN A ↔ B 사이에 LVN 구간이 존재하므로 HVN A를 상방 돌파하는 모습이 보일 경우, HVN B까지 도달할 가능성이 높아 보입니다.

만약 HVN A의 저항을 돌파하지 못하는 경우, HVN B를 목표로 한 포지션은 서둘러 종료합니다.

16

[심화] NPOC (Naked Point of Control), 아직 테스트되지 않은 POC

NPOC의 정의는 다음과 같습니다.

> 66
>
> A Naked POC is a POC from a previous day that price has not returned to on any of
> the following days.
> Naked POC란 며칠 전에 형성된 POC 중 아직 가격이 다시 그 자리까지
> 되돌아간 적이 없는 POC이다.
>
> 99

    앞서 살펴보았듯, POC는 주요 지지/저항 구간으로 작용할 가능성이 높은 지점들입니다. 따라서 차트상에서 가격은 POC에 해당하는 구역을 지나치거나 테스트할 확률이 매우 높습니다.

    그런데 이런 POC 중 아직 테스트되지 않은 POC가 남아 있다면 이를 NPOC라 부르게 되는 것입니다. 이러한 NPOC가 중요한 이유는 가격이 NPOC를 한 번은 거쳐갈 가능성이 매우 높기 때문입니다.

    또한 NPOC는 POC와 마찬가지로 주요 지지/저항 구간으로 작용할 수도 있게 되죠. 특

히 짧은 타임프레임에서라면 더욱 가격이 NPOC를 건드릴 가능성이 높아지게 됩니다. 대다수의 투자자들이 POC 구간에서 거래를 이루었기 때문에 POC보다 상방에서는 매도 압력이, POC보다 하방에서는 매수 압력이 커질 수밖에 없기 때문입니다. 이를 반응성 매수/매도 (Responsive Buying & Selling)라 부릅니다.

하지만 비교적 높은 타임프레임(HTF)에서 발생한 NPOC를 맹신하는 것은 다소 위험한 일일 수 있습니다. 거시적 상승 추세가 강하다면 하방의 NPOC를 전혀 테스트하지 않고 계속 상승하는 일도 비일비재하게 일어날 수 있기 때문입니다.

마찬가지로 고점에서 강한 하락세를 보이는 종목의 상방에 위치한 NPOC는 영원히 다시는 닿지 못할 수도 있는 것이죠. 따라서 NPOC는 스캘핑 혹은 데이 트레이딩과 같이 투자의 호흡이 짧은 경우 보다 유용하게 사용할 수 있습니다.

Session Volume Profile에서 설정할 세션 역시 1일 등을 기준으로 짧게 설정한다면 스캘핑, 데이 트레이딩과 같은 투자를 할 때 유용하게 사용할 수 있습니다.

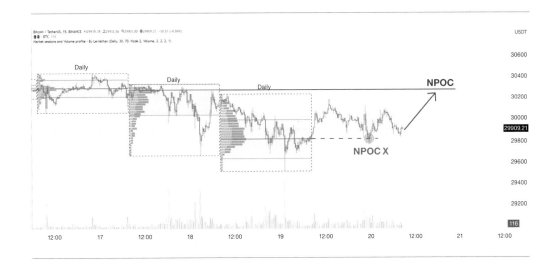

비트코인의 15분봉 차트를 통해 NPOC의 개념과 활용 방법을 한 번에 알아보도록 하겠습니다. Session Volume Profile을 이용해 하루 단위의 POC를 활용한 예시입니다.

2023년 7월 16~20일간의 차트입니다. Session Volume Profile상 16, 17, 18일 3일간의 POC

중 16, 17일의 POC가 거의 동일한 위치에서 형성되어 있는 것을 확인해볼 수 있습니다. 이 POC는 18일, 그리고 그 이후의 움직임에서 아직 가격이 맞닿은 적이 없으므로 NPOC라고 판단할 수 있습니다.

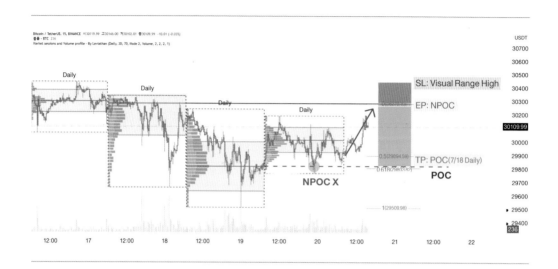

시간이 경과하며 19일(네 번째 세션)의 Volume Profile이 그려졌지만, 마찬가지로 여전히 NPOC에 도달하지 못한 모습입니다.

해당 NPOC는 16일, 17일의 POC가 중첩된 지역이며, 가격의 범위상 50.0%보다 상방에 위치해 있으므로 단기적으로 고평가된 구간인 Premium Zone에 해당합니다. 또한 이후 가격 움직임이 지속 하락세를 보였기 때문에 NPOC에서 거래에 진입한 많은 투자자들은 가격이 NPOC 영역에 도달할 경우 '탈출'하고 싶어 할 것입니다.

따라서 NPOC 근방을 진입 구간으로 두는 숏 포지션을 계획할 수 있습니다. 이때 NPOC 와 가격 범위의 저점(Range Low)의 61.8% 되돌림 레벨과 18일의 POC 레벨이 중첩되었기 때문에 다시 강한 지지 구간으로 작용할 것이라 생각하고, 이 구간을 목표가로 설정할 수 있습니다.

손절가의 경우 가격 범위의 고점(Range High) 혹은 그보다 조금 더 상방으로 설정할 수 있습니다.

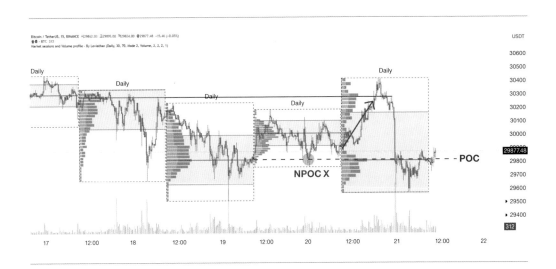

이후 시장은 약간의 상승을 추가적으로 보인 후 하락 전환하였습니다. 여전히 가격 범위의 고점과 저점 내에 머무는 움직임을 보였으며, 목표가에 도달한 것을 확인해볼 수 있습니다.

17

[심화] POI(Point of Interest)

이번 파트에서 다룰 POI의 개념은 진입 시점을 정하는 안목을 길러주는 데 도움이 될 수 있습니다. POI의 개념을 이해하기 위해서는 먼저 앞서 살펴보았던 오더블록(Orderblock, OB)의 개념을 완전히 숙지하는 것이 필요합니다.

오더블록에 대해 잠깐 복습하고 넘어가도록 하겠습니다. 오더블록이란 시장에 들어와 있는 Market Maker들의 'Smart Money'가 위치한 구역을 뜻합니다. 이러한 Market Maker들의 진입을 특징적으로 보여주는 가장 대표적인 캔들을 골라 오더블록이라 부르는 것이죠.

즉 오더블록이 위치한 구역은 많은 주문이 들어갔었던 구역이며, 자연스럽게 주요 지지/저항 레벨을 형성하게 될 것이고, 유동성이 풍부한 구역에 해당하며, Market Maker들은 이러한 구역을 재차 이용할 수밖에 없습니다.

이 과정에서 나타나는 개념이 Point of Interest, 즉 POI입니다.

▐▌ POI(Point of Interest)란?

POI: Point of Interest

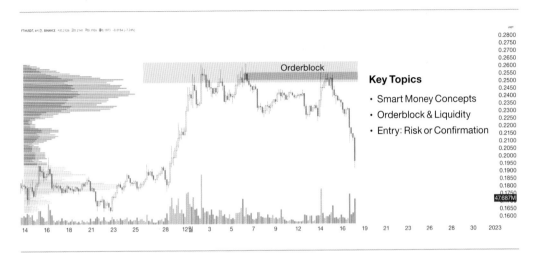

Point of Interest를 직역하면 '관심 지점'이라고 해석할 수도 있습니다. POI는 오더블록과 같은 Market Maker들의 움직임을 토대로 유동성이 확보된 트레이딩 진입 지점(Entry Point)을 의미합니다. 즉 POI는 SMC(Smart Money Concept)를 기반으로 한 진입 전략입니다. 여기서 주의할 점은 오더블록은 POI가 될 수도 있으나, 모든 오더블록이 POI인 것은 아니라는 것입니다.

POI 전략의 큰 틀은 다음과 같습니다.

---

1. 시장의 전반적인 구조를 이해한다.

2. 오더블록 & 유동성을 확인한다.

3. POI를 식별한다.

4. 진입 전략의 위험도를 고려하여 진입한다.

오더블록을 통한 POI 가려내기

Market Maker들의 움직임은 반드시 흔적이 남게 되며, 오더블록을 통해 이러한 흔적의 일부분을 들여다볼 수 있습니다. 또한 앞서 Tradable Orderblock에 대한 설명에서 오더블록 이후에는 Market Structure Break가 나타난다는 점에 대해 학습하였습니다. 이러한 Tradable Orderblock은 POI가 될 가능성이 있습니다.

POI를 통한 진입의 성공률을 높이기 위해서는 해당 오더블록이 다음 조건을 만족해야 합니다.

> 1. 오더블록으로 인한 Imbalance/FVG가 나타날 것
>
> 2. POI 구간 이전에 유동성을 확보할 것
>
> 3. 오더블록이 Premium 또는 Discount 상태일 것

Inefficiency / FVG 형성

Point of Interest POI - Inefficiency / FVG

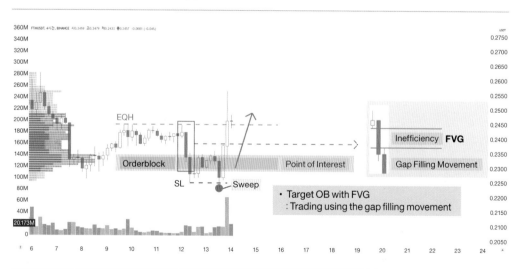

FVG 이후 오더블록이 형성되는 경우, 해당 오더블록은 보다 유력한 POI가 될 수 있습니다. 매수/매도 중 한 측의 세력이 더욱 강할 경우, 모멘텀이 발생하며 가격이 급격한 움직임을 보이게 됩니다. FVG는 이때 나타나는 '주문이 체결되지 않은' 불균형(Imbalance)적이고 비효율(Inefficiency)적인 구간을 의미합니다.

유동성의 확보 여부

시장이 유동성을 확보하면, 보다 신뢰도가 높은 POI가 나타날 수 있습니다. 트레이딩 측면에서 보면, 유동성이 풍부한 구역이란 주요 지지/저항 구간으로, 시장에 남겨진 지정가 주문이 많은 구역을 의미합니다. Market Maker들은 이러한 많은 주문이 모여 있는 구역을 'Sweep'하는 움직임을 통해 유동성을 증가시킵니다.

POI: Point of Interest - Liquidity

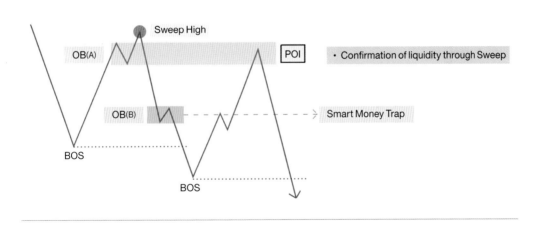

위 모식도의 경우, 시장 모멘텀은 약세를 보이고 있습니다. 따라서 BOS(Break of Structure)가 나타날 경우, 여러 개의 약세 오더블록(A&B)이 형성됩니다. 이 여러 오더블록 구간 중 어느 곳이 적절한 POI이 될지의 여부는 유동성의 확보 여부에 따라 달려 있습니다.

먼저 (A) 구간에서 형성된 오더블록부터 살펴보도록 하겠습니다. (A) 구간의 상단 오더블록 구간은 유력한 POI가 될 수 있습니다. 고점을 형성한 후 고점 상방을 재차 스윕(Sweep)하며 유동성을 확보하였기 때문입니다.

반면 오더블록(B)은 유동성이 충분하지 못한 오더블록입니다. 즉 상단 오더블록를 형성한 후 가격이 재차 하락하게 되면, 일반 투자자들은 BOS 구간까지 가격이 하락할 것으로 예상하게 됩니다. 이때 더 큰 손실을 방지하고자 매도하게 되며, 오더블록(B)을 형성하게 됩니다. 하지만 가격 반전을 이끌어낼 만큼 충분한 유동성을 확보하지 못했으므로 이를 기반으로 한 트레이딩 진입은 원치 않는 결과를 가져올 수 있습니다. 이를 Smart Money Trap으로 부르기도 합니다.

위 상황에서 오더블록(A)와 (B) 중 보다 유력한 POI는 (A)가 될 것입니다.

POI: Point of Interest - Liquidity

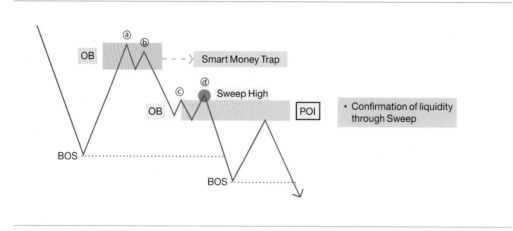

이번에는 BOS 후 형성한 고점에서 오더블록을 형성하였으나, 유동성을 확보하지 못한 경우를 살펴보겠습니다.

앞선 경우와 반대로 고점 ⓐ 이후 나타난 움직임 ⓑ는 고점을 스윕하지 못했습니다. 하지만 하락을 이어가던 도중 나타난 오더블록에서는 고점 ⓒ를 스윕하는 움직임 ⓓ가 관찰됩니다. 유동성을 확보한 유력한 POI는 오더블록 ⓒ, ⓓ 쪽이 될 것입니다.

그렇다면 꼭 스윕 움직임(Sweep Movement)이 나타나야만 유동성을 확보할 수 있는 것일까요?

POI: Point of Interest - Liquidity

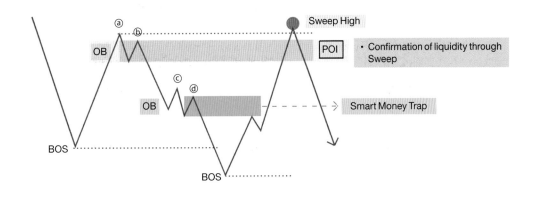

첫 번째 BOS 이후 상승 되돌림을 보이며, 재차 오더블록 ⓐ, ⓑ, ⓒ, ⓓ를 형성하며 다시 하락하는 경우입니다.

해당 오더블록에서는 모두 스윕을 통한 유동성 확보가 일어나지 않았습니다. 하지만 이후 BOS를 다시 보이며 상승 랠리가 이어집니다. 앞선 두 사례와 같이, 오더블록 ⓒ, ⓓ는 Smart Money Trap으로 작용할 수 있으므로 해당 가격 레벨에서 숏 포지션을 진입하는 것은 다소 위험할 수 있습니다.

이후 상승세가 이어지며 오더블록 ⓐ, ⓑ의 고점을 차례로 돌파하는 스윕이 나타났습니다. 이제야 비로소 유동성을 확보할 수 있게 되었습니다. 이제 해당 오더블록 구간은 POI로 간주할 수 있습니다.

오더블록의 Premium과 Discount

POI: Point of Interest - OB Premium vs Discount

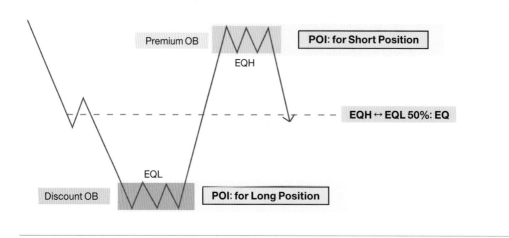

Market Structure가 스윙 고점과 저점의 등장으로 'Swing Structure'를 형성한다면, 이를 근거로 어느 가격 레벨에서 유동성을 확보할 수 있을지 가늠할 수 있습니다.

스윙 고점과 저점의 중간(50%) 지점은 EQ(Equilibrium: 평형점)로, 서로 다른 방향의 세력이 균형을 이루는 지점입니다. EQ를 기준으로 현재 가격의 Premium 및 Discount 여부를 확인할 수 있으며 이러한 편차를 보이는 경우 EQ가 존재하는 방향으로 움직일 가능성이 높아집니다.

만약 롱 포지션을 진입하고자 한다면, Premium OB에서 진입하는 것은 다소 부적절할 수 있습니다. 현물 거래의 경우 Premium OB에서 매도를 고려할 수 있습니다. 반면 Discount OB에서 롱 포지션을 진입하거나 현물 매수를 시도하는 것이 적절할 수 있습니다.

POI 트레이딩 & Practice Example

위험한 진입(Risky Entry)

오더블록을 파악한 후, 원하는 가격 레벨에 Limit Order를 설정합니다. 오더블록 구간의 리테스트 여부를 확인하지 않고 POI를 결정하므로 다소 공격적인 트레이딩 전략입니다.

이러한 공격적인 전략은 우수한 손익비를 얻을 수 있지만 성공률이 다소 떨어지는 전략일 수 있습니다. 따라서 타 보조지표와 트레이딩 도구를 이용한 POI 검증이 필수적입니다.

보수적인 진입(Confirmed Entry)

위험한 진입과 POI를 확인하는 과정은 유사하나, 이후 해당 구간을 리테스트하는 것을 확인 후 진입하는 트레이딩 전략입니다.

이는 근거를 확보하며, 보다 안전하게 진입할 수 있다는 장점이 있으나, 손익비가 다소 불리해질 수 있다는 단점이 있습니다. 또한 리테스트 이후의 Price Action은 처음보다 다소 약해질 수 있다는 단점이 있습니다.

Practice Example

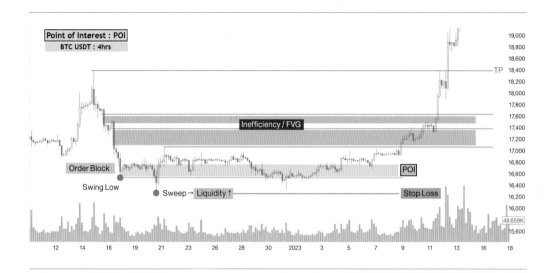

비트코인의 4시간봉 차트입니다.

차트상 표기한 POI 구간을 시작으로, 2022년 12월 중순에 형성된 FVG를 메우며 상승 랠리를 보임을 확인할 수 있으며 전고점인 18.4k를 돌파, TP를 달성하였습니다.

본문에서 다룬 내용을 하나하나 되짚어보겠습니다.

① 시장의 전반적인 구조를 이해한다.

12월 15일경 스윙 고점을 형성, 이후 하락 추세를 보입니다. 12월 17일 스윙 저점까지의 구간 내에 FVG가 존재하는 것을 알 수 있습니다.

② 오더블록 & 유동성을 확인한다.

12월 17일경 나타난 스윙 저점 부근에 오더블록이 형성되었습니다. 이는 Demand 구간으로 작용할 것입니다. 이후 이를 스윕하며 더욱 낮은 저점을 형성, 유동성을 확보한 모습입니다.

③ POI를 식별한다.

오더블록을 POI로 간주, Confimation Entry를 위한 POI 리테스트 여부를 확인합니다.

④ 진입 전략의 위험도를 고려하여 진입한다.

본인의 투자 스타일에 맞는 진입 전략을 세운 후, 거래에 진입합니다.

18

3 Tap Setup & PO3

(Power of Three)

3 Tap Setup의 개념과 구성요소

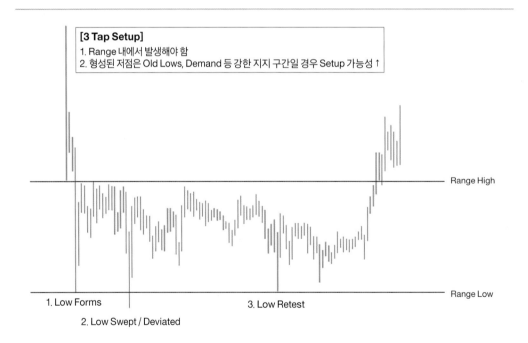

[3 Tap Setup]
1. Range 내에서 발생해야 함
2. 형성된 저점은 Old Lows, Demand 등 강한 지지 구간일 경우 Setup 가능성 ↑

Range High

Range Low

1. Low Forms

2. Low Swept / Deviated

3. Low Retest

3 Tap Setup은 가격 범위를 식별한 이후, 바닥(저점) 또는 천장(고점)의 반복을 이용하여 반등 및 하락으로의 추세가 나타날 수 있도록 설정하는 구간에서 나타나는 특징적인 가격 움직임을 의미합니다. 3 Tap Setup은 적용하는 데 많은 근거나 기준이 필요하지 않기 때문에 직관적으로 쉽게 사용할 수 있는 장점이 있으나, 국내에는 자세히 설명된 자료가 전무한 편입니다.

3 Tap Setup은 다음과 같은 구성요소를 가집니다.

---

① 스윙 포인트 형성(저점/고점)

② 스윙 포인트 스윕(Sweep) / 침범(Deviation) (저점 스윕 / 고점 스윕)

③ 스윙 포인트 리테스트(저점 리테스트 / 고점 리테스트)

즉 하락 후 3 Tap Setup이 나타났을 때의 구성요소는 저점(Low), 저점 스윕(Low Sweep), 저점 리테스트(Low Retest)로 구성됩니다. 먼저 스윙 저점이 형성된 이후, 기존의 스윙 저점을 잠시 스윕(Sweep)하거나, 살짝 이탈하는 움직임(Deviation)을 보인 후, 다시 해당 스윙 저점 구간을 리테스트함으로써 3 Tap Setup의 구조가 완성되는 것입니다.

3 Tap Setup 활용 시 주의사항

3 Tap Setup은 구조와 구성요소가 비교적 간단하여 자주 등장할 뿐만 아니라 트레이딩에 이용하기에도 쉬운 Price Action 개념입니다. 하지만 3 Tap Setup의 활용에도 몇 가지 주의해야 할 점이 있으며, 이에 대해 이번 파트에서 알아보도록 하겠습니다.

첫 번째 주의사항은 같은 가격 범위 안에서의 스윙 지점들을 활용해야 한다는 것입니다.

초보 투자자들이 3 Tap Setup을 적용할 때 가장 많이 혼동될 수 있는 부분이기도 합니다. 추세가 여러 번 뒤바뀌며 새로운 가격 범위가 재형성되는 경우에는 이전 가격 범위에서 형성된 저점(Old Low)은 큰 의미가 없습니다. 하지만 이전 가격 범위의 저점들과 새로 형성된 가격 범위의 저점을 함께 3 Tap Setup의 구성요소로 적용하는 경우가 빈번히 있으며, 이는 트레이딩의 성공률을 떨어뜨릴 수 있습니다.

위의 모식도를 확인해보도록 하겠습니다. 빨간 화살표로 표시된 이전 가격 범위의 저점 (Old Swing Low)의 경우 지지 및 저항 레벨로는 활용할 가치가 있습니다. 하지만 이전 가격 범위의 저점은 이후 강한 상승(Markup) 및 분배(Distribution) 구조가 관찰되며 새로운 가격 범위가 재형성된 것을 확인해볼 수 있습니다. 따라서 3 Tap Setup 의 구조에 이전 가격 범위의 저점(Old Swing Low)을 사용해서는 안 됩니다. 3 Tap Setup을 적용할 때는 처음의 모식도와 같이 동일 가격 범위 안에서 형성된 스윙 지점들만을 구성요소로 사용해야 합니다.

두 번째 주의사항은 다른 근거를 중첩하여 '추세의 반전'이 나타날 가능성이 높은 곳에서 3 Tap Setup 구조를 찾으려 노력해야 한다는 것입니다. 무조건 저점 혹은 고점이 3회 반복된다고 해서 해당 구간이 반등 또는 하락으로의 추세가 나타나기 위해 3 Tap Setup이 일어난 구간이라고 생각하는 것은 좋지 않습니다. 예를 들어 하락 후 나타난 스윙 저점들을 활용한 경우라면 해당 스윙 저점 구간에 다른 지지 레벨이 존재하는지에 대한 확인이 중요합니다.

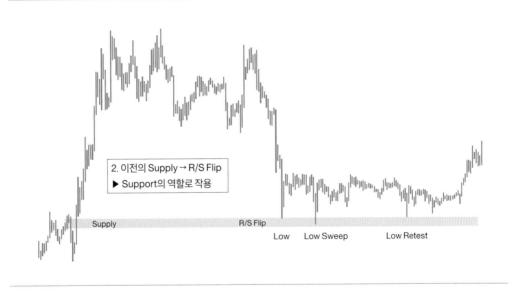

위 모식도의 경우, 3 Tap Setup의 범위가 형성되기 전의 구간에서 이전 공급 구간(Old Supply Zone)이 형성되었으며, 해당 공급 구간은 가격이 상승 후 하락함에 따라 S/R Flip이 나타나며 저항이 아닌 지지 구간으로 전환된 상황입니다. 즉 연달아 저점이 형성된 곳이 지지 구간에 해당하였기 때문에 3 Tap Setup의 신뢰도가 높은 상태라고 볼 수 있습니다.

PO3(Power of Three)의 개념

이번 파트에서 알아볼 Price Action 개념은 PO3(Power of Three)라 불리는 개념입니다. 이 역시 3가지 구성요소를 가진 단순한 가격 움직임에 해당하며, 앞에서 알아본 3 Tap Setup과도 관계가 있는 개념입니다.

먼저 PO3의 구성 단계부터 알아보도록 하겠습니다. PO3는 Accumulation(축적) – Manipulation(조정) – Distribution(발산)의 3단계로 이루어지며, 세 단계의 앞 글자를 따서 AMD 패턴으로 불리기도 합니다. PO3 역시 추세의 반전을 알 수 있는 Price Action 개념에 해당하며, 강세 PO3와 약세 PO3가 있습니다.

PO3의 각 구성 단계에 대해 자세히 알아보도록 하겠습니다.

첫 번째 단계인 축적(Accumulation) 단계는 발산(Distribution)을 위한 매집의 단계로 이해할 수 있습니다. Market Maker들은 원하는 방향으로 가격을 움직여 이득을 취하기 위해 '매집'이라는 과정이 필요합니다. '매집'이 이루어지는 구간은 많은 거래가 이루어지는 구간이자 세력과 개인 투자자들의 물량이 교환되는 과정이므로 많은 투자자가 '합리적인 가격'으로 느끼는 구간인 경우가 많습니다. 따라서 월요일의 가격 범위(Monday Range) 혹은 한 주의 가격 범위(Weekly Range) 등의 주요 가격 구간에서 이루어지는 경우가 많으며, 하루 이내의 단기 트레이딩(Intraday Trading)에서는 하루의 시가(Daily Open) 근처에서 나타나는 경우가 많습니다.

두 번째 단계인 조정(Manipulation) 단계는 '유동성을 위한 조작(Engineer Liquidity)'이라 표현할 수 있습니다. '유동성'의 확보란 Market Maker들의 입장에서 원하는 가격으로 쉽게 움직일 수 있도록 준비된 상태를 의미하며, Market Maker들이 물량을 많이 보유하고 있을수록 쉽게 가격 변화를 일으킬 수 있기 때문에 유동성이 높아지게 됩니다. 따라서 Market Maker들은 일부러 가격을 원하는 방향의 반대 방향으로 조작하게 되며, 이 과정에서 더 많은 물량을 확보하곤 합니다. 강세 PO3의 조정(Manipulation)을 예로 든다면 주로 이전 가격 범위의 저점(Old Low) 혹은 주요 지지 구간에서 많이 나타나게 됩니다.

마지막 단계인 발산(Distribution) 단계는 수익 실현을 통해 가지고 있는 물량을 정리하는 구간입니다. 이 단계는 발산 전의 상승 또는 하락이 나타나는 부분인 팽창(Expansion) 단계를 함께 포함합니다. 이 단계에서는 팽창(Expansion)에 선행하여 나타나는 특정 가격 수준의 돌파 (Breaker)를 확인하는 것이 중요합니다. 개인 투자자들 또한 팽창 및 발산 이후 물량을 정리해야 하는 단계이기 때문에 미리 적절한 저항 구간 및 목표가를 설정해두는 것이 도움이 될 수 있습니다.

PO3(Power of Three) 모식도

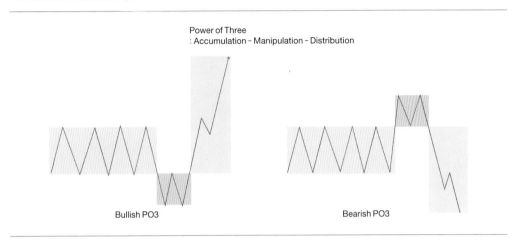

Power of Three
: Accumulation - Manipulation - Distribution

Bullish PO3   Bearish PO3

PO3에서 3 Tap Setup이 활용되는 Phase는? (3 Tap Setup in PO3)

그렇다면 PO3에서 3 Tap Setup은 언제 활용될 수 있을까요?

위의 3 Tap Setup의 개념과 PO3의 단계별 설명을 잘 이해하셨다면 쉽게 맞추실 수 있으실 것입니다. 다시 한번 3 Tap Setup의 개념을 복습해보도록 하겠습니다. 3 Tap Setup은 가격 범위를 식별한 이후, 바닥(저점) 또는 천장(고점)의 반복을 이용하여 반전을 찾아내는 가격 움직임을 의미합니다.

이번엔 PO3의 조정(Manipulation) 단계에 대해 다시 짚어보도록 하겠습니다. 강세 PO3의 조정 단계는 주로 기존 가격 범위의 저점 혹은 주요 지지 구간에서 많이 나타나게 됩니다. 즉 조정(Manipulation) 단계는 발산(Distribution)을 위해 유동성을 흡수하는 과정이며, 이 과정에서 바닥(저점) 또는 천장(고점)이 반복되는 경우가 많기 때문에 3 Tap Setup은 주로 PO3의 조정(Manipulation) 단계에서 함께 관찰되어 활용되는 경우가 많습니다.

PO3에서의 3 Tap Setup 활용 실제 사례

[PO3 + 3 Tap Setup]

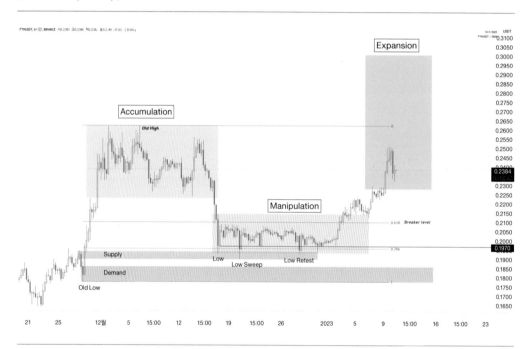

위의 차트에서 확인해야 할 주요 지점들에 대해 정리해보도록 하겠습니다.

강세 PO3에 대한 예시이며, 조정(Manipulation) 구간에서 3 Tap Setup이 나타났습니다.

강세 PO3의 조정(Manipulation) 단계이므로 스윙 저점이 형성되며 3 Tap Setup이 나타난 것을 확인해볼 수 있습니다. 3 Tap Setup이 나타난 구간은 S/R Flip을 통해 지지로 바뀐 기존의 공급 구간(Old Supply Zone)이었으며, 하단에는 강한 수요 구간이 위치함에 따라 강력한 지지가 나타날 가능성이 높은 구간이었습니다 .

실제 거래 진입의 경우 스윙 지점에 가까운 위치에서 진입하는 것이 유리합니다. 목표가는 1차적으로 PO3의 가격 범위 상단에 설정할 수 있습니다. 이때 조정(Manipulation) 이후 큰 상승, 즉 팽창(Expansion)을 찾기 위한 돌파 레벨의 설정이 중요하며, 위 차트에서는 축적(Accumulation) 이전의 고점과 저점의 피보나치 되돌림을 활용하여 상승 시 주요 저항 구간으로 작용할 수 있는 0.618 레벨(조정 가격 범위의 상단 근처)로 설정하였습니다.

이후 수익 극대화를 위해 기존의 고점들을 활용하여 목표가를 설정할 수 있으며, 해당 구간 근처는 일부 수익 실현을 하기에 적절한 구간이 될 수 있습니다.

19

골든 포켓 전략

골든 포켓의 의미와 배경

Golden Pocket Strategy

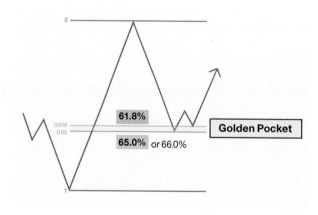

- Golden Pocket은 진입가 혹은 목표가로 사용될 수 있습니다.
- Golden Pocket은 피보나치 되돌림에 기반을 둔 개념입니다.
- Golden Pocket은 쉽게 적용할 수 있습니다.
- 다른 지표/도구들과 같이 사용하여 근거를 중첩시킨다면 신뢰도가 더욱 높아집니다.

골든 포켓 트레이딩은 황금비율로도 불리는 피보나치 비율: 0.618을 활용하는 트레이딩 전략입니다. 골든 포켓은 61.8~65.0%(또는 66.0%) 되돌림 구간을 의미하며 이 구간을 목표 구간 또는 진입 구간으로 설정할 수 있습니다. 그렇다면 왜 61.8~65.0%의 되돌림 구간이 골든 포켓을 형성하는지 알아보겠습니다.

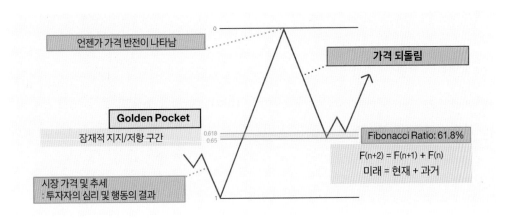

특정 자산의 시장 가격은 투자자들의 심리 및 행동이 반영된 가치라 할 수 있습니다. 이러한 투자자들의 심리는 지속적으로 변화하므로 가격 역시 다양한 움직임을 보이게 됩니다. 이에 시장이 일정 추세를 형성하게 되면, 언젠가 가격의 정체 또는 반전이 나타나게 됩니다. 이를 되돌림 현상이라 부르며, 되돌림이 어느 수준까지 진행되는가에 대한 근거로 삼을 수 있는 것이 '피보나치 비율'이라 할 수 있습니다.

트레이딩에서 피보나치 원리는 '투자자들의 미래 행동 양상은 과거 및 현재의 영향을 받는다'에 근거하고 있습니다. 이에 피보나치 수열에서 근거한, 다양한 파생 비율이 트레이딩에서 사용되고 있으며, 되돌림에서 주로 사용되는 비율은 다음과 같습니다.

23.6% → 38.2% → 50.0% → 61.8% → 78.6% → 100.0%

이 중 기본 피보나치 비율(황금비율: 1.618)의 역수인 0.618이 근간을 이루며, 해당 구간에서 지지/저항 구간을 이루며 가격 반전이 나타날 가능성이 높습니다. 하지만 시장 상황은 매 순간 변화하며, 다양한 변수가 작용하므로 61.8%라는 수치가 정확하게 나타날 가능성은 그리 높지 않습니다. 이에 61.8%을 기준으로 65.0~66.0%까지 여유 구간을 설정한 것이 골든 포켓이라 할 수 있습니다.

골든 포켓은 되돌림의 특정 비율 구간을 의미하므로, 이를 찾는 것은 그리 어렵지 않습니다.

먼저 명확한 고점 및 저점 또는 지지/저항 구간을 확인한 후, 피보나치 되돌림 도구를 이용하여 61.8~65.0%(또는 66.0%) 구간을 설정해주면 됩니다. 하지만 단순히 골든 포켓만을 이용하여서는 트레이딩의 성공률을 보장할 수 없습니다.

골든 포켓에 더해 추가로 트레이딩의 근거를 확보하는 방법에 대해 알아보도록 하겠습니다.

Golden Pocket: How to find

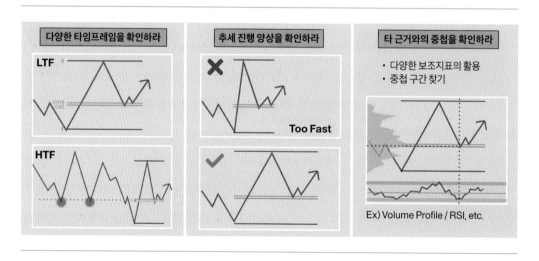

첫 번째로는 다양한 타임프레임을 활용하는 것입니다. LTF(Low Timeframe: ex. 5min, 30min, 1hr) → HTF(High Timeframe: ex. 1D, 1W)로 이동, 관찰하며 LTF에서 확인한 골든 포켓과의 중첩을 이루는 구간이 존재하는지 확인합니다. 골든 포켓뿐만 아니라 되돌림의 기준이 되는 고점 및 저점 역시 HTF 상 동일 구간에서 지지/저항 구간이 존재하는 경우 전략의 신뢰도가 상승합니다. TradingView에서 피보나치 도구를 사용하는 경우, 타임프레임을 변경해도 설정한 도구가 사라지지 않으므로 HTF ↔ LTF를 자유로이 변경하며 도구를 확인할 수 있습니다.

두 번째로는 추세 형성 속도를 확인하기 위해 시장 변동성과 함께 이에 영향을 줄 수 있는 이슈 등을 확인하는 것입니다.

골든 포켓 등과 같이 목표한 가격 구간에 도달하는 기간은 시장 상황에 따라 상이합니다. 일반적으로 추세가 서서히 진행되는 것이 분석 및 도구 활용 측면에서 보다 유리합니다. 만약 시장 변동성이 과하거나 이벤트, 이슈 등에 의한 가격의 급변이 예상되는 경우 적절한 타이밍에 진입 혹은 Exit이 어려워지며, 트레이딩 전략의 성공률이 낮아질 수 있습니다.

마지막으로는 앞서 살펴보았던 보조지표 혹은 타 분석 도구와의 연계를 통해 신뢰도를 높이는 것입니다. 골든 포켓이 다양한 보조지표 및 분석 도구와 중첩 구간을 이룬다면, 보다 근거 있는 트레이딩이 될 수 있습니다. 연계할 수 있는 지표는 다양하며, 예를 들어 Volume Profile 지표상의 POC, 모멘텀 지표인 RSI(상대강도지수) 등을 연계하여 사용할 수 있습니다.

ⅢⅡ 골든 포켓을 이용한 트레이딩

이번 파트에서는 골든 포켓을 이용한 실제 트레이딩에 대해 알아볼 예정입니다. 첫 번째 전략은 골든 포켓을 진입 구간으로 사용하는 전략입니다.

Golden Pocket Strategy as Entry

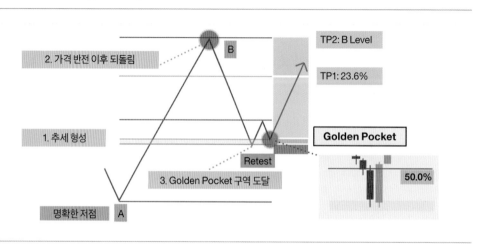

1) 되돌림의 기준이 될 추세를 확인한다.

우선 명확한 추세가 나타나는 중인지 확인합니다. 상승 추세(Uptrend)는 명확한 저점 (Significant Low)을, 하락 추세는 명확한 고점(Significant High)을 그리며 이어져야 합니다.

2) 반전을 이루며 되돌림이 형성되는지 확인한다.

추세 반전이 이루어지며 주요 고점 혹은 저점을 형성합니다. 이후 되돌림의 등장 및 목표 구간(골든 포켓)의 달성 여부를 관찰합니다.

3)골든 포켓(61.8~65.0% 구간) 도달하는지 확인한다. Sweep 여부도 추가로 확인한다.

되돌림이 이어지며 골든 포켓에 도달하는지 확인합니다. 도달 후 재차 테스트(Retest)를 보이는 경우 보다 안전한 트레이딩 진입이 가능합니다.

4) 거래 계획을 수립한 후 거래에 진입한다.

골든 포켓에 도달한 캔들(Candlestick)의 바로 다음 캔들이 50% 구간을 넘어선 경우(모식도 참조) 목표가에 도달할 가능성이 높아집니다.

진입가는 골든 포켓을 이용하여 되돌림의 61.8~65.0% 구간에서 설정할 수 있습니다. 목표가 역시 같은 피보나치 되돌림의 구간들을 이용할 수 있으며, TP1은 23.6% 되돌림 구간, TP2는 직전 변곡점의 가격 수준(0% 되돌림 구간)을 이용할 수 있습니다. TP1은 기준 구간(모식도상 A-B)의 23.6% 구간임과 동시에, 골든 포켓 ↔ B 간의 또 다른 61.8% 되돌림 구간이기도 합니다. 이는 서로 다른 되돌림 구간으로 이루어진 피보나치 밀집대(Fibonacci Cluster)로 볼 수 있습니다.

손절가는 골든 포켓 초과 구간(65.0% 또는 66.0% 이상)에서 'R'의 개념을 적용하여 자체적으로 설정할 수 있습니다.

골든 포켓 트레이딩 시의 주의할 점은 골든 포켓 도달 이후 가격이 50.0~61.8% 구간 내에서 횡보할 경우입니다. 이는 추세 반전을 위한 모멘텀(Momentum)을 상실한 것으로 간주하는 것이 좋으며, 이 경우 포지션 종료가 권장됩니다.

Golden Pocket Strategy: 주의사항

Golden Pocket 구간에서의 리테스트, 하지만…

가격의 반전이 확실하게 일어나지 않은 채 50.0~61.8% 구역을 맴돌고 있음.

추세의 반전이 일어나지 않을 확률이 매우 높음.

Golden Pocket

Golden Pocket Strategy: 주의사항

두 번째 전략은 골든 포켓을 Target + Entry로 사용하는 전략입니다.

Golden Pocket Strategy as Target & Entry

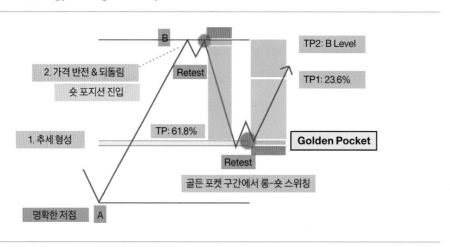

즉 골든 포켓 전후로 두 차례 포지션을 설정하는 거래 전략입니다. 먼저 되돌림이 일어나기 시작할 때 골든 포켓 구역을 목표가로 우선 적용한 후, 골든 포켓 구역에서하는 방식입니다. 두 차례의 포지션 설정이 이루어지므로 보다 공격적인 트레이딩이 가능합니다.

1) 되돌림의 기준이 될 추세를 확인한다.

우선 명확한 추세가 나타나는 중인지 확인합니다. 상승 추세는 명확한 고점(Significant High)을, 하락 추세는 명확한 저점(Significant Low)을 그리며 이어져야 합니다.

2) 반전을 이루며 되돌림이 형성되는지 확인한다.

추세 반전이 이루어지며 주요 고점 혹은 저점을 형성합니다. 이후 되돌림의 등장 여부를 관찰합니다.

3) 거래 계획을 수립한 후 거래에 진입한다.

되돌림을 통한 추세 반전이, 직전 변곡점(B) 구간을 리테스트하는지 확인합니다. 거래의 진입은 변곡점 형성 및 되돌림 확인 후 진입할 수 있습니다. 이때의 목표가는 골든 포켓 구간(61.8% 되돌림 구간)이 되며, 손절가는 'R'의 개념 혹은 기존 차트의 주요 레벨을 이용하여 자체적으로 설정 가능합니다.

4) 골든 포켓 도달 시 포지션을 전환한다.

가격이 골든 포켓에 도달하면 첫 번째 포지션의 목표가가 달성되며, 이후 첫 번째 전략을 이용해 반대 포지션에 진입합니다.

20

[심화] Session Trading
지구 반대편의 흐름을 읽자

이번 파트에서 다룰 Session Trading은 시간의 Range에 대한 트레이딩 전략입니다. 매달, 매주, 매일 시장에 나타나는 특징들이 있습니다. 또한 하루 내에서도 시간대에 따라 나타나는 특징들이 있으며, 위 내용은 24시간 열려 있는 외환, 선물, 크립토 마켓에 적용되는 다소 심화 내용일 수 있습니다.

시간 주기와 가격의 관계

다시 캔들의 정의를 떠올려보겠습니다.

캔들은 '일정 프레임의 단위시간에 대한 시장의 흐름'을 보여줍니다. 차트를 이루는 것은 캔들이며, 캔들의 모양을 만드는 것은 시장의 흐름이므로 시장은 결국 일정 프레임의 단위시간에 민감하게 반응할 수밖에 없습니다.

시간을 이용한 Range Trading은 특정 타임프레임(일, 주, 월, 년 등) 동안 거래되는 최고 가격과 최저 가격을 이용합니다. 특히 Weekly Range 같은 경우는 단타 투자자부터 스윙 투자자들이 사용하기 적합하고, Daily Range 같은 경우에는 나라마다의 시차 때문에 생겨나는

Session Trading과도 연관이 있으니 꼭 알아두시면 좋습니다.

먼저 특정 프레임의 시간을 이용한 Range Trading의 장점에 대해 알아보도록 하겠습니다.

시간을 이용한 Range Trading은 현재 시장의 구조를 가장 거시적으로 파악할 수 있습니다.

또한 주요 시간 프레임의 가격은 지지/저항 구조를 나타내는 경우가 많기 때문에 이를 통해 시장이 어느 쪽으로 향하는지 이해하기 쉽습니다. 예를 들면 이전 Range의 고점과 저점을 이용하여 다음 Range와 지지/저항 레벨 등을 예측할 수 있으며, 여기에 피보나치 분석 혹은 Volume Profile 등 다양한 기술적 분석을 추가로 적용할 수도 있습니다.

마지막으로 시간을 이용한 Range Trading에 익숙해진다면 자연스럽게 Multiple Timeframe Analysis를 적용할 수 있게 됩니다. 상위 타임프레임에서의 Swing은 하위 타임프레임에서 가격의 방향에 아주 큰 힘으로 작용하기 때문에 다양한 시간대를 이용한 Range Trading은 직관적인 Multiple Timeframe Analysis라고도 볼 수 있습니다.

지금부터는 세부적인 타임프레임별 Range Trading의 사례를 살펴보도록 하겠습니다.

Monthly Range

Monthly Range

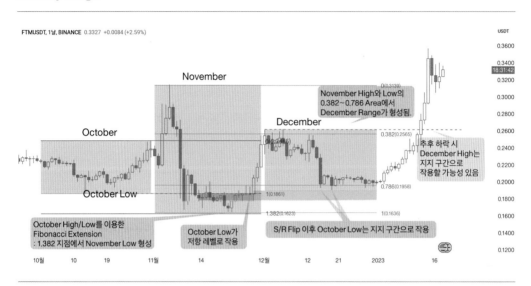

FTMUSDT, 1D, 2022년 10월 차트입니다.

11월의 하락은 October High/Low를 이용한 1.382 피보나치 연장 지점까지 진행되었습니다. 또한 하락 이후 재상승 시에 October Low는 저항 레벨로 작용한 것을 확인할 수 있습니다. 즉 October Low Level은 11월에서 높은 유동성을 지닌 구간이 되었고, S/R Flip 이후 12월에도 지지 구간으로 작용하였습니다.

December Range는 November Range의 0.382~0.786 Area에서 형성되었습니다.

Weekly Range

Weekly Range

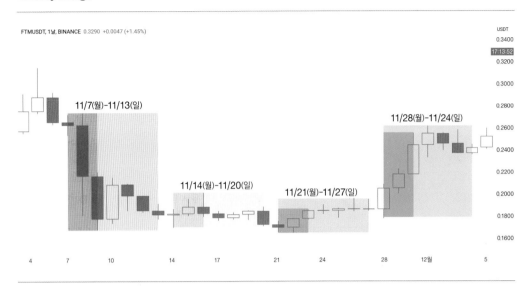

앞서 Monthly Range에서 살펴본 FTMUSDT 차트에서 2022년 11월 부분을 확대한 모습입니다.

Weekly Range에서 중요한 것은 '요일이 있다'는 점입니다. 주로 가격의 움직임은 '월-수요일'에 크게 나타납니다(차트상 진한 Box로 표시). 또한 월, 화, 수요일 가격 범위에서 Weekly High / Low가 나타나는 경우도 매우 많습니다. 따라서 24시간, 365일 열려 있는 시장이라 하더라도 주말에는 무리하게 거래에 진입하기보단 다가오는 주를 대비하는 움직임이 필요합니다.

추가적으로 '월요일의 가격 범위(Monday High/Low)'가 한 주의 추세에 영향을 미치는 경우가 많기에 Monday Range를 따로 체크하는 전략도 좋은 전략 중 하나입니다.

Daily Range

Daily Range

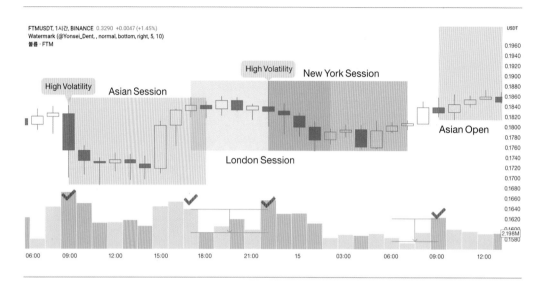

FTMUSDT, 1H, 2022-11-14일의 차트입니다.

Daily Range에서 중요한 부분은 24시간 열려 있는 시장들의 특성상 각 나라마다 주로 거래하는 시간이 다르다는 점입니다. 실제로 한국 시간 기준 차트에서 9시에 거래량이 높으며, London, New York 기준 장 개장 시간대에 거래량이 높은 것을 볼 수 있습니다. 이러한 시간대에는 거래량만 높은 것이 아니라 변동성 또한 매우 높아지는 시간대입니다. 다음 파트에서 Session Trading과 Kill Zone의 내용에 대해 자세히 다뤄보도록 하겠습니다.

Kill Zone의 기초 개념

Asian, London, New York 세션 이해

24시간 열려 있는 자산 시장들은 투자자들이 잠을 자는 동안에도 트레이딩은 일어나고 있다는 특징이 있습니다. 내가 잠에 들어 있을 때, 지구 반대편의 누군가는 아침에 일어나서 그날의 거래를 시작할 준비를 하고 있는 셈이지요. 이를 이해하기 위해서는 먼저 UTC에 대한 이해가 필요합니다. UTC란 국제 사회가 사용하는 시간의 표준을 말합니다. 이전에는 GMT(런던의 그리니치 천문대 평균시)라는 용어를 사용하였으나, 지구 자전속도의 문제로 현재는 원자시계를 기준으로 하는 UTC를 사용합니다. 중요한 것은 GMT인지, UTC인지가 아니라 '시차'가 존재한다는 사실입니다. 날짜 변경선은 그리니치 천문대를 기준으로 180도 반대쪽에 위치하며 이 선을 기준으로 서에서 동으로 넘을 때는 날짜를 하루 낮추고, 동에서 서로 넘을 때는 하루를 더하게 됩니다.

Standard Time Zones of the World

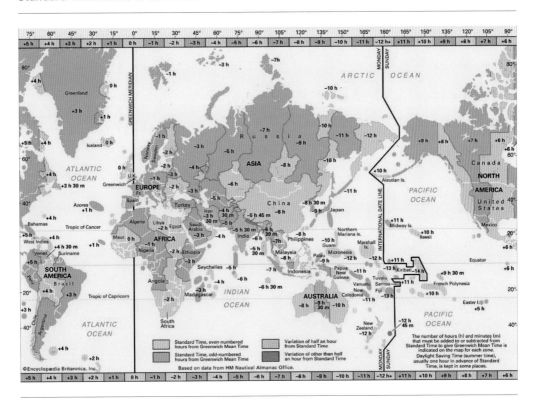

따라서 한국과 일본은 UTC 기준 UTC +9, 뉴욕은 UTC 기준 UTC -5의 시간대에 속하게 되는 것입니다. 즉 한국이 뉴욕보다 날짜상으로는 약 반나절 정도 빠르게 됩니다. 아마 미국 주식 투자에 관심이 있으셨던 분들은 잘 알고 계실 것입니다.

다행히 우리는 모든 도시의 표준시를 외우고 있을 필요는 없습니다. TradingView를 사용할 경우 차트 하단에서 시간대를 변경할 수 있으며, 통상적으로 UTC 기준으로 Session의 기준은 다음과 같습니다.

Asian Session은 UTC +9, 09:00-18:00

London Session은 UTC 0, 08:00-17:00 (Summer Time 적용 시 UTC +1)

New York Session은 UTC -5, 08:00-17:00 (Summer Time 적용 시 UTC -4)

(24시간 개장하는 마켓의 경우 정확한 개장과 폐장이 없기 때문에 대략적인 시간으로 받아들이시면 됩니다.)

한국 시간 기준으로 환산한다면 Session의 기준은 대략 이렇습니다.

Asian Session은 09:00-18:00

London Session은 17:00-익일 02:00

New York Session은 22:00-익일 07:00

Monthly Range

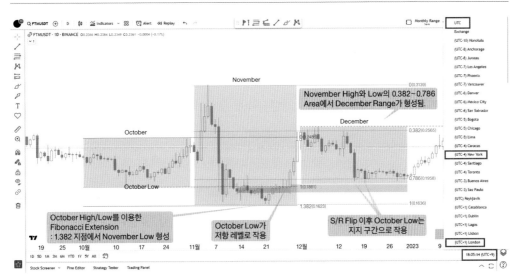

TradingView에서 시간대 변경 방법

다음 파트에서는 'Kill Zone'의 개념에 대해 알아보도록 하겠습니다.

Asian, London, New York Kill Zone 이해

Asian, London, New york Session을 이해했다면, 24시간 중 특정 시간대에 거래가 집중될 수 있다는 점도 쉽게 이해할 수 있을 것입니다.

Kill Zone의 정의는 다음과 같습니다.

A Kill Zone is an Area, a time interval where there is high volatility
with market pre-openings.

킬 존(Kill Zone)은 시장의 사전 개장부터 일어나는

큰 변동성을 가지는 시간의 영역이다.

즉 Kill Zone은 시장의 개장(08-09시)을 전후로 한 큰 변동성을 가지는 영역을 뜻하는 것입니다. 이제는 자연스럽게 Asian, London, New York 시장의 각각의 Kill Zone이 있다는 사실도 이해할 수 있을 것입니다.

쉽게 생각했을 때 Kill Zone 활용법의 기초는 한국 시간 기준에서 큰 거래량과 함께 변동성이 나타날 수 있음을 인지하면 됩니다.

Asian Kill Zone → 08:00-11:00

London Kill Zone → 16:00-19:00

New York Kill Zone → 21:00-24:00

당연하게도 위 시간대에는 Market Maker들의 다양한 Action이 일어날 수 있으며, 개인 투자자들에게는 주의를 요하는 시간대가 되겠습니다.

Kill Zone이 실제로 어떻게 나타나는지 사례를 확인해보도록 하겠습니다.

Kill Zone Example

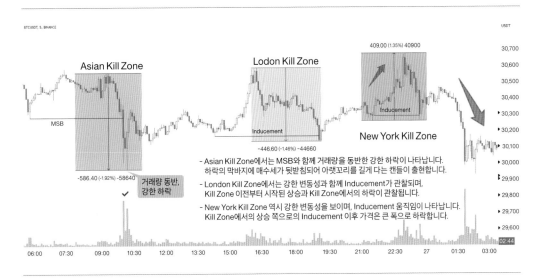

24시간 열려 있는 마켓 중 하나인 크립토 마켓의 BTCUSDT 5분봉 차트입니다.

Asian Kill Zone(08:00-11:00)에서는 MSB와 함께 거래량을 동반한 강한 하락이 나타났습니다. 하락의 막바지에는 매수세가 뒷받침되며 아랫꼬리를 길게 다는 캔들이 출현합니다.

뒤이어 변동성은 줄어들게 되며, London Kill Zone(16:00-19:00)에서 다시 강한 변동성이 나타납니다. Inducement를 관찰할 수 있으며, Kill Zone 이전부터 시작된 상승과 Kill Zone에서의 하락이 관찰됩니다.

New York Kill Zone(21:00-24:00)에서는 다시 큰 변동성과 함께 위아래로 가격이 요동치는 양상을 보였습니다. 이를 Inducement로 이해할 수 있으며, Kill Zone에서는 상승 움직임(Bullish Movement)을 주었던 것과는 달리 Kill Zone 이후 가격은 큰 폭으로 하락하는 것을 확인할 수 있습니다.

Asian Session Trading

Daily Range

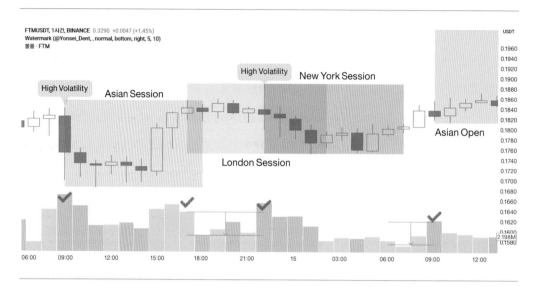

Asian Session의 특징

Asian Session은 뒤따르는 London, New York Session에 방향성을 제공합니다.

또한 Asian Session에서는 한국, 중국, 일본뿐만 아니라 홍콩, 싱가포르 그리고 시드니의 돈의 흐름이 모두 집중됩니다.

그리고 Asian Session은 New York Session과 전혀 겹치지 않으며, 이러한 특징으로 인해 New York Session과 Asian Session은 반대되는 방향으로 움직이는 경우도 많습니다.

특히 주말에 쉬는 외환 시장 등의 경우 매주 초 월요일에 아시아가 가장 먼저 진입한다는 특징이 있습니다.

마지막으로 다른 Session에 비해 비교적 변동성이 심하지 않다는 특징이 있습니다. 따라서 진입가, 목표가 등을 설정하기에 무난하다는 장점이 있습니다. 특히 외환시장의 경우 Asian Session에서 주로 거래되는 통화쌍이 적기 때문에 변동성이 적습니다.

Asian Session Buy Model

이번 파트에서는 Asian Session을 이용해 매수 혹은 롱 포지션에 진입하는 모델에 대해 알아보도록 하겠습니다. 일반적으로 Asian Session은 New York Session에 반대되는 방향성을 가지는 경우가 많습니다. 즉 이전 New York Session이 약세 추세를 보였을 때 Asian Session에서 상승이 일어날 가능성이 높습니다.

매수 포지션에 진입하기 전, 반드시 HTF 상에서의 주요 지지/저항 레벨을 확인합니다. 가장 이상적인 진입 시점은 주요 지지 레벨 하방 False Breakout을 이용하는 것입니다.

Day Trading의 경우 Exit 전략 또한 중요합니다. 매도에는 이전 New York Session의 주요 레벨들을 목표가로 이용할 수 있으며, 한국 시간 기준 16:00~19:00의 London Kill Zone에서 나타나는 변동성을 이용하는 것도 좋은 방법입니다.

Asian Session Buy Model Example

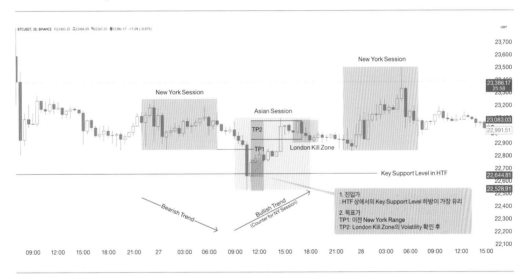

비트코인 30분봉 차트이며, 2023년 1월 27일의 Asian Session입니다.

이전 New York Session은 혼조세인 와중에 약한 약세 추세를 보였기에 Asian Session에서의 반대의 상승을 기대해볼 수 있습니다.

Day Trading의 경우 타이트한 손절이 중요하기 때문에 미리 HTF 상에서의 주요 지지 레벨을 여러 개 설정해두는 것이 좋습니다. (사례에서는 편의상 하나만 표기하였습니다.)

주요 지지 레벨에서의 False Breakout 이후 상승이 나타날 수 있으며 이러한 False Breakout 을 이용하여 진입할 수 있습니다. 목표가는 기존 New York Session 혹은 다가오는 London Kill Zone의 변동성을 이용할 수 있습니다.

Asian Session Sell Model

Asian Session Buy Model의 반대 전략입니다. 즉 Asian Session을 이용하여 매도 포지션에 진입하는 모델입니다. 역시 Asian Session은 New York Session에 반대되는 방향성을 가지는 경우가 많다는 특징을 이용하는 것이 좋습니다. 즉 이전 New York Session이 강세 추세를 보인 경우 시도해볼 수 있는 전략입니다.

마찬가지로 투자에 임하기에 앞서 HTF 상에서의 주요 지지/저항 레벨을 확인해두어야 합니다. 진입 시점은 주요 저항 레벨 상방 False Breakout이 이상적입니다. 마찬가지로 매도 전략 역시 이전 New York Session의 주요 구간을 이용하거나 London Kill Zone의 변동성을 이용할 수 있습니다.

Asian Session Sell Model Example

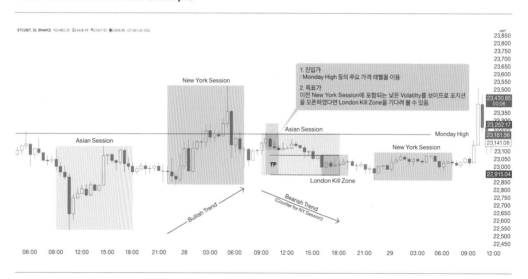

비트코인 30분봉 차트이며, 2023년 1월 28일의 Asian Session입니다.

이전 New York Session이 강세 추세를 보였기에 Asian Session에서의 몇 차례의 하락을 기대해볼 수 있습니다. 역시 트레이딩에 임하기에 앞서 HTF 상에서의 주요 지지 구역을 여러 개 설정해두는 것이 좋습니다. (사례에서는 편의상 하나만 표기하였습니다.)

주요 저항 레벨로 볼 수 있는 Monday High Level을 터치한 후 하락세를 보입니다. 이러한 테스트가 일어난 이후 진입이 권장되며, 이번 사례에서의 목표가는 London Kill Zone의 변동성을 이용하였습니다.

London Kill Zone Trading

London Kill Zone은 서머타임에 따라 조금씩 달라질 수 있으나, 한국 시간 기준 16:00-19:00입니다. London Kill Zone에서의 가격 움직임을 'London Express'라고 부르기도 합니다. London Open에서는 Asian Session을 공략하는 Stop Hunting이나 False Breakout이 자주 나타납니다. 또한 London Session Trading은 Asian Session과 맞물린다는 특징이 있습니다. 따라서 Asian High/Low가 매우 중요한 레벨로 작용하게 되며, Stop Hunting 역시 Asian High / Low를 노리는 경우가 많습니다.

따라서 London Session에서의 트레이딩 진입은 롱 포지션의 경우 Asian Low 하방에서, Short Position의 경우 Asian High 상방에서 진입하는 것이 안전합니다.

London Session에서의 Exit 전략에서는 New York Kill Zone을 반드시 고려해야 합니다. New York Session에서는 통상적으로 강한 변동성이 나타나기 때문에 New York Session 이전에 Exit하기 위해서는 21:00 이전에 가급적이면 포지션을 종료해야 합니다. New York Kill Zone 이후에 Exit은 24:00 이후가 되기 때문에 Overnight Trading이 될 수 있습니다. 뒤따르는 New York Session의 변동성을 감안했을 때, Overnight Trading(수면 중에 포지션을 유지하는 거래로, 대응이 쉽지 않아 저배율 혹은 현물 투자가 아닌 경우 권장되지 않습니다)의 경우는 비중을 매우 줄이는 것이 추천됩니다.

또한 한국 시간으로 새벽에 매크로 이슈의 발표가 예정된 경우 London Kill Zone을 이용하는 전략은 지양하는 것이 좋습니다.

London Kill Zone Trading Strategy

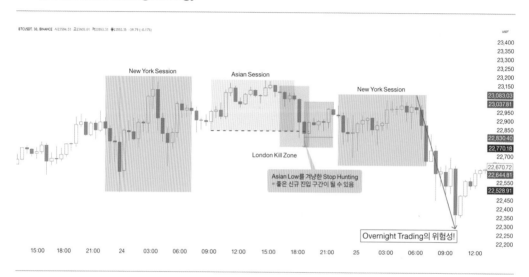

비트코인의 30분봉 차트이며, 2023년 1월 24일의 London Kill Zone입니다.

이전 Asian Session의 Low를 겨냥한 Stop hunting이 관찰됩니다. HTF 분석상 합당하다면 Asian Low 하방에서 롱 포지션을 진입할 수 있습니다. Day Trading의 특성상 투자의 호흡은 짧게 가져가는 것이 좋습니다. 또한 New York Session의 존재로 인해 Overnight Trading은 아주 위험하므로 짧은 호흡의 포지션은 정리하고 잠에 드는 것이 좋습니다.

New York Kill Zone Trading

New York Kill Zone은 한국 시간 기준 21:00–24:00입니다. 통상적으로 New York Session에서 Daily High/Low가 나타나는 경우가 많습니다. New York Session은 가장 마지막에 나타나기 때문에 Asia, London Session의 High/Low를 이용하기 쉽다는 장점이 있습니다. 또한 New York Session은 HTF 상의 추세와 일치하는 경우가 많습니다.

다만 New York Session의 경우, 직전의 Session인 London High/Low Level을 이용한 Pullback, Sweep 등이 자주 나타날 수 있습니다.

또한 London Close(한국 기준 00:00–02:00)를 전후로 많은 거래가 종료될 수 있음을 인지하는 것이 좋습니다. 이 시간은 유럽의 장 마감 시간일 뿐 아니라 New York의 점심시간과도 겹치는 시간입니다.

New York Session에서의 Entry는 롱 포지션의 경우 London Kill Zone Low 하방에서, 숏 포지션의 경우 London Kill Zone High 상방 진입이 안전합니다.

또한 매크로 이슈의 발표가 예정된 경우 신중한 진입이 권장됩니다.

New York Kill Zone Trading Strategy

비트코인의 30분봉 차트이며 2023년 1월 23일의 New York Kill Zone입니다.

New York Kill Zone에서 앞서 살펴보았듯 London Kill Zone을 위아래로 공략하는 Stop Hunting이 나타납니다. 또한 HTF의 추세를 따르는 경우가 많은 Session입니다. New York Session은 심한 변동성을 보이는 경우가 많습니다. 롱 포지션의 경우 London Low 하방에서 진입하는 것이 권장됩니다. Overnight Trading에는 항상 위험성이 따르기 때문에 포지션은 가급적 거의 전량을 정리하고 잠에 드는 것이 추천됩니다.

A

Accounting Liquidity: 회계 유동성

Accumulation: 매집(축적)

* Wyckoff series 참고

Ascending: 상승하는

ATR(Average True Range): 가격의 평균범위, 시장의 변동성을 수치화할 수 있는 보조지표

AR(Automatic Rally): SC 이후의 기술적 반등 구간

B

Balance: 가격 균형 = 거래가 충분히 이루어지며 합리적인 가격이 형성된 구간

* Imbalance, FVG, BPR Test 등에서 주로 사용되는 개념

BC(Buying Climax): 매수가 최종적으로 나타나는 구간, 추후 저항 구간으로 작용

* Wyckoff Distribution Pattern에 해당

Break Even: 손실 없이 진입가에서 매도로 포지션 종료(=본절 로스)

Bullish: 강세

Bearish: 약세

Bullish Pin Bar: 아랫꼬리가 긴, 지지의 신호가 나타나는 캔들

Bearish Pin Bar: 윗꼬리가 긴, 저항의 신호가 나타나는 캔들

Bullish Retest: 상승 추세선 돌파 후 재차 지지를 확인

Bearish Retest: 하락 추세선 이탈 후 재차 저항을 확인

Bull Trap: 가격이 상승할 것처럼 투자자들의 매수를 유도하는 차트 형태, 추후 가격 하락

Bear Trap: 가격이 하락할 것처럼 투자자들의 매도를 유도하는 차트 형태, 추후 가격 상승

Body: (캔들의) 몸통

Bonds: 채권

BOS(Break of Structure): Trend Continuation, 큰 추세가 지속되는 방향에서 일시적으로 나타난 작은 되돌림 추세를 무너트리며, 재차 큰 추세를 지속시키는 것. 큰 틀에서는 MSB의 한 종류로 볼 수 있음.

* MSB(Market Structure Break) 파트 참고

BPR(Balanced Price Range): 가격 불균형을 동반한 큰 움직임이 나타난 후, 재차 가격 불균형을 해소하는 과정을 거치게 되며, 이때 충분한 가격 불균형 해소와 함께 추세의 반전이 나타나는 구간

Breakdown: 하방 돌파, 이탈

Breakout: 상방 돌파, 돌파

Broken Swing Point: SFP와 달리, 추세의 반전이 나타나지 못하며, 다른 구간을 돌파 또는 이탈하는 지점을 의미, 다만 이후 상방 또는 하방에서 일시적이 횡보

조정을 거친 후 재차 반전이 나타나게 됨.

* Swing Failure Pattern과 비교하여 사용되는 개념이기도 함

BSL(Buyside Liquidity): Buy Order들이 형성하는 Liquidity Area

* Liquidity series 참고

BU(Back Up): 상승 이후 이전 저항선이 S/R Flip 되어 지지로 작용하는 과정

* Wyckoff Accumulation Pattern 참고

C

Channel: 수평한 2개 이상의 추세선이 만드는 상승 또는 하락 채널 형태

CHoCH(Change of Character): Trend Reversal, 큰 추세 자체를 깨트림으로써 추세의 반전. 큰 틀에서 MSB의 한 종류

* MSB(Market Structure Break) 파트 참고

Confirmation: 컨펌, 지지, 저항 등의 확인, 패턴이 확인되는 것

Congestion Zone: 횡보 구간으로, 추세가 둔화되는 구간

Consolidation: 가격이 보합을 이루는 형태

Continuation: (추세의) 지속, 연속

Convergence: 수렴(가격과 지표가 서로 같은 방향으로 수렴)

Crossover: 지표 간의 교차

Crypto(Cryptocurrency): 가상자산(가상화폐)

D

Dead Cross: 역배열 형태로 교차(ex. 5일 이평선이 20일 이평선 아래로 이탈하며, 역배열)

Demand: 수요, 상승을 위해 세력이 유동성을 확보하

는 구간

* S&D(Supply & Demand) 파트 참고

Demand Exhaustion: 수요 소진. 매수세가 부족해지며 고점을 형성하게 됨, 거래량의 감소가 나타나는 것이 일반적이며, Upthrust에서 주로 나타남

Descending: 하락하는

Discount: Range 내에서 Equilibrium 하방 가격을 의미

* ICT Concept의 Discount & Premium 파트 참고

Distribution: 분배(분산)

Divergence: 발산(가격과 지표가 서로 다른 방향으로 발산)

* 보조지표 RSI에 자세히 수록

Doji(도지): 십자가 형태의 캔들

Double Top / Double Bottom: 이중 천장형 / 이중 바닥형 패턴

Drop: (가격의) 하락

DP(Depth of Pullback): 가격이 되돌려지는 크기

E

Efficiency: 가격 균형 = 거래가 충분히 이루어지며 합리적인 가격이 형성된 구간

* IMB(Imbalance), Inefficiency, FVG 파트 참고

ERC(Extended Range Candle): 초과 범위 캔들. 장대 양봉, 장대 음봉을 의미하며, 캔들의 몸통이 캔들 고점 - 저점 범위의 약 80% 이상으로 구성되는 캔들을 의미

ETA(Estimated Time on Arrival): 시간이 지남에 따라 패턴이 형성되며 도달할 가격 위치

EPA(Estimated Price on Arrival): 패턴의 추세선을 이탈 및 돌파하며 도달할 가격 위치

* Wolfe Wave 패턴 참고

EMA(Exponential Moving Average): 지수이동평균, 최근 가격에 더 가중치를 부여한 지표

Engulfing: 장악형(이전 캔들들을 감싸며 추세를 되돌리는 것을

의미)

Entry: 진입 가격

Exit: 수익 실현 또는 손절로 포지션을 종료하는 행위

Extension: 연장

Expansion: 확장

* 피보나치 교육자료 참고

Equities: 증권시장

Eq.(Equilibrium): 평형, 중간값, Range의 중간 가격을
의미

* ICT Concept Equilibrium, Discount & Premium
참고

EQH(Equal High): 동일 고점(이전 고점과 동일한 가격대의 고
점을 의미)

EQL(Equal Low): 동일 저점(이전 저점과 동일한 가격대의 저
점을 의미)

Execution: 패턴을 식별 후 거래를 진행하는 실행 단계

* 하모닉 패턴 교육자료 참고

External Liquidity: 단기 구조 바깥에 위치한 더 큰
frame의 구조에 위치한 유동성

F

Fakeout: 일시적인 Range 이탈, 재차 Range 내로 가
격 재진입

Fair Market Value: 적절한 시장 가치 = 적절한 가격을
의미

False Breakout/Breakdown: 일시적인 이탈 및 돌파

Fibonacci Cluster: 여러 Range에 피보나치 비율을
적용할 때 생기는 각 비율 값의 집합

Fibonacci Confluence Zone: 피보나치 융합대, 여러
Range에 피보나치 비율을 적용할 때 중첩되는 구간을
의미

Fibonacci Ratio: 피보나치수열에 적용되는 비율들을
의미

* 피보나치 교육자료 참고

Flag Pattern: 깃발형 패턴(추세선 2개의 채널이 평행한
형태)

Flip: 전환, 지지 ↔ 저항의 전환을 의미

S/R Flip: 지지 → 저항으로의 전환

R/S Flip: 저항 → 지지로의 전환

* 지지/저항, 추세선과 채널 교육자료 참고

Forex: 외환시장

FOMO(Fear of Missing Out): 시장에서 소외되는 것에
대한 두려움, 추세에서 자신만 수익을 보지 못하는 것
같은 느낌

FRVP(Fixed Range Volume Profile): 고정된 기간에 해당
하는 Volume Profile을 보여주는 지표

* Volume Profile, POC 교육자료 참고

FUD(Fear, Uncertainty, Doubt): 공포, 불확실성, 의심으
로, 불확실한 이슈에 의해 집단적 공포가 시장을 지배
하는 것을 의미

Futures: 선물 시장

FVG(Fair Value Gap): 가격 불균형이 발생한 구간

* IMB(Imbalance), Inefficiency, FVG 교육자료 참고

G

Golden Cross: 정배열 형태로 교차(ex. 5일 이평선이 20
일 이평선을 돌파하며, 정배열)

Golden Pocket Trading: 황금비율로 불리는 피보나
치 비율 0.618을 이용하는 매매 전략

H

Harami: 잉태형(이전 캔들을 감싸지 못하며, 이전 캔들 가격 범
위 내에 위치, 장악형의 반대)

* 캔들 교육자료 참고

HH(Higher High): 점차 높아지는 고점

HL(Higher Low): 점차 높아지는 저점

Hot Hand Fallacy: 뜨거운 손의 오류, 이전 행동에서 나타난 결과가 다음에도 똑같은 결과로 나타날 것이라 생각하는 오류

HTF(High Time Frame): 높은 시간대의 Timeframe

HTS(Home Trading System): PC 등에서 사용하는 증권 프로그램

HVN(High Volume Nodes): Volume Profile상에서 높은 거래량을 보이는 가격 레벨

* Volume Proflie, POC 교육자료 참고

H&S Pattern: 헤드 앤 숄더(Head & Shoulder) 패턴 (Pattern)

I

Identification: 패턴을 식별

IDM(Inducement): 유도, 세력이 원하는 추세를 만들기 전 일시적으로 반대 추세로 가격 움직임을 만들며 포지션을 유도하는 행위

IM = Impulsive Move

Impulsive Wave: 충격 파동, 상승 또는 하락으로 하나의 추세를 형성하는 파동

Imbalance, Inefficiency: 가격 불균형. 급등, 급락 과정에서 충분한 거래가 이루어지지 못한 구간

Indicator: 보조지표

Inflection Point(=Reversal Point): 변곡점

Internal Liquidity: 단기의 작은 구조에 위치한 유동성

Intraday: 하루 이내의(Timeframe의 의미 및 거래 시의 보유 기간 등을 의미)

Invalidation: 관점 및 시나리오의 무효화

Inverted: 반전된, 역전된

K

Kill Zone: Session Trading에서, 각각의 Market Session에서 시장의 개장 시간을 전후로 한 큰 변동성을 가지는 영역

L

Last Demand Swing: 상승 추세가 약해지며 마지막으로 나타나는 Upthrust를 의미

Leading indicator: 선행지표

Lagging indicator :후행지표

Leg: 하모닉 패턴 등에서 X, A, B, C, D 등의 각 점끼리 연결한 구간을 의미

  ex. C-D Leg: C point와 D point를 연결한 선

* 하모닉 교육자료 참고

Liquidity: 유동성(시장 유동성)

Liquidity Sweep(Liquidity Grab): 유동성 해소, 유동성 확보를 위해 일시적으로 상방 또는 하방으로 강한 가격 움직임을 발생시킨 후 재차 회복되는 과정, 주로 긴 꼬리 형태로 나타나게 됨.

Liquidity Pool: 유동성 풀, 유동성이 많이 모여있는 구간을 의미

LH(Lower High): 점차 낮아지는 고점

LL(Lower Low): 점차 낮아지는 저점

Long Tail: Long wick, 긴 꼬리를 가지는 캔들

Low Probability Zone: 가격의 근거가 신뢰도가 떨어지는 구간

LPS(Last Point of Support): SOS 전후로 나타나는 되돌림(Pullback) 과정

* Wyckoff Accumulation 패턴 참고

LPSY(Last Point of Supply): 하락 전환 후 일시적인 반등

* Wyckoff Distribution 패턴 참고

LTF(Low Time Frame): 낮은 시간대의 Timeframe

LVN(Low Volume Nodes) Volume Profile상에서 낮은 거래량을 보이는 가격 레벨

* Volume Profile, POC 교육자료 참고

M

MA(Moving Average): 이동평균

MACD(Movinag Average Convergence & Divergence): 장단기 이동평균 간의 차이를 이용하여 매매 신호를 포착하려는 기법

Magnet Movement: 자석 현상, AB=CD 패턴에서 B point를 돌파 또는 이탈 함에 따라, D point까지 자석처럼 가격이 끌려가는 현상을 의미

* ABCD, 하모닉 교육자료 참고

Market Liquidity: 시장 유동성

Market Maker: 시장 조성자, 흔히 세력을 의미

Markup: 상승

Markdown: 하락

Marubozu(마루보주): 장대 양봉(음봉) 캔들

Momentum: 동력, 추세를 유지할 수 있는 힘

MS(Market Structure): 시장 구조, 흔히 차트의 추세 구조를 의미

MSB(Market Structure Break): 차트의 추세를 깨트리며, 추세의 역전을 확인하는 것

MSS(Market Structure Shift)라고 부르기도 함.

MTS(Mobile Trading System): 핸드폰 등 모바일에서 사용하는 증권 프로그램

Multiple Timeframe Analysis: 차트 분석 시 여러 시간대의 차트를 함께 분석하는 것

O

OB(OrderBlock): Smart Money 및 세력들이 주요 추

세를 만들어내기 전 매물을 매집하는 범위

Bullish OB: 상승 전 나타나는 주요 매물 매집대, 큰 양봉 이전 일시적인 음봉 형태로 주로 나타남.

Bearish OB: 하락 전 나타나는 주요 매물 매집대, 큰 음봉 이전 일시적인 양봉 형태로 주로 나타남.

OBV(On Balance Volume): 거래량 보조지표 중 하나, 매집 또는 분산 단계의 파악에 사용

Open Interest: 미결제약정

OTE(Optimal Trading Entry): 매매 시 최적의 진입 구간

Overbought: 과매수

Oversold: 과매도

P

PD Array: Premium, Discount 구간을 합쳐 부르는 용어

Peak: 고점

Penetration: 관통, 통과, 가격(캔들)이 주요 구간을 통과하는 정도

Pennant Pattern: 깃발형에 비해 추세선 2개의 끝이 수렴하는 형태(cf. 삼각수렴은 거의 끝이 만나는 형태)

PEZ(Permissible Execution Zone): PRZ 구간과 T-Bar를 이용해서 실제 거래를 진행할 수 있는 구간

* 하모닉 교육자료 참고

PO3(Power of Three): Accumulation(축적)-Manipulation(조정)-Distribution(발산)의 3단계로 구성되어 AMD Pattern이라고 표현하기도 함

POC(Point of Control): Volume Profile 상에서 거래량이 가장 집중된 가격 레벨

POI(Point of Interest): 관심 영역

Orderblock 등의 세력의 유동성 확보를 나타내는 근거를 기반으로 한 트레이딩 진입 지점(Entry Point)를 의미

OB = POI를 의미하는 것은 아니며, OB를 비롯한

유동성 확보를 나타내는 근거들이 모두 POI로 사용
될 수 있음.

Premium: Range 내에서 Equilibrium 상방 가격을
의미

* ICT Concept, Discount & Premium 교육자료
참고

PA(Price Action): 가격 움직임을 직관적으로 분석하는
기술적 분석 이론

Projection: 기존 작도를 활용하여, 변경된 가격 움직
임에 맞춰 차트 작도를 수정하는 행위

 ex. 채널 투사(Channel Projection), 피보나치 투사
 (Fibonacci Projection)

Pullback: 돌파 이후의 되돌림 하락(딩거짐), 가격의 되
돌림

PRZ(Potential Reversal Zone): 잠재적 반전 구간, 가격
반전이 나타나는 구간

* 하모닉 교육자료 참고

PS(Preliminary Support): 지속된 하락 움직임 이후 나타
나는 지지 구간

PSY(Preliminary Supply): 상승 이후 처음 매도 주문이
나오기 시작하는 단계, 고점의 형태

* Wyckoff Distribution 패턴 참고

R

Rally: (가격의) 상승

Range: 고점과 저점으로 이루어진 범위

Range Market: 횡보장, 박스권 장세

Range Trading: 가격의 범위를 이용한 매매 방법

Reciprocal: 상호 간의, 주로 AB=CD 패턴에서 비율
이 역으로 나타나는 패턴을 의미

Reciprocal Number: 역수

 ex. 0.618:1.618이 기본 AB=CD 패턴에 해당하며,
 1.618: 0.618 등으로 AB=CD 비율이 역수로 나타나

는 패턴

Resistance: (차트상에서) 가격의 상승을 방해할 수 있
는 레벨. 저항

Retest: 지지 및 저항 구간을 재차 확인하는 움직임

Retracement: 되돌림

Reversal: (추세의) 반전, 역전

Round Number: 중요 가격 수준으로, 시장 참여자들
이 Stop Loss 설정 시 중요하게 생각하는 가격 등을
의미함.

 ex. 100.5 달러의 가격일 때, 100달러는 매우 중요한
 위치로 생각되며, 100달러가 Round Number에
 해당

* Stop Hunting 교육자료 참고

RSI(Relative Strength Index): 상대강도지표

R/R Ratio(Risk/Reward): 손익비(손실과 수익의 비율)

S

SC(Selling Climax): 매도가 최종적으로 나타나는 구간,
추후 지지 구간으로 작용

* Wyckoff Accumulation 패턴 참고

Session Trading: (가상화폐 및 해외 선물 등에서) Asia,
London(유럽), New York Market의 Session에 따라
나타나는 특성을 활용한 매매 전략

Session VP: 원하는 기간 단위(Daily, Weekly, Monthly)
에 해당하는 Volume Profile을 각각 끊어서 표시해주
는 지표

 AO = Asia Market Open, LO = London Market
 Open, NYO = New York Market Open

* Session Trading 교육자료 참고

SFP(Swing Failure Pattern): 가격이 한 구간에서 다른
구간으로 Swing이 나타날 때, 해당 swing이 지속되지
못하고 추세 반전을 형성하며, 다른 구간으로 재차
Swing이 나타나는 것

Slippage: 슬리피지, 매매 주문 시 발생하는 체결 오차 현상으로 주문가격과 체결가격이 다른 경우를 뜻함

SSL = Sellside Liquidity

ST(Secondary Test): SC 이후 재차 하락이 나타나며 지지를 재확인하는 구간, BC 이후 재차 상승이 나타나며 저항을 재확인하는 구간

* Wyckoff Accumulation 패턴 참고

Stepping Stone: 계단식 가격 상승을 의미

SL(Stop Loss: 손절 가격

Stop Hunting: 변동성 등으로 Stop Loss(손절가) 부근의 가격움직임이 나타남에 따라, 포지션이 청산되는 것을 의미하며, 주로 세력이 해당 움직임을 만들기 때문에 Stop을 Hunting했다고 표현

Supply: 공급, 하락을 위해 세력이 유동성을 확보하는 구간

* S&D(Supply & Demand) 교육자료 참고

Supply Dominated: 공급 우세의, 매도세가 매수세를 압도하는 상황

Supply Exhaustion: 공급 소진, 매도세가 부족해지며 저점을 형성하게 됨, 거래량의 감소가 함께 나타나는 것이 일반적이며, Spring에서 주로 나타남

Support: (차트상에서) 가격의 하락을 방어할 수 있는 레벨. 지지.

SMA(Simple Moving Average): 단순이동평균

Smart Money: 기관 또는 세력 등을 의미

SOS(Sign of Strength): 상승이 나타나며, Higher High를 만드는 과정

SOW(Sign of Weakness): TR(Trading Range)의 하방을 향하는 하락 형태, 저점을 형성하며 시장의 약세전환을 의미

Spread: 매수 호가와 매도 호가의 격차

Spring: 축적의 후반부에서 바닥에 가까운 가격에서 물량을 마지막으로 흡수하는 과정

* Wyckoff Accumulation 패턴 참고

Swing: 하나의 구간에서 다음 구간으로 움직이는 스윙(그네가 앞뒤로 움직이는 것처럼, 차트에서 위 아래로 움직이는 것을 참고)

Swing High: 하단에서 상단으로의 가격 움직임으로 형성된 고점(SH)

Swing Low: 상단에서 하단으로의 가격 움직임으로 형성된 저점(SL)

T

TP(Take Profit): 목표 가격

Three Drive: 3개의 충격 파동과 2개의 되돌림으로 구성되어 같은 비율로 확장되어 나타나는 추세

* ABCD 교육자료 참고

Tight: 손절 구간 또는 수익 구간까지의 범위를 좁게 설정하는 것을 의미

Timeframe: 차트상에서 가격 데이터를 표현하는 시간의 간격 또는 주기.

시간대의 경우 낮고, 높음이 정해진 것은 없으나, 통상적으로 4시간~1일봉 이상을 HTF, 그 이하를 LTF로 보는 경우가 많음. 다만, 서로 상대적인 시간대의 차이를 의미하며, 절대적인 시간대를 의미하지는 않음.

M1(월봉), W1(주봉), D1(일봉), H1(1시간 봉), H4(4시간 봉), 30M(30분봉) 등으로 사용

또는 1M, 1W, 1D, 1H, 4H, 30M 등으로도 사용 가능

Time Lag: 시차

Tolerance: 오차 허용 범위

Tradable OB: 매매에 활용할 수 있는 오더블록을 의미

TradingView: 차트 및 지수 등을 제공하는 사이트, 작도 등에 편리

Trendline: 추세선

Trendline Liquidity: 추세선의 지지, 저항 구간에 위치한 유동성을 의미

Triangle Pattern: 삼각수렴 패턴

Trigger: 발화, 거래를 진행할 수 있는 근거가 되는 상황을 의미

T-Bar(Terminal Price Bar): 하모닉 패턴을 완성하는 캔들을 의미

U

Upthrust: 상방으로의 돌파

UT(Upthrust): Spring과 대비되는 개념, BC의 고점을 돌파하는 일시적 상승

UTAD Test(Upthrust After Distribution): 하락으로 전환되기 선 마지막 상승을 보이는 형태

* Wyckoff Distribution 패턴 참고

V

VAH(Value Area High): Value Area의 상단 가격 레벨

VAL(Value Area Low): Value Area의 하단 가격 레벨

Value Area: Volume Profile상 전체의 70%에 해당하는 거래량이 위치한 구간

* Volume Profile, POC 교육자료 참고

Valley: 저점(V자 형태의 변곡점)

Volatility: 변동성(가격의 변동)

Volume: 거래량

Volume Profile: 단순 거래량을 가격에 따라 거래된 거래량으로 표시하는 것, 가격 별로 거래된 거래량을 의미

VRVP(Visible Range Volume Profile): 보이는 차트 구간 내의 기간에 해당하는 Volume Profile을 보여주는 지표

* Volume Profile, POC 교육자료 참고

W

Wedge Pattern: 쐐기형 패턴

Whipsaw: 가격의 거짓된 움직임, 속임수(= False Breakout / Breakdown)

Wick: (캔들의) 꼬리

Wyckoff's Theory: 와이코프 이론, 매집(축적), 분배(분산)의 과정을 단계별로 파악하여, 상승 - 하락이 반복되는 cycle에 대해 설명한 기술적 분석 이론

　　Accumulation - Markup - Distribution - Markdown으로 구성된 Cycle

치과아저씨의 투자 스케일링과 함께하는

차트분석 바이블

1판 1쇄 발행 2024년 4월 19일
1판 4쇄 발행 2024년 11월 27일

지은이 치과아저씨(팀 연세덴트)
펴낸이 김기옥

경제경영팀장 모민원
기획 편집 변호이, 박지선
마케팅 박진모
경영지원 고광현
제작 김형식

표지·본문 디자인 푸른나무디자인
인쇄·제본 민언프린텍

펴낸곳 한스미디어(한즈미디어(주))
주소 04037 서울특별시 마포구 양화로 11길 13(서교동, 강원빌딩 5층)
전화 02-707-0337 | **팩스** 02-707-0198 | **홈페이지** www.hansmedia.com
출판신고번호 제 313-2003-227호 | **신고일자** 2003년 6월 25일

ISBN 979-11-93712-24-5 (13320)

Chart
Analysis
Bible

비매품

'치과아저씨의 투자 스케일링'을 만나는 방법

- 본 도서 내용에 대한 신규 정보 업데이트는 '치과아저씨의 투자 스케일링'이 운영하는 〈차트 분석 바이블〉 게시판을 참고해 주시기 바랍니다.

〈차트 분석 바이블〉
게시판

- '치과아저씨의 투자 스케일링'은 네이버 프리미엄콘텐츠 채널, 유튜브, 텔레그램, X(트위터) 등 다양한 플랫폼을 통해 만나보실 수 있습니다. 차원이 다른 기술적 분석의 신세계, 지금 바로 경험하세요.

네이버 프리미엄
콘텐츠 채널

유튜브

텔레그램

X(트위터)

차트
분석
바이블

특별
부록

네이버 프리미엄콘텐츠 채널
'치과아저씨의 투자 스케일링' 구독 할인권

다음 링크에 접속해 쿠폰을 등록한 후 사용하시기 바랍니다.

1개월 구독권

8DBNMKEG

연간 구독 할인권

WS2563WX

프리미엄 멤버십 할인권

2YRKVHQE

(사용 기간 : ~2025.12.31)

치과아저씨의 투자 스케일링과 함께하는

차트
분석
바이블

·특별부록·

1 1개월 구독권

2 연간 구독 할인권

3 프리미엄 멤버십 할인권

한스미디어